北京师范大学史学探索丛书

陈其泰史学萃编

范文澜学术思想评传

◎陈其泰 著

华夏出版社

图书在版编目（CIP）数据

范文澜学术思想评传 / 陈其泰著 . -- 北京：华夏出版社，2018.1
（陈其泰史学萃编）
ISBN 978-7-5080-9368-0

Ⅰ．①范… Ⅱ．①陈… Ⅲ．①范文澜（1893-1969）－评传 Ⅳ．① K825.81

中国版本图书馆 CIP 数据核字（2017）第 287890 号

陈其泰史学萃编·范文澜学术思想评传

著　　者　陈其泰
责任编辑　杜晓宇　董秀娟　王　敏
责任印制　汪　军　周　然

出版发行　华夏出版社
经　　销　新华书店
印　　装　三河市万龙印装有限公司
版　　次　2018 年 1 月北京第 1 版
　　　　　2018 年 1 月北京第 1 次印刷
开　　本　720×1030　1/16 开
印　　张　28
字　　数　377 千字
定　　价　84.00 元

华夏出版社　地址：北京市东直门外香河园北里 4 号　邮编：100028
　　　　　　　网址：www.hxph.com.cn　电话：（010）64663331（转）
若发现本版图书有印装质量问题，请与我社营销中心联系调换。

　　陈其泰　广东丰顺人，1939年出生。1963年毕业于中山大学历史系。现为北京师范大学历史学院教授、博士生导师，山东大学兼职教授，全国哲学社会科学规划学科组成员，享受国务院政府特殊津贴专家。主要著作有：《陈其泰史学萃编》（九卷）、《中国史学史·近代卷》、《从文化视角研究史学》、《历史学新视野——展现民族文化非凡创造力》。主编《20世纪中国历史考证学研究》及《中国马克思主义史学的理论成就》，分获北京市第九届、第十一届哲学社会科学优秀成果二等奖、一等奖。发表论文、文章约三百篇。

就读于中山大学 / 1960 年

与白寿彝先生合影 / 1985 年

《北京师范大学史学探索丛书》
编辑委员会

顾　问　刘家和　瞿林东　郑师渠　晁福林
主　任　杨共乐
副主任　李　帆　易　宁
委　员（按姓氏笔画排序）
　　　　　宁　欣　刘林海　安　然　张　升
　　　　　张　皓　张　越　张荣强　张　建
　　　　　吴　琼　周文玖　罗新慧　郑　林
　　　　　庞冠群　侯树栋　姜海军　郭家宏
　　　　　耿向东　董立河

出版缘起

在北京师范大学的百余年发展历程中，历史学科始终占有重要地位。经过几代人的不懈努力，今天的北师大历史学院业已成为史学研究的重要基地，是国家"211"和"985"工程重点建设单位，首批博士学位一级学科授予权单位。拥有国家重点学科、博士后流动站、教育部人文社会科学重点研究基地等一系列学术平台，综合实力居全国高校历史学科前列，被列入国家一流大学、一流学科建设行列，正在向世界一流学科迈进。在教学方面，历史学院的课程改革、教材编纂、教书育人，都取得了显著的成绩，曾荣获国家教学改革成果一等奖。在科学研究方面，同样取得了令人瞩目的成就，在出版了由白寿彝教授任总主编、被学术界誉为"20世纪中国史学的压轴之作"的多卷本《中国通史》后，一批底蕴深厚、质量高超的学术论著相继问世，如十卷本《中国文化发展史》、二十卷本《中国古代社会与政治研究丛书》、三卷本《清代理学史》、五卷本《历史文化认同与统一多民族国家的发展》、二十三卷本《陈垣全集》以及《历史视野下的中华民族精神》、《上博简〈诗论〉研究》等巨著，这些著作皆声誉卓著，在学界产生较大影响，得到同行普遍好评。

上述著作外，历史学院的教师们潜心学术，以探索精神攻关,又陆续完成了众多具有原创性的成果,在历史学各分支学科的研究上连创佳绩,始终处在学科前沿。为了集中展示历史学院的这些探索性成果,我们组织了这套"北京师范大学史学探索丛书",希冀在促进北师大历史学科更好发展的同时,为学术界和全社会贡献一批真正立得住的学术力作。这些作品或为专题著作,或为论文结集,但内在的探索精神始终如一。

当然,作为探索丛书,不成熟乃至疏漏之处在所难免,还望学界同仁不吝赐教。

北京师范大学历史学院

北京师范大学史学理论与史学史研究中心

北京师范大学史学探索丛书编辑委员会

自　序

我于1939年农历十月十九日出生在粤东韩江边的一个小镇。我的外祖父是清末秀才，曾担任本地一所小学的校长，母亲于20世纪30年代初在粤东著名的韩山师范学校就读，后来辍学出嫁到陈家，我舅舅是镇上中心小学的教师。我在少年时代经常随母亲到江对岸十几里地外的外祖父家，最有兴趣的一件事情，是读舅舅房间小楼上保存得很完整的《小朋友》《东方杂志》等书刊。我的父亲和叔叔也都上过中学，家里有一个小书橱，记得书架上摆有《辞源》，鲁迅、周作人、孙伏园的散文著作集，《三国演义》和中国地图、世界地图等书，因年龄小读不懂鲁迅的文章，而《三国演义》则很有吸引力，在家里曾经如饥似渴地读过。我母亲平日也常将她学习过的古诗和散文名篇给我背诵、讲解。因此，我从小就培养了阅读的兴趣，以后上初中、高中至大学，都喜欢在课余阅读文学作品和各种报章杂志，从中吸取知识和思想营养。

我的初中、高中阶段更有许多值得回忆的地方。1951年，我考入家乡的球山中学。在我就读的三年中，担任校长、教导主任的都是教育界的精英，又恰好学校从汕头、潮州聘来一批有学识、有新的观念和作风、热爱教育事业的青年教师，课程开设齐全，采用新的"五分制"，老师认真改进教学方法，重视课堂上师生互动，提高教学效果，体育课也上得新颖、活泼，活动多样，总之整个学校呈现出蓬勃向上的景象。1954年我考入丰顺中学读高中，学校设在县城，是县里的重点中学。这里不仅学校规模更大，环境更优美，更重要的是许多任课老师讲课都很精彩，每天引导我们在知识的海洋中畅游。县城离家乡山路一百里，我们这些来自球山中学的学生只有放寒假、暑假才回家，平时每个星期天上午都坐在教室里安静地做作业，或预习，下午则到操场锻炼身体，整理内务，生活过得很充实、愉快。在校也不是死读书，学校重视社会实践和参加生产，安排学生上山植树、挖水渠，参加附近乡村的生产劳动和抗旱，我虽然个子小，视力不好，但也能在烈日下蹬水车，蹬几个小时车水抗旱，干得劲头十足。从1951年上初中到1957年9月考入大学，这六年时间，正是新中国成立后国家蒸蒸日上、社会风气良好的时期，六年时间，我在老师指导下专心地读书，广泛地吸收知识，并且接触了一些社会实践。这是一段极其珍贵的岁月，使我以系统、坚实的各学科知识和奋发向上的社会理想武装了头脑，这对于我的人生道路和学术历程是极其重要的。在许多年之后，我的《史学与民族精神》出版，有一位作者在书评中说，"阅读本书能强烈地感受到著者论述诸多史家史著和文化传统时所怀有的昂扬、饱满的热情"。我以为这话讲出了书中的一个特点，而它恰恰是我在中学时代这一关键时期形成的世界观、价值观奠定的。

在中学阶段，我的文科、理科成绩都属优良，喜欢钻研数学、物理问题，记得高一《物理学》课本后面有约三百六十道总复习题，有的题很有难度，我利用假期大部分都做完了。当时对历史课兴趣一般，对地理却很有兴味，家中那两本《中国地图》《世界地图》是彩色大开本，虽是解放前出版的，却印制精美，又采用了一些很直观的显示方法，如"世界十大河流"，按比例并排地宛延画出每条河流从发源地流到海洋的示意图，依照当时测量的长度顺序为：密西西比河，尼罗河，亚马逊河，长江，多瑙河，黄河……并在地图边整齐地标出公里数，使读者一目了然，印象深刻难忘。我常常双手捧着"读"地图，一遍遍阅读、记忆图中城市、铁路、地形、河流、山脉、海岸线、港口、湖泊、名胜、沙漠、国界、省界、洲界等等，读得津津有味，许多知识历久而不忘。到了高中二年级时，我面临着高考选择什么志愿的问题。记得是和同学散步时一起议论，问到我报考什么时，我脱口而出："我当然报理工科。"立即有一位同学表示十分惊异，说："你怎么不报文科？你如果报理工科，考上名牌大学不一定有把握，如果报文科，就准能考上。"同学的话引起我的一番思索，我倒并不同样认为考文科定能考上最好的学校，而是考虑到自己先天性近视，报考理工科有许多限制；那就报文科吧！就这样，也没有请教过老师或其他长辈，报考文科的事情便这样决定了。到高三临近填报高考志愿时，班主任何方老师找我谈话，他是优秀数学老师，表示为我未报考理工科感到遗憾，建议我在志愿表中加填哲学系，说如学哲学，数理知识能有用处。事后多年回想起来，虽然我后来走上学习历史学科的道路，未能直接用上数、理学科知识，但是，在老师教育下长期下功夫学习数学、物理、化学、生物学等学科知识，长期地训练逻辑思维与严谨、严肃的治学态度和方法，对于以后在历史学领域的发展，仍然是十分重要的。

1957年高考，我幸运地考上中山大学历史系。这一年正赶上大学招生的"低谷"，因为上一年，全国"向科学进军"，大学扩大招生，到这一年就赶上调整压缩，全国只招生10.7万人，录取率为40%。丰顺中学由于师生奋发努力，成绩良好，录取率超过60%，且有不少学生考上全国著名大学，我的母校因而一下子在粤东出了名。考上中山大学，当然是我学习的新起点。踏进美丽的康乐园，见到一座座古典式建筑的教学楼，藏书丰富的图书馆，宽敞的操场……这里一切都是那么新鲜！特别是，历史学系拥有一批全国著名的教授，陈寅恪、岑仲勉、刘节、梁方仲、戴裔煊、董家遵、金应熙，还有当时比较年轻的李锦全、蔡鸿生等先生，他们有的亲自为我们授课，有的虽未授课却能读到他们的著作或耳闻师生对其为人为学的讲述，让青年学子感受到他们的学术风范。我就在这样优越的环境中认真读书，吮吸着智慧的甘露。

在中大，对我影响最大的是著名史学家刘节教授。他于1928年毕业于清华大学国学研究院，师从梁启超、王国维、陈寅恪先生研习古代史。曾任国立北平图书馆金石部主任，自1946年起长期在中山大学任教授（1950至1954年兼任系主任）。他于1927年撰成的《洪范疏证》是学术界首次对《尚书·洪范》篇撰成年代进行系统、严密考证的名文，梁启超曾称赞文中提出的见解"皆经科学方法研究之结果，可谓空前一大发明"。其后撰著的《好大王碑考释》《管子中所见之宋钘一派学说》均受到学界的重视。新中国成立后，刘先生曾撰有《西周社会性质》等多篇文章，主张西周已进入封建社会，并论述由低级奴隶社会向封建制度的过渡、社会发展的不平衡性与一贯性等带规律性问题。他多年开设史料学和史学史课程，著有《中国史学史稿》，对于历代修史制度、史籍之宏富多样和著名史家的成就均有详实的论述，见解独到，尤其重视历史哲学的发展，是中国史学史学科重要代表作之一，著名史学家白寿彝先生称誉该书和金毓黻先生所著《中国史学史》"同为必传之作"。我在校即听了刘节先生开设的"历史文选"课程，对他渊博的学识和认真教学的态度深感敬佩。后来先生为研究生讲授《左传》，也让我去听讲。1963年初，全国第一次统一招考研究生，我即选择了刘先生的"中国史学史"为报考志愿。大约至5月初，正值等待录取消息的时刻，有一次恰好在路上遇到刘先生，那时他是校务委员会委员，高兴地对我说：你已被录取，校务委员会已经讨论批准，报教育部备案，你可准备下学期初开学要用的书籍。当时我们都绝未料到，一场批判刘节先生的风暴即将刮起，后来发生的一切就都完全事与愿违。虽然自毕业离校后我再无机会见到刘节先生，但我今日从事的专业，渊源则始自大学时代受业于先生，师恩难忘。

1963年7月由中山大学毕业，我被分配到河南省工作，一直担任高中语文教师，至1978年。虽然在基层工作与科研机构差别很大，但我认真从事，十五年下来，自觉在对中国优良文化传统的认识，对古今名著名篇的钻研阐释，对语言文字的精心推敲运用等项，都有颇为深刻的体会，实也为此后学术研究之一助。粉碎"四人帮"之后，我国历史进入新时期，1978年全国恢复统一招考研究生，我有幸考取了白寿彝教授指导的"中国史学史专业"研究生，真正实现了大学时代从事本专业的梦想。

这时，正值全国拨乱反正、解放思想的年代，举国上下意气昂扬、千帆竞发，彻底批判极左路线、砸烂思想枷锁，呼唤科学的春天、重视知识重视人才，成为不可阻挡的时代洪流。我深深庆幸自己赶上了这个伟大的时代，庆幸投到名师门下受业深造。白寿彝先生在多个学科领域均深有造诣，他又担任全国人大常委、中国史学会主席团成员、中国社会科学院历史民族宗教三个研究所学术委员等多项职务，而他的主要精力则放在学术工作上，尤其专注于主编多卷本《中国通史》和推动中国史学史学科建设。其时先生已届七旬，但他不知老之将至，相反地是迎来他学术上最辉煌的时期，许多重要著作，正是在他人生道路最后二十年中完成的。他热爱伟大祖国的历史文化，同时他坚信以与时俱进、不断发展的马克思主义来指导学术研究和各项工作。"在唯物史观指导下从事新的理论创造"这句掷地有声的话，精当地概括了白寿彝先生的学术宗旨。他真正做到了把认识和总结客观的历史、体现当今的时代要求、关心国家和民族的未来三者有机地统一起来。他几十年的著述，则是把坚持正确的理论方向、丰富详实可靠的史料、恰当优美、雅俗共赏的表现形式三者有机地统一起来。

白先生担任总主编、汇集国内众多学者共同完成的多卷本《中国通史》（共十二卷，二十二巨册，总字数约一千四百万字），于1999年由上海人民出版社全部出版，被学术界誉为"20世纪中国史学压轴之作"。白先生又是中国史学史学科的重要奠基者和开拓者。他在这一领域辛勤耕耘达半个多世纪，出版有一系列重要著作，如：《史记新论》、《史学史教本初稿（上册）》、《历史教育与史学遗产》、《中国史学史论集》、《白寿彝史学论集》、《中国史学史》（第一册），并主编了《史学概论》、《中国史学史教本》、多卷本《中国史学史》等。他提出了许多精辟的论点和推进学科建设的构想，如，于50年代提出史学史研究要摆脱书目解题式格局，至80年代初进而提出要突破学术专史的局限，要总结史学如何反映了时代的特点和成功史书撰成之后又如何推动时代前进；论述研究史学史应区分精华与糟粕，传统史学是一笔宝贵遗产，应当根据时代的需要，大力继承和发扬；对于史著或一个时期的史学成就，应从历史思想、史料学、历史编纂学和历史文学四个方面来分析评价。又如，论述古代史家提出的问题可以作为今人观察历史与社会的思想资料；论述不应以凝固不变或互相孤立的观点看待古代几种主要史书体裁，而应看到其发展和互相联系，要从传统史学提出的改革历史编纂的主张获得启示，并设想以"新综合体"来撰写通史或断代史。事实证明，白先生提出的这些重要观点和命题，对于推进史学史研究均有指导性意义。先生领我走进学术殿堂，我研究生毕业后，即留在北京师范大学历史学院任教，前后跟随先生达二十一年，时时聆听教诲，使我受益终生。

我在研究生阶段除完成学位论文《论魏源的爱国主义史学著述》外，还撰写有《司马迁经济思想的进步性》《龚自珍的社会历史观》《史书体裁应有创新》《中国古代史学史分期问题》的论文。以后在教学与科研工作中，逐步确立了以先秦两汉史学，清代及近代学术史，20世纪中国史学等作为研究的重点。我念研究生时已三十九岁，深感时间珍贵，时不我待，因而认真读书、写作。先后出版的著作有十一种，主编的著作二种，另有合著三种。进入80年代以后，学术界出现前所未有的思想活跃局面，一方面是大胆破除旧的思想束缚，勇于探索和创新，另一方面，又出现不同观点的交锋和碰撞。我认为，置身于这样的环境实属难得，使我能够从多方面吸收思想营养，也启发我思考：在各种主张纷至沓来的时候，应当坚持正确观点，大力弘扬先辈们的优秀学术遗产，同时要防止和克服消极的倾向。只有这样，经过大家努力，才能不断创造学术发展的大好局面。在科研和教学工作中，我坚持两项基本指导思想。第一，史学史研究应当以发掘、阐释优良遗产为主；对于传统学术的精华，要根据时代需要加以改造和大力弘扬。第二，要充分占有材料，遵循"实事求是"的原则，严谨治学。既重视材料的发掘，又要重视理论的分析。"充分占有材料"应当包含三层意思，一是研究问题务必尽可能完备地搜集材料，通过发现新材料提出新见解，二是对材料要深入分析，去伪存真，去粗取精，三是尤应重视典型材料的价值，提供有力的论证依据。创新不是故意标新立异，不是为了取得轰动效应。尊重前人的成果，以之作为出发点，根据自己发掘的新材料，认真地进行广泛联系、上下贯通、客观辩证的分析，从而得出证据确凿、经得起时间考验的新见解，这才是学术创新的大道。

为了推进学术研究和中国史学史学科建设，我们应当着力探讨中国史学演进中带有关键性的问题，要努力总结和阐释那些显示出中国史学的民族特色，彰显民族文化伟大创造力，具有当代价值，具有中西融通学理意义的内容、思想、命题、方法，以展示传统史学和近现代史学的成就和独具魅力，促进中国学术向世界的传播。这是中国学人的时代责任。围绕这些问题，遵循这一思路，我鼓励自己深入探索，并力求作出新概括、新表述。举例来说,有以下八项。

(一) 从文化视角研究史学

中国古代史学高度发达,但以往对史家、史著的研究,却容易局限于单科性的局部范围之内。因此,应当跳出这种局限,转换角度,"从文化视角研究史学"。即是说:认识历史学的发展与文化学和其他学科有多向性的联系,它跟一个时代的文化走向、社会思潮有紧密联系,不可分割。因此,研究者应当跳出单科性研究的局限,将"史学"与"文化"作互动考察。即:探究和评价一部优秀的史著,应当与它所产生的时代之社会生活、民族心理、文化思潮、价值观念等结合起来,从而更恰当地揭示出这部优秀史著的思想价值,捉住书中跳动的时代脉搏。同时,"史学"与"文化"互动考察,又能通过更加准确评价优秀史家、史著的成就,增加我们对中国优秀文化传统丰富蕴涵的了解,更加深刻地认识中华文化的向心力、凝聚力和伟大创造力,提高民族自信心。我所著《史学与中国文化传统》《史学与民族精神》《再建丰碑》《学术史沉思录》等书,对于《史记》《汉书》《史通》《文史通义》,以及《春秋》《左传》《日知录》,乾嘉考史三大家钱大昕、王鸣盛、赵翼及龚自珍、魏源、崔述等名著、名家,都力求提出新的看法,作出新的阐释。

(二) 深入探索,揭示出史学演进的纵向联系和时代的特点

史学史作为一门专史,对它的研究应当将深度开掘与纵向考察二者相结合。前者是指对一部名著或一个时期的史学成就,应当从著述内容、编纂形式、同时代人的学术交往、史著与社会思潮的互动等项作深入的分析;后者是指应将史著置于史学长河的演进作纵向考察,探讨它对前代学术的承受、对后代的影响,它解决了史学演进中的什么问题而构成了新的学术高峰。还需注意对学术界曾经提出过的一些看法作出回应,或赞成、引申,或解疑、辩难,通过学术争鸣,以推进真知。如《史记》,之所以被赞誉为"史家之绝唱""传统史学之楷模",这除了司马迁本人具

有雄奇的创造力以外，又决定于他对先秦各家学说精华的大力吸收，和对汉初多元文化格局的自觉继承。汉初思想家陆贾、贾谊、晁错等人吸收秦亡教训，谴责秦的文化专制政策，他们勇于提出自己的思想主张，同时重视吸收各家之长。如陆贾重视儒家"仁义"学说，又吸收道家、法家思想。司马谈《论六家要旨》总结各家学说，有肯定，也有批评，成为司马迁的重要学术渊源。汉初学术的多元化局面，是先秦百家争鸣的继响，是对秦朝文化专制政策的巨大超越，因而成为司马迁社会思想成长的肥沃土壤。当时，封建制度处于上升时期，具有蓬勃的活力，国家的空前统一，都为他的著述提供了极好的时代机遇，因而勇于提出"成一家之言"的目标，形成自由表达思想的高尚志趣。还有，以往有的哲学史教科书评价司马迁的思想倾向是"崇道抑儒"，实际上，我们结合司马迁生活的时代，却能从书中举出大量证据，证明他高度评价"六经"对于治理国家的作用，以"继《春秋》"自任，书中评价人物和历史事件的标准均大量地以孔子的论断作为依据，其《孔子世家》系对孔子在文化史上的崇高地位作了全面的论述。所以梁启超称他是西汉时代独一无二的大儒。当然司马迁又善于吸收各家学说之所长，有拥抱全民族文化的宽广胸怀，他对道家的智慧和哲理也重视采纳。

再如《汉书》，本来历史上长期《史》《汉》并举，但是在一段时间内，《汉书》的评价却处于低谷。其中一个重要原因，是一度盛行"对立面斗争"的思维定势的影响，要肯定《史记》的杰出成就，称它是"异端"思想的代表，就要拿《汉书》作为陪衬，贬低它是"正宗"思想的典型。这与史学发展的实际情形大相径庭，需要结合中国史学的纵向发展与班固所处的时代环境作深入分析，重新评价《汉书》的历史地位。《史记》著成之后，成就卓异，人们仰慕不已，此后一百余年间只能"续作"，写出若干零篇。这些续作者自褚少孙以下有十余人，所做的工作自觉不自觉地置于司马迁巨大成就的笼罩之下。他们并未意识到需要构建新的史学体系，而这个问题不解决，则"保存历史记载长期连续"的目的便会落空。试看，这些"续作"之大部分都已湮灭无闻，就是明证。班固既继承了司马迁的纪传体结构，同时又认识到"大汉当可独立一史"，因而"断汉为史"。在内容上提供了时代所需要的历史教材，在构史体系上取得了重大突破，推动中国史学向前跨进一大步。以前，有的研究者对班固"宣汉"大加批评，认为是对封建皇朝唱赞歌。其实，与班固同时代的大思想家王充著《论衡》一书，内容有《宣汉》《恢国》《超奇》《齐世》等篇，都是记述和赞美汉朝比前代的进步。他并且尖锐地批评当时俗儒"好褒古而贬今"，因为他们生下来读的就是颂扬三代的书，"朝夕讲习，不见汉书，谓汉劣不若"，所以识古不识今。我们联系王充的大量论述，正可证明：班固是以其成功的史学实践回答了时代的需要。在历史编纂上，起自高祖，终于王莽，这一断代史格局正与以后历代皇朝周期性更迭相适应，所以被称为后世修史者"不祧之宗"，历两千年沿用不改。进而再深入探析《汉书》的内容，有大量史实证明，班固发扬了司马迁的实录精神，"不为汉讳"；在对汉初历史变局和藩国由猖獗到废灭等历史问题的阐述上，具有唯物主义的因素；有一定的人民性，尤其是对封建刑律的残酷作了深刻揭露；十志则在反映封建国家政治职能上提供了丰富的材料和很有价值的看法。简要言之，我们结合纵向和横向考察，可以雄辩地得出结论：《汉书》是一部适应时代需要的、继《史记》而起的巨著，在史学发展上无疑应占有崇高的地位。由于《汉书》的成功，自东汉至唐六百年间形成了一门发达的"汉书学"。

（三）对"经"与"史"作贯通考察，拓展史学史学科的研究领域

经史关系对史学研究有重要的意义。"六经"是中国文化的源头，是古代先民智慧的结晶。其中包含着关于自然、社会以及人类思维活动的现象和规律之深刻观察和概括，影响极其深远，

构成了中华民族的文化基因。"六经"在长期封建社会中处于独尊地位，成为政治指导思想和学术指导思想，因此，重视考察各个时代的经史关系，是深化史学史研究和拓展学术探索范围的关键之一。《春秋公羊传》即与史学的长期发展关系很大，它是儒家经典之一部，又是解释《春秋经》的三传之一，在西汉和晚清时期曾两度大盛于世，但因时过境迁，当代许多人都对它感到陌生。公羊学说既有深刻的政治智慧和精微的哲理，又包含有隐晦芜杂甚至怪异神秘的内容。研究这套学说，就特别需要思辨的智慧和剥离剔别的能力，才能于"荒诞丛中觅取最胜义"。公羊学说的源头，在于《春秋》之"义"，而《公羊传》对《春秋》大义的解释，便构成公羊学说具有活跃生机的内核。再经过汉代董仲舒和何休的大力推演，更成为有体系的学说，以专讲"微言大义"而在儒家经典中独具特色。我在以上分析的基础上，归纳、提炼出公羊学体系的三大特征：一是政治性。主张"大一统"，倡导适应时代需要而"改制"，"拨乱反正"，"为后王制法"，阐发经义以谴责暴君贼臣，关心民族关系。二是变易性。提出一套含义深刻的变易历史观，强调古今社会和制度都在变，变革是历史的普遍法则，时代越来越进步。三是解释性，或称可比附性。其优点是善于解释，在阐发经书"微言大义"的名义下，为容纳新思想提供合法的形式。但大胆解释又容易造成穿凿武断，随意比附，这又是明显的弊病。清中叶以后，研治春秋公羊学的学者甚众，有庄存与、孔广森，至晚清夏曾佑、皮锡瑞等十余家，写出风格多样的著作，经过深入探究、辨析，我们能够准确地把握住其演进脉络和本质特征。晚清公羊学说的展开，恰与清朝统治危机相激荡，又与新思想的传播相伴随、相呼应。它环环相扣，符合逻辑地有序展开，由庄存与揭起复兴序幕，至刘逢禄张大旗帜，至龚自珍、魏源改造发展，至达到极盛，成为近代维新派领袖康有为倡导变法维新的理论武器。戊戌前后，好学深思之士，都喜谈《公羊》。至20世纪初年，公羊学说在政治上的作用，随着变法失败而告终结,但在思想文化层面,它却成为中国学者接受西方进化论学说的思想基础,并且是五四前后兴起的"古史辨"派学术源头之一。这些足以证明,绅绎春秋学说,对于深化先秦、西汉史学的研究和清代、近代学术史的研究,确实裨益甚大。

(四)重视比较研究

比较研究的主要功能在于,它能够推进我们的认识能力,开阔我们的视野,使我们对研究对象的认识更加准确、更加深刻。事物的特点和意义是相比较而存在的,而且由于适当的比较而相得益彰。马克思研究资本主义的生产、交换、流通的特点,就不仅研究它们本身,还以之与前资本主义的生产方式相比较,与资本主义生产关系发展程度不高的国家作比较。比较不同时期的史学名著,就可以广泛地考察两者之间联系、继承、发展的各个侧面,更加清楚地认识其不同特点,以及各自在史学发展史上的地位,促使我们的认识更趋深化和更加正确。

如,《史通》和《文史通义》这两部名著被称为"古代史评双璧",但是章学诚本人却曾经强调二者的相异,在其一封家书中说:"自信发凡起例,多为后世开山,而人乃拟吾于刘知幾。不知刘言史法,吾言史意;刘言馆局纂修,吾议一家著述。截然两途,不相入也。"但我们通过认真的比较研究,却的确能够深刻地认识这两部名著的共同性:刘、章二人都重视总结史学演进的经验和教训,以理论的创新推进著史实践的发展;二人都具有强烈的批判意识,都有独到的哲学思想作指导,重"独断"之学,重"别识心裁"。通过比较研究而认识这两部书的共同性,对于史学史研究意义甚大,证明刘知幾和章学诚都重视历史体裁创新,凸显出中国史学有重视理论总结的优良传统,以之指导史学实践。这就更加彰显中国传统文化的独特魅力!通过比较研究,我们又能认识到两部著作的差异性,由此更深刻地把握唐代与清代史学面临的不同特点和刘、章二位著名史家不同的学术个性：刘知幾处在断代史正史纂修的高峰期，他承担的主要使命是总结以往、提出著述的范式，他提出的范畴、命题内涵丰富，且颇具体系性。章学诚则处于正史末流在编纂上陷于困境阶段，其主要任务是开出新路。他洞察当时史识、史学、史才都成为史例的奴隶之严重积弊，又发现晚出的纪事本末体因事命篇的优点正是救治之良方，因此主张大力改造纪传体，创立新的体裁，其论述具有深刻的哲理性和明显的超前性。

又如，魏源完成于鸦片战争时期的《海国图志》和黄遵宪于甲午战争前撰成的《日本国志》同为近代史学两部名著。《海国图志》第二次增订本为一百卷，全书包括论（《筹海篇》一至四）、图（各国沿革图）、志（《志东南洋海岸各国》《志大西洋欧罗巴各国》等）、表（《中国西洋纪年表》等）。《日本国志》全书共四十卷，分为十篇"志"（国统、邻交、地理、职官、食货等）。假如从表象看问题，《海国图志》介绍外国史地知识包括了亚、欧、美、非各大洲，而《日本国志》只专记日本一国，两书范围之广狭相去甚远，似乎不适于比较。其实，这是由于未能达到对两部史书深层认识的原故。我们试就两书的背景、观点、内容、影响作逐层比较，即可以认识：两部史书具有相同的主题，都不愧为近代向西方寻找真理的里程碑式的著作。这两部书的编纂内容和体裁的共同特点，是创造性地运用典志体以容纳具有时代意义的新鲜内容。作为谙熟史书体裁特性和感觉敏锐的学者，魏源和黄遵宪都采取改造了的典志体来撰写史著。他们充分地发挥了传统典志体所具有的两大长处。一是它适合于反映社会史的丰富内容。典志体可以包容各种典章制度、天文、地理、民族、经济、物产、军事、外交、学术文化等。每一部分既可反映社会史的一个侧面，同时又可储备各种知识。在近代，迫切需要了解外国的历史、地理、制度文化，典志体史书正适合囊括这些内容。二是具有灵活性。这种体裁没有固定的框框，可根据需要调整，可以灵活变通。通过比较，我们能够进一步认识近代史学发展的阶段特点。在近代史开端，反侵略的需要十分迫切；到了19世纪后期，则进而要求学习西方的制度文化。处在近代史开端时期的进步史家向往资本主义的民主制度，但认识比较肤浅；到19世纪后期，这种认识则要深刻得多。在历史编纂上，《海国图志》和《日本国志》有共同的特点，但后者的编撰技术更加成熟了。

（五）探讨传统史学向近代史学转变的途径，阐发其理论意义

"传统史学"一词，大体上是指鸦片战争以前在中国文化自身环境中演进的、原有的史学。至鸦片战争后，则进入近代史学时期；而"近代史学"的正式产生，应以20世纪初梁启超发表《新史学》，以及在此前后出版的新型学术史和通史著作，为其标志。"传统史学"与"近代史学"基本格局迥异，近代史学无论在历史观念、治史内容等方面都有极其鲜明的时代色彩。由此之故，对于"传统史学是如何向近代史学转变的?"这一问题，研究者的看法很有分歧。我国历史进入改革开放时期后，国门大开，西方思想大量涌入，使人感到格外新鲜。于是，有的人因对中国文化的自身价值认识不足，遂产生一种偏颇看法，认为传统史学与近代史学之间存在一个断裂层，近代史学从理论到方法都是由外国输入，在编纂上也是摒弃了传统史书形式而从外国移植的。我认为，这种"断层论""摒弃论"的看法，与历史事实极不相符。传统史学向近代史学演进的轨迹清晰可寻，而转变的动力，乃在于传统史学内部有近代因素的孕育。研究这一"转变的中介"，不但内涵十分丰富，而且具有重要的理论价值，进一步证明传统文化的精华在近代具有一定的应变力，具有向现代学术转变的内在基础。从清初顾、黄、王三大家，到乾嘉时期一批出色学者，再而继起的龚自珍、魏源等人，都为酝酿、推动这种转变做出了贡献。他们相继的努力汇集起来创辟了如下的转变途径：在历史观点上，批判专制，憧憬民主，以及对公羊学朴素进

化观的阐释；在历史编纂上，是章学诚提出的改革历史编纂的方向，和魏源、夏燮等史家所作的成功探索；在治史方法上，则是乾嘉史家严密考证的科学因素在新时代条件下的发展。近代史学就是发扬传统学术的精华与接受西方新学理二者结合的产物。近代著名史家，如梁启超、王国维、陈寅恪、陈垣等人，他们都勇于吸收西方新思想，同时又都深深地扎根于中国文化土壤之中，写出来的论著都是地道中国式的，所以才为学者和大众所欢迎。

(六) 高度珍视 20 世纪中国史学的思想遗产

20 世纪中国史家人才辈出、成果丰硕。由于中国文化悠久的优良传统的滋养，又适逢中西文化交流提供的相互对话、切磋和启示，加上大量考古文物和稀有文献重见天日，凭借这些难得的时代机遇，学者们精心耕耘，因而取得众多佳绩，蔚为大观，这里包含着对待祖国文化传统的正确态度，包含对外来学说吸收容纳的勇气和善于鉴别的眼光，是留给我们的极其珍贵的思想遗产。由于 20 世纪史家大量的创新性、系统性研究，使我们对于中国漫长历史认识的广度、深度和准确度，都大大推进了，使我们对中国统一多民族国家如何发展巩固，各个历史时期的特点，国家治乱盛衰的总结，各种制度的建立、沿革，民族关系的处理，历史人物评价，学术文化的发展、变迁等重要方面的认识，较之以往要丰富得多、正确得多。20 世纪几代学人的贡献，诚然功不可没！我们绝不能因为中国近代社会积贫积弱，就妄自菲薄，而对先辈的遗产有丝毫的低估。20 世纪中国史学遗产的丰厚，最集中的显示是形成了"三大干流"，并且它们互相吸收、互相影响和互相推动。第一，是新历史考证学派。它与乾嘉考证学派有继承关系，同时又接受西方近代史家重视审查史料、拓展史料、严密考证等观念的影响，代表性人物有王国维、陈寅恪、陈垣、胡适、顾颉刚、傅斯年等。第二，是马克思主义史学流派。其创始在五四时期，以后经过奠基、壮大，新中国成立后在全国范围确立其指导地位等阶段，代表性人物有李大钊、郭沫若、范文澜、翦伯赞、吕振羽、侯外庐等。第三，是新史学流派。以往，曾称前二者是"20世纪史学两大干流"，对于"新史学"则一般只关注它是20世纪初年由梁启超倡导、形成磅礴声势的重要学术思潮，而未明确认识它事实上已经形成为一个重要"学派"。我们经过深入探究即能把握到，这一学派不但有影响巨大的领军人物、重要的代表性著作，而且有共同遵奉的学术旨趣，有明显的学术传承关系。构成"新史学流派"基本的学术特点是：以进化史观为指导，主张探求历史的因果关系和规则性；不局限于研治政治史，而要研究、叙述人类社会生活的整体面貌；史家要关心国家民族命运，著史要激发国民的爱国热情；重视史学与其他学科的关系，扩大视野，扩大史料范围；重视历史编纂的创新，写出受大众欢迎的史著。不仅"新史学"倡导者梁启超本人，他如萧一山、吕思勉、张荫麟、周予同、周谷城等，尽管各有其学术个性，而上述诸项，又构成他们学术上的共性。不同学派并非互不相干、壁垒森严，而是互相吸收、互相影响。譬如，梁启超的史学方法影响了新考证学派学者，而马克思主义史家郭沫若、侯外庐等又很重视考证学派的成就。学派繁盛，各展风采，又互相取鉴，正是20世纪中国史学发达的确证。更加深入地考察"三大干流"的形成及其影响，无疑是推进20世纪史学研究的重要课题。

推进对20世纪史学的研究，还需要着力解决一些难点、重点问题。如，唯物史观和实证史学都是为了探究历史的真相，二者之间绝非互不关联，更不是互相对立。唯物史观也强调搜集史料，要求占有充分的材料；同样重视对材料的考辨，去伪存真，重视史料出处的环境，重视甄别、审查的工作，务求立论有坚实的史料依据；同样遵从孤证不能成立的原则，遇有力之反证即应放弃，训练严谨、科学的态度，反对主观臆断，所得的结论必须经受住事后的验证，发现原先认识有错误迅即改正，决不讳饰；同样要求尊重前人的成果，同时又反对盲从，学贵独创，要有所发现，不断前进，等等。诸如此类，因为都是做学问的基本方法和原则，所以唯物史观与实证史学都是相通的。新中国成立后，许多研究者通过自觉学习唯物史观，收获巨大，能够对复杂的历史现象和学术问题，透过现象，看到本质，以辩证的眼光作具体、细致的分析，互相联系，上下贯通，从而得出正确的结论，解决了长期困惑自己的问题，获得真理性的认识。这些事实证明唯物辩证法确是比传统思想和近代流行的诸多学说远为高明，唯物辩证法能给人以科学分析问题的理论武器。当时有一批四十岁上下的学者，如徐中舒、杨向奎、王仲荦、韩国磐、邓广铭、周一良、谭其骧、唐长孺等史学俊彦，他们原本熟悉传统经史文献典籍，在运用历史考证方法上很有造诣，其具有科学价值的观念和方法，本来就与唯物史观相通；而马列主义、唯物史观理论又比传统学术、近代学术具有更高的科学性，以之为指导，能帮助研究者更全面地把握研究对象的全局，更深入地揭示研究对象的本质。因此，这些学者得到科学世界观指导以后，极感眼前打开了一片新天地，学术研究达到更高的层次。这些年，有的人由于痛恨教条主义，而不恰当地将之与提倡唯物史观联系起来。关键在于，对教条主义盛行的原因应当作深入的具体分析。"十七年"中一度教条主义泛滥，其原因甚为复杂，除了研究者因经验不足，运用不当以外，主要的，是因当时政治上"左"的路线的影响、干预，以及其后"四人帮"别有用心的破坏。实际上，"十七年"中存在着两种对立的学风；与教条主义恶劣学风相对立的，是实事求是的优良学风。这是许多正直的马克思主义学者和像徐中舒、杨向奎、谭其骧、唐长孺等一批严谨治学的学者所坚持的，因此，"十七年"史学虽经历了严重曲折，但仍取得许多重大的成绩。令人欣喜的是，进入新时期以后，教条主义恶劣学风受到彻底清算，而实事求是、坚持唯物史观与时俱进的优良学风则更加显示出其蓬蓬勃勃的活力！

（七）历史编纂学：新的学术增长点

传统史书体裁的丰富多样充分显示出中华文化的巨大创造力，每一种体裁都有成功之作，世代流传。这些名著是历史家呕心沥血著成的，其成功，包含着进步的史识，渊博的学识，高明的治史方法，合理、严密的编纂技巧，这些具有宝贵价值的内涵都承载在历史编纂的成果之中。以往一般认为，史书的体裁、体例，似乎只关乎技术性问题。其实决非如此。史书的组织形式与其内容、思想是辩证的统一，组织形式的运用，结构、体例的处理，体现出作者的史识、史才、史学，包含着多方面的思想价值和深刻的哲理。白寿彝先生在其所著《中国史学史》（第一册）中曾说："史书的编纂，是史学成果最便于集中体现的所在，也是传播史学知识的重要的途径。历史理论的运用，史料的掌握和处理，史实的组织和再现，都可以在这里见个高低。刘知幾所谓才、学、识，章学诚所谓史德，都可以在这里有所体现。"这对于我们有深刻的启发。我们应当对历史编纂学的内涵和特点重新给予恰当的定位：历史编纂学是一个时代史学发展水平的集中体现，也是衡量史家的史识、史学、史才、史德达到何种水平的有效尺度。史家再现历史的能力如何，其史著传播历史知识的效果如何，在这里都直接受到检验。历史编纂学既是史学史研究的内容之一，同时，它又是推进研究史学发展的新颖视角和重要方面。通过深入研究历史编纂学，就能提出一系列新的课题，拓展史学理论与史学史的研究广度与深度，因而是重要的新的学术增长点。近些年，历史编纂学领域的研究成果已日见增多，这是很好的现象，我们应当举起双手欢迎，并经过共同努力，尽快建立起"中国历史编纂学"这一分支学科。无论从主要史书体裁的发展，或不同历史阶段历史编纂的特点，或一些名著中对体裁体例的匠心运用等项，值得探讨的问题无疑都很多，而其中我们尤应深入地探讨"编纂思想"如何体现和运用，作为推进研究工作的关键环节；因为史书的框架设计、体例运用，都是为了反映客观历史进程的需要，而精心安排，或作调整、改造、创新。故此，应当特别重视从"编纂思想"这一角度来深入揭示史学名著成功的真谛。所谓"编纂思想"，可以初步提出主要包括以下数项：一是史家著史的立意，最著名者，如司马迁之"究天人之际，通古今之变，成一家之言"，司马光之"关国家盛衰，系生民休戚，善可为法，恶可为戒者"。二是史家对客观历史进程的理解，并在史著中努力加以凸显的。三是史家为了达到再现客观历史的复杂进程，如何精心地运用体裁形式和体例上的处理。四是史家的编纂思想如何与社会环境、时代条件息息相关。以此作为重要的切入点，再联系对风格各异的史学名著的独创性、时代性，不同时期历史编纂的特点，以及学者提出的观点主张等项深入考察，就一定能够不断获得有原创性价值的新成果。

（八）大力发掘和阐释传统学术精华的当代价值

传统文化典籍内容博大精深，承载着古代先民观察社会生活、总结历史进程所得到的睿思和经验。历史是过往的社会生活，当今时代是历史的发展。现代社会虽然比古代远为复杂和进步，但作为人类社会活动的一些最基本的内容和原理，古今是相通的，因此，古代经典中的精深哲理和先辈们的创造性成果，具有超越时空的意义，具有当代价值。我们应当大力发掘和阐释这些珍贵的原理、原则和精神，展示中华文化的独特魅力，并结合今天时代的需要进行改造和再创造，以大大增强民族文化创造活力。对于古代历史名著，同样应当努力发掘、总结其中具有珍贵价值的思想、观念和方法，作为我们发展新史学的借鉴。譬如，《史记》创立的体裁以"本纪"为纲，其余"表""书""世家""列传"与之配合，体例完善，故被后代学者称誉为"载笔之体，于斯备矣"，又称为著史之"极则"。《史记》的体裁一般称为"纪传体"，实际上其本质和优长，是五体配合的综合体裁。以后历代正史的纂修者只知因循，不求创造，只会刻板地沿用体例，而丧失运用别识心裁加以驾驭和灵活变通的能力，因而遭到章学诚的严厉批评，称之为如洪水泛滥，祸患无穷！章学诚由此提出改革历史编纂的方向："仍纪传之体，而参本末之法。"这就是：要创造性地发扬《史记》诸体配合、包罗宏富的体例特点，和根据记载客观历史变迁的需要，灵活变通、"体圆用神"的著史灵魂；同时，糅合纪事本末体的特点，以解决"类例易分而大势难贯"的严重缺陷。此后，梁启超、章太炎撰著中国通史的尝试和罗尔纲著《太平天国史》，都体现出朝着这一方向继续努力。至20世纪末白寿彝明确主张对传统纪传体实现创造性改造，用"新综合体"撰著多卷本《中国通史》，完成了既大力发扬传统史学精华，又具有鲜明时代特色的成功巨著。

我们既有历经数千年形成的中华文化优良传统，又有一百年来创造性运用马克思主义、引领社会前进的优良传统，这两者是保证中华民族处于当今国际激烈竞争中繁荣、发展的强大精神支柱。马克思主义中国化，正是中国共产党人创造性地将马恩著作中的基本原理，与中华民族的优良传统相结合而确立的正确方向。如何在实现现代化大业中，更加自觉地把这两个优良传统结合起来，是当前我们应该解决的具有重要理论意义和现实意义的课题。通过研讨，更加深刻地认识传统文化的精华与马克思主义中国化方向二者互相贯通，使我们在大力弘扬民族优良文化传统的同时，更加自觉地坚持马克思主义中国化的正确方向，与时俱进，发展21世纪的中国马克思主义理论。我在2008年主编《中国马克思主义史学的理论成就》一书时，专门写了一个题目：传统思想的精华何以通向唯物史观。我提出的基本观点是："中国传统思想中的精华，同样表达了历代人民大众的美好追求和理想，虽然未达到欧洲19世纪先进学说的高度，但其发展方向是相同的；这就成为'五四'以后先进的中国人接受唯物史观学说的思想基础和桥梁。""马克思主义的基本原理与传统思想的精华，与中国文化形成的价值观的内涵深深地相契合，无疑是马克思主义中国化的伟大事业在过去将近一个世纪中与时俱进地发展，一直保持旺盛的生命力的重要原因。"并从传统思想中有丰富的唯物主义思想资料；历代思想家有大量关于辩证、发展的观点的论述，光辉闪耀，前后相映；历代志士仁人反抗压迫、同情民众苦难的精神；先哲们向往的大同思想四个方面，作详细论证。文章发表后，得到学界同仁的肯定和鼓励。我愿继续对此探索，为学术研究和服务社会尽绵薄之力。

当前我们正处于社会主义学术文化发展的黄金期。发扬中华文化的优良传统和近现代优秀学者的精神；当前学术界持续高涨的创新意识；大力吸收外来文化并加以鉴别、选择的自觉态度：这三大要素，为学术的繁荣、发展提供了极佳条件。我深信，更加光辉灿烂的未来必将展现在我们面前！

2015 年 3 月 17 日
于北京师范大学寓居

卷首题辞

他
为当代学术奋力耕耘了半个世纪,
走过了极不平凡的人生道路。
少年时代,他走出浙东名城,
心中已播下先烈们反清革命的思想种子。
苦读于北京最高学府,以"追踪乾嘉诸老"为志愿,
成绩优异,被名儒耆宿视为衣钵传人。
以后执教于天津、北京各大学,
辛勤著述,在经、史、子、集各个领域都有作品问世。
时代的洪流,推动着他,
心中进步思想的种子,萌发——生长——开放出绚丽之花。
他脱下教授的长衫,穿上抗日战士的军装,
与民族共命运,与群众同呼吸,
从中原游击战场,来到延安宝塔山下。
窑洞中的油灯陪伴着他,
撰成《中国通史简编》,从内容到风格都使人一新耳目;
又撰成《中国近代史》,奠定了此一重要研究领域的基本
  格局。

新中国成立后，他在学术界有很高威望，在党内也很受
　尊敬，
却辞去各项行政职务，呕心沥血
　一遍又一遍修订、重写旧著，
他的通史著作累计发行达数百万册，
他的近代史著作独领风骚几十年。
原先，人们称誉他是"国学名家"，
以后，人们称誉他是"马克思主义史学大师"；
既精通我们民族的古代史，
又精通我们民族的近代史；
他的著作受到数不清的普通民众的喜爱，
又被领袖人物所褒重：
——并世没有第二人！
他为人们树立了崇高的风范，
在他身边成长起来的专家，
　每一次讲起他，都为他的高尚人格感动哽咽。
——他，就是令人景仰的杰出史学家
　范文澜

目　录

第一章　成长为国学名家 …………………………………… 1
　　（一）浙东一少年 ……………………………………… 1
　　（二）北大求学时代 ………………………………… 13
　　（三）在南开 ………………………………………… 24
　　（四）任教于北京各大学 …………………………… 34
　　（五）《大丈夫》：呼唤抗击日寇、激扬民族正气之作 … 40

第二章　为创建新史学呕心沥血 ………………………… 47
　　（一）"文武双全的民族英雄" ……………………… 47
　　（二）到延安 ………………………………………… 69
　　（三）解放战争岁月 ………………………………… 98
　　（四）新中国成立后专心著述和领导史学界 …… 115
　　（五）最后的日子 ………………………………… 137

第三章　学术交往 ………………………………………… 145
　　（一）黄侃　萧一山 ……………………………… 145
　　（二）"我党历史学者"吴玉章 …………………… 151
　　（三）与毛泽东的友谊 …………………………… 157

第四章　早期学术成就 …………………………………… 177
　　（一）《文心雕龙讲疏》和《文心雕龙注》 ……… 177
　　（二）《群经概论》 ………………………………… 184
　　（三）《正史考略》 ………………………………… 189
　　（四）《水经注写景文钞》 ………………………… 193

第五章　以科学理论为指导的第一部通史著作 ………… 196
　　（一）《中国通史简编》的版本 …………………… 196
　　（二）唯物史观指导下的探索 …………………… 201
　　（三）对宋元明清时期历史的卓识 ……………… 212

第六章　20世纪中国史学的皇皇巨著 …………………… 231
（一）《中国通史简编》修订本的理论指导 …………… 231
（二）高明的史识，开阔的视野 ………………………… 241
（三）多层面地反映历史真实 …………………………… 254
（四）各民族共同的历史 ………………………………… 270
（五）评说千秋功罪 ……………………………………… 280
（六）对传统文化的精彩分析 …………………………… 298

第七章　《中国近代史》（上册）的开拓意义 …………… 319
（一）《中国近代史》（上册）的版本 …………………… 319
（二）近代史研究领域的激烈斗争 ……………………… 323
（三）奠定基本格局、前驱先路的功绩 ………………… 328
（四）与世界史的联系和精当的论断 …………………… 336
（五）近代史分期的主张 ………………………………… 338

第八章　经学史研究 ………………………………………… 342
（一）首创性的总结 ……………………………………… 342
（二）深层次的剖析 ……………………………………… 345

第九章　卓越的理论建树 …………………………………… 349
（一）论"劳动人民是历史的主人" …………………… 349
（二）论中国封建社会长期延续的原因 ………………… 361
（三）求马克思主义理论运用之"神似" ……………… 368
（四）论历史上的民族关系 ……………………………… 374
（五）百家争鸣和厚今薄古 ……………………………… 379

结　语　范文澜在中国史学上的崇高地位 ……………… 382
（一）20世纪中国史学发展的重要里程碑 ……………… 382
（二）具有民族特色的当代史学的出色代表 …………… 392

范文澜主要著述年表 ………………………………………… 397

研究范文澜的主要论著 ……………………………………… 407

2000年版后记 ………………………………………………… 411

跋　语 ………………………………………………………… 415

第一章　成长为国学名家

（一）浙东一少年

范文澜，字仲沄，号芸台，于1893年11月15日出生在浙江绍兴的一个旧式书香家庭。先辈世代读书，父亲范寿钟，继承祖业有地三十亩，本人科场落第，居家治学，相当博学，亲自教育子弟。叔父范寿铭，自清末至民国初年，先后在河南任辉县知县、河北道尹，喜研究金石学，著有《循园金石文跋尾》等书。范寿铭对范文澜青少年时代影响不小，范文澜在自传体文章中称他是"和蔼可亲的叔父"，与"严肃可怕的父亲"正相对应，范文澜以后来到北京求学，再后来又在河南汲县教中学、在开封教大学，都和叔父有直接的关系。

范文澜自幼在私塾读《四书》，又由父亲自教五经、古文和《泰西新史揽要》等，并教写策论文章，准备将来应举。1905年，清朝废科举，兴学堂。1907年春，十四岁的范文澜进入县立高等小学堂，插入三年级。范文澜平常极少谈论自己的经历，他说过："我不愿回忆过去，因为过去没有什么值得留恋。"1940年他初到延安不久，曾应《中国青年》杂志社的要求写了自传体文章《从烦恼到快乐》，留下了极其珍贵的叙述他童年至到达延安之前的经历。从这篇文章中我们读到，同范文澜历史著作的严谨、深沉，以及他处处留给人们谦虚、温和的印象形成强烈对比的是，他童年和少年时生性特别好玩和淘气，这实在大大出乎我们的意料。他这样叙述他好玩的童年：

> 我生在旧社会所谓"诗书门第"的家庭里。父亲性格极严肃，对儿子们很少表示喜笑的和蔼态度。母亲当然亲爱得多，但儿子们怕她，不比怕父亲差多少。这样，挨打挨骂的危机到处潜伏着，只有"小心翼翼""循规蹈矩"避免一切可以招致打骂的行动，才能获得眼前的和平。
>
> 现在想来，不能埋怨父亲母亲对我的过度管束，因为我的过度好玩，实在使爱我者为之惊惧不安。我那时候觉得什么都是好玩的。池塘里摸虾蟹泥鳅，有一次几乎淹死。乱草堆捉蟋蟀，时常被蜈蚣黄蜂螫伤，有一次几乎被蝮蛇咬死。爬树探鸟巢，上屋顶乱走眺望，送子观音殿偷小菩萨，大雪天在雪地赤脚奔跑，制造戈矛（削尖的竹竿木棍）炮弹（鸡旦壳装石灰）等武器和邻舍儿童打架。诸如此类的玩闹，害得父母担忧生气，花钱请医生，向受害者道歉，等等麻烦苦恼，怎能不使他们讨厌头痛呢。
>
> 在父母面前，装得十分恭顺，"无懈可击"，一出监视范围，就雀跃鼠窜，畅所欲为。玩的时候，决没有想到闯祸的后果，挨打的时候，也没有想到以后的不再玩。客观方面，打骂与玩是联系着的，主观方面，打骂与玩是两件不相干的事。所以我相信，打骂制度，毫无用处。

童年时代的玩耍嬉戏，决不妨碍日后能成长为大学问家，而严厉的打骂，也无法改变儿童好玩的天性，这是我们读了这段自述自然留下的强烈印象。自七岁入私塾后，在老师的严厉管教之下，活泼的儿童变成了终日背书和受罚的机器人，老师冷酷无情的体罚，给幼小的范文澜造成肉体上和精神上无尽的痛苦，少儿的乐趣被残酷地剥夺了：

> 我七岁进书房，老师姓赵，据说他的"坐功"在蒙师群中很著名。的确，他从不生病，从不告假回家去，除了年底放一个月假，其余三百多天，总是像机器人一样，依规律教书。我开始读司空图《诗品》，接着读《大学》《中庸》等所谓"四书""五经"。我记忆力很坏，"大学之道，在明明德"似乎还好记，"大学者，大人之学也"那一套，真觉得唠唠叨叨，纠缠不清，背书挨打，总是为了注文欠烂熟。心里怒骂"朱熹是什么东西，造出这许多狗屁，让我吃苦，非烧掉你不可"。
>
> 书房学生共三个人——我，我的哥哥，还有一位堂阿哥——在赵老师严格"管教"之下，三个活泼儿童，也都成了机器人。赵老师夏天爱睡午觉，我们三人约定午睡时间，提高嗓子，拼命朗诵。如此日久，赵老师自动放午假，让我们暂时休息。春秋冬三季读夜书，瞌睡得要死，赵老师放轻脚步，从后面轮流猛击瞌睡者头部。这在书房术语，叫做"吃栗子块"。老师紧握着右拳，中指节凸出成三角形，三角尖击头，照例起块像栗子大。每天夜里，老师的拳忙着送栗子块，学生的头忙着吃栗子块。油灯暗淡，书声高低断续，栗子卜卜作响，这就是书房里大小四个机器人的工作。

在科举制度下，世世代代训练出一批又一批不会独立思考，只会死记硬背、生吞活剥古老经书和拼凑八股文章的"机器人"，根本不考虑儿童的接受能力和兴趣爱好，更无丝毫尊重儿童人格和改进教育方法的意识，而认为无情的体罚就是训练死记硬背的惟一手段，严重摧残儿童的身心健康，这种情景拿现代人的眼光看来实在感到残忍！

范文澜十四岁进县立高等小学堂，虽然新式学堂有音乐、图画等功课，但是也没有给他带来快乐，因为他被校长"优待"插入三年级，英语和数学课以前全没学过，入学以后听不懂，跟不上，虽然得到一位热心的同学帮助补课，但拼命追赶使他苦不堪言：

> 第一次上英文课，就读《皇家读本》第二册《乌龟和兔子赛跑》那一课。连字母都没有认过的我，一进课堂，即刻变成"傻瓜蛋"，瞠目结舌，不知如何是好。我立誓学乌龟，无奈使不上劲，想慢慢爬也不行。后来坚决要求校长设法"救济"，校长准我课外学一个月的 Primer，总算学得些字母，拼音，最简单造句法。我拼命赶上去，白天有一位令人难忘的同学陶治安先生帮助我学习，晚上"非法"偷开夜车，大概一年后，我追上同学们。算学非伏案演草不可，而我的"夜车"只能躺在床上偷开，因此正式自习时间全部费在算学上。我连阿拉伯数字都没有见过，凭空学起"命分"来，也幸得陶先生的帮助，使我逐渐克服困难。英算两大负担以外，还要背诵《易经》《书经》（前清学校必须读经，而且很认真）。至于唱歌、图画、手工之类，只好敷衍塞责，骗取及格分数就满意了。[①]

尽管功课对他压力很大，他要拼命追赶，可是也制止不住童年范文澜的好玩天性。第一天进学校，同宿舍八个幼童，姓名还没有记清，就玩了一套"耍老虎"的把戏，他当老虎头，其余当虎脚虎尾，上面蒙着老虎毯子（范文澜的卧具），大声吆喝，撞进别人宿舍去。结果老虎毯子被没收，他被扭着去告校长。校长将他训斥一通，第二天早晨挂出"校长示"的木牌来，说他"性非驯良"之类的许多缺点，结尾是"姑念该生未习校规，从宽免予记过，特此训诫，以策后效"，并按惯例把他搬到校长室贴邻一间宿舍去住，以便校长严加管束。如此受罚，但也改变不了他贪玩的性格，读了两年书，记大过两次。"学校讨厌我，又似乎不想斥退我，几次都'从宽免予记过'，我糊里糊涂毕业了。"[②]

范文澜在小学堂虽因拼命追赶功课和游戏受罚而很感苦恼，

---

① 以上引文，均据范文澜《从烦恼到快乐》，《中国青年》（延安）3 卷 2 期，1940 年 12 月。

② 范文澜：《从烦恼到快乐》，《中国青年》（延安）3 卷 2 期，1940 年 12 月。

但实际上这段时间中他有两项主要收获。一是他在原来背诵"四书"的基础上，进一步读了《易经》《书经》，对他后来在国学领域深造有用处。二是当时正好反清革命家秋瑾和徐锡麟在绍兴紧张地从事准备起义的活动，少年范文澜目睹了革命志士的英勇形象，使他从小就受到爱国思想的感染，这对范文澜以后的人生道路更有深远影响。

秋瑾和徐锡麟都是范文澜的绍兴同乡。秋瑾（1875—1907），号鉴湖女侠，她的丈夫是湘潭富绅子弟王廷钧，王因纳资捐得户部主事之职，秋瑾随之入京，生活条件优裕。但她目睹民族危机深重，清政府腐败无能，决心献身于救国事业。1904年冲破家庭压力，自己筹资留学日本。她积极参加留日学生的革命活动，发起组织"共爱会""十人会"，并创办《白话报》，鼓吹推翻清朝反动统治，提倡男女平权。1905年回国，经徐锡麟介绍加入光复会。7月再度赴日，加入同盟会。次年回国，先后在上海创办中国公学及《中国女报》。随又至诸暨、义乌、金华、兰溪等地联络会党，计划起义，未果。为了培养革命武装的骨干力量，她和徐锡麟在绍兴创办大通学堂，被推为学堂督办。大通学堂离范文澜家很近，其兄范文济即为学堂学生。这段时间，秋瑾的革命活动达到最高潮，她往来于沪、杭间，联络沪、浙军队与会党，组织光复军。计划7月在金华起义，不料，6月绍兴会党暴露目标，清政府得奸人密报，派兵包围大通学堂。她与少数学生持枪抵抗，失败被捕，牺牲在绍兴轩亭口。徐锡麟（1873—1907）原先是绍兴府学堂算学教师、副监督。1903年游历日本，积极参加浙江留日学生营救章炳麟因苏报案入狱的活动，并受拒俄运动的影响，产生反满革命思想。回国后从事革命排满的活动，加入光复会。陶成章（绍兴人）授以浙东会党机密，遂于1905年到诸暨、嵊县、东阳、义乌等地，联络会党。办大通学堂，设体育专修科，招金华、处州、绍兴三府所属各县会党头目来校受兵操训练，规定凡入校学生均为光复会员，毕业后仍受学校领导人统辖与指挥，借此积累革命力量。次年冬再赴日本，欲入陆军联队学习军事，因眼患近视被拒。次年回国，北游京师及辽、吉，察看形势,旋捐资为道员,分发安徽,得到巡抚恩铭重用,任巡警处会办兼巡警学堂监督。1907年与秋瑾准备于浙、皖两省同时起义,7月6日枪杀恩铭于安庆,率巡警学堂学生攻占军械所,与清军激战四小时,失败被捕,英勇就义。范文澜十四岁上高小学堂时,常常见到大通学堂学生操练和秋瑾骑马外出,并目睹了清朝官兵包围大通学堂,和当时秋瑾不幸被捕、严肃镇定的情景。半个世纪以后,他撰有《女革命家秋瑾》一文,对此作了真切的回忆:

> 秋瑾是浙江绍兴府山阴县(即现在的浙江绍兴县)人。她主持的大通学堂,离我家不到半里路。大通学堂实际是一个军事学校,操场就在我家对面,中间仅隔丈把宽的小河。我和一群小孩很喜欢看他们背着洋枪上操,听到洋号响,就不约而同地跑到河岸上去看。有几次看到一位矮小的戴眼镜的人在操场里看操,有些人指点说,这是徐锡麟。
>
> 我所看到的秋瑾总是男子装束,穿长衫、皮鞋,常常骑着马在街上走。她骑着马来了,我们跑到马左马右瞪着眼看她。她也看我们。现在想来,她这双慈善的眼睛,可能是在看马是否会伤害我们,也可能是在看我们这些无知小孩,长大了是否也会跟着她去革命。我们这些小孩的心是单纯的,我们没有像顽固派那样用腐朽的观点去反对她,也没有意会到她是反对腐朽社会的女豪杰,我们只是为好奇所驱使,她来了我们就要看她。
>
> 我哥哥范文济是大通学堂的学生,他上操上得好,被提升为一个学生队长。1907年暑假,大通学堂放学了,我哥哥还住在学堂里。有一天午饭后(阴历六月初四),我母亲煮熟了两只螃蟹,叫我去找他回家吃蟹。我走到学校大门口,正好,不需要请门房进去通知,他摇着芭蕉扇已经走出大门来。他说蚊子咬得慌,睡不着午觉,想回家来休息。我们到家不过几分钟,听到外面有枪声,他把螃蟹放下,叫我出去看看有什么事。
>
> 我出去一看,满操场都是兵,也有一些衙门里人打扮的,簇拥着一个披袍褂的人立在操场的河岸上。那边又响了

几枪,操场上的人都显得非常紧张,披袍褂的人慌忙钻进一只小乌篷船里,看的人都笑了,说这是会稽县知县。一忽儿,看见秋瑾穿着白汗衫,双手反缚,被一个兵推着走,前面有几个兵开路,又有几个兵紧跟在后面,他们都端着上刺刀的枪,冲锋似地奔过我家门旁的锦鳞桥,向绍兴知府衙门的路上奔去。秋瑾严肃镇静的神情和那群狗子们疯狂凶恶的可憎相,我虽然是个小孩,不知道什么是革命,什么是反革命,但是看得很分明,自然要同情秋瑾,厌恶那群狗子们。

同乡前辈秋瑾这位女杰英勇反抗腐朽的旧社会、无所畏惧的精神,和清朝官兵的凶恶,永远烙记在范文澜这位绍兴少年的心中,加上他的哥哥在大通学堂受过教育,因此范文澜自然从小深受反清革命思想的影响。"会稽乃报仇雪耻之乡,非藏垢纳污之所",古人所总结的这一令绍兴人振作奋起的光荣传统,在20世纪初年由于秋瑾、徐锡麟、陶成章,以及蔡元培、章太炎这些爱国志士的革命行动,而得到极大发扬和空前提升。无疑地,当年在范文澜心中所播下的进步思想种子,是后来他走上"集学者与革命者于一身"的人生道路的深层原因之一。《女革命家秋瑾》一文的结尾,表达的正是他少年时代直接由于秋瑾被捕和遇害事件而引起的对清朝反动统治当局的仇恨:

> 清政府杀害秋瑾,引起社会舆论的不满。当时我能接触到的人当然很少,这些人又都是守旧派不同情革命的,可是他们也不同情清政府的凶暴行为。他们纷纷议论,我从旁听取,大致是:秋瑾没有口供,按律例不应该杀没有口供的人;轩亭口是杀强盗的地方,秋瑾不是强盗,不应该到那里去杀;妇女只有剐刑和绞刑,秋瑾不应该用斩刑。不管他们议论的是什么,反正并不同情清政府。不多久浙江巡抚、绍兴知府都调走了,显然是由于社会上各种舆论的压力,清政府不得不调走这些"有功"的走狗。[①]

[①] 以上引文均据范文澜《女革命家秋瑾》,《中国妇女》1956年第8期。

范文澜作为浙东人，从学术思想的渊源说，他不能不受到历史上有名的"浙东学派"的影响。清代浙东学派，又远绍两宋浙东学者之遗绪，可谓源远流长，蕴蓄深厚，沾溉后代浙东学子。

早在东汉初，浙东大地已哺育出进步思想家王充这样杰出的学者，南北朝至唐代，有撰著《晋书》的史学家虞预，撰著《晋书》《后汉书》的史学家谢沈，撰著《易注》的经学家虞翻，编纂类书《北堂书钞》的学者兼书法家虞世南。这些人物的产生，说明中原文化早已在浙东有力地传播，并显现出越来越多的成果。但浙东地区之形成既渊源于中原文化而又具有本地区文化的特色，是在两宋时期。此时由于经济、文化发展，书院林立，讲学风气大盛。南宋时，浙江成为全国政治、经济、文化中心，堪称"人文荟萃之邦"。浙东地区产生了以吕祖谦为首的"金华学派"，陈傅良、叶适为首的"永嘉学派"，陈亮为首的"永康学派"。陈亮提倡事业功利、有补于"国计民生"的"事功之学"，他以"推倒一世之智勇，开拓万古之心胸"自许，指摘理学家只讲主观动机而空谈性理，"相蒙相欺，以尽废天下之实"①。他力主抗金，虽遭当权者嫉恨，屡次被捕入狱，却毫不气馁，出狱后志气益励，表现出为国家民族利益而无畏抗争的精神。叶适是与陈亮并称的"事功学派"。他曾任权兵部侍郎、知建康府兼沿江制置使，在对金和战问题上，主张积极图谋雪耻和恢复失地，曾成功地组织对金兵的抗击，并制定出一套防御计划，加强了两淮、江北的边防。被罢职后，以十六年的岁月究心学术，"根柢六经，折衷诸子，剖析秦汉，迄于五季"，在多方面作出建树。他在理学盛行的情况下，明确持批判态度，有力地针砭"专以心性为宗主"，主张"欲折衷天下之义理，必尽考详天下之事物而后不谬"②。叶适提倡治学要以"经世致用"为目的，"务实而不务虚"，故申言"为文不能关教事，虽工无益也"③。他重视历史的鉴戒作用，《四库提要》作者有见于此，称叶适《习学纪言》

---

① 《陈亮集》卷十五《送吴允成运幹序》，中华书局，1987年版，第179页。
② 《水心文集》卷二九《题姚令盛西溪集》，中华书局，1935年版。
③ 《水心文集》卷二九《赠薛子长》，中华书局，1935年版。

中"论唐史诸条,往往为宋史而发,于治乱通变之原,言之最悉"①。叶适研治史学还特别重视当代史的编撰,推崇孔子作《春秋》具有"用于当世以为援据折衷者"②的了不起的价值,又称赞司马迁著《史记》"序次高祖至《建元以来王子侯者年表》,示当世得失之林,正应史职"③。

南宋末,浙东有著名学者王应麟、黄震,对后世浙东学术影响尤大。王应麟,浙东鄞县人,主要著作有《困学纪闻》《诗地理考》《汉艺文志考证》,编纂有《玉海》《玉堂类稿》,及文集《深宁集》。全祖望称其治学特点为"综罗文献,实师法东莱(吕祖谦)"④。尤其在考史和辑佚方面对清代学者有很大影响。《困学纪闻》中之"考史"部分内容颇广,有对历代史籍的作者、取材、体例、版本等的考证、评论,有对史实和地理的考订,也有对事件和人物的评论。王氏辑有《三家诗考》《周易郑注》,奠定了后世辑佚法的基本路数,故被梁启超称为中国辑佚学史上的第一人,他对搜集三家诗说的重视上绍朱熹,下启清代学者。黄震,浙东慈溪人,著有《黄氏日抄》九十五卷,大部分是他读经、史及"本朝诸儒之书"的劄记。全祖望称"《日抄》百卷,躬行自得之言也"。黄百家也称"《日抄》之作,折衷诸儒,即于考亭也不苟同,其所自得者深也"。⑤《四库提要》称他治学"反复发明,务求其是"⑥。总之,宋代浙东学者根据国家社会情势的要求和学术发展的需要,创立了各具特色的学说,且互相讨论、砥砺和辩难,实在从诸多方面为后代学者提供了思想营养和启迪。

无论是从陈亮、叶适的抗金精神、民族气节和重视事功、"经世致用"的思想,还是王应麟、黄震博综文献、躬行自得、务求其是的学术旨趣和治学方法,我们都可以从清代浙东学者黄

---

① 《四库提要》卷一一七,子部杂家类一。
② 《习学记言》卷九《春秋》,永嘉叶氏刊本,1928年。
③ 《水心别集》卷五《进卷·春秋》,清同治九年金陵刊本。
④ 《鲒埼亭集》外编卷十六《同谷三先生书院记》,商务印书馆,1936年版。
⑤ 《宋元学案》卷八六《东发学案》,商务印书馆,1928年版。
⑥ 《四库提要》卷九二,子部儒家类二。

宗羲等人身上看到其影响。

清代浙东学派的开创者是黄宗羲。他在青年时代与阉党英勇斗争，嫉恶如仇，赴京用铁锥刺伤陷害他父亲的阉党奸人。清兵南下时，他组织家乡子弟为"黄氏世忠营"以抗清。复从鲁王政权，先后授监察御史、左副都御史，曾会合其他义军渡钱塘江西进，直抵乍浦。后退入四明山结寨自守，坚持斗争至南明灭亡，晚年从事著述，在经学、史学、天文历算、地理学等方面均有很高造诣。他学识极其渊博，而首先重视学术经世，所著《明夷待访录》，便是总结封建专制制度的罪恶、要求实行变革的充满战斗精神的政论。他又强调治学贵求得真知灼见，而且要重视别人的独立见解，故在《明儒学案·凡例》中申明："学问之道，以各人自用得著者为真。凡倚门傍户，依样葫芦者，非流俗之士，则经生之业也。此编所列，有一偏之见，有相反之论，学者于不同处，正宜著眼理会，所谓一本而万殊也。以水济水，岂是学问。"黄宗羲特别究心于史学，著成《明儒学案》《宋元学案》（此书系由全祖望续成），且重视当代史的撰述，著有记载南明史实的《行朝录》等九种。对于黄宗羲继续了宋代以来的学术，特别是发扬了宋代浙东学者的成就，而融会贯通，达到新的高峰，全祖望有中肯的概括："以濂（指周敦颐的濂学）洛（指程颢、程颐的洛学）之统，综合诸家，横渠（张载）之礼教，康节（邵雍）之数学，东莱（吕祖谦）之文献，艮斋（薛季宣）、止斋（陈傅良）之经制，水心（叶适）之文章，莫不旁推交通，连珠合璧，自来儒林所未有也。"[①] 全祖望所总结的黄氏继承和博采的，几乎包括宋代理学系统的所有重要学者（"濂洛之统"当然也包括朱熹和陆九渊），而特别一一道及南宋浙东五位学术名家，这对认识黄宗羲（当然也是整个清代浙东学派）学术渊源之深而广，是很有意义的。

宋代浙东学者思想营养的浇灌，清初时代环境的刺激，加上后继学者本人的创造、拓展，形成了以黄宗羲为代表的清代"浙

---

① 《鲒埼亭集·梨洲先生神道碑文》，商务印书馆，1936年版。

东学派"。继黄宗羲之后，有万斯同、全祖望、邵廷采、章学诚、邵晋涵等学者，他们的故里都在浙东，或学风相似，或有师承关系、朋友关系，故历来有"浙东学派"之称。梁启超、何炳松、钱穆等人都持这种见解。金毓黻《中国史学史》则持否定态度。笔者认为，从黄宗羲至章学诚这些学者，他们的学术，前后有一种旨趣联系着，因而显示出学派的特点。学派，不应只限于直接的师承关系，有相同的学术旨趣，并且加以发扬，就可认为是"学派"。章学诚的名著《文史通义》中，专门写了《浙东学术》一篇，对黄宗羲以下清代浙东学派的传统作了精彩的论述："浙东之学，虽出婺源（指朱熹），然自三袁（指南宋袁燮、袁肃、袁甫）之流，多宗江西陆氏（陆九渊），而通经服古，绝不空言德性，故不悖于朱子之教。……梨洲黄氏（黄宗羲），出蕺山刘氏（刘宗周）之门，而开万氏弟兄（万斯大、万斯同）经史之学；以至全氏祖望辈尚存其意，宗陆而不悖于朱者也。""天人性命之学，不可以空言讲也。……近儒谈经，似于人事之外，别有所谓义理矣。浙东之学，言性命者必究于史，此其所以卓也。""史学所以经世，固非空言著述也。……后之言著述者，舍今而求古，舍人事而言性天，则吾不得而知之矣。学者不知斯义，不足言史学也。"[1] 章学诚又极称许邵廷采（余姚人，字念鲁，邵晋涵之叔祖），邵廷采曾受业于黄宗羲，为学主于经世，重民族气节，虽穷居里巷，而其志常在天下。所著《宋遗民所知录》《明遗民所知录》，及《东南纪事》《西南纪事》，或寄托故国兴亡之隐痛，或保存南明史迹，用心良苦。其《思复堂文集》，尤显著地标出"思复明朝"的志向，且多明人传记。故综合章学诚对清代浙东学术之传统的阐释，及黄宗羲以下学者的精神和著述，我们对于清代浙东学派的旨趣，可大致归纳为三项：一是强调经世致用，主张学术要切于人事，反对空言"义理"；二是怀有强烈的民族意识，重视表彰民族气节，并重视记载当代史；三是贯通经史、博综文献。

---

[1] 均见章学诚《文史通义·浙东学术》，商务印书馆，1926年版。

至晚清，浙东学派仍有明显的影响。同治年间，平步青极注意整理乡邦文献，张岱《陶庵杂识》《三不朽图赞》，黄宗羲《南雷文定》，全祖望《鲒埼亭集》，章学诚《实斋劄记抄》，及张煌言、祁彪佳的论著，他都曾批校、整理、刊刻过。平步青所著《樵隐昔寱》卷四《答章筱同书》，是答章学诚曾孙的信，述其本人志愿为：少时，"妄以习闻先正自期"，弃官归里后，"亦思稍理旧业"。信中论浙东学术源流，云：

> 浙东学术，自东发（黄震）、深宁（王应麟）以来，远有代绪。国初黄南雷（宗羲）、万石园（斯同）兄弟及邵念鲁、全谢山（祖望）氏而下，惟令曾祖（实斋）先生，远绍独肩。先生殁，而浙东学术不绝如线。道咸间，宗涤甫观察颇以起衰自任，而接受无闻。

他对浙东学术的渊源有深刻的理解，对于章学诚所曾起过的"远绍独肩"的作用评价尤为恰当，因而希望有人对乡邦学术的传统继承和振兴，发出深沉的感慨。他还曾为全祖望《鲒埼亭集》写了一篇跋，同样充满感情地历述浙东学派的源流传统："环顾宇内，深宁、东发之学，绍述者谁？而浙东南雷、石园、思复（邵廷采）、南江（邵晋涵）、实斋诸家，渊源具在。"① 至20世纪初年及"五四"前后，浙东地区产生了一批在近现代史上有巨大影响、彪炳史册的人物，对于思想学术界影响尤大者，即有章炳麟、蔡元培、鲁迅、范文澜等人。我们从章炳麟、蔡元培的反清革命活动和民族气节（章炳麟在《訄书》等论著中对于清代政治、制度、学术又作了许多研究、论述），从鲁迅对"会稽乃报仇雪耻之乡，非藏垢纳污之地"这一古语的称扬②，都可看到清代浙东学派的深层影响。关于蔡元培深受浙东学派思想的影响，在蔡氏为反清革命奔走活动期间与之有过密切接触的黄炎培曾说过："当满清季年，国政不纲，外侮洊至，先生生长浙东，凡明清之际，黄梨洲、张苍水、全谢山诸大儒'民族思想'，亦既潜

---

① 平步青：《樵隐昔寱》卷十四《鲒埼亭集跋》，《香雪崦丛书》本，1917年。
② 鲁迅：《且介亭杂文末编·女吊》，人民文学出版社，1973年版，第126页。

接而默识之。至是感于环境之日益恶化，卓然立此为思想中心。当炎培等受学时，所以昕夕昭示，一以国家民族主义为基点。乃有'孑民'二字之更名。"①（蔡元培早年自号"民友"，至1904年主编《警钟日报》时，取《诗经》中"周馀黎民，靡有孑遗"两句中各一字，改号为孑民）而范文澜日后之所以成长为令人景仰的新史学大师，究其原因，中华传统文化丰富深厚的营养对他的培育，和时代精神对他的洗礼、引导，这两项当然是最重要的，但其中也应包含清代浙东学派的优秀精神对他的启迪。我们从范文澜称扬秋瑾等反清英雄，他对近代人民革命运动的高度评价和对残酷屠杀革命民众并以此竭力向满清主子表示效忠的大奸曾国藩的严正讨伐，他对晚清《国粹学报·史篇》呼唤民族意识和研究近代史的重视，以及他经由先是博综文献的国学家到走上将著史与民族解放的伟大事业结合起来的道路，都可以找到明显的证据。对于浙东人民来说，范文澜无疑同样是值得他们骄傲的杰出儿子。

（二）北大求学时代

1908年，范文澜于县立高等小学堂毕业，次年考进上海浦东中学堂，时年十六岁。由于县立高等小学堂教学的课程高出于当时一般的高小学堂，因此他是插班进入上海这所中学堂，而且入学后感到课业轻松，对此他曾回忆说："我们的县立小学，程度相当高，毕业时英文读完《皇家读本》第三本，文法读完'内司飞而特'第三本，算学也不算差。我投考浦东中学堂，插入二年级，还似乎有些余力。"②浦东中学校长黄炎培，后来是著名的爱国民主政治家、教育家。他是江苏川沙（今属上海市）人。1901年入南洋公学，选读外文科，受知于中文总教习蔡元培。次年中

---

① 黄炎培：《我师蔡子民先生之生平——书先生传略后》，见高平叔编著《蔡子民先生传略》，商务印书馆，1943年版，第54页。

② 《从烦恼到快乐》，《中国青年》（延安）3卷2期，1940年。

乡试举人。后返乡办小学堂,并于1905年经蔡介绍参加同盟会。1906年在川沙办浦东中学。此后任江苏谘议局议员、教育司司长、教育会副会长。黄炎培校长当时办学很有革新思想,学校奖励体育,有各种球类游戏,每天像排课程一样安排一定时间,规定学生上操场,至少必须散步。少年范文澜爱玩,是喜欢自由随意地玩,学校这样规定集体活动,他很不习惯,觉得正想读书,强迫去游戏,正想游戏,强迫去读书,读书游戏,总不合拍,这样他玩的兴趣逐渐消失了。在浦东中学堂,范文澜印象最深、最具性格化的事件是剃去长头发以表示他对满清政府的憎恨,而受到黄炎培校长的称赞,评为品学兼优的学生,对此他有详细的回忆:

> 我在小学,已经自发的憎恶满清皇帝,不知道怎么去反对他,只知道辫子是可恨的东西。每次剃头,总敦嘱理发匠剃去一圈长发。有的肯,有的不肯,日久头顶仅存烧饼那样大的一块长头发。正面看去,很像和尚。在那时候这是极不美观的。提倡质朴的校长黄炎培先生,认为我不趋时髦,值得夸奖,曾被提出算作品学兼优的学生之一。那知我这光头,多少含些"大逆不道"的意义。①

因此范文澜在浦东中学堂读书虽然只有一年时间,与黄炎培先生的关系却远比一般的校长与学生之间深得多,直到四五十年代他们都成为社会知名人士以后,俩人仍然保持着非同寻常的关系。

次年,范文澜转学到杭州安定中学堂。在安定中学堂三年的生活中,他印象深刻的两件事,一是星期日经常陶醉在西湖幽深的山林、美丽的景色之中,二是曾为辛亥革命的爆发欣喜若狂:

> 安定管理宽松,功课也不紧,我感觉很"自由"。星期日照例跑西湖,既不进茶楼坐赏风月,也不泛小舟追慕少艾,我却有独自的目的。说来可笑,小学时代,读《桃花源记》《鲁滨孙飘流记》及其他神仙小说,给我强烈的印象,

---

① 《从烦恼到快乐》,《中国青年》(延安)3卷2期,1940年。

曾几次计划找荒岛去。西湖山深林幽，使我幻想桃花源也许不远，神仙可能碰见。辛亥革命爆发学生们高兴得像疯狂一样，我也被"共和"这个名词全身麻醉了。像我这样落后得想求神仙的学生，一遇革命，就直觉地拥护赞成，证明任何愚民教育，掩不住青年爱好前进的热情。

中学四年，没有学得什么。现在回忆，那些是中学教育给我的东西呢？我想，只有西湖跑的次数算不少。

所以他在回忆文章中称自己是"游荡的中学生"。这段时期，他还经常读章太炎的文章和《国粹学报》，思想上深受影响。

中学毕业，范文澜依照叔父的嘱咐，报考北京大学，于1913年入北大预科。次年转入北大本科国学门，至1917年毕业。在北大四年，是范文澜打下做学问基础和考察其思想发展的重要时期，可惜能搜集到的材料不多，主要靠范文澜前后作过的简短的回忆，更具珍贵的史料价值。《从烦恼到快乐》中专写了"到北京去"一节，回忆当时情景如此：

我叔父在河南，拍电报来教我考北京大学。北京大学的前身是虚名颇大的京师大学堂，一般认为很难录取。我冒险去上海应文预科考试，自觉卷子写得不成模样，录取绝无希望。我叔父鼓励我，仍教我去北京进私立大学。我去北京，表弟许君在车站接我，说我已经录取了。一刹那间，我的心境在不露形色中震动了一下。

文预科几乎专读外国文，中史（中国史）、中地（中国地理）、国文都在下午上课，而这些课学生照例是"藐视"的。"上东安市场去"是午饭时候热烈的提案。四五人里推选一人上课，其余畅玩东安市场去了。教员低着头点名，"被选上课人"发各种不同声调的"应卯"。真不愧是"公开的秘密"。

我从预科转到本科，功课好像更专门了，而用功好像更不需要了。军阀混战，政治污浊，学校腐朽，学生醉梦。这是"五四"运动大风暴前的寂静时代，我生性迟钝，而又正沉溺在训诂考据的圈子里,并不知道"五四"的快要到来,只感觉得百无聊赖罢了。我曾向佛经找出路,读了相当数量的佛经,《大乘起信论》是随身密伴,"趺跏而坐"是日常功课。我虽然迷信学佛,可是反对学校不合理的措施,却无所顾虑,因此几乎被斥退。

"五四"以前两三年,我算是毕业了。学得些什么呢?学得些"头脑顽固",一切都立在腐旧方面,我那时候深信天下学问只有"好古"一家,别无分号。所以曾跟古文经学家摇过旗,曾跟"选学妖孽"呐过喊,现在想来,真是觉得惭愧。

关于考入北大和在北大学习的往事,范文澜在新中国成立后还曾对助手作了如下回忆:

> 我小学是在绍兴念的,后来到上海念浦东中学。那时同学有九个人。有八个人都得了软骨浮肿病,肿到胸部,有一个人死了。只有我没有得这个病。当时去日本的很多,我的同学陈建功等人都去了日本。我也很可能去。那时去,不要花钱。我来北京,很偶然。我在上海考得很不好。卷子都是用英文,不过可以带字典。我想一定考不上。那时我叔父在北京,叫我一定来北京念书。他当时有些维新思想,主张考不上北大,还可以上国民大学(中国大学的前身),那是国民党办的,在当时算作维新。我来北京时,碰上我表弟(按,据上文,应是表弟许君在车站接我),说我已考上北大了。
>
> 那时北大的教员,我们前一班是桐城派的姚永概。我们这一班就是文选派了。教员有黄季刚(黄侃)、陈伯弢(汉章)、刘申叔等人。辜鸿铭教西洋史,其实根本不讲课,上课就骂洋人,说只有中国才是礼义之邦。那时北大有点"百家争鸣"。姚永概上课宣传桐城派,骂文选派。黄季刚上课就骂桐城派。

当时北大的学生良莠不齐。"他当时住在景山东街北大西斋宿舍,一排排的平房，中间隔成小间，彼此不隔音。他经常读书到深夜，隔壁的同学却常在夜间打麻将牌，使他不胜干扰。他有时忍耐不住，便敲敲墙壁，说：'喂！喂！天不早了，该睡了。'对方却回答说：'快了，快了，再有四圈就完了。'"①

在以上材料中，范文澜对当时北大学习情景的回忆是真切的，他对自己受到国学家深刻影响的描述是坦率的，所作的自我解剖是严格的。此中，有三点需特别予以论及。

一是当时社会的污浊和学校的腐朽。辛亥革命的果实被袁世凯篡夺之后，清朝倒台、民国成立曾经带来的一些新气象，很快烟消云散，国家处在袁世凯之流的反动军阀统治之下，成为政治黑暗、社会空气极度恶浊的一段时期。当时的北京大学，也依旧嬗继昔日京师大学堂的腐败气习。学生到校并非为求学问而来，而是为混个资格，以后可到北洋军阀的衙门里求个一官半职，故旧北大被称为"官僚养成所"，这种情形一直延续到蔡元培于1917年初任校长、着手改革学校之前。正如蔡校长所说：学生入学，"仍抱科举时代之思想，以大学为取得官吏资格之机关。故对于教员之专任者，不甚欢迎。其稍认真者，且反对之。独于行政司法界之兼任者，虽时时请假，年年发旧讲义，而学生特别欢迎之，以为有此师生关系，可为毕业奥援也"②。蔡元培接长北大之后，正是针对这种腐败情形，而大力进行整顿和改革的。他"首先着重改变学生科举时代的旧观念"③。蔡在其就职演说中，即对此一往日积弊最深者大加针砭，指出由于学生有做官发财思想，故毕业预科者，多入法科，入文科者甚少，入理科者尤少，盖以法科为干禄之终南捷径也。学校制度混乱，学术空气稀薄，学生在"讲堂之外，又没有高尚的娱乐与自动的组织，遂不得不

---

① 以上均据蔡美彪《旧国学传人　新史学宗师——范文澜》，见《名人与北大》，北京大学出版社，1998年版，第425—426页。
② 蔡元培口述：《蔡元培先生传略》，《蔡孑民言行录》（上），新潮社，1920年版，第26页。
③ 周天度：《蔡元培传》，人民出版社，1984年版，第91页。

于学校以外，竟为不正当的消遣"①。因此他在就职演说中勉励学生三事：一、抱定宗旨；二、砥砺德行；三、敬爱师友。强调指出：大学是研究学问的机关，"大学学生，当以研究学术为天职，不当以大学为升官发财之阶梯"。因此，学生必须抱定宗旨，为求学而来，非为做官，非为致富，"宗旨既明，自趋正轨"。为了转变旧风气，引导北大学生对读书和研究学问发生兴趣，蔡元培推行了诸项卓有成效的改革：充实教员阵营，吸收进步学者；提倡"思想自由，兼容并包"；鼓励学术研究，提倡社团活动；实行学制和体制的改革。由于蔡元培实施了这些意义重大的改革，"才使北京大学洗刷了旧积垢，面貌为之一新"，并终于成为五四运动的摇篮和中心。②范文澜进北大以后，大部分时间是在实行整顿和革新之前度过的，处在弊病丛集的环境中，却能一心问学，这比起周围一些满脑子升官发财、平日里游手好闲的朋辈，显然是一个特殊的好学生，因而才能在学术上打下深厚的根基。

二是应当怎样看待范文澜当年沉浸在训诂考证路数的利弊得失。

北大文科，自清末至民国初年，一直是桐城派古文家占据优势。先是桐城派著名领袖吴汝纶当了京师大学堂总教习，请了桐城派文人林纾、陈衍等到大学堂当经文科教员。此后严复被任命为北大校长，兼任文科学长，姚永概这位桐城派人物即为他所聘请。1914年8月，夏锡祺被委任为北大文科学长，他聘了黄侃、马裕藻、沈兼士等章太炎一派学者来任教。"黄侃挺身崛起，打破桐城派的学风，主张起晋宋之文，一时靡然成风，音韵考据之学大盛。"③范文澜在北大国学门师从的老师，主要是黄侃、刘师培、陈汉章。黄侃（1886—1935）湖北蕲春人。20世纪初年，东渡日本，参加同盟会。章太炎任《民报》主笔时，黄经常撰稿，并拜章为师。章对其颇为器重，悉心授以小学、经传。回国后，

---

① 蔡元培：《就任北京大学校长之演说》，《东方杂志》第14卷第4号，1917年4月15日。
② 周天度：《蔡元培传》，人民出版社，1984年版，第91—124页。
③ 周天度：《蔡元培传》，人民出版社，1984年版，第93页。

又佩服刘师培在经学上的造诣,遂再拜仅比他年长两岁的刘师培为师。此后,专力从事小学、经学、考证的研究。刘师培(1884—1919)江苏仪征人,字申叔,出身于朴学世家,曾祖父文淇、祖父毓崧、伯父寿曾三代治《春秋左氏传》及其他经史考证之学,刘文淇所撰《左传旧注疏证》最为有名。刘师培于1903年在上海结识章炳麟、蔡元培等爱国学社成员,遂赞成革命。次年加入光复会。1907年赴日本,加入同盟会。1908年为夺取同盟会干事职权,提议改组同盟会本部,被拒,遂变节。1909年,为清廷两江总督端方收买,入其幕。1915年追随杨度,参加发起"筹安会",拥护袁世凯称帝。1919年初,蔡元培在北京大学实行"学术兼容并包"的宗旨,因其在经史考证之学有深邃的研究,聘为文科教授。陈汉章(1863—?)字伯弢,浙江象山人,清末名举人,学问以渊博见称。时在北大文科讲授《中国哲学史》课程,据听讲者之一顾颉刚所述,"他是一个极博洽的学者,供给我们无数材料,使得我们的眼光日益开拓,知道研究一种学问应该参考的书是多至不可计的。他从伏羲讲起,讲了一年,只到得商朝的《洪范》"①。

范文澜在北大受这三位老师的影响是很大的,加上他本人的刻苦努力,他在经史考证方面打下了深厚的根基。他在大学毕业之后八年,于1925年即撰成第一部著作《文心雕龙讲疏》,而后又在此基础上,经过改撰,成《文心雕龙注》这部很受学术界称誉的力作,便是显证。黄、刘、陈三位都属古文经学派,他们承受的学术传统是深远的。古文经学派在汉代即已形成。其优点,是崇尚实事求是,重史实、重考证,尤擅长文字训诂、辨析古义。至清代乾嘉年间,由于特殊的社会条件和学术的演变,出现了许多专门从事文字音韵、考订史实的学者,由考经与考史,形成汉学或朴学极盛的局面,诸如戴震、钱大昕、王鸣盛、赵翼、段玉裁、王念孙、王引之,以及刘师培之曾祖父刘文淇,章炳麟的老师俞樾(俞氏年代较后)等人,就是其中最著名的学者。乾

---

① 顾颉刚:《古史辨自序上》,商务印书馆,2011年版,第49页。

嘉朴学家形成了一套严密的考证方法,形成了搜集和处理史料的很有特色的方法,简单来说,就是实事求是,无征不信,广参互证,追根求源。这套方法不惟使传统考证学达到高峰,而且很符合近代科学方法。因此,20世纪以来一些著名学者,如章炳麟、王国维、胡适、顾颉刚、陈垣、陈寅恪等人,都很推崇乾嘉学者的考证成果和方法,他们根据20世纪学术演进提出的课题,继承了乾嘉学者的严密考证方法而发扬光大之。考证之学既然在20世纪还有如此巨大的影响力,范文澜又是在新文化运动高潮到来之前就读于北大的,他师从黄侃、刘师培这些学者,服膺他们的训诂、考证之学,以至完全沉浸于其中,这是可以理解的。而且他由刻苦钻研而深有体会,被视为高材生,其勤苦向学的精神,也是值得钦佩的。他一直到大学毕了业,仍然保留这种心境,决心当这些国学大师的传人:

> 我在大学里,被"当代大师"们"谬奖",认为颇堪传授"衣钵",鼓舞我"好自为之,勉求成立"。我那严肃可怕的父亲,看我写的什么"考"什么"篇",也颇改变态度,宽加辞色。我那和蔼可亲的叔父,更是奖勉有加,教我努力上进。我似乎有了自信力了,"追踪乾嘉老辈",成为全部生活的惟一目标。①

考证学派曾在学术上取得巨大的成就,严密考证方法有科学的因素,历史研究者必须以熟悉史料、钩稽搜集史料作为基本功,把充分占有材料、务求将基本史实考订准确,力戒腾空立说、证据不充足立说和人云亦云——这无疑都是正确的,正是在这些意义上,我们反对轻视考证的态度。并且认为,单纯作认真、严密的考证,只要材料可靠,言之成理,也有独立存在的价值。但这些只是事情的一方面。另一方面,搜集材料和深入考证只是做学问的基础,历史研究还有更重要的目的,即在大量材料的内在联系中去探求一个时期社会的特点,弄清重大事件的来龙去脉,从中总结出治乱盛衰的道理,考察时代嬗变的轨迹和法则,以求得对

---

① 《从烦恼到快乐》,《中国青年》1940年第2期。

当今社会的有益教训，以帮助推动时代前进。这些应是学术研究更高层次的工作。所以，考证功夫和探求史实间的内在联系，二者应交相为用，缺一不可。轻视考证，将导致学风空疏；相反地，视考证为全部目的，将造成眼界狭窄。五四新文化运动起来后，越来越多的有识之士认识到做学问有更高的目的，认识到为了推进"民主"与"科学"思想的传播，要冲破千百年来古文经学派造成的思想藩篱。在运动达到高潮时，有的人态度更加激烈，钱玄同在《新青年》发表一篇通信，指斥先后霸占北大文科讲坛的两派学者为"桐城谬种""选学妖孽"，其言词显属偏激，但其要求学术文化进入新境界的大方向则是正确的。此后范文澜经历二十余年多方面的社会实践和学术实践，达到了唯物史观的崭新境界，把自己的学术与社会进步、民族解放密切结合起来，重新审视当年"沉溺于训诂考据圈子里"的经历，作了严格的自我解剖，这正是他思想和学术产生飞跃的表现。1949年五四运动三十周年时，他所撰写的纪念文章还表示自己的追悔："我在'五四'运动前后，硬抱着几本经书、汉书、说文、文选，诵习师说，孜孜不倦，自以为这是学术正统，文学嫡传，看不起那时流行的白话文、新学说，把自己抛弃在大时代之外。后来才知道错了！错了！剑及履及般急起直追，感谢时代不抛弃任何一个愿意前进的人，我算是跟上时代了。想起那时候耳不闻雷霆之声，目不睹泰山之形，自安于蚯蚓窍里的微吟，如何不后悔呢！"①他从决心做古文经学大师的传人，认为追踪"乾嘉老辈"为全部生活的惟一目标的国学家，到成为在广大民众中产生了无比广泛影响的马克思主义史学大师，这一经历在20世纪前期的学人中是很典型的，也是极大的成功。实际上，他在北大打下的深厚国学根柢又成为他日后取得杰出成就的基础。对此，周恩来的一段评论是很恰当的："（'五四'运动前后，）他就专门研究汉学，学习旧的东西。但是当他一旦脑子通了，对编写中国历史就有帮助，就可以运用自如。"②

三是，范文澜当时因社会黑暗、学校腐败而陷入苦闷，于是

---

① 《范文澜历史论文选集》，中国社会科学出版社，1979年版，第207页。
② 《周恩来选集》上卷，人民出版社，1980年版，第333页。

向佛经找出路，迷信学佛。他读了相当数量的佛经，这段经历，在学术上的意义是：他以后在《中国通史简编》中严正批判历史上佛教迷信盛行造成的严重祸害，是结合自己的亲身体验进行的，较之局外人的批判更能打中要害，故其学术价值更应引起人们的重视。

范文澜在北大求学时，鲁迅在北京教育部任职，住在宣武区山会邑馆（即绍兴会馆）。暑假中，范文澜常常去看望这位比自己年长十八岁的同乡前辈。范文澜曾在纪念文章中忆及当日的情景：

> 民国初年，他在教育部做佥事，单身住在北京南半截胡同山会邑馆槐树院（好像长班叫做槐树院，记不清了）。暑假期中，吃罢晚饭，我同一位表弟许君，照例散步到槐树院去。我们走到的时候，他也照例正在书桌上吃晚饭。一小桶饭，一碗自己炖的肉，一碗汤，好像从不改换菜蔬似的。他对金石学兴趣浓厚，所谈的无非碑帖之类，我们年轻，听了等于不听。天快黑了，我们就告辞回去。一个暑假，几乎天天如此，很少见他出门去应酬，也没听说他有打牌逛胡同那些官僚该做的行事。①

新文化运动高潮掀起，鲁迅成为新思想的闯将，当时范文澜对此却很不理解，感情疏远了："《新青年》时代过了，接着是《语丝》《现代评论》争霸时期。我那时受老师宿儒的影响，想把汉学的训诂考据和宋学的性命义理融成一片，希望做个沟通汉宋的学者，对那些新思潮，认为没有多大道理。因此，心理上同当时所谓新人物疏远起来。但是经过颇长时期以后，我觉得老师宿儒，虽然学问方面有可以佩服的地方，行为却不必看与议论符合。我不便也不愿举出实例，总之，凡是口头上说些道德伦常或装扮得俨然道貌，望之肃然的人，细细查究一番，十之十被我发现人欲横流，出人意外的不道德行为。于是我灰心了，所谓满口

---

① 范文澜：《忆鲁迅先生》，《风雨》1937年第6期。

道德仁义的老师宿儒，只是披一身吓人的道袍而已，肌肉上未免汗垢累积，到澡堂子好好洗刷一番才成。我重新想起新人物中至少像鲁迅先生的言行一致怎样也找不出使人怀疑的地方来。怪不得他有资格奋笔教训别人。我对被教训者的同情心，不由得移到教训者方面了。"①范文澜重新认识鲁迅是以后的事，当时他甚至认为鲁迅走错了路："我决定选择教书做职业，从民国七年起，一直教下去，宣讲我的'好古'之学。'五四'运动没有打动我的'好古'根基，我不赞成白话文，我甚至荒谬到替鲁迅大师惋惜，以为他'离经叛道'、'走错了路'，因之偶到北京，不再专诚谒见他。"②在"五四"新文化运动逐步高涨面前，范文澜陷入思想矛盾之中：他对国势日颓，痛心疾首，但"没有感觉到《新青年》所提倡的新思潮，是一条真出路"；他拒绝与守旧的师友合在一起撰写反对新思潮的文章，但又自行其是，不愿与革命亲近。③

　　1917年夏范文澜在北大毕业后，经叔父介绍，给校长蔡元培当私人秘书。两人既是师生，又有乡谊，关系融洽。但范文澜一向专心向学，缺乏应对社会事务的经验，加上蔡元培要的是语体文，他却习惯于写文言文，所以半年后辞去秘书的职务。④此半年中，他还在北大文科研究所国学门做研究员，继续进修。当时的北大文研所由本校文科毕业生自愿入所做研究员。在校的本科高年级学生经主任教员认为合格，也可以入所。范文澜在本科毕业前已在该所研习。毕业后和他同在文研所的本科生，有三年级的冯友兰，二年级的傅斯年、俞平伯等。担任文研所国学门各研究科目的教员，音韵是钱玄同，训诂是陈汉章，文字学是黄侃，文学史是刘师培、吴梅（瞿安）等人。在文研所期间，范文澜继续得到诸位名师的指点与熏陶。⑤

---

　　① 范文澜：《忆鲁迅先生》，《风雨》1937年第6期。
　　② 《从烦恼到快乐》，《中国青年》1940年第2期。
　　③④ 参见徐曰彪、朱瑞熙《范文澜传略》，《中国当代社会科学家传》第十一辑，书目文献出版社，1990年版，第154页。
　　⑤ 参见蔡美彪《旧国学传人　新史学宗师——范文澜》，见《名人与北大》，北京大学出版社，1998年版，第426页。

1917年11月,范文澜去河南汲县叔父处与戴冠芳女士结婚,离开了北大。婚后夫妻感情融洽,相敬相爱,从此相伴走完整个人生历程。戴冠芳是浙江宁波人,出生于1892年,1966年逝世。

1918年,经许寿裳介绍,范文澜到沈阳高等师范学校教课半年。下半年到河南汲县中学任教,继续在此教书三年。到1921年,经叔父介绍在上海浙江兴业银行任统计员。他不满意这个职业,不久即辞退。

(三) 在南开

1922年至1927年,是范文澜人生道路上的重要阶段。在这段时间,他由一名青年学者成长为国学名家,而在思想上,他经历了意义重大的转折,由一个"好古"是求的教师,转变成为一个把自己的生命与为民族解放而斗争的伟大事业结合起来的进步教授。

这极不平常的五个春秋,范文澜是在南开度过的。他辞掉在上海的银行统计员工作后,于1922年夏,应聘到由张伯苓任校长的天津南开学校任教。先是担任中学部国文教员,又是教务会议成员和初三(6)班辅导员,同时被学校国文委员会举为"中学六年国文计划书"起草员。以后又担任高三(1)班辅导员,教高三国文,并当选中学部师生校务研究会代表。[①] 在中学部任教外,他又在大学部兼课,讲授大学预科及二年级国文。1924年起,范文澜任大学部教授,讲授文科二年级国文(必修课)。南开大学校史资料所保存的一份《文科学程纲要》(1925—1926年)对范文澜授课内容作了清楚的记载,共开设三门课程:

1. 史观的中国文学 以文学史为主体,附选历代诗文名著以资例证,俾学生于各时代文学状况,得有明白具体之概念。课

---

① 南开大学校史编写组:《南开大学校史》,南开大学出版社,1989年版,第25页。

本：自编。

2. 文论名著　拟读《文心雕龙》《史通》《文史通义》三种。《文心雕龙》为重要，尤宜先读。课本：范文澜《文心雕龙讲疏》。

3. 国学要略　分《群经概论》《正史考略》《诸子略》三部，其目的在使学生明悉经史诸子的源流得失，考证不嫌稍详，条理务求昭晰，为探研高深者示途径焉。课本：自编。①

范文澜还在《南开季刊》发表论文《周秦传记诸子引诗考略序》《理想之兵制》。同时，应顾颉刚之邀，参加组织朴社（社址在北平），编辑出版书刊。范文澜与顾颉刚、钱玄同等五四时期著名疑古派学者的关系，还可从以下一件事情看出来。1929年，是顾颉刚父亲六十寿辰，钱玄同、范文澜、魏建功等商议发起为顾老先生送寿屏之事，共推由范文澜撰文，因大家同称他是古文高手。此事见于钱玄同给魏建功书札的墨迹。钱玄同于1929年端午节写信给住在东皇城根翠花胡同的魏建功，信云："天行兄：顾封翁之寿礼，我想最好的确还是以送寿屏为宜，而且最好还是请仲沄撰文，弟当尽写字之责。请与仲沄商之。送的人，则范、魏、马（廉）、钱四人为已知者。此外如有欲加入者，当然更好。"钱玄同五四时期与顾颉刚共倡疑古思潮时，自号"疑古"，在此信中改署"疑言"，当是取"疑古人之言"的意思，信末题"他们的端午"，是端午节所写。因自己是新人物，不愿过旧历的节日，"他们"则指守旧派。范文澜所撰的这篇寿序，极力称扬顾颉刚古史辨伪的成就为有推倒偶像之功：

> 书不可尽信，孟子于《武成》取二三策而已。秦氏燔书，旧典零落。两汉经师蔚起，攟摭焚余，笃守残缺，缀葺不遑。黠诈者蹈隙作伪，苟便私意，淆乱弥甚。自是以来，沿为风习，烟瘴蔽塞，不可清梳。顾君颉刚，专精国学，辨正古史，推压偶像，剥剥神哲。非立异以鸣高，将求理之安

---

① 王文俊等编：《南开大学校史资料选》，南开大学出版社，1989年版，第195页。

切。故好之者，比之执锐陷坚，学林之骁将；而墨守之士，则相视骇愕，大以为怪。顾其人实恂恂懿雅，不以锋棱震物。凡与之游者，见其心意诚挚，久而益亲，知其必有世德积善，所以涵泳陶铸之者甚厚。与夫器小易盈，衒奇诪众者，殆不可同日语也。今年春，颉刚自粤北来，友好留居旧都者，闻其至，皆欣欣然走访无虚日。高谈今古，备及身世。得备闻其尊人子虬先生硕德美行，而后知曩之忖度果信。①

寿序落款恭祝者有：马裕藻、马衡、范文澜、董作宾、钱玄同、刘复（半农）、徐炳昶（旭生）、周作人、陈垣、沈兼士、魏建功。寿序中评价顾颉刚古史辨伪，为冲破旧说之雾瘴，以求理之安切，当主要是反映了钱玄同的观点，并得到范文澜、魏建功等人的赞同。撰写寿序是范文澜后来转到北京的事，特附于此述及。

1925年6月5日，范文澜参加天津各界人民声援"五卅"惨案的示威游行。次年，他在南开大学加入中国共产党②。1927年初，范文澜在北京会见李大钊。此后，因他"在课堂上和学生接触时，常谈国外国内大势和共产主义"③，为天津反动当局所注意。

范文澜到南开的五年，正值他"三十而立"前后。短短几年中，他从一个原先以"追踪乾嘉前辈"作为全部生活的惟一目标，两耳不闻窗外事的考据学者，到同爱国民众一起走上街头、高呼打倒帝国主义口号，并且在课堂上向学生讲革命道理的地下党员，变化是如此的巨大、迅速，简直使人难以置信。而范文澜

---

① 钱玄同信札及寿序，均转引自牟润孙《海遗杂著》，香港中文大学出版社，1990年版，第323、325页。

② 据《南开大学校史》"爱国民主运动的新发展"一节载："当时，南开大、中两部党的工作，由中共天津市委书记傅茂公（彭真）直接领导。南开大学多与范文澜接头，南中多与郑伯桥（林枫）联系。"按，关于当时南开大学地下党组织与上级关系的准确情况，尚待有更多的材料证实。但据潘汝暄先生谈，范老在生前曾和他讲过，在延安时，彭真曾到范文澜夫妇家中作客，彼此关系熟稔（见潘汝暄1997年3月18日对作者的谈话记录）。

③ 《范文澜同志生平年表》"1927年"条，《范文澜历史论文选集》附录，中国社会科学出版社，1979年版，第351页。

正是在这里,在南开,改变了他人生的航向,从此走上学者兼革命者的道路。我们必须结合当年南开大学的办学特点和时代气氛作一番考察,才能揭示出范文澜一生这一重要转折的深刻意义。正如研究南开校史的专家梁吉生所说:"当时南开有个一般学校(公立、私立)所不能企及的环境,教师间有许多活动,教师与学生间有许多活动,不但造就了学生而且重塑着老师。没有这些总体把握恐怕难对而立之年的范老有准确的把握,也难全面认识和理解范老由青年走向中年的心路。"①

南开大学系由近代著名教育家张伯苓于1919年夏天创立,而它所赖以发展的基础则是创立于1904年、由张伯苓任校长的私立中学堂。张伯苓(1876—1951),天津人,出身于穷苦塾师家庭。十三岁以优异成绩考入天津北洋水师学堂驾驶科,校长是近代西学的出色传播者严复。张伯苓"在这里,最早受到了向西方学习的时代潮流的冲击,受到了比较正规的新式教育的训练,学到了比较系统的科学文化知识,并对外国教习的教学方法和严复的学堂管理留下深刻印象",从而"为他后来变革传统教育提供了借鉴和武器"。② 张伯苓在创办教育期间,先曾两次到日本参观、考察举办新式教育的经验,后又曾由美赴欧考察教育,且曾到美国哥伦比亚大学研修教学三个月之久,③ 因此张伯苓是中国近代教育史上对欧美、日本教育制度了解最多的大学校长之一。他本人具有强烈的爱国精神和坚韧创业、开拓进取的性格,目睹国家贫弱落后、民族前途危险,他抱定教育救国的崇高目的,要服务于对国家、社会的根本改造:"今之教育目的,在谋全社会的进步。""在以教育之力量,使我中国现代化,俾我中国民族能

---

① 梁吉生先生致作者信,1997年4月20日。
② 梁吉生:《张伯苓教育思想研究》,辽宁教育出版社,1994年版,第7—8页。
③ 张伯苓于1903年暑期赴日本参观大阪博览会,并参观学校教育。1904年5月底,又专程赴日本参观小学、师范学校、幼儿园、高等工业学校等,历时三个月。1908年,以直隶省代表身份赴美国参观博览会,并考察欧美教育,翌年1月由英返国。1917年8月,赴美国入哥伦比亚大学师范学校研究部研修教育,被授予荣誉奖学金,至11月回国。

在世界上得到适当地位,不致受淘汰。"①他对比了西方近代教育和中国旧式教育的优劣,对比了英美教育制度与日德教育制度的不同特点,经过他不倦的探索,形成了一套适合中国国情的教育制度和管理体制,形成了南开求实精进的教学内容和优良的校风。

张伯苓缔造和培植的南开教育,体现出近代科学和民主精神,有效地培养了学生的创造能力。1951年9月,周恩来在向京津学校教师讲话时,特别讲到他三十多年前在南开读书的感受,说:"我在南开中学读书获得了一些科学文化知识和办事能力,这是我应该感谢南开的。"著名物理学家、台湾前"中央研究院"院长吴大猷曾专门以《十年的"南开"生活》为题著文,强调他自十四岁至二十四岁整十年间在南开的生活对于他一生事业的重大意义:"'南开'是我生命中愉快的一段——是觉得有光明前途和希望的青年时期。""我个人则获得英文、数学、物理、化学的基本训练,最重要的是养成了对科学的志趣,对事物的识别能力和完全自立、不求人的习惯。这十年间,有形无形地决定了我后来五十年的生命。"

在教学上,当日南开首先强调和重视科学教育。张伯苓从自己亲受的教育和社会实践、出国考察中深深体会到,要改变中国的落后和民众的愚昧,提倡科学是当务之急,他说:"苓当办学之初,即竭力提倡科学,其目的在开通民智,破除迷信,藉以引起国人对于科学研究之兴趣,促进物质文明之发达。"当时美国哈佛大学校长伊利奥博士来校参观,亲见学校理化生物仪器的完备、整洁,深为惊叹。②学校除重视结合课堂教学做实验外,还组织学生出外采标本,或参观工厂、陈列馆等,如参观电厂、唐山煤矿。南开的主要学科所学的内容多而且深,对学生要求很严,考试严格,实行淘汰制,从而使学生打下宽厚扎实的基础。同时又反对读死书,主张生动活泼地学习。张伯苓把培养学生的

---

① 梁吉生:《张伯苓教育思想研究》,辽宁教育出版社,1994年版,第48页。
② 梁吉生:《张伯苓教育思想研究》,辽宁教育出版社,1994年版,第53页。

创造力作为教育的主要目的之一，反对旧式教育的死记硬背，他说："只知道压迫着学生读死书的学校，结果不过是造出一群'病鬼'来，一点用处也没有。"① 在学校倡导下，学生课外学会、团体很多，有国文学会、英文学会、数学研究会、科学研究会、生物学研究会、演说会、体育会、唱歌会等。② 学校还较经常地邀请社会名流、学者来校讲演。如梁启超、蔡元培、胡适、李大钊、陈独秀、吴玉章、李石曾、范源濂、顾维钧、陶行知、梁漱溟等，都曾到校发表演讲，使学生开阔眼界，从多方面得到启迪和激励。

张伯苓校长十分重视从全国范围内物色优秀的大学毕业生当教师，以及聘请归国留学生，建设一支精干、优化的教师队伍。当日南开教师队伍平均年龄三十多岁，充满活力。南开是私立学校，养不得闲人、懒人，教师要做到"高利用率"，工作量都比较大，这样的环境也使青年教师更加得到锻炼。为了切实提高教学质量，学校采取了一系列有效措施。"首先加强教材建设，各科推举业务水平高、教学经验丰富的教员，组成各该科教学委员会，编选教材，草拟教学计划书。教材的选编注意摒除封建糟粕，充实科学新鲜内容。……张伯苓一方面整顿国文教师队伍，坚决辞退思想颓旧的教员，一面增聘思想前进，有新知识的教师，学校还贴出布告欢迎全校师生推荐国文教员，陆续新聘罗常培、范文澜、老舍等人，由他们选编的国文教材，明显增加了新文学和新翻译文章。其次，推行教学大纲制，每个学科都要从本校实际出发，制定教学纲要，其中包括教学旨趣、各级标准、教学课时、教学内容、教学要求等。各科教师经常讨论教学内容，检查教学大纲的执行情况。张伯苓还规定每星期三晚上为教改例

---

① 《南开校友》，第1卷，第8、9期。转引自梁吉生：《张伯苓教育思想研究》，辽宁教育出版社，1994年版，第59页。

② 南开还有很好的话剧团，"校中每届周年纪念日，例演新剧，以志庆贺"。师生自编、自导、自演，因演出有多出好剧目而声震平津。著名戏剧家曹禺（万家宝）1922年考入南开中学，1928年毕业后入南开大学，他的戏剧生涯从参加南开业余剧团开始。南开的体育运动也十分活跃，南开的选手多次在天津、华北、全国和远东运动会上取得优异成绩。南开的篮球队曾在上海打败远东运动会冠军队菲律宾队。

行会议,他亲自参加、了解各科教学进程,讨论改进教学的方法。"① 还开展听课、观摩活动,互相学习,取长补短,甚至组织教师到外校听课学习。

范文澜到南开后即任教务会议成员,并负责"中学六年语文计划书"起草工作,实际上也置身于教学改革的中心,这对于他通过教学实践提高自己是很大的促进。到南开甫年余,即在备课讲学的基础上,完成了《文心雕龙讲疏》一书的撰写。当时梁启超也在南开大学兼课,② 张伯苓校长将范的书稿交给他一阅,他看后大加赞赏,热心地为范书写了一篇序,褒扬此书"征证详核,考据精审"。梁氏当时是享誉海内的学术大师,对书稿作了这样高度的评价,对范文澜是极大的鼓励。此书遂很快于1925年10月1日由天津新懋堂印书馆出版。《南开周刊》第一卷第五、六号(1925年10月17日)刊登了署名寿昀所写《介绍范文澜著〈文心雕龙讲疏〉》一文,云:

> 只要是打算研究中国文学的人,谁不知道看《文心雕龙》,还用着我来介绍——说费话!不过这部书虽然是有价值,然而没有好注本。现在通行的黄注本,我实在不敢恭维:不但疏略,还有错误。我曾上过它好几次的当;想读过它的朋友也许有同感吧!以这样有价值的名著,而得不到好的注本,是多么讨厌的事!
>
> 本校教授范仲沄先生也许是看到这步,所以费了一年多的功夫"旁搜博引",仔仔细细地著成一部"讲疏"。他这部书,我曾经读过一遍,虽然不敢过于恭维,认为是"尽美矣,又尽善也!"但是敢负责任地说,这部书实在比通行的注本好得多。我们读他这部书,旁的好处都不算,至少也可

---

① 梁吉生:《张伯苓教育思想研究》,辽宁教育出版社,1994年版,第68页。
② 梁启超于1921年应邀参加私立南开大学三周年校庆,发表演说祝贺。嗣后即应聘在校举办讲座,讲授《中国历史研究法》,学校规定文、理、商三科必修。1923年7月,梁又应聘主讲南开大学暑期学校。1924年春又讲学南开,课程为《清代学者整理旧学之总成绩》。梁启超曾一度向张伯苓表示愿主持全部文科工作。他还有在南开创办东方文化研究院的设想,但因计划太大,未能实现。

以减少好些翻书的麻烦，经济了好些时间。所以朋友们，要是你们的意见同纪老先生一样，以为"读文心雕龙者，不患不知此……"，那我这话又算白说了；如若不然，那就虔诚的请你们赶快买读这——《文心雕龙讲疏》。①

范文澜的第一部著作，就是在南开这种"求实精进"的学术环境中问世的，这对范文澜一生的学术事业来说，无疑是大事件。②尔后，他在南开大学文科二年级担任国文课所编撰的《群经概论》《正史考略》和《诸子略》，至30年代初也作为范文澜系列学术著作正式出版，由此使他成为一位国学名家。当年南开因其教学的高质量和良好的校风，学生中培养出像周恩来、马骏、邓颖超、陶孟和、曹禺和吴大猷、陈省身、吴大任、吴国桢等一大批知名人物。③而当年在任教的青年教师中，因南开良好的学术环境而得到发挥才华、增进才华的机会，继续成长而最后成为名家者，也为数不少。吴大猷曾精彩地论述南开的这一重要特点："南开在声望、规模、待遇不如其他大学的情形下，藉伯乐识才之能，聘得青年学者，予以教研环境，使其继续成长，卒有大成，这是较一所大学藉已建立之声望、设备及高薪延聘已有声望的人为'难能可贵'得多了。前者是培育人才，后者是延揽现成的人才。我以为一个优良的大学，其必需条件之一，自然系优良的学者教师，但更高一层的理想，是能予有才能的人以适宜的学术环境，使其发展他的才能，从这观点看，南开大学实有极高的成就。"④南

---

① 引自《南开大学校史资料选》，南开大学出版社，1989年版，第349页。文末还注明总发行所：本校实业公司；天津东马路新懋印刷局。另在上海、汉口、奉天均有代售。

② 北京师范大学图书馆珍藏的一册作者赠书，也可说明范文澜对此书出版的重视。书的扉页上有作者亲笔题字："师范大学图书馆惠存"。图书馆收藏登记的图章清楚地填上日期：民国十四年10月29日。说明此书刚出版，作者范文澜便亲自寄赠北师大图书馆。

③ 1946年张伯苓七十寿辰，陶行知题诗有云："'有中国必有南开'，两园桃李一手栽。"（注：国共两党中皆有先生高足）一时传为美谈。国民党要员中张伯苓的学生主要是吴国桢，曾先后任国民党政权武汉市市长、上海市市长等职，他与周恩来同时毕业于南开学校。国民党方面著名的南开学生还有杜建时、施奎龄、时子周等。

④ 梁吉生：《张伯苓教育思想研究》，辽宁教育出版社，1994年版，第220—221页。

开的适宜环境，使范文澜这位青年学者以前在北大刻苦学习所得的才能得到发挥，并且大大提升，实现了一次"飞跃"，而最后走向学术大师的成功道路。

在学术上臻于新境的同时，南开的爱国反帝的光荣传统又有力地推动范文澜走上革命的道路。南开学校创建伊始，就在近代爱国反帝斗争史上留下光荣的一页。时值1904年，发生了中国人民要求废除美国胁迫清政府签订的《中美会订限制来美华工保护寓美华人利益条款》，遭到美国政府无理拒绝的事件，激起民众强烈抗议，从而爆发声势浩大的抵制美货运动。1905年6月10日张伯苓与官立中学堂校长等在《大公报》发表《敬告天津学界中同志诸君》文章，呼吁学界行动起来，抵制美货，揭露美国官方残害华工的罪行。1915年1月，日本侵略者向袁世凯政府提出旨在灭亡中国的"二十一条"，同年5月7日日本又发出最后通牒，袁贼竟敢冒天下之大不韪，除对其中一条声明"容日后协商"外，都加以承认。消息被披露后，全国人民掀起大规模反日爱国运动，并把"五·七"定为国耻纪念日。当时南开学生群情激昂集会声讨日本侵华罪行，并发起为救国而募捐的活动。1919年"五四"爱国运动中，南开更成为天津学生反帝斗争的中心之一，爱国学生们成立救国团，参加游行，散发传单，向群众发表讲演，并发动罢课。6月3日以后，南开和各校学生数千人在南开操场集会，庄严宣誓"誓保国土，誓挽国权"，随即冲开军警包围游行示威，向省公署请愿，要求北洋军阀政府释放被捕学生，争回青岛。9月，南开学生周恩来、马骏等组织"觉悟社"，进行新思潮的研究，得到李大钊的支持，在天津青年学生中播下革命的火种。1925年5月，上海、青岛连续发生日本帝国主义枪杀中国工人事件。5月30日英国巡捕又开枪杀伤上海爱国群众数十人，制造了震惊中外的"五卅惨案"。6月1日，消息传到天津，南开大学师生立即奋起投入斗争。4日召开全体学生大会，教师也自愿参加，决议暂时停课，由师生组成"南开大学五卅后援会"，以"促使国人通力援助沪案，作外交后盾"。5日上午召开全校学生大会，抗议帝国主义罪行，下午全市各大中学学生共约一万余人举行游行示威,被人称为"老夫子"的范文澜也以教授的身份参加了全程的示威游行。他一路同大家一起高呼"打倒帝国主义!""与英国经济绝交!""废除不平等条约!""收回租界领事裁判权!""联合弱小民族!"等口号,由于满怀义愤,情绪激昂,把喉咙都喊哑了①。从以前沉溺于考证、两耳不闻窗外事的学究,到走上街头、从心底里发出"打倒帝国主义"怒吼的战士,这是范文澜思想历程的一个重要转折点,从此他把自己的学术和生命,同反帝爱国的革命事业密切联系起来,并很快确立实现共产主义的信仰,成为一名地下党员。对这一重大转变,范文澜本人有清楚的记述:

> "五卅"运动起来,才打得我半动,我开始知道帝国主义的凶恶残忍(当然,帝国主义到底是什么,并不懂得),非轰跑它不能救中国。我参加天津市民大游行,从出发到回校,没有掉队,嗓子叫哑了。半路上坐车回校的同事们,半取笑半当真地问我"你老夫子也会起劲吗?明天再游行,你该叫得更响些。"我很愤怒,用同样态度回答道,"你们真是聪明家伙,连叫口号也留后步。"后来××党派人来学校征求党员,我干脆拒绝加入。简单的理由之一,是看不起那些"喊口号也留后步"的先生们,而这些先生们,正是老牌××党员。
>
> 过了不多时候,有一位共产党员因同乡关系来找我谈话,我们一见如故,谈得很痛快,我发表一大套乌托邦的幻想,不能自圆其说的时候,还提出不少幼稚的疑问。我这位同乡耐心给我解释,并且借我一本《共产主义 ABC》看,我读了以后才知道革命不是快意高谈,而是伟大艰苦的实际行动,回头看"追踪乾嘉老辈"那个"大志"实在不但不大而且是渺乎小哉了。我毫不犹豫地放弃老营寨,愿意在新时代面前缴械投诚。②

---

① 游行情况可参看《大公报》(天津)1925 年 6 月 6 日《男女学生游行示威赴省公署请愿》。
② 范文澜:《从烦恼到快乐》。

确立共产主义信仰，是范文澜人生道路的一个新的起点，从此他把自己的学术生命自觉地与谋求民族解放、实现共产主义的崇高目标紧密地联系起来。他成为一名地下党员后，常在课堂上和平常接触时讲革命道理和进步理想，因而引起特务的注目。1927年5月，天津警察厅要派人逮捕范文澜。张伯苓校长事先得知消息，立即通知他：警察厅明天要抓你，快走吧！范文澜连夜离开天津到北京。次日张告诉特务：范文澜是浙江人，回浙江探亲了。北洋军阀的势力到不了南方，也就没法子再追了。①

（四）任教于北京各大学

范文澜到北京后，下半年起在北京大学任教授，又在师范大学、女子师范大学、中国大学、朝阳大学等校任教。最忙时每周上课三十小时以上。在北京教书近十年间，在政治上，他同中国共产党领导的革命活动联系更为密切。在此之前，由于天津党的地下组织被破坏，他一度失去党的组织关系。来北京后，他作为左派教师参加了党的地下组织领导的左翼作家联盟、社会科学家联盟、教师联合会和互济会等组织，并担任地下党组织的秘密联络工作。1930年秋季，因阎锡山、冯玉祥反对蒋介石，9月间，谣传蒋介石派人到北京联络浙江籍教授，阎锡山派宪兵搜查。在范文澜住处搜出《红旗》等书报文件，指为共产党，被逮捕入狱。经蔡元培和北大其他教授联名营救，被捕两周后获释。出狱后，仍在北大任教，作为兼职讲师。他在学校中的地位已不能与专任教授相比，但由于他积极宣传革命思想，受到进步学生的爱戴。1930年冬，北大的进步学生创办《北大学生周刊》，宣传新思想，传播马克思主义学说，范文澜被聘为首席顾问，热情支持学生的进步活动。

1932年暑假，父亲去世，范文澜回绍兴料理丧事。回北京

---

① 据蔡美彪先生1993年3月1日对作者谈话记录。

后，受聘为北平大学女子文理学院国文系教授兼主任。次年，任院长。他原住在东四月牙胡同，后迁居小取灯胡同。他的住处事实上成为北平地下党组织与左派团体的教授、作家们的秘密联络点。1932年1月，鲁迅因探望母病来北平，受到北平文化界和学生的欢迎。当时在师范大学任教的钱玄同拒绝他到师大讲演，说"我不认识姓鲁的"，两人原是同在新文化阵营向旧势力英勇冲杀的战友，十四年后却因一个前进、一个退隐而成为路人。而原先对鲁迅在新文化运动中的战斗呐喊不理解的范文澜，现在却成为鲁迅思想上亲密的同志。范文澜于11月24日邀鲁迅来北平女子文理学院。是日，鲁迅由北京大学国文系主任马裕藻陪同到校，以《革命文学与遵命文学》为题演讲四十分钟，听众逾三百人。当天晚上，鲁迅在范文澜家中吃便饭，与北平地下党组织和左联、社联等八位同志会晤。这是鲁迅第一次会见北平文化界的左派团体人士，向他们介绍了上海左联的情况并建议创办北方的左翼刊物。《鲁迅日记》1932年11月24日所记："下午范仲沄来，即同往女子文理学院讲演，约四十分钟。同出，至其舍晚饭，同席共八人。"即记此事。这年12月，蔡元培、宋庆龄、杨杏佛等在上海成立中国民权保障同盟，鲁迅在上海当选为上海分会执行委员。1933年1月，杨杏佛来京筹办北平分会，范文澜积极参加筹备工作。1月30日，北平分会成立，胡适、成舍我等九人当选为执行委员，范文澜为候补执行委员。1932年曹靖华由苏联回国，范文澜本人早已受特务怀疑，却甘冒风险，聘请他到女子文理学院任教。1934年8月，范文澜再次以共党嫌疑被北平宪兵三团逮捕，解往南京警备司令部拘押。当时在南京任中央研究院院长的蔡元培出面营救，由北平各大学教授二十余人联名保释出狱。他被监禁四个多月，1935年返北平。他继续受到特务监视，不能再在北大等校授课，只能在外国人办的中法、辅仁大学任教。[①]

---

① 以上参考蔡美彪《旧国学传人　新史学宗师——范文澜》，《名人与北大》，北京大学出版社，1998年版，第432—433页；《范文澜同志生平年表》"1930年"条。

两次被捕，使范文澜一再经受了生死考验，反动当局的逮捕、监禁不仅没有使他屈服，反而使他更加坚强。他的自传文章《从烦恼到快乐》中专写了"请参观小屋"一节，以诙谐的笔调，表达他对反动势力的蔑视！文中说：

> 我自信是一个老实"学究"，整年整月抱着书本上课堂讲上古三代汉魏六朝换大米饭吃，对兴风作浪、满身长刺猬毛的"老爷大人"们，采取"敬而远之"态度，不敢恭维，但也并无冒犯。而他们仍总是疑神疑鬼，好像不相信我。正当头等汉奸汪精卫在北平闹什么"扩大会议"那一年，"茅庐之中"，被宪兵忽然"枉顾"，口称司令来请，我连同来我家闲谈的七八个青年学生鱼贯前去"参观"木栅子小屋。还好，仅仅两个星期，汪精卫等从北平滚滚而去，我自然也从木栅子小屋滚出来，他们滚来滚去，当然有他们的兴趣和道理，我这无端滚一下，真是不知所犯何罪。"九一八"以后中国明明止有抗战一条道路，我虽是个"学究"也还懂得不抗战就要亡国。而什么"国联裁制"，什么"长期准备"，什么"一面抵抗，一面交涉"那一大套，后来却竟摸下面皮，毫不客气的严禁谈论抗日。他们如此如彼的玩把戏，顿把我"老学究"气得瞪眼大怒，我细心考察，切实证明了（像两直角等于一百八十度那样证明了）共产党抗日主张的言行一致，想救自己免当亡国奴，理应对共产党以及好青年表示亲近，于是乎我"老学究"又被宪兵请去。这一请是比前次进步多了，一是路途远了，"从北平，到南京"，二是木栅子小屋变成铁栅子小屋，木器进到铁器了。总算运气好，在"我要抗日，不知其他"的立场上，在"内抗强权，外搬救兵"的策略下，居然还能从铁栅子小屋里滚回北平。不过蛋欲静而滚不息，接着又从北平滚到开封来。当然，我这一滚，还是不知所犯何罪。没奈何，勉学阿Q精神，聊以解嘲道："滚来滚去，在这鸡蛋世界，没有滚出血来，总算运气。"

第一章 成长为国学名家

1932年，范文澜请刚刚从苏联回国的曹靖华到女子文理大学任教，堪称是"大义大勇"的行动，由此曹靖华对范文澜的高尚人格和深厚友情刻骨铭心，两人结下了终生的友谊。当时的北平，处在国民党反动政权残酷统治下，特务横行，进步人士随时有被监禁甚至被杀害的危险。曹靖华刚从"赤色之乡"苏联回来，随时都有可能暴露身份，则不但本人遭祸，且会累及别人，因而感到处于"血淋淋的白色恐怖下"而惴惴不安。范文澜却不顾可能祸及自己"女子文理学院院长"的身份和人身安全，毅然决然聘曹靖华到学院任教，在危难面前显示出他高尚的同志爱和置个人安危于脑后的崇高品质。在范文澜逝世十年之后，曹靖华撰有《往事漫忆》一文，详细追叙当年危险的情景和感激万端的心情，是我们了解范文澜对革命事业、对同志一片赤诚之心的珍贵材料。曹靖华作了这样深情的回忆：

> 当年啊，国民党反动派对斯大林的苏联，封锁之严，正如鲁迅所比喻的"比罐头盒子还要严密"。那时像我这所谓"是非之人"，从那所谓"是非之国"回来，天地之大，实无容身之地。在这种情况下，仲沄同志却不避艰险，毅然敢于把我引进大学讲堂，其胆识，确实不凡，非独我个人不胜铭感而已。

> 当时，杀人"魔王"蒋介石的侄子蒋孝先，任北平伪宪兵三团团长。那时谁要落入宪兵三团的门，极少活着出来的。当年回国前，我原定先到上海的，谁知海参崴、上海之间无船，只得乘一只天津的运木料的英国船，到了天津、北平。到北平后，就既来之，则安之吧，先停下再说。朋友们马上给我送了一个封建意味极浓的雅名——张敬斋，并通过私人关系，把我安置到现在的小汤山疗养院。

> "好景不长"，我进这"天堂"不到三天，就遭到日本军国主义者的飞机的轰炸。这一炸，就又把我炸回城了。事后得知：抗日部队吉鸿昌，和我同时到了小汤山，因为吉鸿昌不但抗日，而且入了党，所以被日本侵略者视为眼中钉，就派机追踪轰炸。而我却"适逢其会"，恰恰碰上了。

炸弹把我从小汤山一赶回城，仲沄首先来看我，一见面，就满心狂喜地说：

"恭喜！恭喜！真真特大的喜事！从鬼子的炸弹下，全家活着回来了，难得，难得！万幸，万幸！闲话少说，上我那里教书去吧！……"

我这无"家"可归的流浪汉，四顾茫然，简直是在作梦。那时，他刚刚接任北平大学女子文理学院院长。在血淋淋的白色恐怖下，即便是"道义之交"，一听到我这"是非之人"，从"是非之国"的红色苏维埃国家回来，都避之唯恐不及了，而他却反其道而行之，不但不避我，还敢请我去教书。我狼狈万状地回谢说：

"像我这样的人，连门都不能出，怎么还能去登台教书呢！"

他不待我说毕，就把我的话打断说：

"没关系！你出国久了，名字虽有人知道，可是名字和面貌，却很少有人能对起来。社会上都还以为你在国外没回来呢。你换个名字，我知道，你知道，保险什么人也不知道，你尽管教你的书好了……"

这样，我反复考虑之后，就把中学毕业后，早就废弃了的，谁也想不到的旧名字再起用起来，到女子文理学院教书去了。有时碰到这事：课间休息时，个别同学偶然谈及外国文学翻译作品。偶尔涉及我的译作和名字，却不知道对谈者就是我。在这种情况下，我学孟老夫子的"王顾左右而言他"的手法，金蝉脱壳似的，含糊其词地摆脱了。①

文中还写到一对精致的小红灯笼的小故事，借这件小事，我们可以窥见范文澜胸怀之博大和感情之丰富，面对反动势力的压迫他是那么坚强，而对同志的家庭和孩子，他又那样充满慈爱和温暖之情：

---

① 《范文澜历史论文选集》附《范文澜同志生平年表》，中国社会科学出版社，1979年版，第376—378页。

二次回国后的第一个元宵节,仲沄兴致勃勃地亲往东安市场,选购了一对精致的小红灯笼,送给我五岁的孩子。我把它挂到我书房中间天花板的吊灯下,一直挂到北平沦陷,日本侵略者入城,我弃家离平时,还依然挂在那。那对小红灯笼啊,不禁勾起我一句古语:"大人者,不失其赤子之心者也!"仲沄一生,就具有这颗赤子之心的。①

在北京各大学任教的九年,又是范文澜生平著述的第一个高峰时期,他由此而成为享誉士林的国学名家。紧张繁重的授课负担,特务跟踪、反动当局监禁的恶劣环境,都阻碍不了他著述的文思与热情。这一时期出版的著作包含两种类型。一类是继承原先北大的国学传统,以其在南开大学讲授国文课的各项内容写成的讲义为基础,进一步整理、补充、修改而成的国学范围的著作。计有:《文心雕龙注》,北平文化学社出版(上册,1929年9月;中册,1929年12月;下册,1931年6月。其后,于1936年7月由上海开明书店出版修订本);《正史考略》,1931年1月北平文化学社出版;《群经概论》,1933年10月北平朴社出版。这三部论述传统学术经、史、子部的著作,代表范文澜早期国学研究的成就。还有一部《诸子文选》(此为所题书名,但序言仍标《诸子略义序》。著者在1931年发表的学术论文《与顾颉刚论五行说的起源》[《史学年报》第3期]中提到此书也称《诸子略义》),系1928年由京师大学校文科出版课印行。"本书的内容并非诸子文章的选编,而是对诸子学说的评介。自'孔子以前的文化'至两汉诸子,并论及魏晋清谈与'文心雕龙诸子'。他认为先秦诸子流派只有儒墨道三家,其他都是三家的支派。墨家有'别墨',儒家支派也可称为'别儒',刑名出于道家,不应'别立法家'。对两汉诸子的评论,如论《太玄》《昌言》等,也多发前人所未发。""序言中指出'自儒家独行于中国,学术消沉',由于'学定一尊'。他赞颂'方今世运更新,数千年来思想之桎

---

① 《范文澜历史论文选集》附《范文澜同志生平年表》,中国社会科学出版社,1979年版,第378页。

杨一旦尽解，学问不受政治之迫压，各得骋其才智，钻研真理'。此书未经出版社出版发行，因而流传不广，仅在北大师生中传播。"① 范文澜当年还应有一部文学史讲义。据蔡美彪《旧国学传人　新史学宗师——范文澜》文中所述："范文澜在京津各大学以及后来在河南大学都曾讲授过中国文学史，有讲义印行。吕振羽曾几次和我说起，他早年读过此讲义，颇为赞赏，嘱我设法找到。我曾就此事问过范老。他说当年确曾印过这部讲义，但印数不多，他手边早已无存，不知下落了。"② 此外，还有一部《水经注写景文钞》（北平朴社1929年8月出版），则是通过摘抄《水经注》的优美写景文字，表达作者对祖国大好河山的热爱和希望铲除人间压迫剥削的理想。以上属于国学研究范围的著作，我们将在第四章作专门讨论。

又一类著作，则表明范文澜这一时期已开始进入把著述与唤起民众觉悟、进行反帝反封建伟大斗争结合起来的崭新阶段。这就是1936年7月由上海开明书店出版的《大丈夫》。

（五）《大丈夫》：呼唤抗击日寇、激扬民族正气之作

范文澜《大丈夫》一书，具有与这一时期作者的其他著述不同的内容特点和思想价值，充分地说明他满怀爱国义愤对待抗战事业，也深刻地反映出这位大学教授不久之后，当处在民族危难关头，会毅然脱下教授的长衫，穿起新四军军装，站到抗日武装

---

① 蔡美彪：《旧国学传人　新史学宗师——范文澜》，《名人与北大》，北京大学出版社，1998年版，第428—429页。
② 范文澜于1929年出版的《水经注写景文钞》曾自题为"范文澜所论第七种"，1931年出版的《正史考略》题为"范文澜所论第四种"，1933年出版的《群经概论》题为"范文澜所论第一种"。据蔡美彪考证，范文澜当年应有一个国学著作系列的计划。其余的四种当为：第二种，《正史考略》；第三种，《诸子略义》；第五种，《文心雕龙讲疏》；第六种，即为这部文学史。见《旧国学传人　新史学宗师——范文澜》一文，《名人与北大》，北京大学出版社，1998年版，第431页。

队伍行列的内在必然性，因此需要在此特别予以论述。

《大丈夫》撰著的目的，是著者处在日本强盗妄图灭亡全中国，我国人民行将沦为亡国奴的危急形势下，以表彰历史上具有崇高民族气节，勇于为国捐躯沙场，或不畏艰险建功立业的英雄人物的方式，呼吁青年和亿万民众挺身而出挽救民族危亡，勇敢抗击侵略，誓与日寇血战到底，同时严厉谴责蒋介石统治集团对外屈辱卖国、对内残害革命人民的罪恶。这部著作用通俗读物的形式，反映了举国同仇敌忾、誓死抗击日寇的时代脉搏，因此在1936年7月由上海开明书店出版后，受到热烈的欢迎，成为教育青年、知识分子和广大民众的好教材，至1940年10月印行了四版。

日本强盗早就处心积虑对我发动侵略，企图变中国为其独占殖民地。1894年发动的甲午战争，及其后《马关条约》的签订，1915年向袁世凯提出灭亡中国的"二十一条"，1918年夺取德国在中国山东的侵略权益，就是其狼子野心的一再暴露。日本军部早已制订了"先占朝鲜，再取满蒙，最后灭亡全中国"的侵略方针。30年代以后，日本更接连发动大规模武力侵略，我民族的生存危机到了最后关头。1931年九一八事变，日军进攻沈阳，扶植伪"满洲国"，东北三省全部沦于敌手。1932年1月28日，日军进攻上海，逐步侵占我华东地区。1933年1月，日军向热河进犯。1935年，日本侵略者在华北接连制造事端，炮制"何梅协定"，日本关东军作好越过长城进攻华北的准备，造成华北危急！平津危急！面对日寇的疯狂侵略，蒋介石统治集团竟然采取"不抵抗政策"，并以"攘外必先安内"为借口，残酷镇压抗日爱国活动，残害爱国民主力量。中华民族到了最危险的时候，"紧急动员起来，共同对外，抵抗日寇侵略，停止压迫人民、残害爱国力量的反动政策"，成为全国军民共同的呼声，抗日民主运动一浪高过一浪。范文澜著《大丈夫》，就是以历史人物为题材，反映"要抗日，要民主"这一时代要求，因而为广大读者所欢迎，发挥了唤醒人民觉悟、鼓舞抗战热情的作用。

《大丈夫》书前《凡例》说：

一、孟子说："富贵不能淫，贫贱不能移，威武不能屈，此之谓大丈夫。"孟子又说："成覵谓齐景公曰，'彼丈夫也，我丈夫也，吾何畏彼哉。'颜渊曰，'舜何人也，予何人也。'有为者亦若是。"一个人如果有这样坚决的自信，有这样高尚的志愿，相信任何伟人不朽的事业和荣誉，一定很容易成就。所以这本书命名为《大丈夫》，并且希望每个读者也都学做大丈夫。

二、本书选录古人的标准，道德与事业并重，而着重点更在道德一方面。因为事业成败，大部分是受环境支配的；道德的责任，任何人却都可以负担起来。孔子说："三军可夺帅也，匹夫不可夺志也。"正义所在，舍命去做，愈是知其不可为而为之，愈是显出人格的伟大。

三、本书志在叙述古人，发扬汉族声威，抗拒夷狄侵陵的事迹，所以历史上尽多堪作模范的伟人，因限于体例，概从省略。

四、中国人在外族入主的朝代里，也有不少所谓忠义之士。他们只知道给异类效劳，却忘了种族间的大义，按照孔子修春秋，严辨夷夏的教训，这些人概所不取。

五、每当外力侵入中国的时候，总有许多忠臣义士，用各种方式参加民族间悲壮的斗争。有的事迹流传下来，有的连姓名都湮没了。他们拼出血和生命，去保证民族的生存，是永远应该崇敬的。本书所举二十余人，只是取其声名最著，做个代表的意思，读者千万不要忘了其余无数的忠义人。

六、本书取材，正史以外，参考许多种野史笔记，审慎稽核，组织成篇。无一语无来历，无一事无根据，可以当一部信史读，绝对避免演义家凭臆虚造、混乱事实的弊病。

七、一个国家要是政治腐败，民穷财尽，本身既非崩溃不可，外患自然乘虚侵入。明世宗朝防御倭寇的朱纨说："去外国盗易，去中国盗难；去中国濒海之盗犹易，去中国衣冠之盗尤难。"因之衣冠之盗横行作恶，任何才人贤士，无法挽救堕落的国运。本书记载某一人的事业，往往略述某一人当时所处的社会环境和政治状况，使读者明瞭他们失败的原因。

　　八、本书文辞浅显，取材真实，如果家庭间采取作儿童教材，民众教育家采取作宣讲资料，中学校采取作课外阅读书，对于民族精神的提倡，或者多少有些贡献。

简洁的《凡例》，表达出范文澜爱国抗日的炽烈感情，他激励每个有爱国心的人都奋起投身于抗战的神圣斗争之中，"正义所在，舍命去做"，抱着坚决的自信和高尚的志愿，人人在斗争中把自己锻炼成"富贵不能淫，贫贱不能移，威武不能屈"的大丈夫！同时尖锐地抨击国民党反动当局拱手出让大好河山、残酷镇压抗日力量的投降卖国政策，呼唤人们记取历史上"一个国家要是政治腐败，民穷财尽，本身既非崩溃不可，外患自然乘虚而入"的惨痛教训，进一步认识国民党当局"不抵抗政策"的祸害，行动起来制止国民党的倒行逆施，实现全民族抗战。范文澜从历代史籍中选取了二十五位具有崇高民族气节的人物，他们是：

　　张骞

　　卫青

　　霍去病　李广

　　苏武

　　赵充国

　　马援

　　班超

　　刘琨

　　玄奘

　　颜杲卿

　　张巡　许远

　　狄青

　　宗泽

　　岳飞

　　张世杰　陆秀夫

文天祥

方孝孺

戚继光

熊廷弼

袁崇焕

史可法

黄道周

通过记述这些人物事迹，范文澜热情地讴歌为民族强盛奋不顾身建树功业、为国家英勇死难的英雄，同时严正地揭露、鞭挞祸国殃民的奸佞之徒、民族败类，这两项，是要从不同方面提倡和培养为民族生存和祖国富强而忘我奋斗、英勇献身的崇高精神。试看《袁崇焕》《史可法》两篇结尾的评论：

……像袁崇焕那样功业卓著，庄烈帝那样信任专一，温体仁只为满足个人入阁的私欲，设计诬陷，破坏大事，一如崇焕"妒功忌能"的预料。大抵小人只认识势力，不知有是非，只酷嗜富贵，不知有国家，看各代亡国历史，如出一辙，绝无例外。宋以后异族轮流入主，已成公式，士大夫如果心理上没有改变温体仁的老调，历史公式也会一次一次重复下去的。

……嗟夫！史（可法）左（光斗）二公之交，可谓至密矣，一旦以道义相推许，终其身不负。阮大铖与魏忠贤亦可谓交至密矣！利害相联，如狼狈之不可离。盖国家一日不亡，小人之利害一日不解，而残杀君子亦一日不息，卒至元气丧尽，两败同灭而后已，吁，可畏哉！

在这里，范文澜反复总结历史上的深刻教训，忠心匡辅国家的正直人物被暗算、被诬陷，置国家大局于不顾、以获取龌龊私利为能事的邪恶势力占上风，必然导致外敌的入侵、国家的覆亡，从而有力地启示爱国民众决不能听任国民党反动当局残害抗日力量的阴谋得逞，才能争取民族的光明前途。

范文澜广采历代正史及其他官私记载，慎重地选择重要而确凿可靠的史料，且为了避免行文难懂和枯燥，一般不采取直接引用史料的方法，而加以融会贯通，熔炼成简洁、生动、明快的现代汉语表述，因而广泛地在群众中传播，更好地起到动员、教育的作用。如《岳飞》一篇中，叙述绍兴三年，金人立宋叛臣刘豫为大齐皇帝。次年，金兵南下与刘豫兵会合，破襄阳、唐、邓、随、郢诸州。岳飞向宋高宗献计，为恢复中原基础，应先取襄阳等六郡，除心腹重病。帝从其议。于是：

> 飞率师渡江，中流顾幕属道："飞不擒贼，不渡此江。"兵至郢州，斩贼勇将京超，拔郢州，遣张宪、徐庆复随州，抵襄阳，李成兵十万迎战。飞望见贼骑兵阵江边，步兵阵平地，笑道："贼失地势，人多何用。"举鞭指王贵："汝领长枪步兵击贼骑兵。"又指牛皋："汝领骑兵击贼步兵。"合战，贼大溃，人马落水溺死无数。李成弃襄阳遁走。进兵邓州，又大破李成及金将刘合、李董兵，收复唐州、信阳军。六郡悉平。帝闻捷报大喜道："朕早知岳飞行军有纪律，却不知能破敌如此。"兀术、刘豫合兵围庐州，帝手札命飞解围。飞奉命即提兵趋救，张岳字旗与精忠旗，金兵一战而溃，庐州平。

最后一段，概述岳飞忠贞爱国的高尚品质，岳家军之所以所战必克的原因，并用金人对岳飞的慑服来反衬岳飞被害死时于国家民族的惨重损失：

> 飞事亲至孝，家无妾侍。或问天下何时太平，飞答："文臣不爱钱，武臣不怕死，天下自然太平。"军令严肃，常训诸将道："我的命令天不能移，地不能动，违者按军法。"士卒取民麻一缕，立斩示众。军中口号："冻死不拆屋，饿死不掳掠。"凡有赏犒，分给军吏，秋毫不私。善用少击众，先谋后战，战必克捷，猝然遇敌，坚定不动，金人称："撼山易，撼岳家军难。"张俊尝问用兵的方法，飞说："仁、智、信、勇、严缺一不可。"博览经史，文章壮伟，雍容谦退，恂恂如书生，但一及国事，忠愤激烈，慷慨议论，不屈

于人,终因此得祸。洪皓拘留在金国,密遣人携蜡书奏称金人止畏服飞,至呼为爷爷,虏酋闻飞死,酌酒相贺。后来金使臣刘祹来聘,问及岳飞何罪受诛,馆伴无话可对,只说飞心想谋叛,被部将告发。祹笑道:"江南忠臣善用兵的只有岳飞,纪律严明,秋毫无犯,所谓'项羽有一范增而不能用,所以为我擒',岳飞就是你们江南的范增啊!"秦桧听说,把馆伴贬窜出去。

结尾这段评论和记述,更加激起读者对岳飞耿耿忠心的崇敬,和对卖国贼秦桧无耻行径的愤恨!

范文澜《大丈夫》一书是呼唤抗击日寇侵略、反对投降、激扬民族正气的时代之产物。而在著述体裁上,本书还给了我们一层启示,这就是:专门家应重视面向广大群众的通俗读物的写作。专门家经过多年的深入研究,写成学术性强的著作,这当然是很可贵的。但是内容艰深、满纸专有名词术语的著作,一般读者读不懂,也引不起兴趣,这就在传播上很受局限。专门家考虑到广大读者的需要,将自己的研究成果用通俗易懂、群众喜闻乐见的形式写出来,就能使书本走向社会的广阔天地,发挥教育和激励群众的强大力量。通俗著作并不降低书本的品位和水平,好的通俗读物,内容是严肃、准确、靠得住的,而表述的形式和语言又是生动易懂、有吸引力的,这就要求写作者应具有更高一层的本领。专门家能出其所学,提高群众的觉悟,帮助推动时代前进,这正是实现了学者应负的责任,也是他对社会的回报。范文澜所著《大丈夫》,五年之中印行了四版,也说明它广泛地受到爱国民众的欢迎,发挥了有力的社会作用,证明范文澜所著的这本通俗著作是成功的,确有价值的。范文澜撰著此书的态度极为严肃认真,诚如他所言,参考正史及多种野史笔记,"审慎稽核,组织成篇。无一语无来历,无一事无根据,可以当一部信史读"。以后他著《中国通史简编》及《中国近代史》(上册),内容当然远比此书丰富得多,深刻得多,规模恢宏得多,而就其稽核各种史料、熔铸成篇,和将文言文改写成恰当、传神的现代汉语而论,则是《大丈夫》的手法和风格的继承和进一步发展。

第二章　为创建新史学呕心沥血

（一）"文武双全的民族英雄"

1936年，范文澜离开北平，来到河南开封，在河南大学文史系任教授。他在河南大学任教共有两年多时间，直至1938年秋，在中共河南省委所在地确山县竹沟镇正式参加新四军部队，负责领导战时教育工作团，从事抗战动员和统战工作。这段时间是我们国家民族命运的极其关键的时期，先是日寇大举进攻我华北、华东地区，"七七"卢沟桥事变爆发，八年抗战从此开始。这段时间也是范文澜本人学术和人生历程的关键时期。他到河南大学文史系任教，讲授的课程有中国上古史、中国文学史、经学、《文心雕龙》，所编上古史、文学史讲义受到学生欢迎，这标志着，他的治学由原先的国学领域跨入了史学领域。尤其是，由于抗日时代潮流的推动，他在人生历程上，由原先一位进步教授，转变为集学者和革命家于一身的难得的人物。

1937年7月7日爆发的举国全面抗战，是为保卫自己民族的生存而战的中国军民，同灭绝人性、野兽般的日本侵略者之间的一场历史性大搏斗。"七七"事变,标志着中华民族神圣的抗日战争历史阶段的开始。日寇集结大量兵力,大举向我进攻,至1937年底,日寇华北侵略军已沿平绥线先后攻下张家口、大同、包头,南下占领太原,沿平汉线先后攻下保定、石家庄,继续向河南进犯,日寇又沿津浦线侵占我山东全境。在华东,日寇进犯上海,我爱国军民奋起抵抗,经过三个月的苦战,上海失守,日寇又向西以三路包围南京。国民政府宣布迁都重庆,政府机关先迁至武汉,武汉成为战时临时首都。短短数月,我华北主要城市和交通线全部丧失,华东许多重要地方也陷于敌手。日军所到之处,骇人听闻地大肆屠杀、奸淫、抢劫、焚烧,制造了一起起震惊中外的大惨案。我数以亿万计的同胞惨遭日军铁蹄的蹂躏,中华民族处在血泊之中!

以1936年由北平转至开封为起点,范文澜在抗战时期写下他人生最有声有色的篇章。在河南,他为抗战工作做出了重要贡献,因而被誉为"文武双全的民族英雄"。

范文澜离开北平,是因为他在中国共产党领导下进行抗日爱国活动,早已受到反动当局和特务的监视,所以不得不转移。而他应聘到开封河南大学任教,则有多方面的深层原因,并且,当日的河大为他提供了适宜的环境,使范文澜的抗战热情和才能得以充分发挥出来。范文澜的叔父原先在河南做过地方官,范文澜早年曾在叔父家居住过,大学毕业后又曾在汲县中学教书三年,故他对河南及省城开封的环境和人事较为熟悉。范文澜在北平时,因两次被监禁和长期受特务监视,官办的大学已不敢聘他,而此番河南大学聘他任教授,则不能不说得力于文学院长萧一山教授和文史系主任嵇文甫教授。萧一山曾于1920年在北京大学就读,是晚于范文澜的校友,1935年至1938年任河南大学文学院院长。他除教学和从事研究工作外,又创办《经世》半月刊。他提倡经世之学,并积极鼓吹抗战,反对卖国投降。1936年,他延聘范文澜为文史系教授,并委托他主编《经世》半月刊。嵇文甫(1895—1963)河南汲县人。1918年在北京大学毕业,是较范文澜低一年的校友。毕业后,他即在开封师范学校任教,五四运动爆发,他倾心于进步思潮。1926年赴苏联莫斯科中山大学学习,系统地学习了马列主义,研究中国社会史、思想史。1928年初回国后,在北京大学、燕京大学、中国大学等校任教。1931年,北京大学进步学生创办《北大学生》,特聘范文澜和嵇文甫同为该刊编辑顾问,恰好说明两人同是革命青年所亲近和佩服的进步教授。1933年,嵇文甫应聘到河南大学任教,后又担任文史系主任。1935年冬,他参与组织开封一万大中学生举行大会,响应北平"一二·九"学生运动,并发表讲话,鼓舞大家的抗日情绪。范文澜到河大后,两位进步教授志同道合,配合默契,共同为推动河南的抗战工作做出显著的贡献。

《从烦恼到快乐》曾生动记述了作者在河南大学为抗战宣传和训练青年而奔忙的情景:

> 在河南大学教着书,芦沟桥大炮响了。尽管你老先生紧掩双耳,却掩不住敌人的大炮口,终于不得不承认中日战争的事实。久矣夫掩口不言的我们,似乎也相当可以说话了,在许多文化人(我也跟在后面呐喊)"大做文章"动员群众之后,河南先进青年,都感觉到学习救亡理论和技术的必要。河大当局以及一般朋友们帮助我,教我办短期的训练班。不久成立了一个河南大学抗敌工作训练班。青年们投考的踊跃、学习的热心,使我更确信中国决不会亡,抗战必然胜利。训练班主要课目是中国问题(嵇文甫先生担任)与游击战术(马致远同志担任),这两位台柱子撑起了训练班的"金字招牌",声名很好,在青年群中起着颇大的影响。那时候我们的预定计划是挑选一部分学生沿平汉线(重要城市)办短期训练班,兼做民运工作,联合当地青年,广播救亡种子,最后目的是到信阳去打游击。
>
> 训练班一个月毕业,我们决定从开封步行到许昌,路程二百四十里,作为毕业考试的试题。这在住惯城市的人看来,确是一个颇难的"试题",可是应试的几乎是学生全体(约二百人)。我们经费经验都很缺乏,只能允许七十几个学生"应试",名称改为河大抗训班服务团。团长嵇文甫先生

留开封做统战工作,免得顽固分子造谣捣乱。我们在许昌办了一个两星期的训练班,收获不坏,虽然也有不少想破坏我们的人,但当地官绅教育界以及驻军某军团长却给了我们许多帮助。正当阴历年底,九十个人的服务团,浩浩荡荡向舞阳县进行了。

我在开封曾编印一本《游击战术》,两个月销售到五千册,因此,我被闻名不识面的朋友们误认为游击战术专家了。我到许昌第二天,就被某中学校长"敦请"去讲游击战术,他对学生介绍,肯定我是中国闻名的游击专家(我虽然当场否认,他们还恭维我谦虚)。豫西南某地方当局,跑到开封找嵇文甫先生,指名要我去教游击战术,嵇先生哈哈大笑,说你要请范文澜教游击,等于要我教游击一样是笑话。我深切感觉到虚声浮名,误事不小,此后随时警惕不要做抗战阵营里的"招摇撞骗者"。

我们大队到了舞阳,驻军某师长表示欢迎。干部参谋政治工作人员更相处很好。某夜服务团员内话剧团在城内演剧(团员大部分在乡间工作),公安局长请我到剧台后面讲话。他说,县长奉某军长面谕,限贵团明天离舞阳境,我说,好,明天再见。演剧完了,我们回到寓所,我向团员报告,大家不由得愤怒起来,我说:"我们应该有在中华民国土地上作救亡工作的自由,舞阳难道不是中国土地么?我决计不走,我决计到舞阳县监狱找中国土地去。"团员们叫起来,"我们一起去"。第二天清早(不等公安局长来),我先去请教某军长,什么理由要我们走。某军长完全否认,说那是县长传话错误,师部人员办了几桌酒席来慰劳我们,我用坦白豪爽的态度,同他们痛饮酬酢,宾主都醉了,而我尤其醉得凶,倒在床上呻吟。在断断续续,激励团员们的言语中,几乎全体哭泣,不能仰视。师部人员也陪着愤慨,某参谋拔出手枪,声称去县政府枪毙那个狗头县长。团员们拉住他,他还对空连放几枪,表示义愤。我第二天醒来,团员们告诉我,"好事者"还把这一场闹酒起个名,叫做"范先生大闹舞阳城"。我很惭愧,不敢再喝酒。

我们决计办训练班,舞阳青年救国会会员二三千人,愿意轮流进城受训。某军长出面阻止,某校长暗中搞鬼,使我们无法进行。我去武汉想找人疏通,却被某某顽固机关压迫我上鸡公山——河南大学新迁的校址所在。我考虑轻重利害,止好上山重当"教书匠";服务团改称战时教育工作团,依然不顾困难环境,继续活动。①

范文澜毅然走出大学的课堂,脱下教授的长衫,果断地决定为抗战工作而奔走呼号,这一人生道路的重大转变,是由于日本强盗的大炮声逼迫着他,是挽救民族危亡的庄严召唤推动他做出这一抉择的。按照原先他在北大受到的严格国学训练,按照他孜孜不倦、严谨治学的性格,如果不是外界环境、社会变迁的重大刺激,他很可能一辈子从事"好古"之学,坚持把"追踪乾嘉诸老"作为惟一的目标。但是,20世纪前期中华民族一再遭受的深重灾难,帝国主义不断的野蛮侵略,却深深地触动他强烈的民族自尊心和爱国心。他深切体会到,不抗击侵略,就没有民族的生存,更何论学问的价值。从南开时代的"五卅运动",到北平时期在党的领导下从事爱国进步活动,到"七七事变"后他在河南投身于抗战动员工作,到最后成为抗日部队——新四军的一员,他把个人命运与民族命运越来越紧密地联系在一起,他的爱国主义思想也不断上升到新的高度。范文澜的思想转变很符合事物的逻辑发展,在与他同时代的追求进步、追求真理的知识分子中很具典型性。但范文澜却从不炫耀自己的进步和思想升华,反而再三、再四地作严格的自我解剖。从他在南开参加地下党以来,十一年中,他追随共产党作了许多工作,曾一再被缉捕、被监禁,但当他以更高的标准来衡量自己的过去时,却总是责备自己觉悟之低。因此还曾在他一篇论述抗战动员的文章中,他对自己作了这样严格的剖析:"我是向来闭门读书,不理世务,血液早冰冷得同死尸相差不远,心境早枯寂得同老僧几乎一般,所差的比死

---

① 《从烦恼到快乐》第八节。作者为本节加了小标题:"被误认为游击专家"。

尸多饮食呼吸，比老僧多妻儿俗累而已，这当然不会而且不喜欢谈什么天下大事的了。本刊主编人却叫我写些文章去充篇幅。我想在这个时候，既然不是真死尸，不是真老僧，似乎应该对暴寇表示，冷得像死尸不远，寂得像老僧一般的人，也要同你来抵抗一下的缘故，冒昧答应了主编人。"①他嫉恶如仇，对于民族的敌人，更充满无比的义愤，一旦觉悟，便毅然决然走上抗战的道路，勇往直前，义无反顾，真正做到把自己的生命与抗战的神圣事业融为一体。

从"七七"事变起，到1939年春季参加新四军担任宣传工作以前，范文澜满怀抗战热情，主要做了两方面工作。一是一改他以前很少在报刊上发表文章的旧规，热情迸发地写出一批进行抗战动员、分析形势、鼓舞斗志的文章，又参加主编《风雨》周刊，并受萧一山的委托，主编《经世》战时特刊。二是创办河南大学抗敌工作训练班，和领导河大抗训班服务团。这两方面的工作，都是在党组织的支持和指导下进行的。抗敌工作训练班，训练对象是河南大学和高级中学的青年学生，由于创办工作有河南省委的支持，动员河南大学秘密党员参加。省委还派了马致远同志（即刘子厚，新中国成立后曾任中共河北省委书记）代表新四军留守处去讲《游击战术》。《风雨》周刊和《经世》战时特刊，都对推动河南抗战工作产生了很好的影响。范文澜领导的抗训班服务团因为是在共产党影响之下从事深入的抗战组织动员工作的，不是在国民党的控制之下，因此国民党军队中有的人欢迎支持（如舞阳驻军师部干部、参谋、政治工作人员），掌握权力的人物却对其阻挠以至捣乱。1938年3月，国民党教育部（当时机关在汉口）下令，强迫嵇文甫、范文澜离开抗训班服务团，回河南大学（开封沦陷后已迁至鸡公山）。范文澜还曾根据河南省委的指示，在襄樊、南阳一带做过统战工作。

王阑西同志当时担任河南省委文委的领导工作，与范文澜来

---

① 范文澜：《对于持久抗战的几个肤浅意见》，《风雨》周刊第4期，1937年10月3日。

往极密切,他写有一篇回忆文章《抗战初期的范文澜同志》,感情真切地记述了范文澜为抗战工作辛劳奔走,尤其不怕游击区环境的艰苦和危险,以及参加新四军后如饥似渴学习革命理论的情景,很有价值,特引录如下:

> 我是在一九三七年八月底认识范文澜同志的。当时我从上海到河南开封不久,在中共河南省委(亦即豫苏皖工委)文委主持工作,从我和范老认识起,来往就很密切,到一九三九年八月初我从河南确山竹沟镇去华中敌后才分手,解放后,我们在北京又见面了。
>
> 一九三七年八月底,在开封的河南省文化界举行了一次抗战救亡座谈会。在会上由两位地下党员同志提议办一救亡刊物,得到了到会全体的支持,刊物以后定名为"风雨周刊",由河南大学教授嵇文甫、平津流亡作家姚雪垠和我共同负责主编,随后就得到中共河南省委的领导,九月初正式出版。在八月底《风雨》未出版的时候我见到范文澜同志。见面之后,他非常热情,他谈到刊物如何办的问题,以及他对当前抗战救亡的主张。我约他给《风雨》周刊写稿,三四天后,他亲自送来一篇稿子,是纪念"九一八"的,文章中痛骂了蒋介石的"攘外必先安内"的反动政策。发表后得到了强烈的反应和好评。接着他主编的《经世》半月刊也出版了。这两个刊物,对河南团结救亡力量,推动救亡运动起了相当作用。范老的文章篇篇都是有力之作。他又提出筹办抗战讲习班,训练对象主要是河南大学和高级中学的青年学生。很快便得到河南省委的支持,动员河南大学的秘密共产党员参加。组织上由我联系。范老亲自讲课,省委几个同志也去讲过课。他还提出上《游击战术》课,省委派了代表河南确山竹沟镇新四军留守处的马致远同志(即刘子厚同志)去讲授《游击战术》。范老通过这个讲习班,组织起了大批青年。在当时河南国民党的严密统治下,范老遇到了许多困难。《经世》半月刊被迫停刊,讲习班办了两个月也不得不结束了。范老又把训练班的全体成员组成河南战时教育工作

团,由他亲自率领到许昌、临汝一带作抗战救亡的宣传工作。

一九三八年二月中旬范老因事回到开封,正值国民党蒋介石大肆鼓吹"鲁南大捷"(即所谓"台儿庄胜利"),国民党省党部通知《风雨》周刊按照他们意旨宣传。《风雨》已是众所周知的共产党的刊物,我们如果坚决拒绝作这样的宣传,刊物有遭到国民党封闭的可能。当时主编《风雨》的虽是嵇文甫、姚雪垠和我三人,但嵇文甫先生已不敢露面,姚雪垠同志去武汉一带,只有我一个人在撑持。范老看到当时的形势,主动提出参加作主编,强化编辑阵容,对抗国民党反动派的压迫。河南省委接受了他的建议,主编改为五人,又改为五日刊,继续坚持宣传党的主张,硬把国民党的压力顶住了。一九三八年六月开封沦陷,《风雨》周刊才停办。范老在这一段时间里,写文章,办讲习班,作演讲,积极参加抗战救亡活动,对河南这个时期的抗日运动,产生了很好的影响。

开封沦陷,国民党省政府移至镇平一带,范老先随着河南大学也从鸡公山移至南阳、镇平县一带;不久即到达中共河南省委所在地确山竹沟镇,并很快领导战时教育工作团,在舞阳和湖北襄樊一带进行救亡宣传。这时在鄂豫边区和襄樊一带的第五战区的李宗仁,邀请范文澜同志去参加五战区抗敌工作委员会。他要我征求省委的意见,省委同意他去参加。在这段时间中,他两三次到竹沟向河南省委(当时改为鄂豫边区党委)谈工作,按照省委的意图在信阳、桐柏一带开展抗日民族统一战线的工作,也帮助襄樊、南阳一带的救亡活动。他到竹沟谈工作的时候,我和当时省委(区党委)书记朱理治同志、组织部长陈少敏同志谈到他的入党问题,都认为他完全可以入党。由于他在五战区进行统一战线活动,为了工作上的方便,决定把他入党的时间再推迟一些。他在信阳活动,一直到一九三九年春季。这几个月中,范老深入群众,作抗战动员,足迹踏遍了桐柏山区。

第二章 为创建新史学呕心沥血

一九三九年春，盘踞信阳一带的日寇的侵犯频繁，战斗紧张，我们在信阳、桐柏一带的游击队流动性太大。范老在省委和信阳县委的一再劝说下，从信阳回望山游击区，经过长途跋涉回到确山县竹沟镇河南省委（即中共鄂豫边区党委）机关。竹沟镇是京汉线上确山县西七十里的一个人口不到一千的小集镇，十分贫困。在一九三九年三月至九月间一度为中共中央中原局驻地，对外称新四军八团的留守处。范老到竹沟镇后，生活虽较在信阳游击区流动性少了，但生活是极端困难的，跟所有战士一样，每天六分菜金，与刘贯一、王思九、夏农苔三同志同住一间暗淡无光的房子。省委安排他在省委宣传部帮助进行干部教育。他除了参加一些工作，还孜孜不倦地、夜间伏在小灯下读《联共党史》和《斯大林选集》，认真圈点，还写了许多劄记。范老的吃苦耐劳和刻苦学习精神，使我们受到感动。省委几次号召机关干部向范老学习。在三四个月中，日军两次进攻确山，企图打通京汉线，竹沟直接受威胁。省委布置开展游击战争，在每次动员中，范老都是和普通干部、战士一样作好准备。虽然省委给他准备了马，他推辞不要。中原局的负责人几次劝他去延安，他都婉转谢绝，说他要留在鄂豫边区抗战。一九三九年八月初我离开竹沟去敌后，出发之前，他还和我畅谈了一晚，至今记忆犹新。在我和范文澜同志相处一段时间里，向他学了不少东西。①

在这段时间，范文澜为全国范围汹涌的抗战热潮和自己饱满的爱国激情所驱使，写下数量甚多的政论、杂文，或进行抗战动员，或分析形势，或提出坚持持久抗战的建议，或斥责投降行动，或揭露汉奸罪行，或抒发对压制抗战力量的愤慨，反应迅速，发表及时，成为他一生中在报刊上发表文章最为集中、大量的时期。计有：

---

① 引自《范文澜历史论文选集》附《范文澜同志生平年表》，1939年。

对于持久抗战的几个肤浅意见 《风雨》周刊第3期（1937年9月26日，开封）

论团结一致 《经世》半月刊战时特刊第1期（1937年10月16日，开封）

忆鲁迅先生 《风雨》周刊第6期（1937年10月16日）

旧账与新账 《风雨》周刊第7期（1937年10月24日）

反对教育界的神行太保 《风雨》周刊第8期（1937年10月31日）

根绝"汉奸"、"准汉奸"、"候补汉奸" 《经世》半月刊战时特刊第2期（1937年11月1日）

赠乡村训练员序 《风雨》周刊第9期（1937年11月7日）

救亡与救亡计划 《经世》半月刊战时特刊第3期（1937年11月16日）

《游击战术》序 《风雨》周刊第11期（1937年11月21日）

论纷乱与摩擦 《经世》半月刊战时特刊第5期（1937年12月16日）

闻见杂记 《经世》半月刊战时特刊第9期（1938年2月16日，汉口）

苦闷 《经世》半月刊战时特刊第15期（1938年5月16日，汉口）

在这十余篇文章中，最能表达其抗战救亡热情和对时局分析之中肯的，要数《对于持久抗战的几个肤浅意见》和《〈游击战术〉序》两文。

《对于持久抗战的几个肤浅意见》一文，首先高瞻远瞩，概括全面抗战爆发以后的中日战争局势，日寇方面是国力强，长期作了侵略战争的准备，武器优良，但是士气不足；中国方面是国力弱，战争准备时间短，武器差，但是士气高涨，杀敌勇敢。他说："野心的日本军阀，图谋吞并中国，几十年来未曾停止过，中国政府渐渐脱离麻痹状态，作对日抗战的准备，却只是最近几年的事。这种准备工作,无论怎样积极的进展,到底受时间和财力等等的限制,想在短时期内造成与日本同等的武力,真是谈何容易。""自从芦沟桥事变发生,中日战争逐渐开展,而且一天天激烈起来。日本军阀既已势成骑虎,陷入进退两难的苦境,为保持强国颜面计,为满足侵略贪欲计,不惜施展各种凶暴卑鄙的手段,疯狗似的尽量向我猛扑,希图即刻击碎中国武力,完成他们所梦想的大陆政策。无奈中国将士,决不是他们预料的将士,无论怎样极端仇视我们,怎样藐视我们,接触后的教训,不得不承认中国军队不容易对付,看南北各条阵线上,尤其中央军所在的地方,那种忠勇义烈、至大至刚的抗战精神,照老话说来,真可以泣天地动鬼神了。据前线回来的人说,敌军止是火力较猛,一到中国兵士冲进敌阵,挥动刀枪,乱刺乱砍,像天上凶神一般,追亡逐北,杀个痛快。每次肉搏战获得的胜利,可以抵得炮火下的牺牲,大体说来,敌我伤亡的数量,不差多少。这些话绝对不是凭空吹牛,我们相信确是事实。这事实的意义是什么?就是日本的武器远胜于我们,而我们的士气却远胜于日本。"范文澜接着中肯地分析,双方士气高低悬殊的原因,是由于日本士兵是受欺骗而来的,所以厌战,而中国将士都觉悟到自己肩担着伟大而神圣的任务,为民族生存而战,所以有进无退:"据日兵说,他们派遣的时候,军官说平津已经很平安,全要我们去驻扎些时就成。谁知一到此地,完全不是那么一回事,纷纷调往前线去了。……他们上前线完全是被欺骗被逼迫的,没有中国兵那样冲锋陷阵的勇气,还有什么可怪呢?至于受有良好训练的中国将士们,十分知道国家的前途只有两条。一条是降服,忍气吞声做亡国奴;一条是乾坤一掷,同敌人拼个你死我活,看谁是最后胜利者。两个月来我忠勇的将士们,仗贞刚浩然之气,争先贡献宝贵的赤血,替国家去灌救猛烈无比的火灾。这完全是由于他们觉悟了自己所负任务的伟大和神圣,清清楚楚看出谁是坚决抗战的谁就是英雄好汉,得到广大民众的拥护与歌颂;反之如果临阵退缩,半途屈服了,那就成了民族罪人,永远被民众抛弃,永远被后世唾骂。活的时候,即使在日本人保护下当亡国奴,到底不会有好死的。将士们有了这样的觉悟，所以表现出有进无退，视死如归的壮观。"

范文澜认为，在当前形势下，要争取对日寇作战的胜利，首先必须去掉侥幸取胜的心理，在后方实行充分的切实的动员，作为对前方的有力支援："我看报纸上时常有日本社会快崩溃了一类的记载，为鼓励退缩的民气计，这些话未始没有相当意义。不过，中国人是富于侥幸性的，自己苟且不长进，却希望人家快快倒霉，这是相当普遍的卑劣心理，不容我们隐讳的，他们正想躲避艰苦，偷安渡过，听了这套虚悬的宣传，正合胃口，以为中国已在抗战，止要这样做去，可以坐等对方的崩溃。"因此在激励民气以外，还要绝对客观地研究敌我双方的优点和弱点，冷静思考并采取有效措施，利用敌人的弱点，发展自己的优点，同时克服自己的缺点，使前线将士充分地得到民众的后援，完成救国的大功。

其次，范文澜提出了实现持久抗战必须采取的几项重要措施。范文澜这篇文章是"七七"事变后两个月写的，当时毛泽东同志《论持久战》一文尚未发表。① 范文澜却能在文章中提出切中肯綮的办法来，这不仅说明他对待抗战事业热情高涨，思考深刻，更说明他早已不是只有书本知识的书生，而是对中国国情有较深入的了解，能运用比较科学的观点作分析，并且有预见能力的，兼具不平常的智慧与识力的人。他提出的措施有三条：（一）切实把民众组织起来。他正视到农民由于千百年受压迫受剥削的地位，因而存在落后自私的弱点。但是，"只要有良好的组织，有透彻的训练，很快可以转变为抗战最有力的拥护者"。而此中尤其关键的问题，是要给农民和其他阶层人民以切实的利益，改善他们的生活和处境。故范文澜强调说："重要的是要知道农民以及社会中其他各阶层人民所迫切追求的是什么？政府统盘筹划一下，给每一阶层以若干满足，他们自然对于组织发生兴趣，对于训练自然乐意接受。"这样，把民众切实组织起来，就能真正

---

① 《论持久战》发表于1938年5月。

形成"巨大而不可击破的力量"!(二)切实保障言论出版自由。他说,真理必得充分辩论才能显豁出来,邪说也必经彻底辩论才能彻底绝灭。当辩论进行的时候,难免议论纷纭,莫衷一是,到后来真理必定战胜,而且战胜以后的真理,定为多数人所尊敬,所服从。"现在对日作战,正在开展的时候,要集中全民的意志,要整齐全民的步趋,紧要关头全在把全国人民的思想真正统一起来。是真正觉悟、心悦诚服,而不是口是心非、阳奉阴违,要达到这个伟大目的,止有彻底保障言论出版自由,才是唯一的捷径。"很明显,这里强调充分保障言论出版自由,就是要保证一切有利于抗战的言论都能不受压制,自由发表,对于破坏抗战,或阳奉阴违,藉抗战之名而行压制抗战力量之实者,则要及时揭露,而且要保障人民大众和各派政治力量有这一权利。因此,范文澜提出,政府应制定"约法三章",作为指导救国言论共遵的原则。这三项是:一、"理论与行为不符合者罚无赦——如口说救国,行为卖国之类是";二、"理论失败而仍继续其行为者罚无赦——如提出某种救国意见,理论上已不成立,而仍固执谬见,作破坏公众利益之行为是";三、"不守公开发表之意见,暗中蛊惑人心,意图颠覆国家者,罚无赦——如汉奸造谣惑众之类是"。不在这三条之内的一切救国意见,应该尽量让他发表,甚至偶或有人估计中国抗战一定失败,失败以后痛苦更大,不如及早商量讲和条件,还可以保存小部分国家利益之类的理论,也不妨让他列举与由,公开讨论。通过自由辩论,正确的意见最后定能受到一致拥护,人民对政府的抗战措施更会衷心拥护,不再产生怀疑,汉奸们也无法暗中挑拨破坏。保障言论自由,就不能对不同意见压服,更要禁绝用武力压制。"古代贤明的皇帝,无不下诏求直言、极谏,何况我们的政府,当然会教人采用理论克服理论的信条,不许人用真刀帮助舌刀。"(三)号召世界民主主义者和平主义者组织国际义勇队。范文澜分析中国抗战的国际条件。一方面是,美英与日本之间有矛盾的一面,但在日本施行某种阴险策略下,又会诱使美英政府对日本妥协、让步,对此我们头脑要清醒,不能抱有幻想。他说:日本侵略者向中国步步进逼,对此,"一般时务论者很多人料他在国际间,尤其是英美,定会给与大困难的。当然美英决不愿意他这样蛮干,可是不愿意止是不愿意而已,希望英美挺身而出,用刀拦住他的来路,那止是依赖侥幸等心理错综而成的昏梦。"但是,由于日本对中国发动侵略是法西斯国家向和平主义国家进攻,日本与欧洲的德国、意大利法西斯相呼应,世界范围的法西斯野蛮势力造成对人类和平和进步最可怕的威胁,所以,中国的抗战必能得到各国和平与正义力量的支持。故范文澜提出,当前我们在国内应进一步坚决抗战,更加扩大民主政治,在国际上则要号召全世界和平主义民主主义的拥护者,组织各种义勇队来帮助中国抗战,有的可以在军事上、技术上帮助中国,有的可以做瓦解日军的工作。①

为了配合当时河南各地纷纷积极行动起来,准备开展游击战争的需要,范文澜于"七七"卢沟桥事变爆发,立即着手编选《游击战术》一书,从各种有关军事的书籍上选出有参考价值的内容。书的印行无疑是给中原各界人民送来"及时雨",大受欢迎,范文澜因而被传称为游击战专家。范文澜为此书写的序,则集中论述抗战游击战争所赖以存在的基础,即开展游击战的前提,是切实在广大城乡各地改善政治,发动民众,让民众真切感受到开展游击战与自己的切身利益密切联系。故这篇序是从政治指导思想上来论述开展抗日游击战争的重大意义和可行性,与上面论持久抗战的文章正好互相补充。范文澜在文章中首先大声疾呼:发动民众,坚决抗战,发动游击战争,是目前救国的惟一方法。他严厉斥责在抗战中动摇、妥协的势力:"那些闯了大祸还不悔祸,口唱歪曲,手放烟幕,意图保护私利,不顾国家民族生死存亡的,全是国贼民贼,应该发挥三民主义的力量,彻底把他消除掉。"他强调"政治改善"是开展游击战争的基础和根本命脉,游击队必须有纯正的坚决抗日的动机,有良好的政治素质和严明的纪律约束,故说:"最紧要而必须提醒的,是游击战的基

---

① 《对于持久抗战的几个肤浅意见》,《风雨》周刊第3期至第4期连载(1937年9月26日、10月3日开封出版)。

础,建筑在政治改善这一点上。如果有人误认发动游击战是时髦工作,想借此投机发财,慌慌张张从城市跑进农村,勾结土豪劣绅,招集匪徒棍痞,打起游击的旗号,到处骚扰横行,使困苦无告的小民,如水益深,火益热。那末,这种衙役式的,流寇式的游击队,只是民贼害人自利的工具,不但无补于救国,却加速度促进农村的崩溃。"

范文澜进而从发动抗日游击战争的角度,对抗战时期如何贯彻三民主义作了全新的阐释。抗击日寇侵略,当然就是民族主义,当前尤其要强调"奉行不折不扣的民权、民生两大主义,作民族主义的根干"。民权主义,就是要刷新政治,不但要在游击区域建立起体制完整的、有行政效率的民主政治组织机构,而且要使各级政府的官都切实负起领导民众、扶助民众的责任。"游击队到一村,就把一村的民主政治赶快建立起来,推而广之到一县数县,都得切实造成由下而上的政治机构,如此,人民才知道这是自己的村、乡、区、县,我不爱护,谁当爱护。普通人大概知道爱家庭,甚至止知道爱私房。这是什么缘故?因为他们有权参与家庭或私房的事务,所以感觉家是自己的家,房是自己的房。现在使人民有权参与村乡而至于国的政治,想教他不爱也不可能了。"民主政治的建立,关键又在于各级官员必须不折不扣贯彻领导民众、扶助民众的宗旨,"民众需要的是清洁的诚恳的负责的爱民的官,却不要民贼性质的官来瞎胡闹"。抗战时期实行民生主义,就是减少人民的负担,让人民得到实在的利益,看到光明和希望,因而真心实意拥护政府,愿意跟着官长同敌人拼命,如此获得民心,游击队的存在才有保障。故说:"目前人民生活的艰苦,真是到了不可想像的地步,政府为收拾民心计,应该把一切苛捐杂税,全数废除,尤其战区邻近地方,更得快快实行。固然捐税废除以后,财政要受重大影响,许多事务会停顿起来。但权衡轻重,减少人民负担,意义异常深远。宣传爱国主义的人东跑西走,逢人便说你们为什么不爱国?你们愿意当亡国奴吗?不知道肚皮紧贴脊骨的饿人,整天找杂面窝头,大成问题,如何能教每个人都有伯夷叔齐的精神呢?敌兵所到之处,他只要出一张慷他人之慨的告示，说今年以前旧欠田赋以及现行各项捐税，一律豁免。你想人民虽然不愿亡国，饥吻尝到小甜头，足够引起'日本人还不差'的谬见。国家最巩固的根基，在于得民心，民心一去，已失土地不容易收回，未失土地随时有溃降的危险。抚我则后，虐我则仇，难道还没有被历史百次千次证明么？当局倘能退一步想说这些土地比如已经丢掉了，我们一切开支，照没有土地计算吧，这样一来，人民生计顿是宽舒，感激仁政，谁也愿意出死力替长官拼命了。在当局这个大度量包涵之下，让游击队提出有钱出钱，减租减税，废除苛杂等口号，取得民众的欢迎，游击队的存在，因此得有保障，游击队的威力，也就从此得以发扬，不是收入渐减而土地却永得保存么？"①

总之，范文澜在抗战爆发后发表的时评、政论和杂文，都是犀利、中肯、富有战斗性的，因而如王阑西所说，对河南的抗战动员工作产生了很好的影响。他所重点论述的中国抗战要走持久战的道路，坚决反对投降活动，制止汉奸，开展游击战争，深入发动群众、建立民主政治，政府和官员必须领导民众、扶助民众、提高民众觉悟，改善人民生活、减租减税、废除苛捐，让民众由获得切身利益而坚决拥护抗战等思想主张，都是针对"七七"事变后的形势，作深入分析而提出的切中肯綮之论。拿当时集中了全中国人民的意志，对抗日战争进程具有重大指导意义的中国共产党中央发布的主要文件来衡量，范文澜的上述主张是与之甚为契合的。1937年2月，中国共产党为实现国共两党的重新合作，致电国民党中央，提出实现全国抗战的五项要求：（一）停止一切内战，集中国力，一致对外；（二）保障言论集会结社之自由，释放一切政治犯；（三）召集各党各派各界各军的代表会议，集中全国人才，共同救国；（四）迅速完成对日作战之一切准备工作；（五）改善人民生活。共产党并愿意保证做到：在全国范围内停止推翻国民政府之武装暴动方针；工农民主政府改名为特区政府，红军改名为国民革命军，直接受南京中央政府之

---

① 《〈游击战术〉序》，载《风雨》半月刊第11期（1937年11月21日，开封）。

指导；在特区政府区域内，实施普选的彻底民主制度。1937年8月，中共中央政治局洛川会议，提出抗日救国十大纲领：（一）打倒日本帝国主义；（二）全国军事的总动员；（三）全国人民的总动员；（四）改革政治机构；（五）抗日的外交政策；（六）战时的财政经济政策；（七）改良人民生活；（八）抗日的教育政策；（九）肃清汉奸卖国贼亲日派，巩固后方；（十）抗日的民族团结。范文澜1927年因躲避反动当局逮捕离开天津到北平时，虽因天津党组织遭破坏而失去党的组织关系，但他在北平的进步活动，都是在党组织指导下进行的。到河南后不久，即与河南省委负责文委工作的王阑西有密切联系。故他对于抗战的观点与党中央的主张多相符合，一方面是他与党组织的负责人接触而对党的方针政策有所了解，另一方面，则是他依据自己掌握的革命理论、原则对时局进行分析而得出的看法。这两项，都说明他所达到的思想高度，他的心同抗战的时代脉搏一起跳动，同党中央的方针策略互相贯通。

发表在《经世》战时特刊上的《闻见杂记》一文，是范文澜于1938年初应经世社社长萧一山之约稿而写的急就章。范文澜于前一年抗战爆发之后，曾负责编辑《经世》战时特刊，以后他带领河大抗战工作训练班服务团辗转在豫中豫南各地，经历和闻听了各种事情，日寇的疯狂进攻和国家形势的危险，河南抗战青年的爱国热情，国民党官员的腐败和民众处境的艰难，部分爱国军官对抗训班工作的支持和顽固机关的刁难、破坏，使他的神经一再受到强烈的刺激，伤心落泪，悲愤不已。现在，他被迫离开抗训班服务团，重回搬至鸡公山的河南大学，重见昔日朝夕相处的友人，更是百感交集。文中根据数月来亲历的事实，痛切地指陈当前妨碍抗战动员和损害抗战力量的严重弊端，着重抨击国民党机关中有的人口头上称救亡第一，而实际上却为争夺私利，把救亡事业抛到九霄云外，采取排挤甚至是阴谋手段打击抗战力量，如此闹下去岂不最后闹出亡国的惨剧！最后举出民众中蕴藏着抗敌救国力量的实例，表达了对抗战最后胜利的热切希望："我亲眼看见某地若干少妇用面粉做成人形，称为日本鬼子，蒸熟后给小孩子吃。说是吃鬼子肉。……我想，如果宣传工作做得好，每个中国人都有了民族意识，老太婆摆茶摊的都会帮着做救国事业，虽然军事上偶有失败，民众定能扶助军队使他很快地恢复抗战力量。""鸡公山风景太好了，尤其在大雪以后，雄奇而清丽，使人留恋着不忍舍去。我希望抗战能早日得到胜利，同几位朋友又坐在这个窗下，写几篇回忆的文章。"①

范文澜领导的河大抗训班服务团本来在河南名声极好，很受欢迎，但国民党的部门害怕它影响太大，先逼迫范文澜等几位进步教授离开服务团。不久后，范文澜即由迁到鸡公山的河南大学直接参加了新四军，成为中国共产党领导下的抗战武装的一员。战斗环境和残酷的物质生活的困难他都毫不在意，相反，他成为新四军的一员后，与部队的集体融洽无间，如鱼得水。对于这段生活，他也留下了珍贵的回忆：

>敌人的炮火一步一步逼紧来，我在高山上彷徨着，找不到该走的道路。我想，跟着学校逃难，逃到什么时候才不逃呢？我决计退还聘书，跟游击队去干一下罢。我参加新四军，在游击队里当教员。
>
>大学课堂里俨然以"讲书"为己任地教着书，确是个"匠"而非"员"。我曾在北京大学教"古历术"，说来是"颇为高深的学问"，应该是（至少可以自以为是）"值得名贵"的。某次讲完了一个麻烦问题，好像是记得春秋月食问题吧，学生某君问我，"我们学了这些有什么用？"我窘了，我说，"学校让我教这门功课，我按照这门功课该讲的讲，到底有什么用，我不知道，我想学校也未必知道。"这是一个好学生，不久因在《北大学生》上登载一篇"某大博士的矛盾研究"而失踪，听说解到南京去了。而我在游击队里以"外行"资格教书，却从没人问我"学了什么用"，反之，大树下草垛旁讲起书来，大家都聚精会神在听我南腔北调难懂得很的"高论"。于是我很高兴，当了二十几年的仅凭出卖

---

① 范文澜：《闻见杂记》，《经世》战时特刊第9期（1938年2月16日，汉口）。

教书技术吃饭的"教书匠",现在竟升级当"教员",成为群众的一分子,可以和群众彼此自由地交换智识了。①

从1937年秋范文澜创办河南大学抗敌工作训练班和领导河大抗训班服务团,到1939年春季以后参加新四军、随部队在游击区活动,两年多时间内,他的足迹踏遍豫东、豫中、豫南广大地区,他经历了由知名的大学教授到一名党领导下抗日部队理论宣传工作者的转变,以他对神圣的抗日战争的满腔热情,以他高超的组织能力和特有的谦虚态度,以他对革命事业的无限忠诚,在河南抗日群众和新四军干部战士中赢得崇高的威信。关于他所受到的衷心拥护和称誉,范文澜本人从未讲过一个字,幸好有铁夫所写《范文澜先生》一文,为我们留下了极其珍贵的历史资料。这是范文澜一生中出于记者之手的惟一的一篇人物特写,它诞生在充满战斗硝烟的豫南游击区,发表在1939年10月延安出版的《中国青年》上。这篇特写一开头就称范文澜为"以前是文质彬彬的教授,现在变成了文武双全的民族英雄"。然后,把我们带进当时特定的历史场景,豫南竹沟镇新四军留守处的院子里,干部、战士开会热烈欢迎从前线归来的范文澜先生,他在大家的掌声中,极为谦逊地又极其重要地讲了他领导河大抗训班服务团开展抗战动员工作的经验:

> 是一个清朗的晚上,豫南的一个小镇上的某军留守处的院子里,布置了长凳、茶点,坐满了人,大家在热烈地欢迎着新从前线归来的老同志和范文澜先生。在一阵掌声中,范老先生站了起来,消瘦稍高的身材,一副温和的面孔,戴着深度的近视镜,操着江浙的语音,以极谦慎的口吻,开始向我们讲:
>
> "我首先申明,我这次来此的目的,完全为了学习。好比一个小学生为了上学来的。我懂的东西很少,希望在这里好好学习些时候,更希望同志们,不客气地给些帮助,使我加紧学

---

① 《从烦恼到快乐》九"'教书匠'升级当'教员'"。

习。"他那诚恳、虚心的态度,丝毫不是敷衍的客套,使我们年青人听了觉得感动和惭愧。接着,他仍旧很谦虚的说:

"我在豫南前线,只担任些小工作,和一位姓马的先生(按,即马致远同志)在一起,在工作和活动上可以说惟马先生的'马首是瞻'。假使说,在工作中有点小成绩的话,那只有下面的两点:第一,在我领导的流动工作团中,从未因男女之间的交往而妨碍过工作。这是很平凡的一件事,但也是很难做得到的一件事。我时常对青年男女说:你们是处在这样的战斗环境下,生活是在非常紧张和急骤变化之中,应付自己已感不暇,假如再来个小娃娃那将如何安置呢?所以你们该忍耐一下,等到处境比较安定时,那我并不反对你们进行制造小娃娃的工作。我经常这样向他们解释。另一方面,多从工作上和学习上鼓舞他们,使他们总是在不断的紧张工作中生活着。这样竟收到了良好的成效。这是我认为有些成绩的第一点。第二点,就是反对'乱打游击'的行为(即指揩油或随便取用人家的东西——铁夫注)。我以为假使在青年中酿成了乱打游击的风气,不特扰乱团体生活的纪律和秩序,而且更危险的,就是会发展成自私自利的心理,甚至种下贪污的根源;同时,也表现出没有吃苦耐劳的精神。所以我极端反对这种行为。记得列宁住在伦敦的时候,冬天无力购买寒衣,有一天他的姐夫打算代他购买一件大衣,但他极力推辞不肯接受,后经再三劝解,才勉强答应了。我想,假使列宁是善于'打游击'的话,那他的姐夫的现成大衣也许早给他打走了。他这样不怕苦的精神,是我们青年的模范,尤其是'好揩油'的人所必须好好学习的。我要说的就是以上两点小成绩。"

在一阵掌声中,他坐下了。他这两点成绩据他讲虽很平凡,但对一般做救亡工作的青年说来,却是很有重要意义的事情。①

---

① 铁夫:《范文澜先生》,《中国青年》1卷10期,1939年10月。

第二章 为创建新史学呕心沥血

范文澜在欢迎会上的谦虚态度是真心实意的,他表示希望能好好在这里学习些时候,希望同志们不客气地多给他帮助是出于至诚的。在讲话中,他不谈他所领导的流动工作团在前线的危险环境,不讲大家高昂的热情和进行抗战动员所获得的效果,而只讲了两点小成绩,却是很耐人寻味的。工作团是从满怀抗日热情的大学生和高中生中组织起来的,处在经常流动的环境中,要克服经常行军、分散到群众中做动员工作、物质条件艰苦等困难,甚至要接近火线,处境更危险,大家怀着热情而来,同时这些成员又都处于恋爱、结婚年龄,如果不是通过有效的思想教育工作使团员们具有自我约束能力,男女青年间始终保持着严肃的同志关系,那么青年人朝夕相处,难免有人会做出越过同志、战友界限的举动,假如搞出娃娃来,那就会"小不忍则乱大谋",无法继续在战争环境中活动,并且将严重损害工作团的声誉。范文澜作为工作团的领导者,一方面做细致的思想工作,向青年们讲清利害,让团员们严格要求自己,另一方面多从学习和工作上鼓舞,使他们总是在不断的紧张工作中生活着,让大家精神充实,保持着高涨的热情,确实把青春的精力都奉献到抗战动员的工作中去。范文澜谦虚地讲述的这点"小成绩",却能"因小见大",让我们从中感受到他对青年的关心爱护,看到他作为领导善于抓住工作的关键,也看到工作团严格的纪律。范文澜所谈的第二点"小成绩"同样很重要,因为,若任由贪占便宜的行为存在、滋长,就会造成团员中诸多矛盾,涣散组织,破坏团结,诚所谓"千里之堤溃于蝼蚁之穴"。范文澜认真抓住反对贪占便宜的行为这一项,杜绝了团员中自私自利思想的产生,培养了集体生活的原则性和艰苦奋斗的作风。正因为范文澜善于做思想教育工作,他所领导的工作团成为河南所有救亡团体的模范,范文澜本人受到工作团青年们的衷心爱戴,对此,这篇特写作了充满热情的描述:

> 范先生原是一位有名的老教育家,他曾任北平大学女子文理学院的院长,后来到河南大学当教授,是一位对中国国学深有研究的学者。抗战爆发后,先生怀着气愤与兴奋,决

心为抗战服务。他首先把夫人和儿女送往陕北学习,然后,捐出自己仅有的积蓄,带了一群河大的学生,组成河大流动工作团,正当豫东战事吃紧,开封危急的当儿,他们出发到豫东豫西开始工作。后来工作区域又渐渐经豫中开展到豫南,差不多走遍了河南全省。这一个工作团,好像一个突击兵团,在河淮平原和嵩岳脚下的千百万同胞间种下了抗战救亡的种子,燃起了杀敌自卫的怒火,在宣传教育各方面,表现了显著的成绩。尤其是工作团的纪律,团员间的团结,男女关系的严肃大方,更为人称道不置,都认为是河南所有救亡团体中的模范。

这些成绩,固然是由于全体团员的努力,但是我们知道这更因为:范先生那种老当益壮,爱国家爱民族的精神,和他的高尚的道德,循循善诱,诲人不倦的态度,以及个人学而不厌的精神,直接教育和感动着这群朝夕相处的青年男女,他们像慈父一样爱戴他,像严师一样尊敬他,愿意永远围绕在他的周围!

有光荣成绩的河大工作团,后来不幸被迫解散了!那批青年多投入军队中和其他工作团工作,但他们仍旧保持着河大工作团的光荣传统。

范文澜因受国民党顽固机关的逼迫,离开了他所领导的抗训班服务团,这对当地的抗战动员工作固然是一个损失,但是不久后他参加了新四军,从事党领导下的宣传教育工作,对于他的一生来说,则是一个重要的新起点。因为,他从此获得了机会全力以赴、如饥似渴地学习马列主义理论,并在 1939 年 9 月重新加入中国共产党。请看铁夫笔下范文澜不顾日寇飞机到处轰炸,在河边树下贪婪地学习马列主义理论的情景:

如今,范先生正在这活跃的小镇上,进行他的研究工作。豫南前线的战事是那样紧张,炮声隆隆,敌机到处轰炸,小镇东边有一条漫长的河堤,在密密的树林旁边流着涓涓的清流,我们看到范老先生成天从容地坐在那里阅读他所爱读的进步书籍。即使在饭馆里人们也可以看到这位博学的教授在手不释卷,向着世界最进步的科学和人类的真理,深入钻研。

范先生是老当益壮,范先生永远是年青的,永远是青年的模范。让我们敬祝范先生健康!

这位署名"铁夫"的记者如此感情真挚地称范文澜为"文武双全的民族英雄",称他"永远是青年的模范",表达的是中原广大抗战青年和新四军干部战士的共同心声。有趣的是,当这篇通讯在延安杂志上发表时,中共中央中原局书记刘少奇同志已作出让范文澜转移到延安去的决定,这在时间上是一种巧合:我们的主人公即将要在革命圣地延安登场,恰好他的事迹先行向延安的青年和干部作一介绍,有道是"未见其人,先闻其声"。不过,这一"巧合"背后,实际上又存在着深刻的必然性。范文澜由一位有名的大学教授,转变为抗战训练班的领导人和新四军的一员,他的不平凡事迹和崇高精神,正需要在党中央所在地的刊物上宣扬;而从革命事业的全局来说,更需要这位学识渊博,而又充满热情追求真理、不知疲倦地学习科学理论的优秀人才,到全国人民瞩望的抗战事业的指挥中心延安来发挥作用,施展才干。1939年底,范文澜从河南确山县中原抗日根据地出发,几经辗转,终于在次年初春节前夕,来到他向往已久的革命圣地延安。

(二) 到延安

1940年1月,范文澜经过沿路的种种艰难险阻,怀里揣着中原局的介绍信,身上带着游击区战斗的风烟,来到了延安。时当陕北严冬的季节,天寒地冻,北风刺骨,但是范文澜心里却是热切的、激动的。凭他对革命事业的赤诚,他早已把自己的生命和事业与党的事业紧密联系在一起,延安——陕甘宁边区的首府,中共中央所在地,中国人民的希望,正是他梦寐以求的地方。他这种激动的心情,自己曾有真切的表述:

> 朋友某君认为我还有学习上进的可能，介绍我到延安来。我"过五关斩六将"，冲破若干险阻，居然走到"寤寐求之"的边区了！快乐得把铺盖丢弃在汽车上。多光明的边区啊！
>
> 我到边区了！我清算过去四五十年的生活，一言以蔽之曰烦恼。现在开始清爽快乐的生活了！①

范文澜是在中国革命进程中的一个重要时刻来到延安的。中国人民神圣的抗日战争正由初期的战略防御阶段转入战略相持阶段；在中国共产党领导下，八路军、新四军英勇挺进敌后，经过艰苦卓绝的斗争，建立并逐步扩大游击根据地，人民革命力量在连天的抗战烽火中不断壮大；尤其是，在对付日寇罪恶的侵略战争，对付国民党顽固派一面赞成抗日、一面策划反共，政治、军事形势错综复杂的情况下，以毛泽东为领袖的中共中央，集中了全党智慧，制定了正确的政治路线和斗争策略，创造性地运用马克思列宁主义基本原理来解决抗战中各种尖锐、复杂的矛盾和问题，成为指导中国人民战胜当前最艰难危险的局面，逐步争取胜利的保证。以上三个方面伟大的历史性的变化，都是以延安为体现的。这一时期中国共产党在理论上迅速成熟的结晶，就是毛泽东思想。它不仅指引抗日的航船在惊涛骇浪中前进，而且把我们民族的伟大精神提高到新的高度，中国人民从此牢牢掌握了自己的命运，不再彷徨失望。而对范文澜来说，则由于马列主义和毛泽东思想的教育，使他的思想理论认识迅速地产生了飞跃。

中国共产党人对于中国革命和抗日战争规律性的认识是来之不易的，必须是在理论上对长期危害中国革命的主观主义、教条主义政治思想路线进行彻底清算，还必须对急剧变化的抗战形势正确地分析总结才能达到。1937年夏季，陕甘宁根据地已经得到巩固，毛泽东为了帮助全党干部提高理论认识水平，发表了著名的哲学著作《实践论》和《矛盾论》。这两部著作，从理论上集中清算了严重危害中国革命的以王明为代表的主观主义、教条主

---

① 《从烦恼到快乐》十"进边区来"。

义路线,深刻地批判、剖析其错误的认识论根源,强调实践—认识—再实践—再认识,离开"实践第一"的观点,根本无法认识真理。以丰富的事实和深刻的道理,论证坚持"对具体事物作具体分析是马克思主义活的灵魂"这一原则的至关重大的意义,号召全党认真研究中国社会的特点和总结中国革命的丰富经验,从而开辟了认识中国革命战争规律性的宽阔道路,为统一全党思想奠定了理论基础。此后,日寇的疯狂进攻严重地威胁中华民族的生存,战争形势艰苦卓绝,国共两党关系及国内政治形势复杂多变,中共中央面对这一切困难情况,一再迅速地作出正确决策。特别是毛泽东发表了一系列重要的科学论著,提出了全国人民最终战胜日寇的正确道路,制定了一系列正确的策略,并且规划了在抗击疯狂的日本侵略者的战争中,壮大人民力量,最终埋葬侵略者和建设新中国的道路。简要地说,毛泽东的一系列重要著作解决了四个方面的重要理论问题:

一、关于中国抗战经过持久战最后必然打败日本侵略者的理论。

二、关于中国共产党在统一战线中坚持独立性,争取抗战的胜利为人民的胜利的理论。

三、关于新民主主义理论。论述中国革命的历史进程,必须分两步,第一步民主主义革命,第二步社会主义革命。

四、关于必须重视学习历史的理论。中共中央,特别是毛泽东本人在从事意义重大的理论创造中,一再向全党同志严肃地提出学习祖国历史的任务。毛泽东阐述学习历史遗产、研究历史的理论,有两个显著的特点:第一,对于祖国的历史充满强烈的自豪感,他首先重视和反复强调的是总结和发扬历史遗产中的精华,同时又有鲜明的辩证分析的态度;第二,他是从指导当前的伟大运动的高度,强调研究历史是取得胜利的必要条件之一,因为今天的中国是历史的中国的一个发展,只有对中国历史有深刻的认识,才能真正了解中国的国情,才能做到将马克思主义的普遍原理与中国的具体实践相结合,指导革命取得胜利。毛泽东的论述深湛而精辟,构成正在形成中的毛泽东思想的重要组成部分。1939年冬，由毛泽东和几位在延安的同志合作撰写了《中国革命和中国共产党》，对于两千年中国封建社会和鸦片战争以来的近代社会、近代革命的道路，作了概括而中肯的论述。这部著作对中国共产党和中国人民起到了重要的教育作用，所提出的许多论断对于历史研究更具有长期的指导意义。

这些理论成就，对于中国共产党胜利地指导抗日战争和形成毛泽东思想的科学体系，意义是极其重大的，对于范文澜迅速地提高自己的理论水平，掌握唯物史观和辩证唯物主义的精髓，同样具有重大意义。他在中原游击区之时，对于当地所能找到的革命理论书籍的学习，已经达到那样如饥似渴的程度，日寇飞机在不远处扔炸弹都影响不了他，他已完全沉浸于书中而仿佛听不到爆炸声。到了延安，他更是废寝忘食地阅读马列著作和党的文件，并且因经常得与毛泽东和其他党的领导人交谈，获益更加巨大。以毛泽东为代表的中国共产党人新民主主义革命理论的形成，是范文澜到达延安之后顺利地、迅速地撰成《中国通史简编》的理论背景。马克思说得好，"人体的解剖对于猴子的解剖是一把钥匙"，真正掌握了当前革命理论的实质，能够帮助范文澜分析历史问题时做到左右逢源。对于当前革命理论——活的马克思主义的学习，他是有深刻体会的，多年以后，他就曾明确地讲，要认真学习党的文件，读《人民日报》，这是当前活的马克思主义。如果他没有长期的、独到的体会，他是不会做出这样亲切有味的总结的。

当日的延安和陕甘宁边区，物质条件虽然艰苦，但是抗战的热情无比高涨，革命的信念坚定高昂，不怕艰苦、积极工作、努力学习、为抗日事业多做贡献，成为人们共同的目标和行动的准则，边区成为全国最有光明前途的地方。这就是教育、陶冶了无数进步青年的延安精神。女剧作家李伯钊于1942年夏所写一篇文章的一段朴实的描述，为我们提供了很有价值的历史见证，文中说："真正革命根据地的面貌，是众目所睹的：是吴满有式的英雄领导着边区的农业生产。民主浪潮，从村到县；波及了边区广大幅员。由于党内外人士的合作，完全实现了三三制的政权制度。学习热情,激动着全边区全延安。学术界自由论争。作家、诗人自由写作出版。党政军民手携手,一心一意建设自由的边区的延安,人人有饭吃,有书读,有事做,一切为着提高自己,积蓄革命力量,巩固反攻据点。全中国人民向往的革命根据地——边区延安,这块民主自由的天地,人们紧张的,团结的,战斗的生活着工作着。"① 延安精神——就是中华民族发扬英雄气概,决心打败日本侵略者,决心战胜一切艰难险阻,争取光明前途的伟大精神之体现。

范文澜到达延安前后,以毛泽东为领袖的中国共产党在政治上和理论上迅速走向成熟,尤其是毛泽东总结全党智慧,系统地提出经过持久战打败日本侵略者的理论,争取抗战胜利为人民的胜利的理论,新民主主义革命的理论,和关于中国历史、中国社会的理论;以及延安革命干部、革命知识分子、革命群众的精神面貌。这些,就是范文澜到达延安不久,接受了毛泽东交给的任务,并在仅仅不到两年的时间,便完成了具有重大历史意义的《中国通史简编》的撰著的重要条件;这些,就是在这部《简编》背后,而对理解这部著作的产生和意义不可缺少的东西。否则,就无法了解,当时延安的物质条件那样艰苦,撰写中国通史所需要的书籍资料更不充足,他却在延安窑洞的煤油灯下,一笔一字地,然而顺利而迅速地完成这部总字数达五十六万字的巨著。是中国共产党在把马列主义普遍原理与中国具体实践相结合上达到的成熟,使范文澜在理论上、认识上得到极大的提升,是延安革命精神和人们的思想风貌使他得到巨大的激励和鼓舞,是中华民族迸发的伟大精神,激发他要撰写出无愧于伟大时代的新型历史著作的热情和使命感!延安时代,和随之到来的抗战胜利、解放战争时期,是中国历史上天翻地覆的时期,是中国人民终于结束了漫长的悲惨年代,第一次打败了侵略中国的外国强盗和创建新中国的惊天动地的时代。这伟大的时代产生了一大批非凡的历史人物,立功立言,在政治、军事、学术文化领域做出出色贡献,

---

① 伯钊:《继〈读野百合花有感〉之后》,《解放日报》1942年6月9日。

形成群星灿烂的局面，而范文澜，则以他在创建新史学方面的业绩，成为其中一颗耀眼的明星。戴逸教授曾经精辟地论述，范文澜在延安撰成的历史著作，是时代精神的体现，它集中了当时革命者的许多智慧，第一次系统地说出了革命者对中国历史的全部看法，对于范老的作品、为人的评价，要放在这样一个大的时代背景中才能更好地理解。他说，范老的《中国通史简编》和《中国近代史》，全面地、系统地阐明了中国的全部历史，教育、影响了后代的历史学家，也教育影响了当时千千万万的革命者。这两部著作奠定了他在历史学界崇高的、不朽的地位。用历史唯物主义观点阐明全部中国历史，范老是第一个，当然，还有很多老一辈历史学家，做了很多卓越的开创性的工作，但他们没有写过中国通史，范老是第一个用马列主义写中国通史的，而且他的著作，观点鲜明，见解精辟，学识贯通。他的文章很有特色，具有中国民族的气派，大家风范。他的作品风靡一时，经久不衰，不仅是我们历史学者、社会科学工作者经常阅读的，而且是当时许多革命干部案头的必读书。"一个伟大的时代，必然会涌现出一大批伟大的、杰出的人物，群星灿烂，立功立言，造福后人。20世纪前期，中国从半殖民地半封建社会经历了民主革命、社会主义革命，推翻了三座大山，建立了人民共和国，新中国巍然屹立于世界的东方，这是一个伟大的时代，因此，产生、涌现了以毛泽东为首的一大批在各个领域的杰出人才，我们历史学界也产生了像郭沫若、范文澜、吕振羽、翦伯赞、侯外庐这样一大批人物，他们各方面的学术成就都很高，对我们后人来说有一种高山仰止、心向往之的心情，崇敬、仰望，几乎是不可企及的境界。为什么会产生这些一大批人物呢？我想，这是时代的产物，时代需要他们，时代也造就了他们。对于范老及范老的著作，必须放在这样一个大的时代里面，才能充分理解范老的为人，他的治学，他的著作的价值、影响。"戴逸教授又说，范老在延安著史的年代，中国共产党已走过了饱经忧患的幼年时代，逐渐走向成熟，毛泽东思想已在全党确立了领导地位，中国革命正在大踏步走向胜利。在这样的时候，这样的形势下，需要有一部用马列主义观点来阐明中国历史的书,这样的书,马、恩、列是不能代替中国人来写的,任何外国人也不能越俎代庖,只有中国人自己来写。而中国的领袖们,忙于领导革命战争,也不可能来写。这时,就产生了一批革命的学者。"而且,在这个时候,我们党不仅在政治上成熟了,理论上也有一整套正确的理论,对于中国社会的性质,对中国的一些重大历史事件和历史人物,经过长期争论、研究,有了比较正确的一致的认识。在这样的形势下,写作一部科学的、系统的中国历史,不仅是必要的,而且才有可能。范文澜同志正是在这个形势下,这个时代,这种条件下投入了极大的力量,经过了艰苦的劳动,呕心沥血,创作了这样两部杰出的著作,《中国通史简编》和《中国近代史》。这样两部书,当然是范老个人的作品,而在某种意义上,也是时代的要求,是时代精神的体现。"① 戴逸教授的论述,对于我们结合中国革命大踏步走向胜利的背景,结合延安时期干部群众蓬勃向上的环境,结合时代精神的体现来理解范文澜在创建新史学上的杰出成就,是很有帮助的。

范文澜在《从烦恼到快乐》最后一部分,便以朴素的语言,讲出他到延安一年后,由于政治理论修养迅速提高,能够无牵无碍地研究学问,从接近中央领导人获得政治指导和人格影响的巨大帮助等项而感到衷心的快乐,和他决心奋发进取的心情:

> 写边区一般状况的文字相当多,我不必重复来讲。我止写我个人的快意处。
>
> 第一,我酷爱学习,在边区外当"教书匠",忙着"为人师",极少学习的机会。即使偶有,因怕"别人说闲话,找岔儿","听来历不明的人讲演,惹是非"等等原因,不得增益新知识,边区恰恰相反,任何人都在热心学习着。我以前对马列主义茫无所知,这一年来自信进步不少。我如果努力不懈,一定还会进步。

---

① 戴逸:《时代需要这样的历史学家——在纪念范文澜诞辰100周年学术座谈会上的发言》,《近代史研究》1994年第1期。

第二，共产党确是光明磊落，领导全人类的政党，它对党员非党员一视同仁，因才而使，绝对没有偏私的意见。我是教书匠出身，所以让我安心研究"本行事业"。图书馆中国古书很丰富，尽我能力自由去探求，结果，感觉到能力太缺乏了。想起过去煞有介事地做"误人子弟"的工作，真是罪过不小。

第三，共产党爱惜人才（虽然我并非人才），确是无微不至。即使是个人生活方面极小的节目，也是随时注意，尽可能想法改善，保障"安心研究"的成功。我确信，谁想成就自己的学问（不是空谈骗人的学问），应该想法进边区来。我又确信，目前全中国找不到像边区那样安静的地方，能让读书人无牵无碍，有吃有穿，平心静气进行读书和研究。

第四，单从文化方面讲，边区是中国的文化中心地，也就是新兴文化的心脏。许多著名学者，聚集在延安周围几里路以内，他们研究的心得，随时开会报告。还有各式各样的讨论会、座谈会、研究会、学习小组，请他们出席指导作结论。试问，什么地方能够接近这样多的明师益友呢？所以居住边区的人，就是不很用功，也会飞跃的进步。

第五，中共中央领导人，对党员非党员的政治指导和人格示范，起着不可言喻的伟大影响。所以住在边区的人，没有政治上的迷惘，因为国际国内发生新问题，立刻会得到正确的指示。也没有思想行动昏惑不悟的危险，因为发现错误，立刻会得到自我批评的纠正。边区成为最快乐的地方，这是个最主要的原因。

恕不第六第七……说下去。归根到底，边区确是全中国最快乐的地方。以前我这样听说，所以来到边区，现在我这样亲自看见，希望长期的住在边区。

范文澜把马列主义水平的提高，列为他到边区后感到"清爽快乐"的第一项，可见他对此收获最大、体会最深，也最为重视，按范文澜一向极不爱宣扬自己的性格，此项尤其值得我们注意。他又强调在延安可以无牵无碍地读书，平心静气地研究，"谁想成就自己的学问,应该想法进边区来",则是他潜心撰著《中国通史简编》,进展顺利的明显写照。驻在延安的中共中央在政治上、理论上的成熟,延安人艰苦奋斗而又意气风发的精神风貌,与范文澜如饥似渴学习科学理论的方向,与他严肃、刻苦治学的个性正相合拍,所以他到延安之后,如鱼得水,畅意遨游,创造力得到空前的发挥。范文澜到延安,适逢时会地担当了当时所亟须撰写一部新型中国通史的重任,他的成功,为领导中国革命正处于辉煌时期的中国共产党的事业,增加了一道亮丽的光彩。而以毛泽东为代表的中国共产党的理论建树、远见卓识、领导人的人格力量又给了他巨大的教育和帮助,延安精神滋养、造就了他,因而他的史学当之无愧地成为时代精神的体现。

范文澜到延安时,年龄四十七岁,正值思想和学术臻于成熟,而创造力处于高峰时期。他到达不久,即被任命为延安马列学院历史研究室主任。随后,毛泽东就直接向范文澜"交待了一件任务,要求在短期内编出一本篇幅为十来万字的中国通史"。①

延安马列学院成立于1938年5月。至第一期学员毕业后,"有两位同学——尹达和佟冬被分配搞历史,加上未经任何人介绍、自己从北平来到延安的、当过大学讲师的杨绍萱,一共三个人,成立了一个历史研究室,住在翻译室旁边,同属一个党支部。陈伯达被任命为主任,但他只是挂个名,极少过问研究工作,似乎是一个局外人。他向大家传达过一次毛泽东同志关于要研究中国农民战争史的指示,但他并未说明农民战争的重要意义何在。因为陈伯达自己也不大懂得这个问题,更谈不上如何领导、组织大家进行具体工作了。"至1940年,研究室人员增加至八人。新增加的五人中,除范文澜外,还有谢华,他是大革命时期参加革命的,在北伐军中任过团的党代表。大革命失败后,他在白区参加过长期的地下斗争。到延安后先在军事部门工作,因为他爱好研究历史,自己要求来到历史研究室。其他三人,叶蠖

---

① 叶蠖生《我所了解的中国历史研究室》,《延安中央研究院回忆录》,中国社会科学出版社,1984年版,第70页。

生、金灿然、唐国庆，都是刚从马列学院毕业的学员。范、谢、杨三人岁数较大，被公称为范老、谢老、杨老。范文澜之任研究室主任，据叶蠖生回忆，经过了颇具戏剧性的场面：

> 范老来后不久，陈伯达召开研究室会议。这是我第一次参加这样的会议。会上，杨老发动了对陈伯达的攻击。原来杨和陈都在北平的私立大学做过讲师，到延安后，杨老想引陈为故人，向他推荐自己关于西周时期中国仍是奴隶社会的学说。可是，陈伯达是极其势利的，根本看不起一个无人推荐、自找上门的非党同志，不仅不重视杨的学说，还对杨采取鄙视的态度。因此杨老对陈早已心存积念，在这次会上就直接对陈进攻了。杨说：范老是历史界前辈，应该让他主持研究室工作。陈当即表示自甘引退。从此，历史研究室就再没有和陈伯达交往了。①

当时党中央决定的由范文澜主持编写一部简明的中国通史，既是为了提供向干部进行历史教育的读本，也是要代表对当前斗争和民族前途充满信心的革命者，指点江山，激扬文字，讲出对中国几千年历史的系统的新看法。由范文澜任总编，从党的需要和他本人的学术历程来讲，都是难得的历史机遇。范文澜接受任务以后，便全力以赴投入理论和材料的准备之中。撰写中国通史，首先遇到的问题，是如何运用唯物史观关于五种社会形态的学说来分析中国历史，解决古史分期问题。这对范文澜的马列主义理论水平和熟悉、占有古代史料的能力，是一个很大的考验。范文澜胜利地通过了这场考验，表现得胜任愉快，短时间内，撰成了他第一篇系统地运用唯物史观分析中国历史的理论文章——《关于上古历史阶段的商榷》，发表于1940年5月25日出版的《中国文化》第一卷第三期上。范文澜总的看法是，赞成吴玉章关于殷代是奴隶社会、西周是封建社会的主张，而对郭沫若所持西周是奴隶社会的观点提出商榷意见。此文所显示的浓厚理论性

---

① 均据叶蠖生《我所了解的中国历史研究室》，《延安中央研究院回忆录》，中国社会科学出版社，1984年版，第69—70页。

和高度概括力是很突出的，它不仅成为延安版《中国通史简编》上古史阶段的理论指导，而且，文中的基本观点构成范文澜"西周封建论"学说的基础，一直到60年代都没有更改。

关于殷代是奴隶社会，范文澜作了多方面的论证。主要是：一、殷代主要生产资料和直接生产者均为殷王和贵族所占有，奴隶主对奴隶可以把他们当作牲畜来买卖、屠杀。他论证的根据是："《尚书·梓材篇》：'皇天既付中国民，越厥疆土。'《召诰篇》：'皇天上帝，改厥元子，兹大国殷之命，惟王受命。'这就是说殷王是皇天的大儿子，他代天有土地和人民。现在周王做了大儿子，所以土地人民都归周王所有。这是周初人的话，足见生产资料和生产者，在殷代是属于王的。""在'卜辞'及发掘里，证明殷代（盘庚以前无可考）大批杀戮奴隶，祭祀用奴隶作牺牲，《盘庚中篇》称民为'畜民'。《周易·旅卦·六二爻辞》，'旅即次，怀其资，得童仆贞。'皆买卖屠杀之证。"二、畜牧业是当时主要的生产部门，大量使用奴隶。《左传》昭公七年："马有圉，牛有牧。"圉、牧在仆、台之下，其贱可知。卜辞中有"耤臣"，则是农业奴隶的管理者。三、当时贫富的分化已很明显，阶级矛盾非常尖锐。《史记·周本纪》：武王"命南宫括散鹿台之财，发钜桥之粟，以振贫弱萌隶。"萌就是甿，隶即奴隶，是被剥削者阶级。由于殷代阶级对立严重，因此刑罚严酷。《礼记·表记》所谓"商人先罚而后赏"。《荀子》说："刑名从商"。《韩非子》也说商人有弃灰之刑。"卜辞及地下遗骨，想见殷代杀戮的凶残。卜辞'囚'字，作人在井中之刑。刑罚是统治阶级压服人民的工具，目的就在于迫令多数人服从少数人。"奴隶社会里财富以奴隶多少为标准。卜辞里殷代征伐之事极多，但也不见他们扩大了多少土地，征伐的目的就在于掠夺奴隶，增长自己的财富。

关于论证西周是封建社会的开始，范文澜的主要根据是：一、西周的直接生产者，奴隶也有，农奴也有，而主要的却是农奴。"如《豳风·东山篇》描写战士回家的情况'鹳鸣于垤，妇叹于室'，这是一幅孤村冷落的图画，要防止奴隶逃亡，应该有比较集中的居处,这样散居荒野,正是农奴留恋在小土地上的情景。《召南·行露篇》是说男人聘礼不足,女子不肯嫁他而兴狱讼。这是穷苦农民想讨便宜老婆,如果是奴隶,根本不要什么聘礼,由主人择配罢了,何致兴讼而且传为美谈。《大雅·灵台篇》:'经始勿亟,庶民子来。'这是诗人夸文王行仁政得民心,庶人像儿子那样来替父亲出力。如果是奴隶,呼之即来,'子来'有什么希罕。周公称颂文王'不敢侮鳏寡',如果是奴隶,鳏寡由于主人不给他匹配,有什么可称颂?依这些材料看,西周文王时代,农奴已是主要的生产者。""古史相传文王发政施仁,大概文王就是首先抛弃奴隶而利用农奴的封建主,在封建社会看来,他确是值得'仪式形文王之典'了。"西周本是西方小国,竟能翦灭大邦商,恰恰证明新生的封建制度,必然要战胜旧的奴隶制度。西周农夫已有私有财产,和属于自己的生产工具。《小雅·大田篇》:"雨我公田,遂及我私",就是明证。二、西周初年,已实行封建爵禄制和贡赋的定制。范文澜举出的史料甚多,如:《左传》隐公十一年,"滕侯、薛侯来朝,争长。薛侯曰:我先封。滕侯曰:我周之卜正也,薛,庶姓也,我不可以后之。公使羽父请了薛侯曰,……周之宗盟,异姓为后。"桓公二年:"今晋,甸侯也。"又十年:"鲁以周班后郑。"僖公四年齐桓公责楚"尔贡包茅不入"。昭王南征不返,王室威信坠地,足见茅包之贡尚在其前,非成王周公所班定而何。又五年晋灭虞,"归其职贡于王"。昭王十三年子产曰:"昔天子班贡,轻重以列,列尊贡重,周之制也。卑而贡重者,甸服也。郑伯,男也,而使从公侯之贡,惧弗给也。"又二十三年:"列国之卿,当小国之君,固周制也。"哀公七年,吴来征百牢,鲁子服景伯对曰:"……周之王也,制礼上物,不过十二。"上述《左传》中保存的史料足以证明:"周初封建爵禄贡赋是有定制的。"三、范文澜认为,提出周初已是封建社会的开始,不是说周已是完全实行封建制度,相反地,旧的奴隶制必然还残存,关键是要看到新生的封建制代表了社会前进的方向,代表了社会的本质。"我们不应该误认残余为这个社会的本质,而忽视新因素的向前发展,因为新制度是发展的,而旧制度则日趋瓦解,即使在开始时,旧的还占较大比重的力量,而必然要被新制度所代替,是无可置疑的。"①

范文澜把上述基本论点写进延安版《中国通史简编》之中,新中国成立以后的修订本又进一步发展了这些观点,因而他成为古史分期中影响很大的"西周封建说"的主要代表人物。在老一辈马克思主义史学家中,除范文澜,还有吕振羽于1936年著《殷周时代的中国社会》时,翦伯赞于1943年著《中国史纲》第一册时,也都已提出西周是封建社会的观点,相比之下,范文澜论证最详,后来又有重大的发展,因而学术界常以他为这一分期主张的主要代表。《关于上古历史问题的商榷》一文,既表明范文澜在运用唯物史观研究中国历史的重大进展,又反映他当时尚未达到融会贯通的程度,故文中一一列出《联共党史简明教程》中对奴隶社会和封建社会的"界定",而逐项举出史料来论证,因而难免有生硬的地方,这同当时党内和延安理论界把《教程》奉为"经典"、视为绝对正确的背景是有直接关系的。

《中国通史简编》的撰写工作正式开始于1940年8月。当时是作为一项集体编写的任务,由范文澜任总编。分工的情况是:谢华、范文澜分任第一编;佟冬、尹达、范文澜分任第二编;叶蠖生、金灿然、唐国庆、范文澜分任第三编。② 并简单拟定了几条原则:略前详后,全用语体,揭露统治阶级罪恶,显示社会发展法则等。由于缺乏集体写作的经验,对于如何编法没有一致的意见,稿子是齐了,有的太详,有的太略,不甚合用。故如范文澜所说:"组织上叫我索性从头写起。"因此,《中国通史简编》实际上是范文澜个人著成的。关于当时历史研究室分工撰写的情况,有叶蠖生的一段回忆,可作补充:

范老主持工作后不久,毛泽东同志就直接向范老交待了

---

① 均据范文澜《关于上古历史阶段的商榷》,《范文澜历史论文选集》,中国社会科学出版社,1979年版,第81—92页。
② 此据《中国通史简编》上册在延安出版时,以"中国历史研究会"的名义所写的序言(1941年5月25日)。

一件任务，要求在短期内编出一本篇幅为十来万字的中国通史。把几千年文明古国浩如烟海的历史，加以分析、整理，归纳在十来万字的小册子里，做到简明扼要，一目了然，这对于教育干部和群众是十分必要的，但也是一项极其困难的工作。范老接受任务后，立即召开全室会议，讨论如何进行工作。最后决定采取分工合作、集体创作的办法，把历史分成若干时期，由各人分担一段，写出初稿，然后由范老加以统一，完成定稿。分定任务后，杨老却表示不参加合作。这是由不同的学术见解引起的。原来杨老也曾把自己关于西周是奴隶社会的主张向范老推荐，希望能得到采纳和重视。范老虽然待人接物态度谦和，但在治学态度上却受章太炎影响（他是章的再传弟子），比较自信，不轻易接受不同意见。他一向主张周初的大分封是封建社会开始的标志。当时毛泽东同志的《中国革命和中国共产党》一文已经发表，其中也有"这个封建制度，自周秦以来一直延续了三千年左右"的提法。这样就更增强了范老的信念，以致对杨老的主张持否定态度。这就是杨老不愿意参加合作的原因。

　　杨老当时多次要求入党，还未被中组部最后批准。对一个非党同志，特别在学术工作上不可以强加命令，这使范老感到很为难，就和我商量，要求我在自己分担的任务外，把分给杨的工作也承担下来，我表示愿意接受。范老对此很满意，并指定金灿然和唐国庆二人做我的助手。我考虑到大家都是同学，他们也有能力独立工作，就没有接受他们做助手，而是把原来杨老分担的工作中的一个部分交给了他们（后来实际上是由金一人在做）。在不长的时间内，大家都陆续交出了初稿。但因为事先并未讨论出写作大纲，各人的作品不仅文风各异，而且处理历史的观点也各有己见，要加以统一相当困难，这使范老很为难。只有金灿然一人，严格按照范老要求，只作材料劄记，不作条理论述，范老认为这对他还有点帮助。既然无力统一初稿，范老就决心由他个人独力编写。①

其时历史研究室内也属年长的谢华因古史分期意见的不同，不愿参加合作，最后书稿出版时在序言上仍然列上他的名字；负责分工的各部分写成后书稿不合用，全书实际上是范文澜独力著成，序言上也都按原先的分工一一列上：都说明范文澜的谦虚和对室内同志及他们的劳动的尊重。

当日范文澜著书，是在延安的窑洞里，在油灯下工作的，物质条件的艰苦可以想见。图书资料条件也很差，范文澜讲过，那时连《农政全书》《天工开物》这类书都找不到。② 而《中国通史简编》至1941年5月即撰成，总共还不到十个月时间，进展是如此的顺利、迅速！在极差的条件下却绽开了这株20世纪中国史学的奇葩，这除了由于范文澜娴熟于传统经史以外，主要还得力于他运用崭新的科学历史观分析问题已达到熟练的程度，以及他来到延安后，根据地上下蓬勃向上、对革命前途充满信心的热情和艰苦奋斗的精神极大地教育、感染了他，化成了他本人的非凡创造力而奔泻于笔端。显然，若果离开了这些条件，《中国通史简编》能如此迅速地产生是不可想象的。

在《中国通史简编》撰写过程中，党中央和毛泽东同志予以很大的关注。关于如何写法的问题，范文澜曾专门请教毛泽东，"毛主席不止一次对他说，写中国历史要'夹叙夹议'，后来他的工作就是依照毛主席的意见做的。"③ 党中央原来的意见是这部书写十几万字，但在进行中，研究室的同志们发现对一个具有五千

---

① 《我所了解的中国历史研究室》，《延安中央研究院回忆录》，中国社会科学出版社，1984年版，第70—72页。

② 见范文澜《关于〈中国通史简编〉》，《新建设》第四卷第二期（1951年5月）。当时能作参考的，除延安的图书外，主要是靠范文澜来边区时很难得地带来的三十几箱书籍。另外，尹达到延安前，曾在中央研究院历史语言研究所设在安阳的"河南古迹研究会"当过研究生，先后在该所学习六年，积有一批图书资料。在延安参加撰写中国通史期间，"他又在党组织的周密安排下，穿过敌人的层层封锁线，从敌占区的河南滑县（按，尹达原籍），运出了这批书和材料"。这对当时延安也是极有用的资料。

③ 参见朱绍侯主编《中国古代史研究入门》，河南人民出版社，1989年版，第724页。

年文明的古国，这样的字数无法容纳通史的内容，于是要求增至二十五万字，后来仍觉得不行，要求增至四十五万字，中央充分尊重学者们的意见，并明确说："你们写吧，能写多少算多少。"《简编》上册（自远古至五代十国）出版时，毛泽东给予了很高评价，他说："我们党在延安又做了一件大事。我们共产党人对于自己国家几千年的历史有了发言权，也拿出了科学的著作了。"①毛泽东作为党的领袖，视《中国通史简编》的著成为党在延安所做的又一大事，称之为"科学著作"，充分表明他对范文澜史学工作的高度重视。这同毛泽东一贯强调学习祖国的历史，并作为指导当前革命运动紧迫任务之一的态度是吻合的。又据荣孟源回忆，《简编》上册出版时，毛泽东非常高兴，特意请范文澜吃了一顿饭。②

1941年9月，《中国通史简编》上册在延安由解放社正式出版。在此之前，中国历史研究室的同志曾作了一次讨论，叶蠖生回忆当时的情况说：

> 当范老把他写出来的稿子征求大家意见时，多数人不愿意表示看法，只有谢老提出了一些批评，并提出了三十多条建议。一开始，这些建议未能为范老所接受，两位老同志还就此展开了激烈的争论。我当时认为，三十多条建议都是细节问题，是可以接受的。范老反问说，既然都是细节，又何必提出修改？为此，我和范老又进行了长时间的反复讨论和争辩。最后，除一条意见外，全部建议都终于为范老所接受，使这次争论得到了解决。③

吴玉章是范文澜所敬重的党内老同志，称他是"我党历史学家"，并采用于吴老关于古史分期的观点。吴玉章读了《简编》

---

① 佟冬：《我的历史》，《中国当代社会科学家》第四辑，书目文献出版社，1983年版，第84页。

② 荣孟源：《范文澜同志在延安》，《延安中央研究院回忆录》，中国社会科学出版社，1984年版，第181页。

③ 叶蠖生：《我所了解的中国历史研究室》，《延安中央研究院回忆录》，中国社会科学出版社，1984年版，第72页。

第一编"从原始公社到中央集权的民族国家底建立——远古至秦"之后,很快写了一封信给当时在延安编辑《解放》周刊的吴亮平,热情地肯定范文澜的著作"很好",并对几个具体问题提出批评、建议,信中说:

> 看了《中国通史稿》第一编,觉得很好。这是用马克思主义的方法来写历史的尝试,材料丰富,叙述通俗,处处注重社会发展的经济基础,以出土文物、甲骨文等实物为根据。这些都是很好的。
>
> 我觉得有几个缺点,写在下面:
>
> (一)关于家庭的起源没有说到,就是说关于两性关系的历史发展没有很好的说明。根据恩格斯、摩尔根的著作和我国古史中的材料(除太古之民知有母而不知有父外,如《左传》说:"男女同姓,其生不繁。"孔子说:"君娶于吴,为同姓,谓之吴孟子,君而知礼,孰不知礼!")是最能解释这一问题的。因此,开始就从原始公社说起,没有溯及以前的社会,这是不圆满的。
>
> (二)关于商鞅变法讲得比较多,关于管仲的功绩没有说到。对于齐桓公及齐国的作用,估计得很低。
>
> (三)孔子作《春秋》,开始了中国编年纪事的例子,这是他大的功劳。有成文史以后的年代,要附一有系统的记载。
>
> (四)关于老子生在孔子之后,这是一个翻案。听说前几年在北平争论很烈。如果还没有得到可靠的结论,则不宜采入这个通史中去。①

吴玉章对中国历史深有造诣,曾作了多年的研究,因而他的批评是很有见地的。他称《简编》第一编是用马克思主义的方法来写历史的尝试,称赞其材料丰富,叙述通俗,注重社会发展的经济基础,恰当运用新的考古资料,这些评价都切中肯綮,很有分

---

① 吴玉章:《关于〈中国通史稿〉第一编的一封信》,《吴玉章文集》(下),重庆出版社,1987年版,第843—844页。

量。他所指出的缺点，二、三两项在正式出版的《简编》中都有所修正。第四章第二节"大国争霸"中，增加了论述管仲助齐桓公称霸的内容，具体记载管仲的改革措施，说明了管仲的改革措施为齐桓公称霸二十多年奠定了基础这一春秋史的重要内容。再者，书中自共和元年（前841）以下，各个朝代（或历史时期，如春秋、战国），都列出简明的年表，系统地记载历史年代，便于读者查阅，这也是根据吴老提出的意见设置的。吴老信的末尾还提出开一次座谈会的想法：

> 据陈伯达同志说，范文澜同志主张开一座谈会来交换大家的意见。我以为这是很好的。请你用中宣部或历史研究室的名义，约对历史有兴趣的人，于本月二十五日或二十六日午后在杨家岭礼堂开一座谈会。如何？请与洛甫同志（按，即张闻天）商酌行之。

据佟冬回忆，这次座谈会不久即在杨家岭吴玉章窑洞举行，参加讨论的有吴玉章、徐特立、董必武"三老"，学者有范文澜、谢华、叶蠖生、尹达、佟冬、金灿然、唐国庆。会上，董老提到《尚书·武成篇》中写牧野之战"血流漂杵"的真实性及奴隶是否能当兵的问题。会后，吴老留研究室同志吃午饭，拿出大米饭、炖牛肉、苏式"沙辣"菜招待大家，青年同志都嚷："改善生活了！"① 这件往事，很好地说明了吴老、董老等老革命家对《中国通史简编》撰著工作的关心和对青年学者的亲切爱护，也说明当年延安物质条件的艰苦，在饭桌上能摆出一二样较像样的菜，在当时便是难得的享受了。

1941年底，马列学院改称"中央研究院"，党中央规定："中央研究院为培养党的理论干部的高级研究机关，直属中央宣传部。"范文澜担任副院长兼任历史研究室主任，院长仍由洛甫兼任。范文澜在完成《中国通史简编》上册之后，继续全力以赴撰写宋元时期以后篇章，至本年底即又完成自北宋至清代鸦片战

---

① 佟冬先生致延安大学历史系张剑平同志信所讲，引自张剑平《谈〈中国通史简编〉在延安的问世》，《延安大学学报》1991年第4期。

争部分,中国古代史部分至此告竣。延安当时学术研究气氛相当浓厚,因范文澜对传统经学有精湛的研究,于头一年夏秋间,被邀请在延安新哲学会年会上讲演中国经学简史,讲演的提纲后来经过整理,发表在延安《中国文化》第二卷第二、三期上(1941),题为《中国经学史的演变》。毛泽东亲临听讲,并写信给予热情的肯定。信的内容是:

文澜同志:

提纲读了,十分高兴,倘能写出来,必有大益,因为用马克思主义清算经学这是头一次,因为目前大地主大资产阶级复古反动十分猖獗,目前思想斗争的第一任务就是反对这种反动。你的历史学工作继续下去,对这一斗争必有大的影响。第三次讲演因病没有听到,不知对康梁章胡的错误一面有所批判否?不知涉及廖平吴虞叶德辉等人否?越对这些近人有所批判,越能在学术界发生影响。

我对历史全无研究,倘能因你的研究学得一点,深为幸事。致以

敬礼!

毛泽东
九月五日

毛泽东始终把研究历史作为革命事业的重要组成部分,从他不顾工作繁忙、连续亲临听讲,从他信中高度评价范文澜的历史学研究,都充分地反映出来。这封信又突出地体现出毛泽东把研究历史的重点放在近现代,对于近人错误的一面应进行有分析的、说理的批判的重要看法。这些都对范文澜有深刻的启示。

当时,范文澜还主持编选了作为根据地干部学习文化之用的课本《中国国文选》,这也是由毛泽东指定由范文澜负责编选的。据叶蠖生回忆:"毛泽东同志还指定了一些需要节选的文章,如《聊斋志异》和《西游记》中的一些篇章。这些文字要使只有初中文化程度的人都能读懂,需要加很多注释。于是研究室决定用全力突击完成这一任务,指定由范老、齐燕铭、刘亚生、佟冬、

金灿然和我负责。大家突击赶任务,每天都在油灯下工作到深夜。没有夜餐,就在炭火盆上煮几粒枣子吃,觉得味道异常甘美。"① 这部《中国国文选》在1942年完成付印,毛泽东特别写了序言,强调干部学习文化的重要,称赞文化课本的编成是一大胜利,表扬了范文澜、徐特立等同志:

> 一个革命干部,必须能看能写,又有丰富的社会常识和自然常识,以为从事工作的基础和学习理论的基础,工作才有做好的希望,理论也才有学好的希望。没有这个基础,就是说不识字,不能看,不能写,其社会常识和自然常识限于直接见闻的范围,这样的人,虽然也能做某些工作,但要做得好是不可能的;虽然也能学到某些革命道理,但要学得好也是不可能的。我们现在有大批精明忠实但缺乏文化基础的干部,将来也必然还会有大批这类干部,他们急切需要解决文化基础问题,但课本问题迟迟没有解决。现在文化课本出版了,这是一大胜利,这是凯丰(按,当时任党中央宣传部副部长)、徐特立、范文澜诸同志的功劳。不管课本内容还须随时改正缺点,推陈出新,但有了这个课本,就打开了学习文化的大门。文化课本的出版,是广大干部的福音,我相信,我们大群的干部会以极大的热忱来欢迎这个课本的。②

当时范文澜工作任务十分繁重,但他却克服了工作条件的简陋、艰苦,以超乎寻常的毅力和奉献精神,为撰著《中国通史简编》夜以继日地工作着。范文澜长期的助手和同事荣孟源对此曾写下充满敬爱之情的回忆:

> 当时,他和戴冠芳同志带着十几岁的范元维,一家三口住在一孔窑洞里,既是寝室,又是书房、客厅、餐厅兼厨房。窑洞后底支着一个大床铺;前面靠窗处用几块木板支了

---

① 叶蠖生:《我所了解的中国历史研究室》,《延安中央研究院回忆录》,中国社会科学出版社,1984年版,第75页。
② 毛泽东:《〈文化课本〉序言》(1942,1,17),《毛泽东文集》第二卷,人民出版社,1993年版,第387页。

一个大案子,是书桌也是餐桌。案上有一盏小油灯,点的是蓖麻油、小麻油或煤油,不管哪种油都是黑烟弥漫,火光如豆。范文澜同志就是在这盏油灯下,坐着一个木凳子,夜以继日不停地伏案工作。疲倦了就背靠墙壁略微休息一下,拿起一尺长的烟袋,抽几口当地出产的烟叶。所用的稿纸是用有光纸印的,纸质坏,不好写,而且反光刺目。就是在这样的条件下,他写出了那么多重要著作……

范文澜同志在马列学院和中央研究院时,说起来是吃小灶、穿干部服的。但所谓"小灶",不过就是灶小一点,由戴冠芳同志把供应的口粮领出来自己做饭。他们家的小米饭,特别是稀饭,确实比大灶好吃些,土豆、白菜、萝卜等等也比大灶做得可口些,如此而已。当时边区棉布很缺乏,大家都穿土布,从外面买得少量斜纹布,做成衣服给领导干部和学者、专家穿,这就是所谓"干部服"。一九四一年冬季发棉衣时,王实味没有领到干部服,就在中央研究院里从前山吵到后山,从山下闹到山上。最后范文澜同志把自己的棉衣给了他,才平息了这场风波。①

范文澜在延安的日子里,还有很令人感动的地方,他和一些工农出身的干部有着诚挚、深厚而又长久的友谊。这是大学教授出身的他,经过长期的革命斗争磨炼,思想上达到彻底革命化的表现,也与他在历史著作中深切关注历代劳动人民的命运,无比同情人民的苦难,严厉挞伐压迫残害民众的独夫民贼是互为表里的。读着以下回忆材料,我们更能体会到他那份淳厚、诚挚、视同志如手足的感情:

他对于工农出身的干部十分亲近,常能深交为知己。

他在中央研究院时,常有来往的,首先是铁路工人出身的王震同志。范文澜同志和他建立了亲密的友谊。中央研究院开始整风时,范文澜同志约王震同志去看墙报。王震同志

---

① 荣孟源:《范文澜同志在延安》,《延安中央研究院回忆录》,中国社会科学出版社,1984年版,第182—183页。

当即指出了墙报上的错误倾向，使范文澜同志感愧不已。他事后对同志们说："大学教授们熟视无睹的地方，王震同志一眼就看透了，真了不起！"此后他一直和王震同志保持友谊，直至去世。

谭余保同志是农民出身，第一次国内革命战争失败后，参加湘赣农民起义，曾任湘赣苏区副主席。红军主力长征后，他夫妻二人留在原地坚持斗争，直到新四军成立时才和主力汇合。谭余保同志来到马列学院学习后，范文澜同志也和他建立了深厚的感情。他晚年生子，夫妇二人都不会抚养，戴冠芳同志经常给以帮助。范文澜同志给孩子起名叫元纲，算作自己的儿子元绶、元维后的老三，待如亲子。他多次对我们说，谭余保同志过去坚持游击战争，三年没吃过一顿热饭，这种革命精神，我们一定要很好学习。

还有一位王国华同志，也是农民出身，曾是豫西南伏牛山区游击队的领导人，在群众中威望极高，人称王老汉。范文澜同志在河南竹沟镇工作时，两人已成为知交。范文澜同志来延安后，王国华同志也被送来延安中央党校学习文化。两人久别重逢，分外高兴，就到兰家坪小馆子里要了些酒菜，边喝边谈。范文澜同志平时是不喝酒的，这次不觉喝得大醉。此后，他们一直保持着亲密的交往。

毛泽东同志说："真正的革命者必定是愿意并且实行和工农民众相结合的。"范文澜同志在这一点上，也给我们树立了榜样。①

1941年5月，毛泽东在延安干部会议作了《改造我们的学习》的著名报告，鲜明地、精辟地论述必须坚决克服党内长期存在的，理论脱离实际、粗枝大叶、夸夸其谈的主观主义学风，树立深入实际、周密地作调查研究、以马列主义之"矢"来射中国革命之"的"的正确学风。并且明确指示："对于近百年的中国

---

① 荣孟源：《范文澜同志在延安》，《延安中央研究院回忆录》，中国社会科学出版社，1984年版，第184—185页。

史，应聚集人材，分工合作地去做，克服无组织状态。应先作经济史、政治史、军事史、文化史几个部门的分析和研究，然后才有可能作综合的研究。"① 毛泽东的这个报告和这段指示，在思想上和学术上给予范文澜极大的影响，直接促使他在完成《中国通史简编》鸦片战争以前部分之后，在相当长时间将近代史研究当作学术工作的重点。

毛泽东的这个报告，以及1942年2月所作《整顿党的作风》《反对党八股》两个报告，标志着延安整风运动的开始。这一时期，历史研究室的人员有出有进。新增加的人中，主要有齐燕铭、吕振羽。齐燕铭，满族，曾在北平中国大学任讲师，是著名经学家、考证学家吴承仕的得意门生。吴承仕是有崇高民族气节的人、地下党员，是和齐燕铭一道接受革命理论并同时入党的。北平沦陷后，吴承仕老先生到天津坚持地下抗日斗争，壮烈地牺牲在日寇的屠刀下。齐燕铭到晋冀鲁豫边区，后来辗转来到延安。吕振羽是著名的马克思主义史学家，曾在刘少奇领导下做过统战工作，以后到新四军中，又从那里转到延安。

1942年3月至5月，是延安中央研究院整风运动的前期，当时范文澜以研究院副院长的身份负责领导全院整风工作。他以一贯办事认真、待人真诚的性格，认为整风就是鼓励每个人大胆提出批评意见，哪怕是最尖锐的意见也应该欢迎，与此同时，也暴露出他对思想领域斗争的复杂性缺乏足够的认识和警惕，尽管参加革命工作多年仍然书生气甚浓。当时中央研究院出了个王实味的问题。王实味，河南潢川人。1925年考进北京大学语言学院预科。1926年加入中国共产党，翌年失去关系。1937年在开封重新入党，同年10月去延安，先后在马列学院翻译室、中央研究院工作。1942年2月1日，延安整风运动开始。王实味于2月17日写了一篇题为《政治家、艺术家》的杂文，发表在当时延安文艺刊物《谷雨》上，又写了一组总题为《野百合花》的杂文，共四个小题目，分两次发表在延安《解放日报》3月的副刊上。这

---

① 《毛泽东选集》第三卷，人民出版社，1991年第2版，第802页。

些文章都是对他感到不满的现象提出批评。这些批评反映出极端民主化、绝对平均主义的观点,把延安某些机关在节假日组织文娱晚会,说成是"歌啭玉堂春,舞回金莲步"。把干部待遇上某些差别,夸大成"衣分三色,食分五等"等等,在当时延安青年知识分子中得到一些人同情。3月18日,中央研究院召开全院整风动员大会。当时主持院务工作的中共中央宣传部副部长李维汉在会上提出检查要着重领导作风和个人思想两个方面(意不是只着重检查领导),院长、秘书长、各室主任应当是整风检查工作委员会的当然委员。王实味带头反对这些意见,认为整风就是要整领导人,反对指定当然委员,主张选举产生,并写了两篇书面批评意见,张贴在研究院整风墙报《矢与的》头两期上。他提出"绝对民主",鼓动大家若要检查自己"是不是对大人物有话不敢说"?"眼光不应只看本院,应注意全延安以至全党"。王实味这些错误言论,在不少人中引起反响,以至轰动延安,有许多人到中央研究院看墙报。墙报出了五期,当时范文澜作为副院长没有批评这种做法,而认为是"发扬民主",应该支持。毛泽东曾利用晚上举着马灯看墙报,并严肃指出这是小资产阶级极端民主化和绝对平均主义的错误。范文澜也很快认识到这是严重的错误思想倾向的问题,认识到自己放弃正确引导的过失。

不久,国民党特务机关把王实味等人的文章印成小册子,并加按语攻击中国共产党。为了消除王实味的影响,中央研究院从5月27日至6月11日召开十六天全院座谈会,大会有十四次。中央研究院对王实味的思想批评会开始之后,当时中共中央社会部部长、情报部部长、指导整风的中央总学习委员会副主任康生,兼任中央直属机关学习委员会副主任,他直接插手,使座谈会很快成为斗争会,思想问题升级成为政治问题。在最后一天大会上,李维汉指出王实味是受托派思想支配,希望他能爬出来。范文澜也在大会讲话,对此完全表示赞同,并对自己身为领导而放松积极的思想斗争表示了诚恳的自我批评,与会同志对此很受感动。当年7、8月,康生追查了与王实味有过关系的四人,把他们定为反党五人集团。10月,开除其党籍,将其定性为"反革命托派奸细分子"等。年底,康生下令逮捕了王实味。1947年3月,国民党军队进犯延安,中共中央机关转移时,王实味被错误处决。毛泽东在1949年进北京后,知道王实味被错误处决,大为震怒。1986年8月《毛泽东著作选读》出版时,在有关王实味的一个注释中,曾指出:"关于王实味是暗藏的国民党探子、特务一事,据查,不能成立。"1991年,经过李维汉、李言(当时延安中央研究院党委书记)、温济泽等同志一再反映事实,有关部门查证落实,公安部于2月7日作出《关于对王实味同志托派问题的复查决定》,宣布对王实味"托派分子""国民党奸细""反党集团"问题予以平反。①

1942年6月1日的《解放日报》发表了范文澜根据自己在整风运动中的深刻体验所写的《民主集中制》一文。文章谈了八个问题:(一)民主集中制是一个整体;(二)四大原则;(三)强制不是压迫;(四)对民主集中制的错觉;(五)民主与极端民主化;(六)集中与专制主义;(七)两条战线的斗争;(八)初步的自我检讨。中心是讲自觉遵守民主集中制的原则,发扬民主不能破坏无产阶级革命队伍的纪律,反对极端民主化。他说:

> 党内有正常的民主制度,可是没有经过锻炼的知识分子误认党内民主就是要求出版言论自由的民主,服从整体,服从纪律,在他们看来,是颇不自然甚至认为非必要的。他们一有机会——在领导较弱的时候——便有意无意表现出极端民主化的倾向。……有些知识分子既投效无产阶级,却幻想当一名"上等人"或"老爷"(非大倒其霉不可)。真正志愿革命的知识分子一定痛自针砭,荡涤旧染之污,在铁的纪律监视下,逐步改造自己成为无产阶级革命的优良战士。

最后,他作了严格的自我检讨,承认整风运动初期因领导不力而造成中央研究院内部分同志非无产阶级意识泛滥的错误:

> 我读了二十二个文件以后,检讨本人领导中央研究院整

---

① 参见温济泽《王实味平反纪实》,《炎黄春秋》1991年第4期。

风运动的经过，成绩似乎也有一些，但在开始阶段的领导方式，缺点比优点大得多。因为我那时实在不懂得民主集中制究竟是什么，平时教条主义的学习，遇到实践，不自觉地与所谓理论完全脱节，主观地高唱民主，忽视集中，形成放任自流的"领导"。在我不正确影响下，若干同志也就被诱起潜伏着的非无产阶级意识，表现出或多或少的不正确倾向。同志们这种表现，并不足深怪，而我则不能不认为衷心抱疚，难以忘怀的一件痛苦经验。自从中宣部召集座谈会以来，各种不正确倾向，大体已经纠正了，我们正应抚今思昔，从各人痛苦经验中体会二十二个文件的实质，改造自己。有错认错，认错改错，把彼此的错误当作彼此教育的材料，互相劝勉，互相观摩，共同完成思想革命的伟大事业。

《中国通史简编》北宋至鸦片战争以前部分于1941年底撰成，次年12月以《简编》中册由延安解放社出版。1943年5月，中央研究院改组为中共党校三部，范文澜调中央宣传部工作，继续撰写《简编》下册即近代史部分。原计划分上、下两编，上编写旧民主主义革命时期历史，下编写新民主主义革命时期历史。到1945年秋抗日战争胜利，年末他离开延安时，已撰成自鸦片战争至义和团运动。手稿由叶蠖生整理，1946年在延安出版。因为写作体例上和上、中册有所不同（主要偏重政治史），所以将书名改为《中国近代史》上编第一分册。

范文澜在延安撰成、出版的《中国通史简编》和《中国近代史》（上册），是中国史学史和中国共产党领导下的文化工作的大事件。他除了全力以赴完成这部具有重大时代意义的史著外，在延安时期还出版有《汉奸刽子手曾国藩的一生》（以后作为《中国近代史》上册的附录印行），《太平天国运动》（即《中国近代史》上册中有关太平天国的篇章）于1945年4月在延安《解放日报》连载。此外，范文澜还在延安的报刊上，结合当时革命斗争形势的需要和本人学习马列主义的体会，撰写了多篇时评，体现出他把学术研究与社会现实需要紧密结合的风格。

《提倡民族气节的必要》（发表于《解放》第123期，1941

年1月）痛斥国民党顽固派不顾国难当头，全民族抗战至上的神圣责任，却处心积虑组织特务机关，日夜进行反共工作。特务机关的活动，包括"收买腐劣分子"，"嗾使变节分子"，"摧残有气节人"，实在令人发指！他大声疾呼："抗日的人士应该有抗日的民族气节。绝不应该在日寇猛攻民族危急的时候，做破坏团结、杀害救亡志士的暴行，也就是说，总不应该以横行霸道、民怨沸腾的反共特务工作，来客观上帮着敌人反共，灭亡中国。"

范文澜在参加长期的革命工作中，在火热的熔炉中学习马克思主义理论，有自己的深刻体会。他对掌握唯物论和辩证法之发展的、联系的、全面的、辩证分析的观点，用自己的语言作了概括，写了《古今中外法浅释》一文（发表于1942年9月3日《解放日报》），作了深入浅出的阐发：

> 什么是古今中外法？我想，就是运用马列主义分析方法去正确解决问题的必要程序。古今中外是指分析一个问题的过去的现在的，也就是时间（古今）和空间（中外）限界以内，历史的、全面的来认识客观的现实，而分析的目的在于发现客观事物的内部联系即规律性，作为我们行动的向导。我们研究一个问题，如果细心地从它的历史发展过程看，从它的当前具体情况看，从它的内在基本特征看，从它的周围相互关系看，四个条件具备，问题的面貌和性质，大体是看清楚了。问题清楚以后，即分析过程完了以后，再做一番综合的功夫，指明问题的性质，给以解决的办法，这就是马列主义处理问题的态度和方法。

这段话，简洁、集中、明确，无疑是对唯物论和辩证法的思想方法论的创造性论述，堪称掌握了问题的精髓。以前，他继承、吸收传统文化中朴素理性、朴素唯物论和辩证法的精华，是他迅速地掌握唯物辩证法，并能融会贯通地运用的途径。范文澜之所以能够实现由国学家向马克思主义史学家的转变，在到延安以后二十余年间撰写成具有划时代意义的通史巨著，以及在许多重要理论问题上作出重要建树，关键正在于此。

《斥所谓"中国文化的统一性"》一文是为驳斥蒋介石文化专制而撰写的,发表于《解放日报》1943年7月10日。文章引述王船山先生在明亡后痛切的告诫:"今族类之不能自固,而何他仁义之云云!"指出:当今正值抗日战争进入第七年,相持最艰苦的阶段,在文化问题上的紧急任务,是如何发扬民族气节、鼓励民族道德,如何团结全国各党各派各阶层实现民主政治,如何挽救私欲横流网识大义者们的将死或已死之心,如何痛斥日寇汪精卫以及一群不逞之徒的莠言谬论阴谋诡计,这是当前谈论中国文化的大前提,我们必须牢记并体味王船山的遗训。针对国民党顽固派借口"政治统一"来鼓吹"限共""溶共"的谬论,范文澜作了有力的驳斥:

> 政治统一,也要分清进步的统一与反动的统一。在中国历史上的反动统一时代,文人学士们或作诗文歌颂天王之神圣,或讲哲学以巩固君长之权威,宗旨不外提倡专制,压抑民主,著书汗牛充栋,"发扬光大"的主要部分,如此而已。……反之分立时代,也要看这所谓分立是反动统治者的内部分立,或是进步与反动的分立。若在后一种分立时期,则文化不但不会衰落,而且一定发扬光大。……黄宗羲、王夫之、顾炎武等大思想家著书立说,都在反抗满清所谓统一的时期。尤显著的是孙中山先生反满清反北洋军阀的三民主义思想,在中国文化史上发一大光彩,岂是依靠满清和军阀"政治统一"的威胁利诱收买豢养才捏造出来。要之,国家在反动倒退的政治统一之下,文化必然趋于衰落,而卑劣的腐臭的奴隶的文化却得以特别发达;在反抗这种反动政治的运动勃起时,进步的文化才可以与之俱兴,直到革命统一以后,进步性文化才能正常地普遍地在全国范围内发展起来。

文章戳穿国民党鼓吹"政治统一"的欺骗性,举出清初顾、黄、王三大家和孙中山,正是在批判反动、倒退的所谓"政治统一"之时,提出自己具有极大进步意义的光辉学说,而当前在反抗国民党反动的政治压迫中,出现了革命文化的勃兴,预示着到革命统一事业完成之后，必然要出现全国范围的进步文化的高涨。文章抓住问题的实质深入剖析，实在犀利有力！

1943年春，世界反法西斯战争全局已开始显露出有利于各国人民的新预兆，西方的德国在节节败退，东方的日本也不断失利，整个形势处在大变化的前夜。蒋介石集团害怕国内人民抗日力量的壮大将会冲击自己的封建买办法西斯统治，企图掀起新的反共行动来摧垮共产党的力量。于是策划新的反共高潮，并于3月以蒋介石的名义，发表《中国之命运》，系统阐述中国式法西斯主义思想体系，声称国民党是国家之动脉，掌握中国之命运，污蔑共产党和它所领导的军队是割据势力，"破坏抗战"，"妨碍统一"，并示意决心发动反共内战，二年之内解决共产党的问题。因此，瞄准《中国之命运》这一靶子，展开对蒋介石法西斯主义思想体系的批判，宣扬共产党及其领导的军队对于民族抗战事业的巨大贡献和进步性，揭露蒋介石的反共阴谋，就成为事关抗战全局和中国未来命运的大问题。共产党人在报刊上发表了大量的社论和文章展开批判，范文澜也旗帜鲜明地参加这一斗争。他撰写了题为《谁革命？革谁的命？》一文（发表于1943年8月1日《解放日报》），文章提出在抗战时期区分革命与反革命的明确标准："现在事情很显然。抗日、民主是革命，反共内战、专制独裁是反革命。测量国民党的革命性有多少，只要看它做出来的是些什么事情。"对于国民党为了维持其独裁统治，片面抗战，积极反共，压迫人民，破坏国计民生，大搞特务活动等种种倒行逆施作了有力的揭露：

> 在如此国民党，如此三民主义的统治之下，军事则练兵宗旨，侧重反共，所谓军纪军令，不施于降将叛军，却乱施于忠勇抗日的八路军新四军；党务则收罗大批特务汉奸，当作党的灵魂，阴风惨惨，专以破坏革命屠杀青年为能事；政治则贪风大炽，敲骨吸髓，人民逃死无路，民变到处发生；经济则农村普遍破产，百业凋敝，全国经济命脉垄断在少数金融巨头之手（其中主要巨头是蒋介石）；教育则戕贼青年，威胁利诱，强迫接受特务训练，汉奸思想，充当反共的鹰

犬。这样做下去，抗日的中国能否存在，已成疑问，何颜吹嘘"中国国民党是国家的动脉，而三民主义青年团是动脉里面的新血轮"。如果国民党不放弃反共的宗旨，不改变"革命等于反共"的谬见，即使党和团扩张到异常大，无非增编几千个几万个特务大队，祸国殃民，造更大的孽。中国何辜？人民何罪？要供养这一类反动蝗虫来加深自己的灾害！

总之，范文澜在延安时期写的政治文章眼光锐敏，思想深刻，论述透辟，是他以前撰写《大丈夫》《对于持久抗战的几个肤浅意见》等论著的进一步发展，发挥了很好的教育和战斗作用。这些政论文章同他在《中国通史简编》《中国近代史》中站在人民的立场指点江山、评说历史一样，生动地体现出他作为一位人民的历史学家和党的理论工作者的正义感、使命感和对国家民族命运的严肃的责任心。

（三）解放战争岁月

1942年，当范文澜将《中国通史简编》宋辽至清中叶部分印出的校样校改完毕时，延安整风运动开始。整风结束后，他又继续进行鸦片战争以后近代史部分的撰著工作。由于此前毛泽东已经提出对近百年的中国史"应聚集人材，分工合作去做"的指示性建议，因而范文澜对这一工作更加郑重其事地对待，著述的体例也较前面的古代史部分略有不同，主要是详述政治史部分。① 至1945年冬，范文澜离开延安去晋冀鲁豫边区之时，他已撰写完自鸦片战争至义和团运动部分。（此书于1946年在延安出版。初名为《中国近代史》［上编第一分册］，以后才改题为《中国近代史》［上册］）范文澜又曾于1944年10月10日在《解放日

---

① 据蔡美彪先生在访谈中告诉作者："近百年史部分，本来有分工，范老负责写政治史，陈伯达写经济史，欧阳山写文化史，郭化若写近代军事史。但四部书，只有范老写出来，他就是这个特点，接受了任务，就勤奋工作。故范老的近代史只写政治史部分，与前面体例不大一样。"（蔡美彪教授访谈记录，1993年3月1日）

报》发表《辛亥革命：三条路线斗争的结果》一文，实际上也是他所考虑的《中国近代史》中义和团运动以后至辛亥革命部分的提纲。

范文澜在解放战争期间的主要职务是先后担任北方大学校长、华北大学副校长。北方大学是根据党中央的决定，在1946年春创办的。校址设在晋冀鲁豫解放区的河北邢台，这里文化一向比较发达，校舍则利用南门外原有一处教会医院的房子，因而办学条件要比延安时期好得多。范文澜离开延安后，于1946年4月到达这里，负责这所新创办的大学的领导工作。关于北方大学的情况，当时作为学校领导小组成员、工学院负责人的刘大年，曾有这样的回忆：

> 北方大学创设于抗日战争胜利以后，它的特点，我以为可以说，这所学校形式上更多地接近于所谓正规的综合大学。
>
> 晋冀鲁豫边区1946—1947年时是面积最大、人口最多的解放区，地理位置重要，工农业生产条件好。北方大学设在那里，有需要和可能把事情设想得稍微远一点。学校陆续开设包括文教、财经、工、农、医学等七个学院和经济、历史两个研究室，有的学院分本科预科，就是从当时当地的实际情况着想的。教职员队伍的水平也与学院设置相称。校长范文澜同志以外，先后有一批在教育、学术、文艺界富有经验的与知名的知识分子在那里工作。他们中间，一部分是长期在边区从事教育工作的，如王振华、罗青、张柏园、增一、孟夫唐等。孟夫唐与王振华、晁哲甫抗战前在河北南部办教育，思想开明，得到不少青年信从。再一部分是从延安来的和从国民党统治区来的，如艾思奇、黄松龄、乐天宇、张宗麟、陈唯实、张光年、陈荒煤、叶丁易、王冶秋、尚钺、李何林等。其他还有一批新从北平等地去的专业知识分子。在校学生最多时上千人。据说除西藏以外各省都有，也有来自台湾的青年。他们中不少人打听到了北方大学，慕名远道而来，历尽艰险。学校里重视学术讨论、思想交流。1946年夏

天举办暑期讲演会,范文澜讲历史,聂真讲农村政策,还有讲哲学、讲生物学的。1978年我编辑的《范文澜历史论文选集》中的《研究中国三千年历史的钥匙》一文,最初就是他在暑期讲演会上讲的。如有的回忆者所提到的,学校领导层有过办学方针的讨论和争论:"短训班,还是正规化?"要是事实上不存在某种所谓正规化的形式,就不会发生那种争论了。华北解放区连成一片以后,北方大学与华北联合大学合并,组成华北大学,再过半年多以后又进入北京,成了人民大学前身的一部分。它存在的两年半时间里,为革命输送的干部约一千四五百人。这些干部在不同工作岗位上发愤努力,为民主革命和社会主义事业作出了各自的贡献。其中在经济、文化、科学技术等领域造诣不凡、成绩卓著者并非仅见。他们胸前也许没有排列那么多奖章、金银铜牌,他们却以为人民服务,无私奉献,赢得了人们的尊敬那种形式的奖章、金银铜牌。不论从办学特点和培养人材来看,北方大学在革命根据地的文化教育史上是能够占有一席之地的,值得记上一笔。①

北方大学曾于1946年秋因备战西迁至山西长治城北三十里的高庄,至1948年5月回迁至河北邢台,7月再迁到正定组成新校。在高庄的一年半,生活环境安定。学校的大部分教育计划便是在那段时间里实施的。约于1947年初,范文澜接到中央宣传部一个电报,要他聚集人才,继续研究历史。不久,北方大学成立历史研究室,由范文澜主持,成员有刘大年、荣孟源、王南等。此年秋到次年春,又有叶丁易、王冶秋、尚钺等先后从蒋管区来北方大学,历史研究室一时人才称盛。1948年夏新成立的华北大学,由吴玉章任校长,范文澜、成仿吾任副校长,钱俊瑞为党委书记、教务长。共分四部:一为短训部,二为师范部,三为文学部,四为研究部。范文澜兼任研究部主任、历史研究室主任。1949年3月,华北大学迁入北平,住进东城王府井大街东厂胡同1号,

---

① 刘大年:《北方大学记》,《近代史研究》1991年第3期。

成为不久后成立的中国人民大学的前身。东厂胡同1号原为北京大学文科研究所所在地,亦是胡适、傅斯年、汤用彤、梁思永、郭宝钧等人居住处(历史研究室以后即成为新中国成立之初建立的中国科学院历史研究所三所,后又改称近代史研究所。范文澜在1949年以后的住处也长时间在东厂胡同1号之内)。1949年,华北人民政府成立,范文澜任委员。他又由中华全国科学工作者联合会推选参加全国政治协商会议,并当选为全国政协委员,和各界人士及全国人民一起迎接了中华人民共和国的诞生。

此数年中,尽管正值战争环境,又负责学校领导工作的行政事务,加上他视力不好,但范文澜始终将修订《中国通史简编》和《中国近代史》置于最重要的地位,一直克服困难抓紧进行。因而至解放初期,《中国近代史》已作过数次修订,《中国通史简编》修订本第一编也在1953年出版,后者几乎是重写,篇幅增加了四倍(以后修订本第二编及第三编字数增加更多),这显然得力于他在解放战争时期数年中艰苦而又卓有成效的工作。关于范文澜极其认真地修订著作的情况,荣孟源在回忆文章中曾作了真切的描述(文中将作者所了解的范文澜在新中国成立初年重写、修订著作的情形合起来叙述,故一并引录在这里):

> 范文澜同志一九四六年担任北方大学校长之后,因为眼疾影响了写作,但他对于修改《中国通史简编》和写完《中国近代史》等工作念念不忘。一九四七年新年一过,他就开始修订《简编》,暑假时又开始续写和修订《中国近代史》。修订工作一般是让助手读给他听,帮他查阅材料,由他口授修改意见。这样的工作,经常持续到深夜。戴冠芳同志每次催促,他总是说:"就完了,就完了,改完这一点就休息。"直到助手们提出:"范老,休息吧!我们也困了。"他才停止工作,还说:"明天早一点来!"
>
> 《简编》在北方大学修改一次,到北京又修改过一次,以后又决定重写,从原来的近六十万字扩大为二百万字。《中国近代史》在北方大学修改一次,来北京后又继续修改了几次,在决定重写通史之后才把这项工作停了下来。后来

他一只眼睛几乎失明，但仍尽力坚持写作，直到一九六九年因病去世。他为革命事业真正做到了鞠躬尽瘁。

范文澜同志在北方大学修改通史和近代史时，一是校勘文字舛误；二是检查史实真伪；三是审订对于历史问题的观点是否恰当。在北方大学时我们为他搜集了一些图书资料，有些是在延安没有见过的，却也有一些在延安用过的材料并没有找到，因而修改工作还有一定的困难。来到北京之后情况不同了，材料多了，修改工作的要求也就提高了。一是查找可靠的版本来校勘书中的引文；二是根据新发现的资料来补充、订正或重写书中的文句、段落以至章节；三是根据读者来信、同志们的建议以及学术界的讨论，重新研究一些问题。不论是史料方面还是理论方面，只要有人提出意见，范文澜同志都是认真对待，反复核对材料和观点。发现自己错了，坚决改正，绝不强辩；自己不错，则申述理由。他一九五四年所写《关于中国历史的一些问题》一文，就是对于《中国通史简编》的自我批评。《中国近代史》到一九五三年为止，已经印刷了九次，每年都有修改。初到北京时的一次修改较多，如《义和团运动》一章增加了一些新材料；《太平天国》一章对于李秀成的评价是重写的。因为他在北京见到曾国藩所存《李秀成供》，重新研究了这个问题，写过几次，最后才定稿。但是出版以后，范文澜同志还觉得不妥，又写给我一个条子，叫我在再版时必须按此改正。总之，范文澜同志的治学态度：第一是绝不说空话，处处言之有据；第二是详细占有材料，从材料中引出结论；第三是"有实事求是之意，无哗众取宠之心"。他这种老老实实的科学态度，更永远是我们学习的模范。①

兹以修订《中国近代史》为例。范文澜以非常严肃、仔细的态度对待修订工作，下大功夫作较多的修改前后共有四次：1947

---

① 荣孟源：《范文澜同志在延安》，《延安中央研究院回忆录》，中国社会科学出版社，1984年版，第186—187页。

年秋，北方大学历史研究室诸同志曾帮助他校订过一次；1949年5月，又在华北大学历史研究室诸同志帮助下校订了一次。此后，1951年11月，中国科学院近代史研究所诸同志帮助他做了一次较多的修改，在1954年，又得中国科学院历史研究所第三所、北京大学世界史教研室诸同志的帮助和读者来信提出意见，做了一次更多的修改。修改的内容主要有三个方面。一是对历史背景或重要问题、事件作补充论述；二是增补有关价值较高的史料，使论述更加准确、深刻；三是斟酌文字，包括标题的遣词用字，使表述更为完善。现以1949年6月上海生活·读书·新知联合发行所"沪初版"本，与1955年9月北京人民出版社第九版相对勘，举出三处例证，说明范文澜所进行的修订工作是如何之严肃、认真。

例证一。原本第一章"第一次鸦片战争"第一节"绪言"，经修订几乎完全重写。如，原本首段为：

> 十八世纪后半期，英国已是世界第一个商业和殖民地强国。以一七六三年（乾隆二八年）瓦特完成蒸汽机制造为起点，早在全国普遍发展的纺织工业首先获得划时代的大进步，接着蒸汽机用到其他工业上，使英国的制造厂变成了巨大的机械化企业，作为英国纺织业中心的曼彻斯特，烟囱林立，也成为全世界纺织中心了。一八一二年（嘉庆一七年）完成了轮船的装制，一八二五年（道光五年）又制造火车铁道，这个最先进的资本主义国家，驾驶着新式运输工具，带着可怕的杀人大炮和精美而又廉价的纺织品，开辟世界市场，她决不允许地大物博人口众多的中国，闭关自守，孤立于资本主义世界之外，那是完全自然的。

这一段的意思，经修订改写为：

> 中国正当满清嘉庆道光两朝国势开始下降的时候，世界上第一个资本主义国家——英国，已经变成走遍世界寻求殖民地的头等侵略国了。英国在十七世纪中叶，完成了资产阶级革命；十八世纪末叶，开始用机器；十九世纪三十年代，

工业发展得更快。以棉织业的用棉量及生铁的产量为例：一七七一年至一七七五年，英国加工的棉花仅五百万磅，一八四一年便达到五亿二千八百万磅；一八〇〇年生铁产量为十九万三千吨，一八四〇年，提高到一百四十万吨。

随着工业的发展，英国涌现了许多新兴工业大城。一八〇一年伦敦人口八十四万六千人。但伦敦以外，上五万人口的城市，只有九个，其中超过十万人的只有曼彻斯特和都柏林。到一八四〇年伦敦人口达到二百五十万，其他城市也都在大量扩充。这些工业城市具有大规模的工厂，制造着各种工业品，特别是纺织业著名的曼彻斯特，烟囱林立，成为全世界唯一的纺织中心。

从十九世纪三十年代起，英国铁路开始迅速建筑起来，轮船也开始在海洋中航行。由于英国工业的飞跃发展，提高了商品对殖民地和其他国家输出的要求；又由于新式交通工具的使用，英国得以广辟新市场和新殖民地。在印度，英国侵略势力继续向广大腹地推进，获得剥削殖民地的无限利益。这个贪婪强暴而又在印度积有经验的英国海盗，对满清政府统治下的封建中国，抱有极大野心，一刻也不肯放松侵略的机会，是势所必然的。

相对比之下，经过精心修改的全书开头的内容，更加具体而准确地描述了英国资本主义迅速发展所带来的向世界实行商品输出的要求，和走遍全球寻找殖民地的侵略野心，突出英国已从侵占印度获得了无限的剥削利益，而且积累了经验，所以它的下一个侵略目标，便是国势下降、处于落后地位的中国。接着，作者在修订本又增写了四段文字，补充论述：当时法国是次于英国的资本主义国家，但其工业产量比英国低得多；美国更远远落在法国后面，在国际上地位低微；英、法、美三国存在着矛盾，三国在对华问题上也存在矛盾。"法美两国都不愿英国在中国取得特权，因而处于特殊优越的地位，对自己显得不利。英国为了缓和它们之间的矛盾，所以当它决心发动侵华的鸦片战争时，公开声明不管英国从中国取得多少新的商业特权，它无意一国独吞，愿与其他国家共同享受";又论述英国发动对华战争时,本身则存在兵力不足和距离很远、运输线很长两大困难。由于补充了这些论述,鸦片战争前也即中国进入近代史开端之前所面临的国际形势,就清楚明确地显示在读者面前,而论述近代史上各个重大事件的国际背景,重视说明中国与世界的关系,正是范文澜一再修订此书所关注的重点之一。在这一节"绪言"的后面,作者论述了中国经济状况是"小农业与家庭手工业相结合的小生产"的特点,并且补充了一段很关键性的文字:"这种自给自足的经济基础,支持了满清政府传统的闭关政策,也养成了满清政府的顽固昏聩思想。这种政策和思想反过来又巩固了封建社会的落后停滞性。美国布匹与毛织品显然不能在中国市场取得必需品的地位和广泛推销的机会。习惯于海盗行为的英国政府,为要打破中国的大门,可耻地进行臭秽的鸦片贸易,再加上凶横无理的武装攻击;而看守中国大门的恰恰是腐烂了的满清王朝,它是最坏的看门者,它对欧洲资本主义文化紧闭大门,对鸦片却偷偷开门让它流进来。"这样,便向读者深刻地揭示了英国利用印度种植的鸦片向中国进行可耻的走私贸易直至以武力发动侵略的必然性,也说明了落后的中国处于被侵略地位,被迫实行禁烟和抗击侵略的正义性。

例证二。第一章第六节"轰轰烈烈的禁烟运动",第二段,原本叙述:林则徐在湖广总督任上禁烟大见成效,道光帝任他"为钦差大臣,节制广东水师,查办鸦片事件。一七二九年(雍正七年)以来口头上喧哗的禁烟法令,开始变成实际行动了"。作者修订时,在"查办鸦片事件"句之后,加了一段:

> 临行时,龚自珍写了一篇《送林公序》,建议坚决禁绝鸦片,毋为粤省官吏、幕客、游客、商贾、绅士所动。林则徐回信说:"谓彼中游说多,恐为众口所动,弟则虑多口之不在彼也。"他又谢绝了龚自珍同往广东的要求,说:"弟非敢阻止旌旆之南,而事势多有难言者。"林则徐预见穆彰阿必将伺机破坏,道光帝必将动摇中变,只好"如履如临,曷胜皇皇"地前去一试,他知道前途是不敢乐观的。

林则徐赴广东任上之前，龚自珍所写的《送钦差大臣林公序》，及林则徐的《复札》，是反映这一时期禁烟派人物对时局看法的有价值的文献，因而范文澜加以征引并作分析，说明林则徐南行前既有雷厉风行实行禁烟的决心，而又早预见到朝廷中腐朽势力的代表人物穆彰阿必将暗中破坏，道光帝必将动摇中变，事件的前景诸多危险。作者补充了这些重要史料和分析，更全面地反映了历史情况，并为以后英国悍然对中国发动侵略，穆彰阿乘机竭力诋毁林则徐，道光帝由虚骄变为恐惧，归罪于林则徐，责备他"措置失当"、将他革职等项事态的发展，埋下伏笔，进一步揭示了历史事件前后的内在联系。此段最末一句也改为："却因林则徐的一试而暂时变成实际行动了。"添加了十一个字，对历史事件的描述更加准确。

例证三。第八章第四节，原本作"西太后政府对义和团的态度"。修订后，此节标题改为"各阶级对义和团的态度"，共分三个小目，原本的全节内容均包括在（一）"代表地主阶级的西太后政府"之内。其中的内容及文字也略有补充、修改，如以下一段话中，"戊戌政变后，清政府痛恨康梁等人，逮捕家属，铲毁坟墓。又派特务刘学询、庆宽托名'游历外洋，考察商务'，实际是指使刺客，谋暗害康梁。它迭次严谕南洋闽浙广东等地督抚，悬赏银十万两捕拿康梁；严禁保皇党报纸，严惩阅读者，并电驻外国公使查禁保皇党。后来又派卖国贼李鸿章为两广总督，专任镇压保皇党。李鸿章到达广东，凡保皇党的族人也一体治罪。一个姓梁的党徒，有祖母年七十余岁，被捕拿入狱，受虐待身死。"其中加"·"号者均为修订时添加的。这一小目，共分：一、反动派——袁昶许景澄等；二、赞成派——载漪刚毅徐桐等；三、反覆派——荣禄奕劻等；四、动摇派——西太后等，论述西太后政府对义和团的态度。修订本在末项之内，增写了六月十六日深夜，江苏粮道罗道杰向荣禄送密报四条，其中一条是外国人要"勒令太后归政"，西太后得讯后，悲愤异常，不再查问虚实，决心孤注一掷，遂向各国使馆宣布开战；四天之后，因载漪率团民入宫企图杀害光绪帝，西太后转而又对义和团感到危险,对外国强盗觉得还有希望,下谕停止围攻使馆,命荣禄赴各公使馆商议和局等内容。作者更重要的补充是,本节增写了(二)"代表买办地主阶级的有力疆吏"和(三)"代表资产阶级的各派系"两个子目的内容。前者论述两广总督李鸿章、两江总督刘坤一、湖广总督张之洞、山东巡抚袁世凯对义和团诬蔑和坚决镇压的态度,而袁世凯尤为"狡猾万端,屠杀义和团又最多,得帝国主义的特殊褒奖,所以日后被选为李鸿章的继承人,以至被选为满清政府的继承人"。后者论述以康有为、梁启超为首的保皇会,唐才常、容闳、沈荩等为首的自立会,孙中山为首的兴中会对义和团所持的反对态度,并以此说明中国资产阶级的先天软弱性和害怕群众的实质。由于修订本增写了这些内容,使本书论述当时各阶级对义和团的态度做到了全面考察。

从上述三个例证,范文澜这段时期克服身体上、生活上、工作上的种种困难,极其严肃认真、一丝不苟地从事《中国通史简编》和《中国近代史》的修订工作的情况可见一斑。这一时期,他在报刊上还发表了多篇论文。《研究中国三千年历史的钥匙》一文,系根据作者1946年在北方大学夏令营讲演会上的演讲词发表的。① 本文的基本观点是:在历史上,"(封建)领主和地主占有土地都是依靠武力或财力,都不是用自己的劳力耕自己的田地,更不是上天付给他一个所有权"。"农民应该享有土地,但是失去了土地;地主不应该享有土地,但是占有了土地。这是极不公平的事,历史上的混乱现象,根本原因就在于此。更明确地说,凡历史上的治,都是农民起义造成的,所有的乱都是地主造成的。"据此,作者认为土地问题,即农民和地主争夺土地所有权问题,是历史发展的本质问题,因而是研究中国三千年历史的钥匙。自从陈胜吴广领导第一次农民大起义以后,农民开始向领主地主争夺土地所有权。"这一争夺过程,在历史上形成下列三个阶段。第一阶段——秦汉起,下迄太平天国起义,是农民自发

---

① 此文于1947年发表于《北方杂志》第二卷第一、二期合刊。1948年,作者作了修改,刊入再版《中国通史简编》。1979年收入《范文澜历史论文选集》。

地争取土地时期。第二阶段——太平天国起,下迄五四运动,是资产阶级号召农民争取土地时期。第三阶段——五四运动以来,是无产阶级——中国共产党领导农民收回土地时期。""上列三个阶段,在长期的第一阶段里,农民运动是自发性的,因之效果是微小的,所谓治的时间是极其短促的。在第二阶段里,资产阶级号召土地改革,虽然它无心也无力求其实现,但给农民以不少的影响,其口舌之功是不可抹煞的。在第三阶段里,广大的农民已经得到了土地,这个土地改革运动必然要在全国范围内取得胜利。这就是说,当新民主主义革命在全国胜利的时候,即全中国永远大治的时候。三千年历史上绵绵不绝的乱,将因此而永远消失。"① 这是从历史上最主要的生产资料土地与劳动者的关系这一根本问题,论述历史上长期酿成祸乱的原因,论述新民主主义革命推翻封建统治、让土地回到劳动者手里的进行和胜利之必然。

范文澜在解放战争时期,作为北方大学校长,领导着全校七个学院的教学和诸多行政工作,以后是华北大学副校长,兼任研究部主任,不用说,行政事务是很繁忙的。作为一名学者,他一次又一次地认真修改《中国近代史》,又要撰写文章和准备《中国通史简编》的修订、改写,不用说,任务也是很繁重的。尽管如此,他对周围的同志,却一如既往地以热情、挚爱的心关怀着他们,甚至体贴入微,令人感动!这段时间他对在身边工作的刘大年,在工作上和生活上的关心,就是很典型的例证。

刘大年(1915—1999),湖南华容人。抗战爆发的前一年,刘大年考入长沙"湖南国学专修学校",跟随湖南几位知名的老师宿儒学习经史之学,半年后辍学。抗战爆发,决心奔赴延安,经长沙中共驻湘通讯处和徐特立同志介绍,办了到延安的手续,先在陕北学习革命理论,后到冀南游击区从事宣传教育工作。1942年和1943年前后,他在冀南和太行山上先后读到范著《中国通史简编》和《汉奸刽子手曾国藩的一生》,得到许多启发,

---

① 《研究中国三千年历史的钥匙》,《范文澜历史论文选集》,中国社会科学出版社,1979年版,第109—112页。

并逐步产生研究中国近代史的想法。故他后来走上研究近代史的道路，是直接受到范文澜的影响和指引的。恰好于1946年春，刘大年被调到北方大学任工学院负责人，成为范文澜的直接下级。1947年春，刘大年因病休息，遂利用疗养时间收集中美关系的历史资料，并向校长范文澜请教应看哪些书。这个研究课题在中国近代史研究上尚属空白，而且有明显的政治意义，因为，美国已于1946年夏公开其直接支持蒋介石进攻共产党、发动内战的狰狞面目。中共中央主席毛泽东于1946年6月22日发表《为美国对华军事援助事声明》，严正指出："美国国务院于本月十四日提付国会审议的继续对华军事援助法案，对中国的和平安定与独立民主有极为不利的影响，因此中国共产党坚决反对此法案。""在日本投降以后，美国没有停止，反而极大的加强了对于中国国民党政府的各种军事援助，并在此实际目的下，派遣庞大的军队驻在中国的领土和领海之上。这种行动，已经证明是中国大规模内战爆发与继续扩大的根本原因。……中国人民今天所急需的，并不是美国的枪炮及美军留驻中国领土；相反，中国人民痛感美国运来中国的军火已经太多，美国在中国的军队已经驻的太久，它们已经构成中国的和平和安定与中国人民的生存和自由之严重巨大的威胁。在此种现实情况之下，中国共产党不得不坚决反对美国政府继续以出售、交换、租借、赠送或让渡等方式将军火交给中国的国民党独裁政府，坚决反对美国派遣军事顾问使团来华，并坚决要求美国立即停止与收回对华的一切所谓军事援助，和立即撤回在华的美国军队。"在此背景下，认真地研究中美关系史，系统地揭露美国自近代以来对中国的侵略政策及其帝国主义本质，以教育人民大众，显然具有重要的学术意义和政治意义。范文澜以其政治上的敏感和对学术事业的热心，立即明确表示支持刘大年的打算，并告诉他可注意两部书，一是李鸿章全集，一是王芸生著《六十年来中国与日本》。并于不久后，成立历史研究室，指派刘大年担任副主任（范文澜任主任）。刘大年本人讲："拙作《美国侵华简史》那本谫陋的小册子上有关的部分,就大量利用了这两部书的材料。"① 又说:"从那时起,我在他的领导下从事行政和研究工作,连续达二十年以上,他对我的关心、教育、信任始终如一。"② 当时,在刘大年写作此书及书稿完成以后,范文澜时时关心其健康,给他许多安慰和鼓励。书稿完成后,范文澜又为送上级部门审查和代为修订,周详地安排一切。在《刘大年存当代学人手札》一书中,保留有范文澜在此前后写给刘大年多封书信,真切地表达出他关心同志、扶植后学的殷殷之情,读之令人再一次强烈地感受到他那种如曹靖华所言"大人者,不失其赤子之心者也"的高尚襟怀。现特摘录范文澜信中内容于下。

1947年1月信中说:

大年同志:

您因工作繁重,影响到健康,我们非常不安,盼望您早点得到休养,以便早点恢复健康。工院工作,请移交陈唯实、高锡金两同志,此地正在为您找住处,以便安静休养。

1949年3月19日,范文澜已与华北大学一部分同志先期到北平,他极关心有病尚留在河北正定的刘大年,写信告知希望他病好早日前来北平,又担心由此影响其恢复身体,故又嘱他千万不要勉强上路。

大年同志:

听说您又犯旧病,至为系念!望少管事,专心疗养,至要!四部可能找到一所合理想的房子,希望您病早日痊可,与四部诸同志回来。但如身体尚差,千万不要上路,至嘱!!

刚过了九日,范文澜和夫人戴冠芳又写一长信,表达闻知刘大年病情见轻而高兴的心情,又引用宋人笔记,讲患肺病之人如何一心静养才得痊愈。并托人带去卷鱼让其增加营养,叮嘱他烹调的方法:

---

① 刘大年:《王芸生和他的〈六十年来中国与日本〉》,《刘大年史学论文选集》,人民出版社,1987年版,第552页。
② 刘大年:《光大范文澜的科学业绩》,《近代史研究》1994年第1期。

第二章 为创建新史学呕心沥血

大年同志：

　　日前接天巩、可凤同志来信，极为驰念。昨成老来平，得悉尊恙已见轻，血已停止，为之稍慰。此次是一种警告，以后必须牢记，万不可再大意。望把工作搁起不再挂心，决心静养，一年后再看情形。如稍好即思工作，实是危事。记起宋人笔记中有一人肺病甚重，医生均说难疗，此人即静蛰一室，不与闻任何事，甚至某夜偷儿入室，此人亦熟视无睹，当作不见，无动于心。此人如此静养，三年完全痊愈，如无病人一样。我想此人所为可作参考。只要把病养好，不在目前争做工作，将来工作多得很哩。兹因便车回正定，带上些许微事，藉以佐餐，请哂纳为盼（卷鱼加一点肉饼加些葱姜味好）。

　　四部借用东厂胡同一号房子（胡适住宅），勉强可住下现有四部，内有颇大的图书馆（闻藏书卅万册）可借读。我目疾颇有进境，希望今后有节制的做些工作。

　　正定设分校，你在那里静养可不感寂寞也。致敬礼！

范文澜　戴冠芳
28 日

　　天巩、可凤暨四部同志均此奉候！

　　王、荣、刘、彭四部同志工作完成回来，向他们致敬！①

　　刘大年于1948年11月撰成《美国侵华简史》初稿，为了慎重，他和范文澜商量，将稿子送到中宣部陈伯达处审阅，后来书稿转由艾思奇（在中宣部工作，兼任华北大学四部副主任、党支部书记）阅读提出意见。在此期间，范文澜极关心书稿何时审完和安排出版。他做了三件事，一是致函中宣部陆定一、陈伯达，请示刘著审阅进展情况，二是代领病中的刘大年根据艾思奇等人提出的意见作修订，三是为书稿撰写序言并替作者联系出版社，

---

① 天巩、可凤，即舒天巩、王可凤。王、荣、刘、彭，为王南、荣孟源、刘桂五、彭明。均为华北大学历史研究室工作人员。

希望"稿费高一些,出版快一些"。他于1949年致信刘大年说:

> 大年同志:
>
> 好久不得您的消息,甚为念之。近来情况如何?想大有进境。此地①读书环境甚好,切盼您安心静养,恢复工作能力,不愁无工作做。为了将来工作,就必须花他一年工夫来休养。您的稿子据艾思奇同志说,他看了,同意出版。近去信并面托中宣部同志将稿寄来,我们据艾同志所提几点意见修改后拟向新中国书店接洽,听说稿费多一些,出版快一些。此事已以我的意思向中宣部请示②,如批准,我想这样做,不知尊意如何?兹乘可风同志去正定之便,匆匆致慰问之意。正定第一部学生中,如有够入历史室之条件者,请您与可风商之于李新同志,多多留意。北平书籍浩如烟海,需加增人力也。
>
> 敬礼
>
> 文澜

同时,范文澜为《美国侵华简史》写了一篇热情洋溢的序,充分肯定这部在史料条件较为困难的条件下写成的著作,对美国帝国主义侵华政策作了有力的揭露,是"有战斗意义的一本好书"。序的全文为:

> 我读了大年同志的《美国侵华简史》,表示钦佩。大年同志要我写一篇序文。我说,这本书是在史料很不凑手的条件下写出来的,但是,"至狡至毒,蔑以加矣"的美帝国主义的阴谋暴行却被揭露得差不多了(当然仍须博采史实继续揭露)。可以相信,这是有战斗意义的一本好书。因此,我建议把毛主席"为美国对华军事援助事声明"移录在书端。

---

① "此地",指北平。此时刘大年尚留在正定,范文澜已抵北平。

② "向中宣部请示",范文澜向中宣部请示后,中宣部就此事回复如下:"范老:您给定一、伯达同志的信收到。刘大年同志所写《美国侵华简史》一稿,现正由艾思奇同志审阅,一俟阅毕,即送书店排印。此复,即致敬礼!中宣部[1949年]1月16日"。又,李新当时为华北大学一部副主任。

第二章　为创建新史学呕心沥血

把这本简史作为声明的注脚。这将使某些读者更明确地认识到毛主席的英明，不止是高喊出中国人民正义的庄严的强烈呼声，而且也一吐中华民族郁积了一百多年的义愤之气。毛主席钢铁般的意志和英明绝伦的领导，必然很快地打倒蒋介石，驱逐美帝国主义出中国去。大年同志同意我的建议，于是我们就这样做，我们都感到民族解放的骄傲。

范文澜

嗣后，范文澜又考虑到需要在书前交待对书稿根据审阅者提出的意见作修改的情况，因而另写了一篇简略的《前记》，代替上面的《序》。《前记》为：

本书原稿曾请几位同志审阅，得到很多指正，我们最近看到原稿，依据指正，逐条修改。此外，我们按着自己的意见，对原稿也有些改动，有些地方，因大年同志卧病在正定，不能和他商量，仍保持其原来文句，希望大年同志恢复健康后，再行从容修改。

范文澜　荣孟源　王南　刘桂五
一九四九年五月十日

由于范文澜如此之操心，刘大年《美国侵华简史》一书果然迅速地于1949年10月由华北大学印行之后，旋又于同年12月中旬由人民出版社正式出版。这本书正式出版的消息，也是由新成立的人民出版社负责人王子野写信通知范文澜的，信中说："范老同志：刘大年同志的书已出版，寄上样书十一本。因不知刘现住何处，烦代转交。"[①] 而范文澜此时又给仍在正定养病、尚未前来北京会合的刘大年写信，更深挚地表达对他的关心与倚重，信中所表示对研究室中"某些个别的疏懒不振作之情形"的不满，更能说明范文澜此时对于要求迅速打开研究室工作新局面的迫切愿望。信中说：

---

① 此节所引范文澜致刘大年信五封，并此信，均据刘潞、崔永华编《刘大年存当代学人手札》，铅印本，中国社会科学院近代史研究所，1995年版。

大年同志：

经常打听您的病状，知道已逐渐见好，至以为慰！尚望坚决休养，以期早日康复。自您离研究室后，我残废之人，如觉失左右手，可风亦半年未回，又失一助手（听说不久可回来）。研究室同志一般工作很好，但某些个别的疏懒不振作之情形，也实在令人寒心。尊恙何时能痊愈，医生如何说法？医生说可以出院时，希望能回研究室半卧治（一个月后此地可有屋子空出来），不必认真工作，对我帮助就很大了。如医生说尚须休养，则坚决服从之。

我想写一篇关于中国封建分期问题，到马列学院讲一次，征得很多意见，想不到您也在休养中为我提意见，感谢之至！等各方意见收集后，我想比较周到的写出来，再向各方请教。如能对此问题相当说得通，亦一快事也。祝痊好！

文澜

[1950年？月] 13日

《侵华史》已遵嘱改正矣。

范文澜在此前后对刘大年写作和治病如此之关心备至，当然不能理解为只是对刘大年个人的关怀，而是他作为一个德高望重的学者、党内历史学界的领导人为培养后进、壮大学术队伍而倾注心血的一个缩影，由此我们也可进一步看到范文澜对同志、对周围工作人员是多么爱护、奖掖，他的胸怀是多么温暖和宽广！

范文澜回到了阔别十三年的北京。北京回到了人民的怀抱，中国历史和中国学术的新纪元开始了！再加上北京的书籍浩如烟海，这对于这位在中国通史和中国近代史领域长期耕耘的学者来说，又增加了多少新的活力！这一年范文澜五十六岁，虽然视力不佳，但是精力健旺，一项项新的工作计划催促着他，他将再一次创造出学术上的辉煌！

(四) 新中国成立后专心著述和领导史学界

中华人民共和国成立后,范文澜生活了二十年。以 1965 年他完成修订本《中国通史简编》为标志,前面十六年为一个阶段,是他专心著述和领导史学界的时期;后面四年为另一阶段,"文革"中陈伯达之流处心积虑要迫害他,只是因毛泽东对他加以保护,才免遭大祸。

由于范文澜在延安时代撰成了《中国通史简编》和《中国近代史》(上册),成为广大干部学习中国历史的必读书和大众普遍欢迎的著作,影响极其巨大,加上他高尚的精神和风范,因此,在新中国成立以后,他在学术界享有崇高的威望,成为新中国史学界的领导人,同时,在中国共产党内也有很高的地位。1951 年中国史学会成立,他被推荐为副会长,负责史学会的实际领导工作。1954 年,当选为河南省全国人大代表,出席第一届全国人民代表大会。1956 年,出席中国共产党第八届全国代表大会,当选为中央候补委员。1959 年,当选为第三届全国政协常务委员会委员。1965 年,当选为第三届全国人民代表大会常务委员会委员。1969 年 4 月,当选为中国共产党第九届中央委员会委员。

整个 50 年代和 60 年代前期,范文澜在学术工作上做了三件大事:一是创建了近代史研究所;二是完成了《中国通史简编》修订本第一至第三编的撰著工作;三是领导了中国史学会的学术工作。

1950 年中国科学院建立,在原华北大学历史研究室的基础上成立了近代史研究所,范文澜任所长。虽然范文澜已经确定了以修订《中国通史简编》作为自己工作的重点,但并没有建立历史研究所,而是建议成立近代史研究所。这是因为近代史研究是一个新的而且是极重要的研究领域,以往的史学工作者大多研究古代史,对于近百年史只有少数几个人涉猎,而近代史研究对于了解中国国情、教育人民群众、指导当前运动关系重大,范文澜提议成立近代史研究所,目的便是更突出这一研究领域的重要性和加强薄弱环节,同时设立专门机构有利于加快培养专门人才。建所之初,范文澜即邀请了一些当时知名的学者,如金毓黻、聂崇岐、王崇武、邵循正(时为北京大学历史系教授,兼任近代史所研究员,并负责图书资料室工作)、黎澍、李新等来所工作,壮大了研究力量。不管本人著述工作多么繁重,范文澜始终把发展研究队伍、指导科研课题和奖掖后起之秀作为重要任务,亲自规划、实施。在他担任所长二十年时间内,近代史所由原有十几人发展到近百人,培养了一批卓有成就的专家,取得显著的成绩。诚如刘大年所说:"范老从延安起,主持历史研究工作长达三十年。其中二十年是领导中国科学院近代史研究所。新中国研究近代历史的队伍,在很大程度上是在他的培养和影响下成长起来的。"[1]

范文澜住进东厂胡同1号以后,获得比以前良好得多的工作条件和图书资料条件,辛勤著述不辍,最重要的工作,便是修订、重写《中国通史简编》。进城伊始,他就在一些场合下公开地、诚恳地欢迎对他所著《中国通史简编》提出批评意见,至1951年,他便决定对此书从头修订。从那时起,至1965年,共历十五个年头,中间除了因病无法工作外,其余时间,他都是以惊人的毅力,锲而不舍、认真细致地从事修订的工作。按照1952年他所订计划,修订本《中国通史简编》共分四编。第一编:远古至秦统一;第二编:秦至隋统一;第三编:隋至元末;第四编:明清(鸦片战争以前)。1953年,修订本第一编出版。1957年,出版了第二编。1965年底,出版了第三编第一册和第二册。至此,《中国通史简编》修订工作自远古至五代十国部分全部完成,四册共计一百一十万字,篇幅为原版的三至四倍,所以实际上是著者用十几年的功夫重写。近代史所设有通史组帮助他工作,但是,南北朝以前的第一编和第二编的修订、重写工作,助手只是参加讨论、帮助提出修改意见和校订书稿;至修订第三编

---

[1] 刘大年:《光大范文澜的科学业绩》,《近代史研究》1994年第1期。

第一册、第二册，范文澜因精力大不如前，才指定助手帮助他部分地搜集某一章节的史料，然后由他提炼、构思、分析，撰写成文。只有第三编第七章最后两节，范文澜因病住院，才由他指定两位助手分别写出初稿，再由他修改、定稿。因此，这部一百一十万字、以科学观点为指导的、全面论述五代十国以前漫长的中国历史的巨著，完全出自范文澜一人的手笔，这在中国史学史上，不仅前无古人，而且迄今为止后无来者。范文澜本人以严肃的态度、严谨的学风从事修订、改写工作，而对于帮助他修订的学者和助手，在出版时都郑重其事地——载明，以志不忘。他在《修订本中国通史简编第一编说明》中（1952年9月）写道："本编有关考古部分，经中国科学院考古研究所郭宝钧先生、夏鼐先生指正，避免了许多错误。全编经近代史研究所荣孟源同志、漆侠同志校阅，也提供了不少意见，帮助我修改。"写于1954年的《修订本中国通史简编第一编再版说明》中说："本编出版后，中国科学院历史研究所第三所诸同志曾开会讨论，特别是王崇武同志认真校阅，提供意见，帮助我修改。蔡美彪同志也提供了不少的具体意见。中国科学院考古研究所、北京历史博物馆、故宫博物院诸同志热心地供给古器物图片。"1957年6月所写《修订本中国通史简编第二编说明》说："本编草稿经中国科学院历史研究所第三所金毓黻、张遵骝、余元安、王忠、蔡美彪诸同志勤加磨勘，帮助我改正许多错误。"1956年4月所写第三编第一、二册说明，对于由助手帮助搜集史料和起草有关章节初稿，作了详细记述："本节第二章中第四第五两节，所用史料是卞孝萱同志提供的。第四第六两章所用史料是王忠同志提供的。第五章是余元安同志提供的史料。第七章中第一第二两节，是张遵骝同志费了五六年功夫，分类录出上百万字的佛教资料，我才有凭藉写成这两节。""六三年，旧病复发，但并不妨碍工作，这一年，写了第七章内第五第六两节，虽然写的不多，却遍读唐人诗文集，时间未曾浪费。六四年春，医生迫令我卧床不起，因此，先委托卞孝萱同志起草第七章第七节，蔡美彪同志起草第七章第八节。我出医院后，依据两位同志的原稿，加以修改，第三编两册这才完工了。"

关于新中国成立后范文澜修订《中国通史简编》的情况，他生前的助手卞孝萱在回忆和文章中提供了一些颇有价值的材料，兹摘录于下以作参考：

> 最后一次修订的助手阵容很强。唐代部分的助手是金毓黻（二级教授），金早就认识范老，他也是北京大学毕业的。解放初，金在北京大学主持一个民国史研究室，与近代史所研究的范围密切相关，后来，就并到近代史所，金就过来了，过来不久去世，由我做范老唐代部分的助手了。宋代部分的助手是聂崇岐（三级教授），王崇武（三级教授）是明代部分的助手，他们都有很高的学术地位，愿意给范老当助手。但也都不久去世了。除了上面三个，还有两个搞少数民族的助手，一个是搞北方少数民族的叫余元安，他研究突厥史、蒙古史，北京大学的兼职教授，四十多岁就去世了。搞南方少数民族的是王忠，研究南诏史、吐蕃史，他原不懂藏文，范老专门派他去西藏学藏文，并约定学好了藏文再回来做助手。后来这两人都成了专家。佛教方面的助手叫张遵骝。辽金元部分的助手是蔡美彪同志。
>
> 范老的著述态度极其严肃认真，每写一句，都要仔细斟酌，如感到写得不好，就要撕掉重写。他的夫人戴冠芳曾笑他说，抽了那么多烟，费了那么多劲，好不容易写出来，又一笔划掉，坐在一旁看的人，都觉得真可惜呀。可以说，《中国通史简编》一字一句都熔铸了范老的心血，不是摇笔即来的。范老经过反复修改的稿子，由抄写员誊写在稿纸上，装订起来，交助手传阅、提意见。①

1964年春，范老卧病在床，《中国通史简编》第四册最后一章还缺两节，范老叫我起草"唐朝的史学、科学、艺术"一节，在病床上对我口授要点。如：唐代史学，范老

---

① 均见《卞孝萱先生访谈录》（白兴华、许旭虹整理），载《浙江学刊》1998年第1期。

说，要写一写官修史书的作用。初唐修成梁、陈、北齐、北周、隋五朝史。自此以后，每一新建立的朝代，照例要为前朝修史，我国各封建王朝的"正史"，得以连续不断，从而保存了大致完整的史料。还要介绍两部重要的史学著作——刘知幾的《史通》和杜佑的《通典》。我问：《史通》可写的东西很多，着重写什么呢？范老说：重点是直笔。直笔，是中国史学家的好传统。有的史家，不畏强暴，抵制曲笔，置生命于不顾。

唐代美术，范老说，要着重介绍一下颜真卿。在中国书法史上，颜真卿是王羲之以后又一个重要人物。风流妍妙的二王书体，是魏晋式清谈的产物。初唐，因为唐太宗的提倡，王羲之书法成为正宗，从宫廷到社会，都摹仿王字。到颜真卿才破二王书体而创造出方严正大的新书体。颜真卿写的肥字，壁画、雕塑的胖女，韩干画的大马，都代表盛唐气象。

对于唐代文化的每一部分，范老都提示要点，但不多说，既有指导，又让人发挥。①

自新中国成立初至60年代前期，范文澜还一直担任中国史学会的领导工作。在此期间，中国史学会组织了许多重要活动，有力地推动了新中国史学工作的进展。这里主要依据同为范文澜助手的蔡美彪所写《范文澜与中国史学会》一文，酌参当时报刊上的报道、文章，综述如下：

1949年6月，新政治协商会议筹备会在北京召开。7月1日，史学界人士率先组织了中国新史学研究会筹备会。随后，又成立了中国新政治学研究会筹备会等，共五个学会，推举代表十人，以"中华全国社会科学工作者代表会议筹备会"的名义，作为一个人民团体的代表团，参加了9月21日举行的中国人民政治协商会议第一次会议。新中国成立以后，社会科学界的五个研究会筹备会开展活动，并组成联合办事机构，名称为"中国社会科学各

---

① 卞孝萱：《难忘的恩师》，《中国图书评论》1996年第3期。

研究会联合办事处"（简称"社联"），设在南河沿。新史学研究会的负责人即是范文澜。筹备会的经常工作，是组织不定期的座谈会，探讨学习和应用马克思主义研究历史，自由发挥，相互研讨。北京地区有关研究所和各大学历史系的教师都可自由参加。开会地点即在"社联"之内。新史学会筹备会的这些活动，一般都是由范文澜主持。范文澜为人平易近人，他主持的座谈会也是十分融洽和谐，生动活泼。这些活动，使得来自解放区的革命家、史学家和原在国民党统治区的历史学教授、专家们很快地彼此熟悉起来，并通过自由讨论，增加了解，建立起友谊。又一重要工作，是着手组织编辑《中国近代史资料丛刊》，确定了各个专题。总编辑委员会成员为：徐特立、范文澜、翦伯赞、陈垣、郑振铎、向达、胡绳、吕振羽、华岗、邵循正、白寿彝。当年为义和团运动五十周年，《义和团》资料作为丛刊的第一部，由翦伯赞主持编辑，至年底完成付印。

1951年7月28日，中国史学会正式成立。参加成立大会的人员约有一百四十人，基本上都是在北京地区的史学工作者。由范文澜首先致开幕词，郭沫若、吴玉章、范文澜、陈翰笙先后发言，讨论了学会的工作和旨趣。根据林伯渠的建议，正式定名为"中国史学会"。开幕词和郭沫若等人的发言于9月28日由《大公报·史学周刊》发表。范文澜的发言题为《史学会已有的成绩与今后的努力》，他说：

> 我们开过不少的会。获得了如下的成绩：一、在政治理论方面，我们每个同仁的确有了很大的提高。二、我们的研究和教学联系起来了。现在我们努力想订出比较一致的教学提纲，虽然还没有完成初步的定稿，但这样做下去，初步的定稿是可以产生的。三、我们史学会在搜集史料方面做的很不差。这个工作对研究近代史是很有贡献的。四、亚洲史小组的同仁们要编辑亚洲史目录，这个工作规模颇大而且是草创，参加这个工作的同仁都很热心。郭老看到这个计划很赞成，已经批准。等到批下来以后，便可以很快做起来。我们从事历史研究的人，首先要把自己所有史料公布出来。因

此，个别少数人不肯公布史料的作风是应该批评的。希望有好材料的同仁要把它公布出来，让大家共同研究。五、我们会里有个小组，专门组织那些亲身经历过辛亥革命以来各个历史事件的先生们，给我们讲述亲身参加和亲眼见到的事实。从这些讲述，可以得到许多不见于书本上的可贵史料。六、专题报告会，我们也举行了若干次，对某一问题研究的心得，在这种会上提出来很有好处。此外，史学会同仁们正在计划编辑国内少数民族史史料，亚洲各国史小丛书。我想，这些计划都能成为事实。

从范文澜报告的这六项可以看出，筹委会在过去短短一年中工作的成绩是很大的，这里凝聚着史学会负责人范文澜辛勤的劳动，也体现出会内专家学者对工作的热情和关系的融洽。范文澜最后表示，史学会要按照郭老、吴老的指示去做，今后的成就是不可限量的。这次成立大会后，召开了理事会，认真审议和通过史学会章程，并推举郭沫若为会长，吴玉章、范文澜为副会长，向达任秘书长，郑振铎任副秘书长。白寿彝、邵循正、陈垣、吴晗、翁独健、尹达、翦伯赞为常务理事。

范文澜是史学会负责日常工作的副会长，也是《中国近代史资料丛刊》的总负责人。1951年以后十年中，史学会的主要工作，即为继续编辑出版《丛刊》。1952年出版《太平天国》（向达主编）和《回民起义》（白寿彝主编），1953年出版《戊戌变法》（翦伯赞主编），1954年出版《鸦片战争》（齐思和主编），1955年出版《中法战争》，1956年出版《中日战争》（均为邵循正主编），1957年出版《辛亥革命》（柴德赓主编）和《捻军》（范文澜主编），1959年出版《洋务运动》（聂崇岐主编）。加上已出版的《义和团》（翦伯赞主编），共十种。[①] 近代史资料，甚

[①] 其余两种《第二次鸦片战争》和《北洋军阀》的编辑工作一度中断。"文革"以后，齐思和、林树惠等继续编成《第二次鸦片战争》，近代史研究所资料编辑室完成《北洋军阀》并出版。每一专题，多者八册，二百余万字，少者四册，一百余万字。全书约在二千五百万字以上。《丛刊》原由上海神州国光社出版，以后改称为新知识出版社，后又并入上海人民出版社，继续出版《丛刊》。

为分散，搜集不易。《丛刊》的出版，集中了大量有价值的、经过整理和考辨的史料，确实为近代史研究者提供了极大的便利，在海外也产生了巨大的影响，据说仅美国，至80年代初期，即因《丛刊》提供的史料产生了一百余名博士。范文澜主持史学会工作期间，十年之中编辑出版《丛刊》十种，六十册，而且是连年出书，持续不断，无论是工作效率或选编质量，都是令人赞叹的！这主要应归功于参加选编工作的史学家们的团结协作和真诚奉献精神。各种专题资料选编工作的主持者，如翦伯赞、向达、白寿彝、齐思和、聂崇岐等，他们虽然都对近代史有相当的研究，但并不是以此为专业。参加编辑工作的人员，更是包括了范围广泛的各方面的专家。他们响应史学会的号召，参加史料编辑工作，并不是为个人著书立说，而是自觉地为开展近代史研究工作服务，为海内外学者服务。正是在这样共同的目标下，大家都能积极地从事资料搜集编纂，乃至献出个人的珍藏，相互支持，通力合作，所以在不长的时间内，便顺利地取得了巨大的成绩。

1958年至1961年，中国史学会还举办过多次重要的学术活动。1958年9月28日，即戊戌六君子被害六十周年的日子，在京的史学界人士举行了纪念戊戌变法六十周年学术讨论会。会议由吴玉章主持。范文澜作了题为《戊戌变法的历史意义》的发言，精辟地评价"戊戌变法的进步意义主要表现在知识分子得到一次思想上的解放"。进而论证近代史上曾经有过三次思想解放。第二次是辛亥革命，第三次是五四运动。这些在当时是十分发人深省的精辟论述。1961年一年中，先后举行了三次学术讨论会。4月7日，举行纪念巴黎公社九十周年学术讨论会，由中国史学会与北京历史学会联合召开。范文澜在会上发言，针对社会上的浮夸风影响到学术界有些人学风浮华不实的问题，他着重讲了踏踏实实进行科学工作的重大意义。他的发言，由《历史研究》编辑部加了"编者按"，发表在该刊1961年第三期上，题为《反对放空炮》，在学术界产生了颇大影响。5月30日，又举行了纪念太平天国一百一十周年学术讨论会。范文澜最后发言。"他着重谈到了史学界流行的'打破王朝体系论'和'打倒帝王将相论'

的问题。范文澜说,这种论调好像是很革命的,实际上是主观主义的。……这种谬论应当受到大家的反对。"① 此年第三次讨论会是 10 月 19 日纪念辛亥革命五十周年学术讨论会,由中国史学会与湖北社会科学联合会在武汉联合召开。到会者有李书城、李达、吕振羽、吴晗、刘导生、邵循正、白寿彝、黎澍、金灿然、李新以及各地的史学工作者百余人。这是史学会成立以来举行的规模最大的一次盛会。吴玉章、范文澜在会上都着重讲了树立严肃学风的问题。②

总起来说,范文澜负责中国新史学研究会和史学会的工作,主要做了三件事。"第一件是建国初期,筹建中国新史学研究会,团结历史学家,探讨以马克思主义研究历史。第二件是成立中国史学会,组织史学工作者编辑出版《中国近代史资料丛刊》,推动近代史的研究。第三件事是举行纪念性的学术活动,提倡严肃的学风。这三件事都曾在当时的史学界产生过相当的影响,起过一定的作用。三件事贯串着一种精神即务实的精神。学习和探讨是从历史研究的实际出发。编辑资料是实际的工作,提倡严肃的学风即实事求是的学风。建国以来的这十多年间,社会上风浪起伏,能以始终坚持务实的精神,并不是容易做到的。"③

在此期间,范文澜还先后接受党和国家领导人的委托,在古籍整理和资料编纂等方面做出了贡献。主要有:(1) 1953 年毛泽东亲自委托范文澜、吴晗组织历史学家校点《资治通鉴》这项工作,由范文澜主持完成,在 1956 年出版。(2) 1956 年,毛泽东又委托范文澜、吴晗组织标点前四史,范文澜与吴晗邀集有关专

---

① 《纪念太平天国革命一百一十周年首都史学界讨论六篇学术报告——范文澜发言说历史研究必须坚持严格的历史主义》,《人民日报》1961 年 5 月 31 日。
② 以上对中国史学会活动的概述,除注明引文出处者外,参见蔡美彪《范文澜与中国史学会》,《中国史研究动态》1994 年第 1 期;《大公报》1951 年 9 月 28 日《史学周刊》:《中国史学会成立大会上的讲话》;《史学会已有的成绩与今后的努力》(范文澜);《人民日报》1961 年 10 月 24 日,《辛亥革命五十年学术讨论会结束》。
③ 蔡美彪:《范文澜与中国史学会》,《中国史研究动态》1994 年第 1 期。

家集议,① 分工进行,写信向毛泽东汇报,并提出标点二十四史的建议。毛泽东亲自复信给范、吴表示赞同。范文澜逝世后,二十四史的校点,由中华书局组织完成。(3) 1953 年,国务院编制第一个五年计划时,厂矿选址,急需地质资料,依据中国科学院副院长、地质学家李四光的倡议,委托范文澜主持搜集历史文献上的地震记录,作为参考。这项工作,在范文澜主持下,由金毓黻等历史学者和地震学者合作完成,编为《中国地震资料年表》出版,开创了历史学与自然科学工作者协作为经济建设服务的先例,也为中国地震史的研究奠定了基础。在编写《年表》过程中,遇到地震中破坏的古建筑、古碑刻、古文物的记载,如辽代应县木塔、元代至元三年八月丁亥(1337 年 9 月 22 日)京师地震,"文宗神主及御床尽碎,西湖寺神御殿壁仆"。嘉靖三十四年十二月(1556 年 2 月)秦、晋、豫连续大地震,破坏了西安小雁塔及各种石刻极多。这类资料都需要考古、古建筑家们共同讨论,才能判断其强弱。范文澜在此期间,中断了修订《通史》的工作,参加辩论,最后博采众议,作出裁定。他还派刘仁达、王会庵在北京市内与郊区采访,历时两月,现场查勘了二百余处寺、庙、会馆、碑刻等,获得有关地震记载的石刻二十余处,抄录下来,经范文澜审阅后采入《年表》。(4) 1959 年西藏平乱后,国务院总理周恩来委托范文澜组织编辑一部西藏地方史料的选编,以说明西藏地方与祖国的历史关系。这项工作在范文澜主持下,组织有关单位历史学家协作,编成《西藏地方历史资料选辑》一书,起自唐代止于西藏解放,是第一部自古至今的西藏地

---

① 1956 年范文澜曾特为此事致信刘大年,信的内容如下(据《刘大年存当代学人手札》,第 165 页):"大年同志:刚才吴晗同志来谈,说最近见到主席,主席指示应标点前四史,每史附杨守敬的地图,以一年为限,争取明年十一出版。初步商量:(一)请姜君辰同志、金灿然同志(按,姜君辰时为中国科学院哲学社会科学部副主任,金灿然时为中华书局负责人)参加,在本星期内开一个会(除星期二,吴晗同志都可以)。发请帖请你办理,召集开会用吴晗、范文澜名义。地点可在我所。 范文澜 星期一"。

方史料汇编。①

范文澜领导史学界，贯串他的各项工作之中的根本宗旨和根本要求，是提倡严谨、严肃的学风，发扬实事求是、刻苦钻研的精神。他全力贯注的是如何提高整个史学界的学术水平，产生具有高度科学价值的研究成果，写出真正能够经得起时间考验的传世之作。他本人不慕荣利，一心奉献于学术，只希望有更多的时间用在通史的著述上。1950年筹建中国科学院时，他坚决辞掉上级已确定的安排他担任副院长的职务，1957年，他又提请中宣部批准，自己集中精力写书，由刘大年实际负责近代史所的领导工作。他在演说中讲："我经常勉励研究所的同志下'二冷'的决心，一是坐冷板凳，二是吃冷猪肉（从前封建社会某人道德高，死后可入孔庙，坐于两庑之下，分些冷猪肉吃），意思是劝同志们要苦苦干，慢慢来。"② 他每天上下午都去研究室伏案工作，直到日暮才离去，十几年如一日。1957年夏，正当大鸣大放、"反右派"运动掀起高潮之际，范文澜还写信给中国科学院领导，提出："（1）我今后仍将致全力于写作上。领导我所的工作，仍像过去那样，由大年同志负担。（2）大年同志不能老是不读书，必须给他每周三四天功夫去做本人的研究工作，这是建立领导威信的必要条件。再有三两天做领导各组的研究工作（包括参加各组业务讨论和找研究人员谈话）。他现在的情形，他可以面陈，确实是整天忙碌，顾此失彼，出了大力却收效有限。"要求调来一人当副所长。次年，全国搞"大跃进"、大辩论，运动热火朝天，范文澜却依然头脑冷静，又在一封给刘大年的信中，郑重提出不能让业务受损失，将来要算学术总账："我们必须坚持业务整风两不误的原则。参加大辩论自是大好事，是否可分批轮流去参加，或选与业务工作影响不大的同志若干人去参加，请同志们考

---

① 此段内容，均据蔡美彪《严谨务实　淡泊自甘——一代史学宗师范文澜》，《社会科学管理与评论》1999年第1期；及王会庵《范文澜与文物考古》，《中国文物报》1993年7月25日。

② 范文澜：《历史研究中的几个问题》，《北京大学学报》1957年第2期。

虑。将来算业务成绩账，总得能交出一些才好。"① 在学术工作中，他总是提倡攻难关，研究艰难而又有价值的问题。"他认为，在学术工作中避难趋易，是缺少志气的表现。有志者当勇于攻克前人未曾攻克的难关，解决前人不能解决的难题。这当然需要有超越前人的艰苦工作和极大的毅力，但取得一项成果，便是一分贡献。如果只是选择那些容易做的题目，以至迎合时尚，人云亦云，也许容易得到刊布的机会，却没有多少学术价值可说。在研究所的建设上，他也一贯提倡艰苦朴素的作风。反对浮夸、出风头、相互标榜乃至自我标榜等等不良的习气，力倡不慕荣利，辛勤耕耘。"② 他本人潜心著述、深入钻研的情景，则可举出如下一个典型事例。1962年他因患病，不得不停下通史的写作。1963年旧病复发，他却带病用一年时间，遍读了唐人诗文集，在此基础上撰成第三编第七章唐代文化中之第五节"百花盛放的唐文苑（诗、词）"及第六节"近体文与古文"。刘桂五对此回忆说："他主张要大量掌握资料，要重视资料工作。他在写作时，不断阅读资料，不断修改，就是不断前进。他为了写通史简编中唐代文化一节，把《全唐诗》通读一遍。我对他说：'你用什么就读什么，就可以了，何必通读？'他告诉我说：'不通读，我怎么会知道要用什么，不用什么！'他是从大量资料中，进行研究，选择可用的材料，而不是抓到材料就用。他治学态度的严谨，我们后代人应该好好学习。"③

作为一位名望很高的史学家和全国史学界的领导者，范文澜最令人敬佩之处，是他一向旗帜鲜明地强调要结合中国历史的实际来运用马克思主义，而且以极大的理论勇气，反对学术研究中的简单化、公式化、教条化倾向，从而起到抵制学术研究领域中"左"倾思潮的中流砥柱的作用。1954年，他为修订本《中国通

---

① 两函均见刘潞、崔永华编《刘大年存当代学人手札》，中国社会科学院近代史研究所，1995年版，第227页，第230页。

② 蔡美彪：《学习范老，发扬近代史所的治学传统》，《近代史研究》1990年第6期。

③ 刘桂五：《缅怀范老》，《近代史研究》1990年第6期。

史简编》撰写《绪言》（即《关于中国历史上的一些问题》一文），就一再强调要反对"把马克思主义的生动原理变成毫无意思的生硬公式"，告诫务必不要"把历史描绘成为没有人参加的（或者说没有人的能动性的）各种经济过程的平稳的自行的发展，把历史唯物主义变成经济唯物主义，而生动活泼的人类历史可以用几个公式造成了"。① 1957 年他在北京大学历史系作报告，结合史学界存在的一些例证，论述反对教条化地对待马克思主义原理的必要性，并坦诚地表示："我愿意反对沾染在自己身上的教条主义，也愿意反对沾染在别人身上的教条主义。因此，希望大家抱定与人为善、治病救人的精神，互相帮助，共同努力，来反对教条主义。只有反对教条主义，才能学会马克思列宁主义。不破不立，只有破，才能立。"② 1959 年，全国范围内进行"反右倾运动"，高等学校中搞"拔白旗"（指被戴上"资产阶级"帽子的专家），师生集体编讲义，学生上讲台。针对"左"倾思潮的泛滥，范文澜首先在一次公开讲话中批评：大学中教授拿着师生集体编写的讲义上课，讲自以为非的东西，不敢讲自以为是的东西。1961 年，他发表《反对放空炮》（即在纪念巴黎公社九十周年学术讨论会上的发言）一文，严肃地、及时地提出史学界存在着离开史实、忽视史料、抽象地空谈理论的学风不正的严重问题，强调踏踏实实进行科学工作的重大意义。他说：

> 真正打得倒敌人的历史学大炮是经过切切实实研究的历史著作（论文或书籍）。要造出这种大炮，必须对所要研究的历史事件做认真的调查工作，阅读有关的各种书籍，系统地从头到底地读下去，详细了解这件事情的经过始末，然后用马克思列宁主义、毛泽东思想的观点方法来分析事情发生的原因和发展过程中发生的好的因素和坏的因素，判断这件事情的趋向是什么。写文章不是因为手痒了，嫌纸太多了，

---

① 《中国通史简编》（修订本），人民出版社，1953 年版，第 10 页，第 48 页。
② 《历史研究中的几个问题》，《范文澜历史论文选集》，中国社会科学出版社，1979 年版，第 213 页。

而是要解决某个问题，所以必须坚持"有实事求是之意，无哗众取宠之心"的老实态度。切忌临时抓夫式的搜集材料，杂七杂八一大堆，好像一篇狗肉账，使读者摸不着底里。至于有意用晦涩的文句摆布迷魂阵，使读者震其繁博，甘拜下风而愿奉之以为师，就更加要不得。这种文章，加以八字考语，那就是"装腔作势，借以吓人"。当巴黎公社运动正在进行的时候，表面上可能是乱糟糟的一团，马克思根据已经发生的事实，给以科学分析，得出许多无产阶级革命不可磨灭的原则，也指出巴黎公社的一些缺点，断定巴黎公社的革命原则，一定要在全世界实现。马克思研究巴黎公社事件，就是我们研究历史的最好榜样。马克思写的《法兰西内战》一书，写时间、地点、人物都非常具体，非常扼要，许多放之四海而皆准的革命原则，就是从这些事实中抽象出来的。我们有些史学工作者，不能说他不想认真学习马克思列宁主义、毛泽东思想，但动起笔来，却把历史事件忽略到无以复加的地步。毛主席不断教导我们要调查研究，还在二十年前就在《〈农村调查〉的序言和跋》《改造我们的学习》等经典性论文中强调调查研究的重要性。不久前《人民日报》又根据毛主席的教导发表过《大兴调查研究之风》的社论。然而我们的这些同志总是听之藐藐，懒得作调查工作，把自己杜撰的一些公式和规律，演成篇幅，说这就是论文，或者说这就是著作。这样的大炮放出去，对敌人是丝毫无伤的。①

在发言的最后，他提出"把严肃的学风在我国历史学界发扬起来"。当不良的倾向风行、势头正猛的时候，多数人是盲目地跟着风势跑，有一部分人或许能看出问题，但不敢站出来说话。范文澜身为史学界领导者，却勇于挺身而出，毫不含混地、旗帜鲜明地严厉地批评这种把马克思主义词句当作贴标签的错误学风，一针见血地揭露其不认真搜集材料、不深入地分析史实，只靠主观臆测，演绎出一套自己杜撰的公式、规律的错误态度和方

---

① 范文澜：《反对放空炮》，《历史研究》1961年第3期。

第二章 为创建新史学呕心沥血

法，严肃地指出其危害，大声疾呼史学界同仁共同起来抵制，让严肃学风发扬起来。这篇讲演的发表，在学术界引起很大震动。虚夸风气是以"左"、"革命"的面目出现的，当时势头正猛，范文澜公开予以抵制，是需要巨大勇气的！称他在抵制学术领域"左"倾思潮中起到中流砥柱的作用，是并不过分的。

紧接着，范文澜在5月举行的纪念太平天国革命一百一十周年学术讨论会上，又严肃地批评史学界流行的"打破王朝体系论"和"打倒帝王将相论"，强调要透过这些论调貌似"革命"的表象，认识其对史学研究的危害，坚持严格的历史主义。5月31日《人民日报》对此作了公开报导：这次学术讨论会，首先听取了邵循正《秘密会社、宗教和农民战争》及其他五位学者的学术报告，"与会学者对这些论文进行讨论，展开百家争鸣。讨论会最后由中国史学会副会长范文澜发言。他着重谈到了史学界流行的'打破王朝体系论'和'打倒帝王将相论'的问题。范文澜说，这种论调好像是很革命的，实际上是主观主义的。阶级社会是由互相对立着的统治阶级和被统治阶级构成的，打破王朝体系，抹掉帝王将相，只讲人民群众的活动，结果一部中国历史就只剩了农民战争，整个历史被取消了。范文澜说，马克思主义认为'历史是劳动群众的历史'，这本是真理，但是把它绝对化、片面化，只承认历史上的劳动群众，不承认历史上的帝王将相，这就成了谬论。这种谬论应当受到大家的反对。范文澜的发言坚持严格的历史主义，引起了与会者的广泛兴趣。"① 由于范文澜对

---

① 《人民日报》1961年5月31日，《纪念太平天国革命一百一十周年首都史学界讨论六篇学术报告——范文澜发言说历史研究必须坚持严格的历史主义》。关于范文澜对此一问题的论述，还有卞孝萱的一段回忆可作参考："在那个极'左'的年代里，实事求是的学风遭到严重的破坏。范老坚持真理，力挽狂澜，起了中流砥柱的重要作用。当时，史学界有人主张打破王朝体系，范老不赞成，理由是：（一）利用王朝体系，可以知道哪个朝代有什么特点，联想到许多事情。（二）利用朝代，可以知道空间多大，时间多长。（三）马克思写《印度史编年稿》，并没有打破王朝体系。有人讲历史不敢提帝王将相的名字，范老说，只承认一般规律的作用，否认个人的作用，是不对的。个人才能对历史能起推动或阻碍作用，要公平地评价帝王将相做了好事几分、坏事几分，历史才写得好。"（《难忘的恩师》，《中国图书评论》1996年第3期）

于坚持历史研究的科学性具有高度自觉,对于引导史学队伍健康发展有崇高的责任心,他才以这种大无畏的气概,非常尖锐地讲出"左"倾思潮的要害是造成"结果一部中国历史就只剩了农民战争,整个历史被取消了"这样振聋发聩的话。他一再公开发表的驳斥教条化、片面化、"左"倾思潮,强调树立严肃学风的言论,在当时,对提高史学工作者的认识、坚持正确的方向起到极其宝贵的作用。

范文澜对学术工作极其严肃认真的感人精神,还体现在其他一些具体事例上。他一向视保证研究人员钻研业务的时间为第一要着,不赞成形式主义的政治学习、座谈,强调领导的责任是落实如何让科学工作者认真坐下来去做工作。1956年,党的"八大"结束后,科学院哲学社会科学部通知他参加学部召开的学习八大精神的座谈会,他即写信向刘大年表示,如果大家泛泛而谈,还不如用这半天时间认真读书。信中说:

大年同志:

座谈会的题目当然是重要的,但是更重要的是如何让科学工作者认真坐下来去做工作,光是谈谈作用恐不很大,时间却又去了半天。如果要准备发言,费时更多。你意如何,我是否可以请假。请你斟酌告诉我。我怕是否会引起其他误会。所以请你帮助我斟酌。[①]

他对发言和写文章态度十分慎重,总是一而再、再而三地征求大家的意见,反复修改。1956年,他应苏联一理论刊物之邀写了一篇有关中国历史方面的文章,经过认真修改后,又写信请刘大年帮助他再作修改。

有一次,范文澜闻说张之洞还有一些经过整理未刊手稿存在其后人手里,便立即带着工作人员到什刹海附近张氏后人处了解情况,但未得实情。[②] 他是名望很高的学术界领导人,但为了购

---

① 范文澜致刘大年信,见《刘大年存当代学人手札》,中国社会科学院近代史研究所,1995年版,第166页。
② 见丁名楠《怀念范老》,《近代史研究》1994年第1期。

得有价值的资料,却亲自带着手下工作人员到胡同里去访求——对于利禄地位他是那么淡然,而只要是事关学术工作和研究所的发展,他却是那么认真,这就是范文澜的风格。

范文澜还曾两次写信给刘大年,仔细地叮嘱他如何妥当做好接受黄炎培老先生捐赠藏书的事。50年代初,黄炎培曾将他在解放前在上海出资创办的鸿英图书馆所藏旧报纸捐赠给近代史所,范文澜派丁名楠到上海接收并运回北京,成为建所以后最大的一次收获。至60年代初黄炎培又提出将一批历史性图书资料再次捐赠近代史所,范文澜对此又作了周到的安排。其中一信说:

> 叶医生说,黄任老心脏病十分严重,随时可出毛病,劝他不要出门,医生往往从重的方面看,但八十五六岁的高龄,心脏病也确是可忧。他这次要赠书,可能自己感到身体欠好。见面时对他健康表示关切,亦敬老的一种表示。他是我唯一的现尚存在的老师,但不是启发我向往革命的老师,写信时我不大愿意自称学生,直写姓名又恐怕伤他自视为老师视我为弟子的感情,你如去见他,当面替我说病未恢复,不多出门的意思,表达一下可以免得写信。①

这两封信还说明范文澜对黄炎培十分尊敬,他们交谊深厚。范文澜在少年时代在浦东中学堂上学时,因表露出不满清朝统治的意识而受到校长黄炎培的夸奖,半年后又得黄炎培的介绍转到杭州上学。黄炎培一生追求真理、追求光明,在半个多世纪的奋斗中,为中国人民的进步、民族解放和反对蒋介石独裁统治、迎接新中国的诞生做出了重要贡献,新中国初年任政务院副总理,后任全国人大副委员长。上引信中范文澜表示对黄任老(黄炎培字任之)的深切敬意,一再嘱托刘大年向他问安,祝他享期颐之寿,情谊至为深重,不仅仅因为他是五十年前的老师,同时也应包括对老人一生为争取国家进步事业所做贡献的高度敬意。不过,从信中又透露出,范文澜视自己投身革命、参加共产党是一

---

① 见刘潞、崔永华编《刘大年存当代学人手札》,中国社会科学院近代史研究所,1995年版,第186页。

生的分水岭，是旧生命的终结和新生命的开始。出于对革命、对共产主义事业的赤诚，所以他以此作为"旧我"和"新我"的分界，他把自己完全、彻底、绝无保留地交给了党的事业，他就是这样一个彻里彻外革命化了的人。他不愿意肯定"旧我"，过去的老师是与"旧我"相联系的，自然与今天作为一个共产主义者应称为"老师"者已有所不同，所以信中才有"写信时我不大愿意自称学生，直写姓名又恐伤他自视为老师视我为弟子的感情"，因而避免写信的话。

明了范文澜这种心态，才能理解他对解放后重印《文心雕龙注》一书的处置办法。原先出版于 1929 至 1931 年的《文心雕龙注》一直为学术界所推重，是关于《龙》学的一部名著。1958 年，人民文学出版社商议于作者，提出将此书再版，由作者写一篇《前言》。不想范文澜却不愿意这样做，说，这本书是原先的范文澜写的，原先的范文澜已经死了，现在活着的是另一个范文澜，怎么能由我再写一篇《前言》呢？最后不得已采取了折衷的办法，不另写《前言》，但由范文澜题写书名《文心雕龙注》，表示此次再版是经过作者同意的。范文澜不愿意宣扬此一成功的旧作的声名，但对校改原版中的错字却是极其认真的。他委托金毓黻请了一位有校勘经验的老人，将书中的引文，全部查照原著校改一遍。从这件事看出：虚名，他一点不要；实事，他一丝不苟。①

范文澜在学术界有很高威望，还由于他的高风亮节，被人们称道不已。他性格质直温厚，谦虚待人，他的论著发表后，总是一再诚恳地向学术界和广大读者征求批评意见，虚心改正错误或不当之处。甚至缪凤林在 40 年代写文章站在唯物史观的对立面，把《中国通史简编》讲得一无是处，范文澜听说后，也让别人把文章找来看，说其中只要讲得对的也要接受，不能因人废言。1953 年 9 月 21 日，中国历史问题研究会举行第一次会议，有陈伯达、郭沫若、吴玉章、范文澜、侯外庐、吕振羽、翦伯赞、胡

---

① 此段系综合 1993 年 3 月访问蔡美彪先生记录，及卞孝萱先生《难忘的恩师》（《中国图书评论》1996 年第 3 期）一文所述。

绳、刘大年、尹达出席,会议商量如何促使史学界形成互相讨论问题的风气,开展充分的批评和自我批评,"不宜把方式弄得太死"。为此范文澜在会上正式提出建议,"考虑把他的通史简编第一册作为讨论的底稿"。① 但是,如果范文澜认为自己并没有错,那他也勇于坚持,如果事关原则问题,他便态度明确,毫不含糊。新中国成立之初,抗美援朝战争还在进行,北京大学历史系有不少师生出于对美帝的憎恨,"认为为了深刻地揭露美帝国主义对中国的侵略,中国近代史应该指出美国自第一次鸦片战争开始就是侵华的主要敌人,并且要逐步揭露美国"。这对讲课者造成极大困难。正好范文澜来北大座谈,听了任课教师反映的问题后,"当即斩钉截铁地说,第一次鸦片战争时期,侵略中国最主要的敌人是英国,绝不能说是美国"。② 为任课教师解决了难题。又据张振鹍回忆,自1953年起,近代史所帝国主义侵华史组即开始《帝国主义侵华史》课题的研究,至1958年5月,该书第一卷由科学出版社出版。正碰上所内搞政治运动,这一劳动成果,"马上成了所内集中批判的对象,它受到一些最革命的人的全面指责,等于被彻底否定;别的人即使另有看法,也不敢说什么"。范文澜反对将此书全面否定,反对把研究帝国主义侵华史说成是方向性错误。并组织了由柯安署名的一篇书评,刊登在12月3日《人民日报》上,称此书出版"是一件很有意义的事",肯定此书的成就,使处于困难中的编写组同志得到宝贵的支持。③ 特别是在50年代初,他著文提出中国历史上汉族何时形成为民族,与斯大林论述的欧洲各主要民族形成于资本主义上升时期不同,汉族在秦汉时期已经形成为民族。一些学者严厉指责范文澜此说是背离了斯大林学说,他却坚持不悔。"虽然受到指责,他依然充满自信,因为这一论点并非来自抽象的思维推理,而是基

---

① 见《刘大年存当代学人手札》所引会议纪录,中国社会科学院近代史研究所,1995年版,第44页。
② 张寄谦:《范文澜和北大历史系》,《近代史研究》1994年第1期。
③ 据张振鹍《回忆范老与帝国主义侵华史研究》,《近代史研究》1994年第1期。

于对中国历史实际的具体分析。"① 对于近现代史上的一些重大问题，对于当前的学风问题，范文澜总是坚持马克思主义的正确原则，深入地思考，提出不同凡响的看法，成为震动一时的卓论。范文澜还曾明确地提出在社会主义时代首要的任务是批判封建主义的卓越思想。此见于蔡尚思的回忆。时值60年代初，他到北京参加主编《中国新民主主义革命时期通史》一书的思想文化部分，住在近代史研究所，他在80年代所写的一篇文章中讲："范老有一次站在我住的房门口对我说：'中国牢不可破的是封建传统那一套，由于近代未出现正式的资本主义社会，资产阶级思想还比较薄弱，所以现在应当强调的首先是批判封建传统思想，或对二者都同时能注意及之。'在'文化大革命'时期，我经常回忆范老这个宝贵意见。"② 我们联系到"文革"中由封建余毒孳生出来的"四人帮"及其爪牙如何疯狂地实行封建法西斯专政，大搞造神运动，公然践踏国家宪法、践踏法制，大搞封建式独裁、家长式统治、肆意剥夺广大干部和公民的基本权利等等罪恶行为，我们对范文澜论述批判封建主义是社会主义时期的首要任务这一思想的重要性，当能有更深入的体会。

范文澜生活一贯俭朴，洁己奉公。他是一位学术大师和党的高级干部，家中却仅有几件备用的衣服、几件旧家具，别无他物。他以前在大学执教时的藏书，经过千辛万苦运到延安，捐给马列学院历史研究室以后，自己家里再没有私人藏书，"别人送他的书籍，也交给近代史所图书馆登记收藏，需用时再按规定手续借阅"。③ 他以二十几年岁月，著成《中国通史简编》和《中国近代史》，总字数达一百多万字，先后连续再版重印，他却把稿费全部上交国家，他的文章寄给刊物编辑部发表，也以不付稿费为先决条件。他对待自己如此严格，对待身边青年同志却尽量

---

① 蔡美彪：《严谨务实 淡泊自甘——一代史学宗师范文澜》，《社会科学管理与评论》1999年第1期。
② 蔡尚思：《范文澜同志的长于各种结合》，见《中国近现代学术思想史论》，广东人民出版社，1986年版，第564页。
③ 蔡美彪：《严谨务实 淡泊自甘——一代史学宗师范文澜》，《社会科学管理与评论》1999年第1期。

设法为他们解决困难。据丁名楠回忆,他于1950年6月在清华大学完成研究生论文答辩后,导师邵循正和系领导吴晗即劝他到范文澜身边工作。当时近代史所已成立,但仍实行包干制,只提供食宿,定期发制服,每月还有一点少量的津贴。范文澜约他面谈后,才下决心到所工作。"他(范老)知道我曾因顾虑生活问题,对是否来所工作一度犹豫不决,建议我写文章在报刊上发表,使手头宽松点,还鼓励我将义和团运动的毕业论文付印。"① 他每日忙于著述和其他重要工作,十分爱惜时间,但当青年同志写出文章拿来向他请教时,他总是放下工作为他们看稿。他还常抽出时间到研究人员宿舍略坐片刻,鼓励几句,这些青年来所以后,都感到近代史所像一个温暖的大家庭,范文澜则是和蔼宽厚的"家长"。在范文澜离开人世二三十年后,这些当年的青年已是年届七十岁左右的学者了,一讲起范文澜关怀他们成长的往事,不少人仍感动得哽咽流泪。

还有蔡尚思文章提供的珍贵资料,追忆当年范文澜深情地期望学者们甘心坐冷板凳,潜心研究,才能拿出有高度科学价值的成果的情景:

> 一九六〇年前后近三年,我去北京参加主编《中国新民主主义革命时期通史》一书的思想文化部分,借住中国科学院近代史研究所内的左边小土山上的一间平房,不同外界来往。有一天范老来访问,长谈了一次话。他首先肯定我们"这样过的才是学人生活,也才能有希望成书而不致只有科研规划而没有科研成果。因为学术工作者与工人、农民、军人、政治工作者又相同又不相同:相同的是无论做什么工作,都要把主要时间、完整时间用在自己一行的工作上,不如此,就不能成为名副其实的某领域内工作者;不相同的是工作岗位既然不同,就不可能同时兼顾其他许多方面以至各方面,凡企图无所不长者,都必然会以一无所长告终。韩愈说过:'一身而二任焉,虽圣者不可能也。'二任尚且不可

---

① 丁名楠:《怀念范老》,《近代史研究》1994年第1期。

能,更不必说三任四任以上了。要做成一个学术家就必然要坐上十年冷板凳,多做准备工作;十年以后也仍然是不能三心两意、见异思迁的。也许其他一些人还可以有所例外,学术家是不得有名无实的,学术生命是不得中断的。"这是范老对我们埋头编书的很大鼓励。

范老的夫人,人们尊称她为"戴老"。范老夫妇很要好,同住在该研究所的正面房屋。我们几位主编者住在较远的东边,吃饭是在西边的饭厅,往来必须经过范老住房前的天井。有一次,一个同志在我的前面走,目的是去吃饭;戴老误认此人要去见范老,就走出房门口,大声地说:"范老不见客。"听说,任党中央委员的范老,除了党中央开会以外,很少出去参加一般会议。我觉得他真像顾炎武的爱惜光阴,以为接见客人是浪费了自己的时间。

又有一次,范老请许多人到前门外的一家著名烤鸭店吃烤鸭,我也被邀在内。他先站起来致词,再三鼓励和祝愿与会者,能抓紧时间,快出成果。他还很谦虚地请各同志随时指教。我觉得范老是一位非常可敬的纯正学者。[①]

1963年冬,几位知交好友曾在北京四川饭店举行一次小型的聚会,为范文澜祝贺生日,发起者是田家英[②]和刘大年。刘大年回忆当时的情景:"1964年春节前不久,家英和我还发起过一个小的聚会,祝范文澜同志七十寿辰,参加的有王冶秋、黎澍等七八人。每人掏人民币五元,在四川饭店聚餐一次。谈话中,家英讲,他正在收集当代名人书信手迹,不是要一般书信,只要写给他的亲笔信,而且是要毛笔写的,毛主席、朱总司令、其他领导人、名人,写给他的毛笔信都有了,但没有范老的信。他想最近

[①] 蔡尚思:《中国近代学术思想史论》,广东人民出版社,1986年版,第563—564页。

[②] 田家英在延安时即与范文澜有交往。他是在1937年底到延安,进陕北公学。次年春毕业,留校任教中国近代史。他在延安《解放时报》发表有《从侯方域说起》,引起毛泽东注意。1943年夏,调中央宣传部历史组工作,与范文澜同事。1948年,任毛泽东秘书。新中国成立后,任中央政治研究室副主任、中央办公厅副主任等职,并任中央党史编委会委员、哲学社会科学部委员。对清史、近现代史颇有造诣。

写信给范老讲点什么,希望得到一封毛笔回信。学术界其他知名人士的信也打算收集一些。"① 以这样简朴的方式,为一位国际著名的史学大师庆贺七十岁寿诞,大概是不多见的。不过,这样采取不事铺张的、平等的而且带有"共产主义"色彩的祝贺方式,倒是与范文澜的个人风格颇为符合。我们从刘大年忆及的席间话题,完全可以推想这次简朴的聚会是很温馨的。不过可惜,在范文澜的晚年像这样的欢乐聚会已经无法再找到了。因为,时隔不久之后,在中国大地上,一场政治风暴和劫难正在酝酿!

(五) 最后的日子

"文化大革命"这场长达十年的全国性大动乱、大灾难,首先是拿史学界开刀的。在陈伯达、康生、江青、姚文元、戚本禹之流的阴谋策划下,从1965年夏天开始,就对著名史学家吴晗、翦伯赞大肆挞伐,范文澜也在他们的阴谋攻击之内。1965年《红旗》第13期(7月出版)发表戚本禹文章:《为革命而研究历史》,以批判"历史主义"为名,不点名地批判吴晗、翦伯赞。11月10日,上海《文汇报》发表姚文元文章《评新编历史剧〈海瑞罢官〉》,进一步煽起毒焰,栽赃陷害,暗示吴晗所写剧本《海瑞罢官》是为"党内右倾机会主义头子"彭德怀鸣冤、招魂。11月19日,《解放军报》转载姚文元黑文时,所加"编者按"中说:《海瑞罢官》"是一株反党反社会主义的大毒草"。1966年《红旗》第5期(3月出版)发表关锋、林杰文章《〈海瑞骂皇帝〉和〈海瑞罢官〉是反党反社会主义的两株大毒草》,进而说这两个剧本是配合右倾机会主义分子反党反社会主义的政治活动。4月2日《人民日报》发表戚本禹文章《〈海瑞骂皇帝〉和〈海瑞罢官〉的反动实质》,与关锋、林杰的文章紧密照应,完全

---

① 刘大年:《田家英和学术界》,《毛泽东和他的秘书田家英》,中央文献出版社,1996年版,第219页。

以同样的罪名对吴晗两个剧本讨伐。《人民日报》3月27日发表的史绍宾文章《坚持历史科学的革命方向》，即已号召批判以吴晗为代表的"资产阶级史学路线"，翦伯赞也被公开批判。在此期间，《人民日报》《红旗》又连续发表《吴晗同志反党反社会主义反马克思主义政治思想和学术观点》《请看吴晗同志解放前的政治面目》《翦伯赞同志的历史观点应当批判》《翦伯赞同志的反马克思主义历史观点》等材料、文章，形成了密集的交叉火力，不仅开始了对吴晗、翦伯赞在史学领域"反动观点"的全面批判，并且预示着吴晗、翦伯赞和其他著名历史学家将被戴上"资产阶级反动权威"的帽子，进行更残酷的迫害。在这种形势下，陈伯达、关锋、戚本禹又更加阴险地在《人民日报》上，以社论的形式，发表了《夺取资产阶级霸占的史学阵地》（6月3日），把批判的调门更加升高，列举"反动权威"的种种罪状，等于公开宣布对这些著名史学家进行长期打击迫害的开始。试看文中气焰之嚣张、话语之恶毒："资产阶级代表人物，把史学当做他们反党反社会主义的一个重要阵地。他们歪曲历史，借古讽今，欺骗群众，为资本主义复辟进行舆论准备。广大的工农兵群众……为保卫无产阶级专政，保卫社会主义，同反动的史学观点进行着激烈的斗争。"这班阴谋家对史学家诬陷了种种罪状，其中有："他们用所谓'历史主义'即唯心史观，来反对和篡改马克思列宁主义的阶级斗争学说。他们顽固地否认人民群众是创造世界历史的动力，尽情地诬蔑劳动人民和农民战争。他们叫嚷反动统治阶级的所谓'让步政策'是历史发展的动力，把劳动人民和农民战争的伟大作用一笔抹煞。他们歌颂的，只是那些骑在人民头上的帝王将相，他们是史学界的'保皇党'。"

上列陈伯达之流的栽赃陷害，不仅是向吴晗、翦伯赞等人明砍大刀，而且是向范文澜暗施毒箭。因为大家十分清楚，范文澜自1958年以来，旗帜鲜明地抵制学术领域的"左"的思潮，强调坚持"历史主义"的原则，提出要保帝王将相（即既要重视劳动人民的作用，也要讲统治阶级人物在历史上的作用），同时一再论证大规模的农民起义以后，教训了统治阶级，使他们被迫采

第二章 为创建新史学呕心沥血

取让步政策，使生产关系得到调整，生产力得到恢复和发展，从而推动了历史前进。故此，陈伯达之流狂喊"保皇党"云云，就是公然示意要对范文澜攻击和迫害。范文澜自5月以后，就感受到巨大的压力，现仍保存的自5月6日至18日他接连写给刘大年及黎澍的四封信为此提供了第一手材料，并且证明陈伯达当面栽上"保封建皇朝"的吓人罪名，使他骇怕心寒。5月6日致刘大年、黎澍信云：

> 运动发展到惊人的程度，问题之广之深，简直不敢想象。
>
> （对吴晗）作文论调要提得很高才对。我每天上下午都开会（按，范文澜时为中央候补委员，其时每天都参加"文革"开始时的中央政治局扩大会议），你们如要谈可晚上来。
> 致
> 敬礼！
>
> 我的草稿，匆匆写出来了，请你们提意见，加以删改。高的调门不必减低，说理不妥处可改。

11日，又写信给刘、黎二人，说：

> 有人从康老那里听说，郭老发表了谈话，得到主动，范某也该主动有所表示才好。我那稿子，比起目前形势来，已经大大落后了。希望嘱打字员快打出来（李新同志说，末后史笔一段删去了，我以为还是保留为好），快派专人送来，以便交康老请批示。我知道你们太忙，你们略看一看提出意见，我自己可酌量修改。事甚紧急，务请快打好寄来为要。

当时陈伯达、康生是"中央文革小组"组长或顾问，是"无产阶级司令部"的第几号人物，几乎掌握着任何人的生杀予夺大权，出一语即可定某人为"反革命""黑帮""反动权威"，打倒在地。5月17日，陈伯达见到范文澜，即盛气凌人地训斥他"保封建皇朝"，并暗示他在政治上已属应该打倒之列，使范文澜更

加坐立不安。次日,一天之内先后写了两封信。第一封为给刘大年信,说:

> 昨天我晤陈伯达同志,他直言相告,大意说我倚老卖老,没有自我批评,保封建皇朝,不要以为有些知识就等于马列主义。郭老作自我批评就主动了。更使我惊心的,是说你年老了,不能要求你有多的马列主义。似乎我要学也不成了。我看情况很不好,昨和黎澍同志谈,请他大大加增自我批评的文字,请他站在敌对方面大加抨击,否则将来自有人出来抨击,打倒老朽昏庸之辈。大势所趋,不可有姑息原谅之心。请你助黎澍同志加强批评。愈过头愈好,不过头,别人会来补的,那就麻烦了。以后所内和学部有学习会请通知我参加,置身事外,是大罪状之一,不可不防。"人应保晚节,但晚节也不容易保。"应爱护我为幸!

第二封是给刘大年、黎澍信:

> 承删改拙稿,至感!原稿中厚今薄古一段里,本有"我在这次教育运动里受到很大的教育"这几句话,我想仍加上,不要删去,以免人们误会,以为我一向是厚今薄古的,这个运动与我无关。请毫不容情地加上自我批评的文字,愈过头愈好。请你站在敌对者的方面,尽量抨击,不大大抨击,将来自有人出来抨击,那就被动了。这一点务请采纳为幸!①

信中再三要求的"请站在敌对者的方面,尽量抨击"等急切的话,说明范文澜自感处境多么可危!那篇由陈伯达为首炮制的、又以《人民日报》社论形式发表的文章抛出的"保皇党"的罪名,所指正是范文澜。陈伯达之流企图整垮范文澜、将他置之死地的罪恶阴谋已经昭然若揭。② 只是由于毛泽东的干预,陈伯达

---

① 范文澜5月6日至18日四封信,均见《刘大年存当代学人手札》,中国社会科学院近代史研究所,1995年版,第232—235页。

② 据刘大年文章所述,陈伯达在中央政治局扩大会议上不但当众逼迫范文澜作检讨,并且连声叫嚷"保皇党!保皇党!"(见《〈范文澜历史论文选集〉序》,中国社会科学院,1979年版)

第二章 为创建新史学呕心沥血

之流的毒辣阴谋才未能得逞。不久，举行庆祝1966年国庆游行，范文澜仍被安排上天安门城楼参加庆祝大会。当时，他站在城楼东头，离毛泽东较远，毛泽东看到他后，特意走过来，对他大声说："范文澜同志，有人要打倒你，我不打倒你。"用这种特别的方式，公开表示对范文澜保护。

由于有毛泽东的保护，范文澜才免遭陈伯达之流残酷迫害的厄运。但是，在"文革"中扫荡一切文化、研究历史成为罪恶的日子里，免遭打倒之难的范文澜也只能深深地陷于困惑和不安之中，加上患病，只好以治病、休息度日。1968年7月20日，毛泽东派他的女儿李讷到范文澜的住处传话，说：中国需要一部通史，在没有新的写法以前，还是按照你那种方法写下去。通史不光是古代近代，还要包括现代。这对长时间陷于郁闷无奈、无所作为的范文澜，无疑具有起死回生的力量。他立即兴奋异常，找人组织修订和续写的班子，制订计划，包括将他的《中国近代史》整个拆散和大规模补充重写，以及续写1919至1949年现代史部分的计划。当时的情形是，他体弱患病也不愿住院治病，一心想抢时间完成毛泽东的嘱托。曹靖华的回忆真切地记述了他生活的最后一幕：

> 仲沄惜时如金，从来不肯住医院。有一次，他因病住院，但旋即又出院了。我一见面，就大吃一惊：
> "怎么不等巩固就出院了，危险呀……"
> 他没待我说毕，就抢着说：
> "医院好，可是住不惯，索性出来写东西吧，时不我待呀！"
> 接着他就谈他的写作计划，并述说了毛主席的话，大意说，你的《中国通史》《中国近代史》等等，不管别人看法如何，你尽管按照自己看法写下去……。于是，他兴奋异常，迫不及待地就出院工作了。
> 有关同志告诉我，这次仲沄不待病情稳定就急着出院了。就在出院的当夜，病情突然变化，不幸去世了……书桌

上依然整整齐齐放着未完成的遗稿……①

范文澜走完了他辛勤治学、不断奋斗、忘我奉献的一生。他病逝的时间是1969年7月29日，享年七十六岁。8月1日，《人民日报》第五版右上角登载了他逝世的消息和遗像。消息如下：

中共中央委员、人大常委会委员

范文澜同志逝世

中共中央和各方面的负责同志参加了告别仪式

新华社三十一日讯 中共中央委员、中华人民共和国全国人大常委会委员、中国科学院哲学社会科学部近代史所所长范文澜同志，因病医治无效，于一九六九年七月二十九日在北京逝世，终年七十六岁。

今天下午，在八宝山举行了同范文澜同志告别仪式。

中共中央和其他方面负责同志陈伯达、谢富治、李先念、郭沫若、华罗庚等参加了告别仪式。

参加告别仪式的，还有中共中央各部门、人大常委机关、中国科学院哲学社会科学部的负责同志，以及范文澜同志的生前战友和家属。

在当时情况下，丧事当然是异常简单，没有鲜花，没有花圈，没有悼词和评价。那个曾当众叫嚷"保皇党！保皇党！"企图置范文澜于死地的陈伯达，却以告别仪式上位势最高的人物出现，则是颇具讽刺意味的。

根据范文澜的遗嘱，他的骨灰撒在钱塘江里。范文澜在生命的最后岁月，仍然眷怀着生育他的浙江大地……

历史是公正的。范文澜逝世后不过两年，陈伯达即被揭穿了"政治骗子"的原形。又过了五年，"四人帮"被彻底粉碎。这伙祸国殃民的蟊贼统统被钉上历史的耻辱柱。有道是，"尔曹身与名俱灭，不废江河万古流"。而范文澜，这位为创建中国马克思

---

① 曹靖华：《往事漫忆》，《范文澜历史论文选集》附录，中国社会科学出版社，1979年版，第379—380页。

主义史学建树了伟大业绩的学术大师，重新在广大人民大众和学术界赢得极大的尊敬。他的著作，即使是在"文革"年代，也被许多渴求知识的青年阅读，被当作难得的学习中国历史知识的教材；进入新时期以后，学术界把他放在20世纪学术发展和整个中国学术文化演进历程来考察，更加看清了其崇高的历史地位，从他的精神和成就中受到启迪。1990年5月，近代史研究所举行范文澜铜像揭幕典礼和近代史所建所四十周年纪念会，与会的学术界领导、专家、学者共同缅怀范文澜为中国史学的发展和创建近代史所而建树的巨大功绩。中国社会科学院院长胡绳在讲话中说："范文澜同志是忠诚的共产主义者，是对历史学作出了杰出贡献的学者。""我以为，在范老身上，既体现了中国经学家、史学家的优秀传统，又表现了共产主义者的战斗精神和高尚品质。……范老的治学和为人都足以为后人的楷模。"[①] 1993年12月24日，在近代史所举行的纪念范文澜诞辰一百周年学术座谈会上，近代史所所长王庆成、中国史学会会长戴逸、原近代史所所长刘大年等先后发表讲话。王庆成说：整部中国近代史是帝国主义侵略和中国封建统治相结合，把中国变成半殖民地、殖民地的过程，也就是中国人民反抗帝国主义及其走狗的过程。"范文澜《中国近代史》以丰富的史料、生动而又严谨的笔触解释了这一过程。他的书长期而深远地影响了中国的近代史学界，并且闻名于全世界。十多年前，一位美国学者比较中美两国在五六十年代对中国近代史的研究状况说，范文澜所领导的反帝国主义史学，正与费正清领导的哈佛大学学派遥遥相对。范文澜《中国近代史》突出帝国主义对中国的侵略，这位学者在这一点上是认识了范文澜史学的特色的。"[②] 戴逸以《时代需要这样的历史学家》为题发表讲话，说：范文澜的《中国通史简编》和《中国近代史》，"这两部书全面地、系统地阐明了中国的全部历史，教育、影响了后代的历史学家，也教育、影响了当时千千万万的革命

---

① 胡绳：《为范文澜铜像揭幕的讲话》，《近代史研究》1990年第4期。
② 王庆成：《在纪念范文澜诞辰100周年学术座谈会上致词》，《近代史研究》1994年第1期。

者。范老的著作很多，这两部著作可以说奠定了他在历史学界崇高的、不朽的地位"。① 刘大年在其《光大范文澜的科学业绩》为题的讲话中说："范老的《中国通史简编》、《中国近代史》（上册）……确实都是开创性的著作。前一部书试图用科学观点对整个中国古代历史作了一番概述，它的印数累计达数百万册，成了一代又一代读者必备的历史读物。后一部书用新的历史观点系统地研究中国近代史开了一个头，它的某些看法长期影响到学术界。它们的问世，过去了四十多年五十年，至今提起中国最早的马克思主义的中国通史和近代史著作，人们仍然要首先举出这两书。这种情形，近乎绝无仅有。"②

胡绳、王庆成、戴逸、刘大年等几位的讲话是很有代表性的，反映了公允的看法和人们的普遍感受：范文澜的事业和精神仍然激励着今日中国的学术界，他的著作在广大读者中仍然具有很强的生命力！

---

① 戴逸：《时代需要这样的历史学家》，《近代史研究》1994年第1期。
② 刘大年：《光大范文澜的科学业绩》，《近代史研究》1994年第1期。

第三章 学术交往

范文澜最重要的学术交往,在他赴延安以前,是师承其师黄侃的经史考证之学,并曾一度与著名清史专家萧一山密切过从;到延安后,他的学术观点直接受到被他称为"我党历史学者"的吴玉章的影响。范文澜作为党内杰出的学者,他与党的领袖毛泽东长期互相敬重,一直保持着深厚的友谊,直至他逝世。

(一)黄侃 萧一山

1913至1917年范文澜在北京大学求学期间,从黄侃、陈汉章、刘师培学习经学、小学、史学考证等课程,特别是黄侃讲授的《文心雕龙》课程使他深受教益。后来范文澜在南开大学继承其师的学术,开设《文心雕龙》课,并一再在各大学讲授这一课程,他出版的第一本著作即《文心雕龙讲疏》,梁启超颇予好评。范文澜深厚的国学根柢和实事求是、严谨治学的旨趣和风格,都直接渊源于黄侃这位老师。

黄侃十八岁在新学堂求学时即产生反满思想。1905年赴日本留学,并参加同盟会。1906年始与章太炎论学,次年执弟子礼,拜章氏为师。从此，成为章门高足，并极受章太炎的尊重，他们所共同擅长的文字训诂学被称为"章黄之学"。辛亥革命前，黄侃曾追随章太炎在《民报》发表激烈的反满文章，并参与革命派在鄂东南组织武装起义的活动。辛亥革命后，他一意学术，决心"承父师之业，继绝学，存国故"。先后在北京大学、武昌高师、东北大学、中央大学等校任教，培养了一批从事文字训诂和经史研究的专门人才。据冯友兰《三松堂自序》中所述，黄侃是当年北大中国文学系"很叫座的名教授"，他上课的时候，听讲的人最多。他在课堂上讲《文选》和《文心雕龙》，念诗念文章，抑扬顿挫，吸引着听众也都高声跟着念，称为"黄调"。在当时的宿舍中，到晚上各处都可以听到"黄调"。黄侃生前虽有"如欲成书，当俟五十以后"的话，然因勤劬治学，矻矻以求，故有著述多种。除生前手定《文心雕龙劄记》外，经其子嗣、弟子整理出版的，还有《黄侃论学杂著》（上海古籍出版社1964年版），《文字声韵训诂笔记》（上海古籍出版社1983年版），《量守庐群书笺识》（武汉大学出版社1985年版），《黄季刚诗文钞》（湖北人民出版社1985年版）等。

黄侃治学有两大特点：一是学识渊博，在经史、文字训诂、文学等领域均深有造诣；二是学风严谨，一丝不苟。这两大方面都极明显、突出地影响了范文澜。黄氏治学的原则是："言必有中，每下一义，切理餍心。"极力推崇汉儒"不放松一字"的精神，遇有疑难，"必苦思广证以求贯彻"。又说："学问之道有五：一曰不欺人，一曰不知者不道，一曰不背所本，一曰负责后世，一曰不窃。"又以治学当"扎硬寨，打死仗"自励和教育学生。尤其主张学者"以笃守师说为宜"，又言"先须专守一家"，"继须兼通众家"。他平生极推崇其师章太炎之学，但又不墨守盲从师说。《文心雕龙劄记》既以深厚的训诂功力和广搜材料见长，又极具识见，析理精深。他对《文心雕龙·情采》评析说，刘氏处在齐梁时代，当时文风正处于片面追求形式、文采，文胜质衰，因此"此篇旨归，即在挽尔日之颓风，令循其本，故所讥独在采溢于情，而于浅露朴陋之文未遑多责"。但刘氏并非否定或不重视文采，他重内容又重形式，"首推文章之称，缘于采绘，次论文质相待，本于神理"，又举经史之文以证文不弃美，"其重视文采如此，曷尝有偏畸之论乎？"若果当时是另一种风尚，"借令彦和（刘勰字）生于斯际，其所讥又当在此而不在彼矣！"①黄氏所论诚可谓切中肯綮。

范文澜长期下功夫探究《文心雕龙》，在大学课堂多年开设此课程，并相继撰成《文心雕龙讲疏》及《文心雕龙注》，说明他跟从老师黄侃受读，深有所得，继承了其师的学问。同时，也是光大其师学术的表现，因为《文心雕龙》全书共有五十篇，黄侃的《劄记》只涉及了三十一篇。范文澜将之由阙略变为完备，由《劄记》推进为《讲疏》和全书详尽注释，显然是刻意将老师最擅长的学问继承过来并加以发展。

《文心雕龙讲疏》征引和发挥黄先生之议论甚多。仅《原道》《征圣》二篇，注解中引"黄先生曰"者多达十处，如：原文"夫岂外饰，盖自然耳"句，注引"黄先生曰：'故知文章之事，以声采为本。彦和之意，盖谓声采由自然生，其雕琢过甚者，则浸失其本，故宜绝之，非有专隆朴质之语。'"原文"益稷陈谟，亦垂敷奏之风"句，注引"黄先生曰：'案彦和以元首载歌，益稷陈谟，属之文章，则文章不用礼文之广谊。'"原文"夏后氏兴，业峻鸿绩，九序惟歌，勋德弥缛"句，注引"黄先生曰：'案业绩同训功，峻鸿皆训大，此句位字殊违常轨。'"讲评部分则引用"黄先生曰"两段议论，长达数百字和千余字。其余各篇的注和讲评，引用黄侃的议论多类此。又有大段引黄氏《诗品讲疏》以作参考者。

书中也间有引用"陈先生（汉章）曰"。故《讲疏》对作者本人在北大学习期间守古文经学家法的三位老师的言论都有引用，惟所用称谓大有区别，凡引黄、陈言论处，都称"先生"，引刘师培言论则称"刘氏申叔曰"。其原因，自然是因刘师培曾在政治上失节而不能像对黄、陈二位先生那样尊重。就学术而

---

① 《文心雕龙劄记》，中华书局，1962年版，第110页。

言，范文澜对刘师培是颇为佩服的，不仅在《讲疏》注中多处引用刘氏议论，而且书中所附参考文章部分，引用刘师培的论著，即有《谶纬论》《论文章变迁》《美术与征实之文不同论》诸篇。其后范文澜所著《文心雕龙注》一书参考文章部分，引用刘氏的论著者，又增加了《小学发微补》《国学发微》《汉书艺文志书后》诸篇。在所征引的近代著作家言论中，刘氏最为突出，可见范文澜对于刘师培的政治品质和学术成就二者是清楚地相区别的，又不因其历史上的失节行为而影响对其学术成就的尊重。

范文澜的名作《文心雕龙讲疏》《文心雕龙注》对"黄先生"的学术见解大量引用作为依据，充分说明范文澜国学成就的渊源所自，和他对老师的充分尊重。另一方面，范文澜治学又与墨守师说、拘泥不知变通者不同，这在范文澜南开时代的学术经历已清楚地显示出来。《文心雕龙讲疏》与《文心雕龙注》中都涉及到对"文无外饰，出于自然"和唐代以来儒家历来衡量文章的重要原则"文以载道"二者的关系如何理解的问题，我们加以比照即可明了。黄侃不赞成"文以载道"之说，《文心雕龙劄记》云："今曰文以载道，则未知所载者即此万物之所由然乎？抑别有所谓一家之道乎？如前之说，本文章之公理，无庸标揭以自殊于人；如后之说，则亦道其所道而已，文章之事，不如此狭隘也。夫堪舆之内，号物之数四万，其条理纷纭，人鬓蚕丝，犹将不足仿佛，今置一理以为道，而曰文非此不可作，非独昧于语言之本，其亦胶滞而难通矣。"① 黄氏之意，只赞成文章本由自然生，而认为"文以载道"之说，则导致为文的范围越来越狭窄，内容越来越枯槁。而范文澜则赞成纪昀的主张，故《文心雕龙注》云："彦和所称之道，自指圣贤之大道而言，故篇后承以《征圣》《宗经》二篇，义旨甚明，与空言文以载道者殊途。纪评曰：'文以载道，明其当然；文原于道，明其本然。识其本乃不逐其末。首揭文体之尊，所以截断众流。'"②

---

① 黄侃：《文心雕龙劄记》，中华书局，1962年版，第3—4页。
② 《文心雕龙注》，人民文学出版社，1958年版，第4页。

第三章 学术交往

萧一山与范文澜同是北大校友,他们的学术交往应是近代学术史上的一段佳话。

萧一山(1902—1978),江苏铜山(今徐州市)人。十七岁中学毕业后入山西大学预科,后转北京大学政治系。因他自少年起即对史学很有兴趣,故旋改学历史。由于得到明清史专家朱希祖、孟森等老师的指导,他很快把兴趣集中到清史研究上。通过勤奋钻研,在不到三年的时间里,完成了《清代通史》上卷六十余万字的撰写。1923年此书正式出版,梁启超、李大钊、朱希祖等前辈为之作序,遂为其成名之作。1924年,在北大毕业,应梁启超的邀请到清华大学任教。当时梁讲授中国通史文化史部分,由萧讲授政治史部分。因得与梁启超朝夕相处,锐志向学,治清史益力。先后应北京大学、北京师范大学及南京中央大学之请讲授清史,并继续完成《清代通史》中卷。1932年,他获公费赴欧美考察文化教育。在欧洲期间,在英国伦敦大英博物馆及剑桥、牛津各大学搜集中国近代史资料,尤留意于太平天国史料的搜集。1934年回国后,以海外所获之新资料,辑成《太平天国丛书》《太平天国诏谕》《太平天国书翰》等书多种,对于推动太平天国史的研究起到重要作用。1935年,萧一山任河南大学文学院院长。同年,在南京创办《经世》半月刊,积极提倡"经世致用"之学,并宣传抗战,反对投降。1936年,邀请范文澜来河南大学文学院任教,并委托他负责《经世》半月刊开封分社主编任务。由于范、萧二人的努力,《经世》半月刊在抗战初期产生了颇大的影响。此期间,范文澜和他交往密切,范文澜编《游击战术》一书,即由萧一山题写封面。鼓吹抗战救亡和主张学术经世致用,便是他们友谊的共同基础。萧一山极力赞扬顾亭林的治学精神,认为他"负经世之志,著资治之书",不愧为"近代讲经世学者不祧之宗"。又说:"学术不能利济苍生,使匹夫匹妇受其泽,只为少数人写意寄情的娱乐品",何异于"买椟还珠"?[①]"七七"事变发生前后,他一再倡言举国对日寇侵略奋起抵抗,

---

① 萧一山:《清史大纲》引论,重庆经世出版社,1944年版。

并痛切地批评学术界中有的人不关心国家兴亡,仍埋头于故纸堆的倾向,说:"呜呼!实斋之言何深切若是!不啻为今日痛下针砭。惜国势凌夷,俗儒道长,甚或有不事搜讨如实斋所谓擘绩补苴者,而唯以资料为学,茧麻可称巧匠,秋黍指为醇醪,滔滔之世,何时已乎?"① 萧一山研究清代史和近代史,强调"民族革命史观"。他斥责帝国主义对中国的野蛮侵略:"海禁既开,列强之帝国主义如怒潮骤至,武力的掠夺与经济的压迫,使中国丧失独立,陷于半殖民地之地位。"② 因此,国内各民族联合起来,共同抗击帝国主义侵略,便成为民族革命的主流。也正是从其民族革命史观出发,他对戊戌变法、辛亥革命和五四运动,都予以高度评价。

1944年,萧一山任西北大学文学院院长,当时校址设在陕南城固。此时,李宗仁任国民党政权"汉中行辕"主任,驻汉中,两地相距甚近,李闻萧之名,多次造访。抗战胜利后,李改任"北平行辕"主任,即敦聘萧为秘书长。萧推辞不过,又考虑到他本人在北平确有些事务要处理,遂以"部聘教授"(1940年,当时的教育部有"部聘教授"之设,史学一科聘有萧一山、陈寅恪,后又增加柳诒徵,共三人)名义兼任秘书长。李宗仁在其回忆录中对此叙述云:"我与萧君在汉中才初次相识,……当我需要遴选一位秘书长时,便想到了萧君。且因他久负才名,与全国教育界人士极为熟悉,北平为我国文化荟萃的中心,如得萧君为佐,实最理想。起初,萧君对此颇为踌躇,因他与蒋先生也很熟,蒋先生且曾数度请他入中枢任职,皆因政治主张格格不入而婉谢。这位一向遁迹高蹈,薄中央之官而不为的学者,一旦与所谓'桂系'接近,岂不惹蒋先生的不快?经我一再解释,他才有屈就之意。再者,一山尚有住宅、书籍在平。八年战火之余,急待整理。抗战结束之初,交通困难万状,他要立刻飞平,殊非易易。如就任北平行辕秘书长,则可返北平于旦夕之间。经数度考

---

① 萧一山:《太平天国丛书》第一集自序,商务印书馆,1936年版。
② 萧一山:《清史大纲》引论,重庆经世出版社,1944年版。

虑，他终于接受了我的邀请。"① 萧一山当时只答应协助工作两年，到北平后，仍寓其旧宅，不住官邸，并在北京大学上课，以示不脱离学术界。1948年，李宗仁赴南京竞选"副总统"，萧即于此时辞掉秘书长之职。北平解放前夕，萧一山要去台湾。他与范文澜虽自1938年以后已有十一年未再见面，但他对这位昔日的老朋友到延安以后已成为中国共产党内在历史学方面的重要人物等情况当然有所知晓，他更清楚，国民党一走，范文澜将随共产党进北平。故萧一山临走时留下一封信，说他的全部藏书都不带走，希望通过地下党全部送给范文澜。以后，萧一山留下的书籍悉数由范文澜交给近代史所图书馆收藏。② 萧一山到台湾以后，继续以十二年之功，完成《清代通史》下卷，全书共四百余万字。

（二）"我党历史学者"吴玉章

范文澜自从到延安后，一直至60年代初，都与吴玉章有密切的学术交往。范文澜最主要的学术观点"西周封建论"即直接受吴玉章的影响形成的。

吴玉章（1878—1966）是一位老革命家、教育家，同时在历史学方面也很有造诣。他是四川荣县人，早年留学日本，追随孙中山革命，是同盟会员。1911年参加广州起义。后在四川从事革命活动及文化教育工作，曾在成都任高等师范校长，主办《四川》《赤心评论》。1915年组织留法勤工俭学会，不久由法归国。1925年加入中国共产党。1927年参加南昌起义，任革命委员会委员兼秘书长。大革命失败，他辗转出国赴苏联。1928年，入中国问题研究院，研究土地农民问题。在莫斯科中山大学特别班毕

---

① 广西文史资料专辑：《李宗仁回忆录》下册，广西人民出版社，1980年版，第856—857页。

② 萧一山将书籍留下赠给范文澜事，据蔡美彪先生访谈记录，1998年10月27日。

业后，于1930年到海参崴任远东工人列宁主义学院教员，编成《中国历史教程》及《中国历史大纲》作为教材。此后，在莫斯科东方大学任中国部主任，教授中国史课程。抗战爆发不久回国，在延安任国民参政会参政员。中共六中全会上，被选为中央委员。1940年，任延安宪政促进会会长。1941年任延安大学校长。1948年，任刚刚由北方大学与华北联合大学合并而成的华北大学校长，范文澜、成仿吾任副校长。新中国成立后，他担任中国人民大学校长、中国史学会会长、中国文字改革委员会主任等职。并一再当选为中国共产党中央委员会委员和全国人大常委会委员。

吴玉章是中国共产党内最早运用唯物史观从事历史研究的学者之一。据他在《历史文集》前言中谈，他从小喜欢读史，参加同盟会后，"经常在革命宣传中运用历史这个有力的武器"，在其主办的《四川》杂志中用许多篇幅来讲述历史。辛亥革命失败后，再度出国到法国，更多地学习了世界史，尤其是西洋史。"接受了马克思主义以后，我对历史的兴趣更增加了。我想用历史唯物主义的原理来解释历史上的许多问题。"第一次国内革命战争失败以后去苏联，在海参崴任教，"这时我一方面潜心研究马克思列宁主义理论，一方面开始运用马克思主义原理来研究中国历史上的一些问题"。[①] 所编《中国历史教程》和《中国历史大纲》就是这一时期研究工作取得的成果。

在中国近现代史学史上，《中国历史教程》也属于唯物史观学派少数拓荒性的著作之一。所著有关历史学的论述，除《教程》和《大纲》外，还有《太平天国以前中国经济、社会、政治的分析》（1928），《中国最近五十年民族与民主革命运动简史》（1948），《辛亥革命》（1961）。这些论著都具有重视对史实的分析和理论的概括的风格。在理论指导上，有几段话可以代表吴玉章的指导思想，他说："历史发展的规律有其共同性，也有特殊性，因此，说到一般的共同性之外，一定要把握它的特殊性。我

[①] 吴玉章：《历史文集》，人民出版社，1963年版，第1—2页。

们反对那种认为'亚细亚生产方法'是另外一种历史发展道路的说法,但是我们并不反对说东方社会发展有它的一些特点。"①"我们虽然是用马克思唯物史观的方法来研究历史,但却不可拿抽象的社会学的公式来代替历史叙述。"②吴玉章所强调的原则,与范文澜在其《中国通史简编》序中申明的"我们要了解中华民族与整个人类社会共同的前途,我们必须了解这两个历史的共同性与其特殊性"的指导思想,二者的内在联系是很明显的。尤其是,作为范文澜古代史分期重要支点的"西周封建论",便是采用吴玉章的主张。范文澜于1939年到延安,旋即接受了撰写中国通史的任务,首先遇到的大问题即是依据唯物史观的原理来分析,中国历史何时进入封建社会阶段。他很快就形成了"西周封建说"的观点,并写成《关于上古历史阶段的商榷》一文,发表于延安《中国文化》第一卷第三期(1940年5月出版),观点的提出如此之快,如此之明确,可见吴玉章的看法对他影响之巨大。《商榷》一文中说:"尤其是奴隶制度在什么时候成立,封建制度在什么时候开始。聚讼纷纭,莫衷一是。大体说来,约有:(一)殷代是氏族社会,西周是奴隶社会——这是郭沫若氏《中国古代社会研究》的主张。……郭氏是世界著名的考证家和历史学家,他用唯物史观的方法来研究中国古代历史,其功甚伟,其影响亦甚大。现在我们提出一些材料,希望商榷的结果,能得到更接近真理的见解。(二)殷代是奴隶社会,西周是封建社会——这是我党历史学者吴玉章同志的主张。"③经过引用文献及考古资料论证,范文澜得出结论,赞同吴玉章的观点,西周开始进入封建社会。此后,范文澜在《中国通史简编》修订本中又进一步展开论述,因而成为古史分期中影响很大的"西周封建论"的主要代表人物。

吴玉章关注着范文澜编撰通史的工作。1941年春《中国通史简编》第一编书稿完成时,吴玉章曾约请延安的历史学者对书稿

---

① 《吴玉章文集》,重庆出版社,1987年版,第843—844页。
② 吴玉章:《历史文集》,人民出版社,1963年版,第3页。
③ 《范文澜历史论文选集》,中国社会科学出版社,1979年版,第81—82页。

进行讨论,同时致信吴亮平,以书面形式肯定《简编》的优点,又提出了四项建议。第一项是关于编撰的指导思想,他说:"为了要说明我们和旧历史家不同,必须首先说明我们编这历史的方法。特别在中国仅有唯物史观的少许萌芽,而还没有普遍了解唯物史观的意义,更是需要着重指出。因此,我认为在第一编的开始,或引言、绪论中,必须说明编辑的方法。"第二项,提出对传说时代及其后有确凿文字可考的时代,材料处理等的方法应有不同。对于前者,他认为,"这时期的材料有许多是后人伪造、假托的,不是尽都可靠。我们只有用恩格斯《家庭、私有制及国家的起源》一书作为尺度,特别是把摩尔根的时代分类表作为标准,更加以近年来所发掘的出土文物等作为根据去辨别古书材料的真伪,而定去取。"关于后者,他提出,"有编年记事以后的成文史,这些材料是不科学的,而且带有许多神秘性,我们必须用马克思的唯物史观的方法去善为去取所有的材料。每一时代必定要先从它的经济发展情形说起,然后及于它的文物制度等上层建筑。"第三项,是关于编辑的体裁,吴玉章提出可以分为三种,一种是简明扼要、篇幅较小的;再一种是比较详细、引证的史实更多的;又一种"是为历史研究而作,内容可以丰富一些,各种辩论材料可以多收一些,使旧材料不至遗漏"。并认为行文用白话体是好的,但必须把原文及出处附在中间或稿末,以示"信而有征"。第四项是强调探索历史发展的规律性应做到"说到一般共性之外,一定要把握住它的特殊性"。① 对照《中国通史简编》,吴玉章的这些意见大多都得到体现。

1940年1月,中共中央在延安举行大会庆祝吴玉章六十岁诞辰。毛泽东主席在会上热情洋溢致祝词。他首先说,今天大家欢聚一堂,为吴老祝寿。延安的"五老",吴老、林老、徐老、董老、谢老,② 都是很受青年们爱戴的,因为他们的行为足为青年模范,所以青年都十分热爱他们。他们最可贵的地方,是一辈子

---

① 均见《吴玉章文集》,重庆出版社,1987年版,第843—844页。
② 延安"五老":吴玉章、林伯渠、徐特立、董必武、谢觉哉。

总是做好事，一贯的有益于广大群众，一贯的有益于革命，艰苦奋斗几十年如一日，这才是最难最难的呵！他紧接着说：

> 我们的吴玉章老同志就是这样一个几十年如一日的人。他今年六十岁了，从同盟会到今天，干了四十年革命，中间颠沛流离，艰苦备尝，始终不变，这是极不容易的呵。从同盟会中留下到今天的人，已经不多了，而始终为革命奋斗，无论如何不变其革命志节的更没有几个人了。要这样做，不但需要有坚定正确的政治方向，而且需要艰苦奋斗的精神，不然就不能抵抗各种恶势力恶风浪，例如死的威胁，饿饭的威胁，革命失败的威胁等等，我们的吴玉章同志就是经过这样无数的风浪而来的。因此，我们要学习他的这方面的好处，但特别要学习他对于革命的坚持性。这是最难能可贵的一件事，这是我们党的光荣，这是中国革命的光荣。今天我们大家欢欢喜喜的庆祝他的六十生日，我想主要的意义是在这里。①

1948年，华北大学为吴玉章校长庆贺七十寿辰，副校长范文澜代表研究部草拟的祝词说："半世纪来，中国人民要求解放的潮浪，一直向上高涨，您站在斗争的最前线，不屈不挠地、奋厉无前地终于达到了人民解放的伟大目标。今天我们欢欣鼓舞，恭祝您七秩大庆，万寿无疆，也就是恭祝中国新民主主义革命成功，万寿无疆，因为您和中国人民休戚相关，利害一致。""我们知道在您的领导下学习和工作是非常光荣的，我们将在自己的岗位上加倍努力，并要求您指引我们在新社会里永远前进！"②

新中国成立后，吴玉章和范文澜同被推举为中国史学会副会长，共同筹划和领导史学界的重要活动，为发展中国历史科学做出巨大贡献。1961年10月16日至21日，由中国史学会和湖北省哲学社会科学联合会，在武汉联合举办了辛亥革命五十周年学术讨论会。讨论会由吴玉章主持，会议规模很大，有许多学术界知名人物参加，共有代表一百多人。吴玉章在会上就培养严肃认

---

① 《新中华报》1940年1月24日。
② 见《范文澜历史论文选集》书前影印件，中国社会科学出版社，1979年版。

真的学风问题作了重要讲话,他指出:"乘历史事件或历史人物周年纪念的机会来进行学术活动,是推进学术研究的一个很好的方法。我们提出纪念过去的某事某人,其目的都是为了对我们的人民进行教育,是面向现在,而不是面向过去。我们应当把这种教育建立在科学的基础上,认真对待它。……有些历史事件,本身很清楚,但要做出科学的说明,让群众懂得,并且在认识上有所提高,也还要下一番功夫才行。有些历史事件,大家都知道,好像很清楚,其实都没有确实可靠的知识,仔细考察一下,往往会发现还有很多问题没有解决,这就更加需要研究。"

吴玉章特别强调:"历史是一门老老实实的学问,是不能偷懒和取巧的。研究历史,既要做到史实可信,又要从大量可靠的事实材料中找到历史发展的规律。历史家应当不仅是知道历史的人,而且是说明历史的人。学术思想必须许多人都各有进步。必须改变人云亦云的无思想状态。为此,就需要认真地学习马克思列宁主义,学习毛泽东著作,努力锻炼思想能力,掌握历史研究最基本的方法。研究历史的人往往钻到书本里面,忽视哲学的修养,见树木不见森林,这是必须警惕的。"吴玉章还论述学术讨论必须认真贯彻百花齐放百家争鸣的方针,在学术上提倡不同意见的自由讨论,这样才能促进学术的繁荣和进步。

范文澜在讨论会闭幕之前讲话,他特别指出吴玉章讲的树立严肃学风的重要意义。他说:"现在大家研究辛亥革命和我国近代历史,具有很好的客观条件,一方面有丰富的材料可资利用,一方面又可以从毛泽东同志的著作中学习正确的立场观点和方法。但是,有了这样好的条件,还不等于就能搞好学术研究。要想真正提高学术水平,产生真正的科学成果,还必须靠长时间的刻苦钻研。"[①] 在各自长期的运用唯物史观指导研究历史的实践中,在长期的相互交往中,他们二人对于治史的基本方法和树立严肃学风诸项问题的看法多么一致。吴玉章此时已是年逾八旬的老人,却仍对学术事业有如此关切,并且精神健旺,这是十分难

---

① 《辛亥革命五十周年学术讨论结束》,《人民日报》1961年10月24日第4版。

得的。所以范文澜在会上很乐观地说,再过十年,到1971年,我们仍然到武汉来开纪念辛亥革命六十周年讨论会,并且仍然请吴老主持我们的讨论。可惜这一美好的愿望竟未能实现。

这里连带述及范文澜与经济学家王学文的交往。王学文早年留学日本,1927年,他接受了科学社会主义思想,投身革命。1937年到延安,不久任马列学院副院长。长期为培养党的理论人才做出重要贡献,并在延安与范文澜相交往。新中国成立后,正当可以大有作为之时的王学文,却因提出"生产力三要素"(劳动力,生产工具,劳动对象),而遭到陈伯达的长期迫害,诬陷他"反斯大林"、"影响国际关系",被迫离开马列学院,成为一名"编外人员"。①而范文澜和王学文在五六十年代,却依然长期密切往来,如同对曹靖华一样,一直保持着深挚的知交之情。"疾风知劲草,患难见真心",对于王学文这样遭受权势者排挤、长期处境艰难的人,范文澜却始终给予同情和温暖,这不仅说明范文澜对旧友难能可贵的真情,而且凸显出范文澜做人的风骨和他扶助正义、憎恨邪恶的磊落性格。

(三)与毛泽东的友谊

自1939年冬到延安,至范文澜逝世之前,他与毛泽东有长达三十年的友谊,这对范文澜的学术道路的影响是巨大的。由于毛泽东不但是担负着领导中国革命重任的非凡政治家,而且对中国历史和文化有精湛的学识,因而考察这一问题的意义又远远超出于对范文澜的学术所产生的影响本身,而具有更加广泛和深刻的文化意蕴。

范文澜到延安,直接促使他走向通史研究的道路,此后又长期以近代史为研究工作的一个重点。他之所以确定上述学术取

---

① 陈思:《我国著名经济学家和教育家王学文同志》,《中国当代社会科学家》第六辑,书目文献出版社,1984年版,第55页。

向,实则毛泽东和党中央起了决定性作用。在此以前,他在天津、北京、开封各大学任教,开设的是经学、《文心雕龙》、中国上古史、文学史等课程,并未有研究中国通史的计划。到延安后,组织上即交给他编写一本十几万字的中国通史的任务,为干部学习文化之用。当时正值抗击日寇侵略的战争年代,中国共产党的中心任务是组织和指挥这场轰轰烈烈的民族解放战争,而能将各级干部学习中国历史与如此紧迫的民族解放战争相联系,并且提到日程上来,则显然是毛泽东的远见卓识。毛泽东正是在这一时期,在党的重要会议上和他所撰写的重要文章中,一再突出地论述学习历史、了解中国国情是指导当前伟大运动的重要任务之一,也是培养爱国精神、增强民族自信心的必要条件这一精辟的思想。1938年10月,他在《中国共产党在民族战争中的地位》一文(即在党的六届六中全会上的报告),把全党干部学习历史知识,作为与学习革命理论和深刻地了解实际运动的情况相并列,提高到指导当前伟大革命运动所必需的条件的高度加以强调:"学习我们的历史遗产,用马克思主义的方法给以批判的总结,是我们学习的另一任务。我们这个民族有数千年的历史,有它的许多珍贵品。对于这些,我们还是小学生。今天的中国是历史的中国的一个发展;我们是马克思主义的历史主义者,我们不应当割断历史。从孔夫子到孙中山,我们应当给以总结,承继这一份珍贵的遗产。这对于指导当前的伟大的运动,是有重要帮助的。"① 1939年10月他所写《〈共产党人〉发刊词》中,明确指出不学习历史是造成教条主义者错误的根源之一,说:"一部分同志曾在这个伟大斗争中跌下了或跌下过机会主义的泥坑,这仍然是因为他们不去虚心地领会过去的经验,对于中国的历史状况和社会状况、中国革命的特点、中国革命的规律不了解,对于马克思列宁主义的理论和中国革命的实践没有统一的理解而来。"② 同年12月,由毛泽东和其他几个在延安的同志合作写作的、供

---

① 《毛泽东选集》第二卷,人民出版社,1991年版,第533—534页。
② 《毛泽东选集》第二卷,人民出版社,1991年版,第611页。

党内广大干部学习理论和文化知识的课本《中国革命和中国共产党》,第一章"中国社会"共有三节:"中华民族";"古代的封建社会";"现代的殖民地、半殖民地和半封建社会",即是概述中国古代史和近现代史的主要特点。1940年1月,毛泽东在《新民主主义论》这篇重要文献中,又精辟地论述对于中国封建时代的文化所应采取的科学态度:"中国的长期封建社会中,创造了灿烂的古代文化。清理古代文化的发展过程,剔除其封建性的糟粕,吸收其民主性的精华,是发展民族新文化提高民族自信心的必要条件;但是决不能无批判地兼收并蓄。必须将古代封建统治阶级的一切腐朽的东西和古代优秀的人民文化即多少带有民主性和革命性的东西区别开来。中国现时的新政治新经济是从古代的旧政治旧经济发展而来的。中国现时的新文化也是从古代的旧文化发展而来的,因此,我们必须尊重自己的历史,决不能割断历史。但是这种尊重,是给历史以一定的科学的地位,是尊重历史的辩证法的发展,而不是颂古非今,不是赞扬任何封建的毒素。对于人民群众和青年学生,主要地不是要引导他们向后看,而是要引导他们向前看。"① 总之,学习和研究中国历史,是指导当前伟大运动的必要条件之一,是教育全党和人民群众的一项崇高任务,同推动当前社会前进、提高民族自尊心自信心紧密地相联系。毛泽东一再论述的问题,也形成了中国共产党的一项基本思想,范文澜适逢其会,接受了党中央交给的编写中国通史的任务,明确地以此为著述宗旨,这就极大地提高了他的思想境界,拓宽了他的视野,从此,编撰成一部符合新时代的要求、具有科学性内容的中国通史便成为范文澜长期致力的目标,而以往熟悉的经史典籍则为他研治中国通史奠定了坚实的文献基础。范文澜在1943年以后也把近代史研究作为自己多年究心的工作重点之一(中国通史固然包括近代史,但因中国历史有几千年,故在客观上研究中国通史的人总把古代史作为研究的重点),同样直接受毛泽东的影响。1940年夏秋间,范文澜应邀在延安新哲学年会

---

① 《毛泽东选集》第二卷,人民出版社,1991年版,第707—708页。

上作了三次关于中国经学史的讲演。前两次毛泽东亲临听讲,并读了他的讲演提纲,并于9月5日致信范文澜,赞许他"用马克思主义清算经学这是头一次",并鼓励说,你的历史学工作继续下去,对于目前反对大地主大资产阶级的复古斗争,必有大的影响。又特别询问范文澜:"第三次讲演因病没有听到,不知对康梁章胡的错误一面有所批判否?不知涉及廖平吴虞叶德辉等人否?越对这些近人有所批判,越能在学术界发生影响。"① 毛泽东的这番话,对范文澜的触动很大,研究经学史要特别关注近当代,研究历史当然也要重视近代史。以往范文澜长期究心经、史,研治范围在上古及中古阶段(《文心雕龙》产生于南朝),要将近代也列为研究重点,不仅是领域空前扩大,而且是艰巨的转移。他的学术渊源中有浙东学派究心当代史、经世致用的影响,他在撰成《大丈夫》以后,已经显露出把著述与国家民族命运相结合的倾向,到河南以后又满腔热情地投身于抗战动员和宣传工作,并针对抗战时局撰写了一系列的文章,这些又意味着此一空前扩大和艰巨转移存在着可能性。对范文澜进一步的推动,是毛泽东在延安整风运动中所作的著名报告《改造我们的学习》。毛泽东发出号召,对于近百年的中国史,应聚集人才,分工合作去研究,作为党在理论、文化工作的一项重大任务。恰好到1941年底,他已完成《中国通史简编》两宋至鸦片战争前部分(原来计划《中国通史简编》也包括近代史部分,但未必有范文澜后来所看的那样重的分量)。整风运动结束之后,他便全力投入《中国近代史》的写作。此后,近代史一直成为范文澜学术工作的一个重点,包括:(1) 撰成了《中国近代史》(上册)这部有巨大开拓意义、享誉海内外的著作。(2) 他一直物色、培养和聚集近代史研究的人才,在他的关心和带动下,形成了新中国成立以后近代史研究最早的队伍,并且创建了近代史所这一有关键性意义的研究基地。(3) 范文澜在40至60年代还发表、出版了有关近代史的论著多种,如:《汉奸刽子手曾国藩的一生》;《太平天国

---

① 《毛泽东书信选集》,人民出版社,1983年版,第163页。

运动》;《辛亥革命:三条路线斗争的结果》;《中国近代史的分期问题》;《戊戌变法的历史意义》等,都使史学工作者和广大读者受到启发和教育,对于近代史研究起到重要的推动作用。特别是从1945年《中国近代史》(上册)著成,至六七十年代,这部书起到教育了好几代人的作用。在此几十年间,一提到中国近代史的研究,就自然地和范文澜的名字联系在一起。

范文澜受到毛泽东更为深刻的影响,是他确立了以马克思主义普遍原理与中国历史的实际相结合的指导思想,对教条主义的学风深恶痛绝,以极其严肃严谨的态度对待学术事业。

毛泽东思想的特征,是实现了"马克思主义的普遍原理与中国革命的具体实践相结合"。毛泽东在1937年至1942年理论工作的重心,便是结合哲学上、政治上、战争的战略战术上、学风上的各项紧迫问题,深入地阐释这一基本原则,揭露教条主义学风的各种恶劣表现,清算其危害。这些重要论述在全党得到有效的贯彻,统一了全党的思想,对中国革命起到了拨正航向的作用。党内的教条主义者长期拒绝中国革命的经验,否认"马克思主义不是教条而是行动的指南"这个真理,而只生吞活剥马克思主义的片言只语,去吓唬人们。教条主义者根本不去深入研究中国的国情,不懂得中国革命的特点和规律,而凭主观臆断作决策,结果在他们的错误指挥下,致使在1931年至1934年间,根据地的革命力量损失达90%,党在白区的工作损失达100%,并造成中央红军被迫离开江西苏区长征北上,实行战略大转移。党内还有经验主义者长期拘守于自身的片断经验,不能从全局上认识中国革命的规律。毛泽东写于1937年的《实践论》《矛盾论》两文,便是用马克思主义的认识论和哲学观去揭露党内的教条主义和经验主义——特别是教条主义错误而写的。在《实践论》中,毛泽东深刻地论述:一切真知都来源于实践。在《矛盾论》中,毛泽东结合各种生动的事例,论述按照辩证唯物主义观点,矛盾存在于一切事物之中并且存在于一切过程的始终;不同事物的矛盾以及矛盾的不同侧面又都各有其特点;前者是矛盾的普遍性,后者是矛盾的特殊性。在《中国共产党在民族战争中的地位》一文中，毛泽东进一步提出"使马克思主义在中国具体化"的命题，号召全党将曾经严重危害革命事业的教条主义恶劣学风彻底铲除："成为伟大中华民族的一部分而和这个民族血肉相联的共产党员，离开中国特点来谈马克思主义，只是抽象的空洞的马克思主义。因此，使马克思主义在中国具体化，使之在其每一表现中带着必须有的中国的特性，即是说，按照中国的特点去应用它，成为全党亟待了解并亟须解决的问题。洋八股必须废止，空洞抽象的调头必须少唱，教条主义必须休息，而代之以新鲜活泼的、为中国老百姓所喜闻乐见的中国作家和中国气派。"① 在《改造我们的学习》中，毛泽东用精警的语言，对众所周知的成语"实事求是"作了全新的解释："'实事'就是客观存在着的一切事物，'是'就是客观事物的内部联系，即规律性，'求'就是我们去研究。"② 由于他的解释极其深刻和精辟，就成为中共党史上克服了教条主义、走向以毛泽东思想为指引的新阶段中的科学箴言。

中国革命所经历的这场内涵极其深刻、意义极其巨大的变革，使范文澜经受了一次洗礼，哲学观和学术观得到了升华。既然"马克思主义普遍真理与中国的具体实际相结合"，是革命事业挽救失败、开辟通向胜利道路的惟一正确指针，那么，对历史学家范文澜的直接启示便是，使他极明确地认识到，做到"马克思主义普遍原理与中国历史实际相结合"，乃是新时代史家研究工作获得高度科学性成果的惟一正确的指导思想。从这以后的三十年岁月，他始终如一地以此作为全力以赴、孜孜不倦追求的目的：一方面努力掌握唯物史观的精髓，磨砺指导史学研究工作的理论武器；另一方面，从事极其艰苦的史料搜集工作，运用唯物史观原理进行深入的分析，总结中国历史发展过程中所体现的人类社会发展的共同性，尤其着力总结中国历史发展的独特性，阐发共同性与独特性二者的统一。这一指导思想异常突出地体现在

---

① 《毛泽东选集》第二卷，人民出版社，1991年版，第534页。
② 《毛泽东选集》第三卷，人民出版社，1991年版，第801页。

他到延安后几十年的研究工作之中。1941年5月他为《中国通史简编》完成所写的《序》中，开宗明义即强调必须通过研究世界历史和中国历史，了解这两个历史的共同性与其特殊性。只有真正了解了历史的共同性与特殊性，才能真正把握社会发展的基本法则，顺利地推动社会向一定目标前进。1954年他所写的长篇论文《关于中国历史的一些问题》（即修订本《中国通史简编》一书《绪言》）中，明确地论述在研究中国自秦汉起成为统一国家和汉民族形成这一理论问题时，要防止和反对教条主义观点。他指出，秦始皇统一中国以后，中国从此成为统一的封建国家。东汉末年由军阀混战而分为三国，唐时由藩镇之乱而扩大为五代十国，两次封建割据在秦汉以后的整个历史过程中，可以说是短期的、变态的（十六国割据，汉族地主不是主要发动者，北朝与金是外族侵入，当别论），而统一是长期的、正常的。中国何以能够保持长期的正常的统一状态呢？"因为自秦汉起，汉族已经是一个相当稳定的人们共同体，自北宋起，全国范围内政治联系性加强了，这个共同体也更趋于稳定。封建统治者因而有可能加强中央集权，压制地方割据势力，使不能公然活动，政治上的统一又前进一步。秦汉以后的统一，都是'在某种程度上仍然保留着封建割据状态'，不过程度上北宋前后确有些不同之处。"因为汉族社会确实存在着一个相当稳定的人们的共同体，所以统一力量与割据力量作斗争，总是以统一力量取得胜利而告结束。即使在帝国主义侵入以后，帝国主义列强用暴力和阴谋企图分裂中国，但并不能真正达到它们的目的。这种现象决不是偶然的现象，即是说，决不能用偶然为理由来解释这种现象。而欧洲，在封建制度下是国家"分裂为各个独立的公国"，到了资本主义产生时代，某个民族历来彼此隔绝的各个部分才能够联结起来成为一个民族整体。因此，在欧洲资本主义上升时，无论城市和乡村都出现了要求破坏封建割据状态的有力趋势，越来越多的人们要求结束中世纪以来无休止的战争，要求结束长期的漫无目的的破坏状态，如同恩格斯在《论封建制度的解体及资产阶级的发展》中所描述的。而中国，则早在战国时就出现了各国民众反对无休止的割据战争和要求统一的趋势，推动了秦汉时期全国实现统一。由此证明中国统一国家的出现和汉民族的形成，的确有自己的发展道路，决不能拿欧洲的历史或经典著作的某一段话硬套，那样做必然探求不到历史的真相。

到1957年，范文澜应邀到北京大学历史问题讲座发表《历史研究中的几个问题》的讲演，特别谆谆告诫要使史学研究走上健康发展的大道，首先必须大力破除教条主义。"只有反对教条主义，才能学会马克思列宁主义。不破不立，只有破，才能立。"他称教条主义是"伪马克思主义"，予以严肃的批评。范文澜结合自己多年的切身体会，讲了两条医治教条主义的有效方法。一是，他提出要掌握马克思主义理论宝库的钥匙，是学好毛泽东的几篇基本著作，包括：《实践论》，《矛盾论》，《〈农村调查〉的序言和跋》，《改造我们的学习》，《整顿党的作风》，《反对党八股》。"学习这几篇文章，固然要逐句逐段反反复复地去读，同时还必须把学到的东西，作为标尺来检查自己原有的读书方法，自己处理问题的方法，认真地推敲自己为什么不对头，为什么有错误的原因。这种原因的发现是很困难的。找出了这个原因，就要痛下决心、下苦功夫来改正，马马虎虎是不行的。这样学而思，思而学，反复深入。"二是，他总结了学习马克思列宁主义经典著作应当采用先"区分"后"结合"的方法，避免生吞活剥。因为，历史科学是研究历史上的问题，问题即是事物的矛盾。凡是矛盾，一定包含着普遍性，同时也一定包含着特殊性。普遍性就寓在特殊性里面。马列的著作，都是解决具体问题的记录，都是运用普遍规律和特殊规律密切结合起来解决问题的方法。所谓先"区分"，是指："学习经典著作，就一定要区别哪些是普遍规律，哪些是特殊规律。把它们的特殊规律放在一边，用来作参考。"所谓后"结合"，是指："把普遍规律结合自己的特殊规律，来解决自己所要解决的那个具体问题。"如果不懂得把马列书中所讲的、只是属于欧洲的特殊规律而没有普遍意义的东西区分开来，拿其特殊规律随便套用，就必然处处闹出张冠李戴的笑话。如果不懂得把真正具有普遍意义的东西与中国历史的特殊性结合起来，就不能认识中国历史的具体特点，阐发历史发展的实质。他说："例如恩格斯的《家庭、私有制和国家的起源》一书，是我们研究古代社会的指南。列宁说过，这本书，'其中每一句话都是可以相信的，每一句话都不是凭空说出，而都是根据大量的历史和政治材料写成的。'既然如此，是否可以原封不动地搬来讲中国古代史呢？不行。恩格斯在书中固然把普遍规律指出了，但这些普遍规律是同印地安人的原始社会，希腊、罗马的奴隶社会，西欧的封建社会的特殊规律结合着的，它们有各自的特殊规律，和中国相比，就有很多很大的不同。列宁接着说，'我所以提及这部著作，是因为它在这方面提供了正确观察问题的方法。'列宁明明告诉我们从这部著作中学习观察问题的方法，并没有说可以搬来搬去套别国的历史。"① 熟练地做到马克思列宁主义普遍真理与中国的具体实际相结合，是毛泽东思想成熟的标志，也是中国革命能够成功地战胜国内外敌人的根本保证。范文澜在延安深受毛泽东的影响，学习到毛泽东思想的精髓，以后在长期的学术研究中一贯自觉地防止和反对教条主义，始终以做到马克思主义的普遍真理与中国历史的具体实际相结合为治史之鹄的，这是他取得巨大学术成就最根本的原因。

范文澜受到毛泽东又一重要影响，是积极地提倡和实行百家争鸣的学风。"百家争鸣"正式作为指导全国文化、学术工作的方针，是毛泽东和党中央在1956年提出来的，而学术研究应该贯彻百家争鸣的精神，则在1953年"中国历史问题研究委员会"举行第一次会议和筹办《历史研究》杂志时已经提出。这与郭沫若和范文澜这两位著名历史学家对古史分期观点不同、需要展开讨论、争鸣大有关系。在古史分期上，郭沫若主西周奴隶说，范文澜主西周封建说，形成对史学界影响最大的两大派，毛泽东当然熟知这种情况，实行"百家争鸣"方针的精神最早向史学界提出，与这种背景大有关系。故1953年9月21日中国历史问题研

---

① 见《范文澜历史论文选集》，中国社会科学出版社，1979年版，第208—212页。

究委员会开会时,陈伯达即传达了党中央的指示精神,"要开展批评和自我批评","不宜把方式弄得死板",考虑由陈寅恪担任历史研究所二所所长,并提出"聘请研究人员的范围不要太狭,要开一下门,像顾颉刚也可以找来。增加几个研究所可以把历史研究的阵营搞起来,学术问题在各所讨论。由郭沫若、范文澜同志来共同组织讨论会。"在这次会议上讲历史研究要百家争鸣的问题,实际上是党中央主席毛泽东的意见。① 当时,范文澜即建议在这个会上考虑把他的《中国通史简编》作为讨论的底稿。1956年,党中央和毛泽东向全国提出"百花齐放","百家争鸣",以发展文艺、繁荣学术的方针,范文澜在《学习》发表《百家争鸣和史学》一文,结合史学界如何坚持实事求是、扎实钻研的学风和反对教条主义不良倾向的问题,作了深刻而精辟的阐发。他说,好比农夫,必须有足够的土地,然后工具和技术有所展布而大有收获。史学工作也一样,必须掌握大量史料,然后用马克思主义的科学方法予以全面的深入的钻研,才能得出切实的、具有真知灼见的认识。浮光掠影、浅尝辄止的人,鸣不出引人注意的声音,对于发展学术毫无裨益,更不用说教条主义者企图一鸣惊人,结果只能是让人生厌的一片鼓噪。在百家争鸣中,能否虚心听取别人的好意见,也存在着根本不同的两种态度和两种结果。他说:"一种是实事求是的态度,一种是条文神圣的态度。前者得到进步,后者拒绝进步。"抱实事求是态度的人,或者限于看到的史料不够,或者片面地观察史料,或者不善于运用科学方法作分析,或者理解经典著作的原理原则有偏差,因而作出来的判断不符合事实。经过批评,使自己发觉病原,这时对批评者将感谢之不暇,有什么不可以改正?改正了就有进步。他们当然也免不了犯教条主义的错误,但比较容易改正。教条主义者则抱条文神圣的态度,他们"本来就不重视作为客观事实的史料,不管批评者指出的是什么事实,反正我的条文明明白白写在

---

① 见刘潞、崔永华编:《刘大年存当代学人手札》,中国社会科学院近代史研究所,1995年版,第45页(刘大年的回忆),并参考《刘大年历史研究论文选集·〈历史研究〉的光荣》一文。

经典著作上。我既不伪造条文,那我就不能理睬你那些事实。所以,他对正确的批评也是不能接受的,任何反教条主义运动,对他说来都是不相干的,因为条文神圣不可侵犯"。党的"百家争鸣"的方针,提倡和鼓励学术上的不同见解要勇于发表,展开争鸣,以辩明真理,繁荣学术。坚持实事求是的态度,长期、深入地搜集史料、分析史料,提出确有根据的新见解,不断推进对中国历史问题的认识,并且摒弃教条主义气习,唤起中国史学工作者创造性地运用唯物史观普遍原理的活力,正是讨论执行"百家争鸣"方针题中应有之义。范文澜坚信贯彻这一方针和发扬实事求是的学风,必定会为科学地揭示出中国历史发展的道路和特点,开辟无限广阔的前景。1958年在北京大学历史系的演讲中,他以鲜明的态度,针对由于搞"运动",大学里有不少教师不敢讲出自己对历史问题的看法的不正常情况,强调说:"比如说,我们教历史课,明明自己有心得,有见解,却不敢讲出来,宁愿拿一本心以为非的书,按照它那种说法去讲。……这样的'谦虚谨慎'是不需要的,是有害的。我们应该把'我'大大恢复起来,对经典著作也好,对所谓'权威'说话也好,用'我'来批判它们,以客观存在为准绳,合理的接受,不合理的放弃。"① 范文澜不愧是学术研究中奋发独立精神的有力提倡者,在他的许多论著中,坚持唯物史观指导、实事求是、独立思考、百家争鸣、虚心接受批评以改正错误等项,完全是统一的,其统一的基础就是追求真理,对中国历史获得科学的认识。他在史学界提倡百家争鸣,本人更模范地执行。他很虚心地接受别人的批评建议,自己又勇于提出并坚持对古史分期的见解,在近代维新派大受贬低的情况下,讲出戊戌维新是近代史上第一次思想解放运动的话,在"左"的思潮泛滥的形势下,敢于挺身而出,"保"帝王将相,"保"王朝体系。他自己是近代史研究领域的奠基者,长期担任近代史研究所的所长,对于鸦片战争到五四运动以前的历史阶段如何划分,几次发表文章,主张分为四个时期。当刘大年等几位

---

① 《范文澜历史论文选集》,中国社会科学出版社,1979年版,第219—220页。

长期在他身边工作的学者准备写一部近代史,并提出按照三次革命高潮分期的时候,他完全赞成照这些学者的看法去写,"认为没有必要统一于一种说法"。① 他的身体力行,对于史学界开展百家争鸣,起到很好的促进作用。

以上所谈三项,以研治中国历史作为毕生的学术取向,特别是把近代史研究作为治学的一个重点,确立以唯物史观原理与中国历史实际相结合为毕生治史的指导思想,倡导和模范地实行百家争鸣的方针,都是范文澜三十年治学中受到的毛泽东的巨大影响。以下进而要谈,毛泽东为何会成为范文澜的学术知音?

自从范文澜到延安以后,毛泽东对他的史学研究一贯地予以关注,并多次给以充分的肯定。刚到延安,毛泽东便亲自把为干部编写中国通史的任务交给范文澜。开始时要求字数为十几万字,后来又充分尊重范文澜和其他参加编写的同志的意见,不限定字数,需要写多少就写多少。1941年秋,《中国通史简编》上册在延安出版,毛泽东高度赞誉,称为我们党在延安又做成的一件大事,说明共产党人对于自己国家几千年的历史有了发言权,也拿出科学的著作了。他还建议以后写得篇幅再大些,写它三百万字左右,并评价说:"《中国通史》资料多,让人愿意看下去。""文革"开始,陈伯达之流企图整垮、迫害范文澜,毛泽东则利用国庆节在城楼上见到范文澜这个场合,大声说:范文澜同志,有人要打倒你,我不打倒你。公开宣布对范文澜的保护。此后全国范围内"全面内战",到处是"造反"和武斗,谁也不顾及"文化",学术统统被踩在脚下,在这种情势下,毛泽东还记挂着范文澜的史学研究,特意派人传话,要他按照自己的写法,把中国通史写完。

还有一件事也突出地说明毛泽东对范文澜学术工作的关注和支持。

1958年4月28日,范文澜在《人民日报》发表《历史研究

---

① 刘大年:《范文澜历史论文选集序》,见《范文澜历史论文选集》,中国社会科学出版社,1979年版,第15页。

必须厚今薄古》一文，文章一开头便提出：

> 讲历史，厚今薄古，本来是很自然的道理。现代近代的事情，最容易理解，也最有现实意义。可是，现在史学界的情况恰恰是薄今厚古，越是今的越不讲，越是古的越讲，这实在是一种反常的现象，是一种衰暮的现象。
>
> 持厚古薄今论的人也有他们的想法，以为学术是独立的东西，牵涉到政治就失去独立性，就不成其为学术。讲古，不牵涉政治，所以是学术。讲今，总要牵涉到政治，所以不是学术。这种想法有道理么？

然后，他论述"厚今薄古是中国史学的传统"，举出孔子《春秋》、司马迁《史记》和司马光《资治通鉴》三部书，都有重视近现代史的特点。孔子《春秋》写鲁隐公至鲁哀公十四年共二百四十二年史事，是孔子的近现代史。司马迁还一直写到汉武帝时代。《资治通鉴》虽然没有写宋朝的历史，但也写到五代。还讲到近代资产阶级革命派学者对现实政治问题的重视：江浙学人章太炎、刘师培等人创办《国粹学报》，以排满复汉为宗旨。在学报里，讲史学主要是宣传排满，讲经学主要是提倡复汉，这些谈经学史学的学术刊物，同时也是资产阶级革命派的政治刊物。并得出结论说：史书自然有多种写法，"但是，明显地反映出当时政治生活的历史著作，究竟是史学的正常形态，是史学的主流，自《春秋》以至《国粹学报史篇》都应是代表各个时期的历史著作。此外，不反映当时政治生活的史书，只能作为变态支流而存在。"[1]

毛泽东在报上读了范文澜这篇文章，很是赞赏，过了十天，他在中共八大二次会议上讲话，讲到范文澜这篇文章，心情仍然很兴奋，说："范文澜同志最近写的一篇文章，《历史研究必须厚今薄古》，我看了很高兴。这是站起来讲话了。这篇文章引用了很多事实证明厚今薄古是史学的传统。敢于站起来讲话了，这才

---

[1] 范文澜：《历史研究必须厚今薄古》，《范文澜历史论文选集》，中国社会科学出版社，1979年版，第222—224页。

像个样子。文章引用了司马迁、司马光……可惜没有引秦始皇，秦始皇主张'以古非今者族'，秦始皇是个厚今薄古的专家。当然，我也不赞成引秦始皇。"还说："这篇文章讲的道理很重要，研究历史的人应该注意。"① 当时是举行党的全国代表会议，毛泽东在这样大规模的重要会议上以如此兴奋的态度讲话，这充分说明他对范文澜的文章是多么激赏！

毛泽东一生最爱读书，他生前讲过："我一生最大的爱好是读书"，"饭可以一日不吃，觉可以一日不睡，书不可以一日不读。"他非常博学，尤其十分喜欢历史。少年和青年时代，他便认真学习《左传》《史记》《纲鉴易知录》《通鉴辑览》等史书，对这门学问有浓厚的兴趣。1917年冬，他主持湖南省立第一师范校友会附设夜学，自己即安排担任历史教员。以后在从事革命活动，指挥战争，以及新中国成立后领导全党全国的时代，他都利用一切空余时间博览群书，包括大量阅读历史著作。读书是他生活的第一需要和最大乐趣，又是他了解世界和领导革命工作的手段。在延安时，毛泽东和范文澜这两个酷爱读书的人就常互相交换书读。范文澜送给毛泽东的一套《笔记小说大观》，毛泽东把它从延安带到北京，至今珍藏在中南海故居书房里。毛泽东还曾介绍谢觉哉向范文澜借书，写信说："《明季南北略》及其他明代杂史我处均无，范文澜同志处或可找到，你可以去问讯看。"② 毛泽东故居藏书中有一部武英殿版的《二十四史》，从1952年购置以后，他经常阅读。他说：研究中国历史，必须扎扎实实把《二十四史》学好。这部卷帙浩巨的史书，其中许多篇章，毛泽东都作了标点、断句，加了着重线和各种不同的读书标记，写了批语。有不少册的封面上，有他用不同颜色笔迹划着多次阅读过的圈记。还有些册的封面上，为了查阅方便，写满他注意的历史人物传记的篇目。他读得最多的是《史记》《汉书》《后汉书》《三国志》《晋书》《旧唐书》《新唐书》《明史》。特别是《晋书》，

---

① 毛泽东：《在中共八大二次会议上的讲话》，转引自王子今《毛泽东与中国史学》，中共中央党校出版社，1993年版，第216页。

② 《毛泽东书信选集》，人民出版社，1983年版，第235页。

有三册的封面上写着："一九七五，八"，有五册的封面上分别写着："一九七五，八月再阅"，"一九七五，九月再阅"。笔画颤抖，却很清晰，是他逝世前一年亲笔写下的读书记录。这一年，他不仅身体多病，非常衰弱，眼睛也动过白内障手术，视力极差，阅读十分吃力。医生劝他暂停读书，他根本不听，只得为他设计了特殊的单腿眼镜：左侧卧看书，戴没有左腿的眼镜；右侧卧看书，戴没有右腿的眼镜。正是在如此困难的条件下，他以惊人的毅力读完了上述几册《晋书》。据参加过整理毛泽东故居藏书的同志讲，这部《二十四史》，自购进起，到70年代生命历程结束，无论在京或外出，无论健康或生病，他都用了相当多的时间，锲而不舍地读它，几乎全部通读过，重点部分还读过二三遍甚至四遍。① 毛泽东还很重视《资治通鉴》这部名著。他的藏书中，线装本和点校铅印本两部《资治通鉴》，都有他认真圈点批注的手迹。毛泽东床头放着的一部，已经被他读破，许多页用透明胶带粘贴过。毛泽东晚年曾对护士讲，这部名著他读过十七遍，每读一遍都获益匪浅。《通鉴》写政治军事多，经济文化少，是因为：中国的军事家不一定是政治家，但杰出的政治家大多数是军事家。尤其是改朝换代的时候，不懂军事，你那个政治怎么个搞法？《通鉴》写战争，真是写得神采飞扬，传神得很，充满了辩证法。② 新中国成立后，整理、标点"二十四史"、《资治通鉴》，绘制《中国历史地图集》几项大规模工作，都是毛泽东亲自提议的。

毛泽东酷爱读史书，阅读范围广泛，他的历史知识丰富、精熟，简直罕有其比。在他的文章、讲话中，引用了许多历史人物、事件、典故，随手拈来，无不恰当、精辟。1936年底所写《中国革命战争的战略问题》，为了论述以弱胜强的作战原则，举出历史上七个有名的战例：齐鲁长勺之战，楚汉成皋之战，新汉昆阳之战，袁曹官渡之战，吴魏赤壁之战，吴蜀彝陵之战，秦晋

---

① 根据张贻玖《毛泽东读史》，中国友谊出版公司，1991年版，第24页。
② 陈东林、郭金荣：《毛泽东读〈资治通鉴〉》，《人民日报》1991年11月23日。

淝水之战。1948年11月4日，人民解放军逐鹿中原，解放了河南省南阳。毛泽东亲笔替新华社写了一则消息报导，题为《中原我军占领南阳》。在这篇千余字的新闻中，他一开笔就写道："在人民解放军伟大的胜利的攻击下，南阳守敌王凌云于四日下午弃城南逃，我军当即占领南阳。南阳为古宛县，三国时曹操与张绣曾于此城发生争夺战。后汉光武帝刘秀，曾于此地起兵，发动反对王莽王朝的战争，创立了东汉王朝。民间所传二十八宿，即刘秀的二十八个主要干部，多是出生于南阳一带。……"这一段文字，由今及古，勾画了南阳这一兵家必争之地的战略地位，突出了我军攻占南阳的重要意义。1958年3月，毛泽东所写《在成都会议上的讲话提纲》，讲要树立势如破竹、高屋建瓴的精神状态，说："自古以来，创立新思想、新学派、新教派的，都是学问不足的青年人，他们一眼看去就抓起新东西，同老古董战斗，博学家老古董总是压迫他们，而他们总是能战而胜之，难道不是吗？"[①] 然后举出中外大有作为的历史名人为例，有：青年马克思与恩格斯的学问，青年列宁的学问，青年黑格尔，青年达尔文，青年牛顿，青年孔夫子，颜渊、曾参、贾谊、诸葛亮、王弼、玄奘、惠能、李世民，康有为、梁启超、谭嗣同、孙中山、章太炎、邹容。同年5月，他所写《在中共八大二次会议上的讲话提纲》，再次讲要破除迷信，解放思想，"世界是青年的，长江后浪推前浪，譬如积薪，后来居上"。又补充举出历史上甘罗、刘邦、项羽、韩信、释迦、岳飞、王勃、李贺、周瑜、孙策等人物为例。毛泽东具有如此渊博而娴熟的历史知识，又在党内处于这么高的地位，他能赞许范文澜的著作资料多，内容丰富，让人愿意看下去，是极其难得的，他不愧是范文澜学术上的知音。

当《中国通史简编》在延安开始编著、范文澜向毛泽东请教如何写法时，毛泽东曾答复他：用"夹叙夹议"的写法。二十八年后，毛泽东派李讷传话，希望范文澜按原先自己的写法将《中国通史简编》写完，这是在经过"文革"这场确确实实"史无前

[①] 《建国以来毛泽东文稿》第七册，人民出版社，1993年版，第110页。

例"的地覆天翻的"运动"之后，针对包括学术观念在内很可能与以前正常情况下完全背离的情况而发的，等于重申"夹叙夹议"的主张。毛泽东本人对历史有过许多极精彩的评论。他读《史记·高祖本纪》有这样的批语："项王非政治家。汉王则为一位高明的政治家。"[1] 1962年，他在扩大的中央工作会议上讲话，中心讲民主集中制问题，强调党委领导是集体领导的原则，不能第一书记个人专断，那样的第一书记应当叫霸王，不是民主集中制的班长。并说，"这些同志如果不改，最后要垮台的。不是有一出戏叫《霸王别姬》吗？这些同志如果总是不改，难免有一天要'别姬'就是了。"

毛泽东对刘邦、项羽的评论，无论对做政治工作的人和从事研究西汉历史的人，都有宝贵的启发意义。毛泽东还常常讲到贾谊，称他为"英俊天才"，特别赞誉他所写两篇名文《过秦论》和《治安策》中对历史问题和西汉社会现实问题的卓越的见识。1958年4月，毛泽东写信给他的秘书田家英，说："如有时间，可一读班固的《贾谊传》。可略去《吊屈》、《鵩鸟》二赋不阅。贾谊文章大半亡失，只存于《史记》的二赋二文，班书略去其《过秦论》，存二赋一文。《治安策》一文是西汉一代最好的政论，贾谊于南放归来著此。除论太子一节近于迂腐以外，全文切中当时事理，有一种颇好的气氛，值得一读。"[2] 贾谊在《治安策》中所论述的都是汉文帝时国家政治面临的重大而紧迫的问题，而敢于大胆直言，痛陈利害，说明当时朝廷上有一种鼓励直谏、广开言路的风气，贾谊本人尤其具有为国家民族利益不顾个人祸福、敢于直陈无隐的风格。这正是毛泽东所特别称道的当时"有一种颇好的气氛"，他在贾谊的政论中受到启发，作为最高领导人，他当时很向往形成一种开明的、民主的，让大家畅所欲言的气氛。毛泽东对西汉名将赵充国也有精辟的评论。赵充国是武帝、宣帝时驻守西北边境的将军，宣帝时他在河西为了招降西羌

---

[1] 《毛泽东读文史古籍批语集》，中央文献出版社，1993年版，第121页。
[2] 转引自张贻玖《毛泽东读史》，中国友谊出版公司，1992年版，第45页。

提出屯田策略十二条，主张不要冒险轻进，扩大事端，应让戍卒平时垦田，战时出征，解决远途运输和费用浩巨的困难，以逸待劳，对羌人慑之以威和抚之以诚，达到胜利平定的目的。开始时，汉宣帝本人和大多数文武臣僚都主张出兵穷追，不采纳赵充国的计策，皇帝还对他严词责备。但由于他出自忠于国家的至诚，坚持说理，力陈利害，终于使多数大臣从反对转为赞成。毛泽东对《汉书·赵充国传》中篇幅甚长的详尽记载加了许多圈点、划线和重点符号，写了"说服力强之效"的批语，说明他对赵充国的勇气、谋略和功绩的赞赏。50年代末，毛泽东和他的老朋友、历史学家周谷城在中南海游泳池游泳，出水后休息时，两人并肩坐在遮阳伞下谈今论古。毛泽东手里拿着一本线装书《汉书》，翻到《赵充国传》时说：赵充国主张在西北边疆屯田，这个人很能坚持真理，坚持正确的主张。他的主张在开始时，赞成的人不过十分之一二，反对的人达十分之八九；到后来，他的主张逐渐被人接受了，赞成的人达十之八九，反对的却只有十分之一二。真理要被人接受，总要有个过程，无论是过去和现在都是如此。① 不必详举其他例证，从上述对刘项、贾谊、赵充国的评论已突出地说明，毛泽东不愧为评说历史的高明的行家。他的论说有两个特点。一是对祖国悠久的历史有深厚的感情，对于有卓越建树和非凡谋略的人物充分地肯定，他的论说寓含着深刻的哲理。二是着重阐发历史遗产中具有民主性、人民性和智慧过人、具有辩证法的东西，将之特别彰显出来，赋予古代的智慧以新的意义，为今人提供观察问题和处理问题的借鉴。范文澜的史著在观点、认识上与毛泽东是息息相通的，他以历史主义的态度，成功地运用了"夹叙夹议"的方法，站在人民的立场，指点江山、评论千古，有许多深刻的思想和精辟的见解，因而受到毛泽东的赞赏。

毛泽东和范文澜长达三十年的友谊，基础异常深厚，他们既是各自在政治领域和学术领域，代表了20世纪中国的时代精神，

---

① 张贻玖：《毛泽东读史》，中国友谊出版公司，1992年版，第50—51页。

又同样具有浓厚中国民族的特色，因此彼此在精神上保持着强烈的共鸣。毛泽东提倡中国作风、中国气派，范文澜的作品正是代表这种风格的上乘之作。他和毛泽东一样，精熟于古代的名家名作，对古典文学有高深的素养，本人且擅长于写古文，又善于从当代汉语和人民大众活的语言中吸收丰富营养，因而他的著作既有鲜明的时代风貌，又有厚重、洗练、生动的风格，气势磅礴，文采斐然。范文澜很敬佩毛泽东诗词恢宏的意境、深邃的思想和高超的驾驭语言的能力。1946年秋，他在晋冀鲁豫解放区，读到毛泽东著名的词《沁园春·雪》，为毛泽东抒发的雄伟的意境和词的高度艺术成就而欣喜激动，写了《沁园春译文》发表在《人民日报》上，表达他对毛泽东的非凡胸襟和才华的景仰，恰恰又通过这篇译文，表达了范文澜本人的文学审美情趣和高超的文字功力。原文如下：

  这是毛主席用沁园春调子，咏雪景的一首词。气魄的雄健奇伟，辞句的深切精妙，不止是苏（东坡）辛（稼轩）低头，定评为词中第一首，就是三百篇以下各体歌诗中如大雅大明篇，但与本篇较长短，不免尚有逊色。因为毛主席的气魄，表现了中国五千年历史的精华，四万万人民的力量，我怂恿周沛然同志，制成歌谱，沛然同志细心的制成了，我请他高歌三遍，在响亮的歌声里，好像望见了我们伟大的导师，立在西北第一高峰上，指挥四万万人民大军，对帝国主义及其走狗蒋介石汪精卫之徒，展开大战斗，敌人一个一个的倒下去，我身似飞，我喜欲狂。我希望沛然同志提着琴，到处去传播这首歌，沛然同志要求我把原词译成通俗文字，以便广大群众容易领会，我欣然接受了这个任务，笔不停挥的写下来。自然，我的学力不可能恰当地传出原词的精神，所有错误，请允许我慢慢改正。

  这是北方的风景啊！千里万里的大地，被冰封住了，大雪飘飘的落着。老远望去，长城里边和外边，只是一片空旷；黄河高高低低，波浪滚滚的河水，一下子冻结不流了。

  一条一条的大山，好像白蛇在舞蹈；一块一块的高原，好像白象在奔跑。大山高原，都在跳动，要和老天比一比谁高。等到晴天，看鲜红的太阳照起来，像个美女抹着胭脂，披着白衣，格外的美妙。

中国国土这样的好，引起无数英雄争着要。可惜那，得到胜利的皇帝，秦始皇、汉武帝、唐太宗、宋太祖，武功虽然很大，对文化的贡献却嫌少。名震欧亚的成吉思汗，只懂得骑马射箭打胜仗。这些人都过去了，算算谁是真英雄，还得看今朝。①

毛泽东和范文澜长达三十年的友谊还有一点巧合的地方：他们两人同岁，都出生于 1893 年。

---

① 《人民日报》1946 年 10 月 21 日。

第四章　早期学术成就

范文澜早期的著作有《文心雕龙讲疏》《文心雕龙注》《群经概论》《正史考略》《水经注写景文钞》《大丈夫》。《大丈夫》的旨趣和价值，前文已经论及，本章主要谈谈其余五种著作的学术成就。

（一）《文心雕龙讲疏》和《文心雕龙注》

范文澜《文心雕龙讲疏》于1925年撰成时，即被梁启超嘉许为"征订详核，考据精审，于训诂义理，多所发明"，"使义无不明，句无不达"。《讲疏》各篇的内容，都包括注释和讲解两部分。注释重在训诂文字，并引据各种典籍，或解释词义之来源、典故之出处，或对诸家说法的不同、版本的歧异作简要的考证。各篇的讲解部分，是对《文心雕龙》五十篇原文逐篇讲评，论述各篇的撰著宗旨，刘勰的文学观、美学观，并作诸多发挥。故本书对于初学者实为很有用的入门书。兹举一例，《原道》篇"文之为德者大矣，与天地并生者何哉！"至"夫以无识之物，郁然有彩，有心之器，其无文欤！"这一段，讲评即首先引"刘氏申叔曰：'上古之时，先有语言，后有文字。有声音，然后有点画；有谣谚，然后有诗歌。谣谚二体，皆为韵语。谣训徒歌，歌者，永言之谓；言者，直言之谓也。盖古人作诗，循天籁之自然，有音无字，故起源甚古。"又引子夏《诗序》云："诗者，志之所之也；在心为志，发言为诗。"在此基础上，范文澜重点发挥了文学史上之杰作，必定是作者的真情流露，而矫诬夸饰、装腔作势之作，决无真价值可言这一中心论点。这段讲论颇为精彩："据此，知日月，山川，云霞，草木皆循自然而文。人为万物之灵，心所感，发为言语，著之竹帛，即成文辞。《易》曰：'圣人之情见乎辞。'又曰：'将叛者其辞惭，中心疑者其辞枝；吉人之辞寡，躁人之辞多；诬善之人其辞游，失其守者其辞屈。'桴鼓相应，有不期然而然者。观夫古来不磨之杰作，必是真情流露之文，而矫诬强饰之辞，虽或能取宠一时，自文学之绳墨切之，决无价值可言，此彦和所以首标'自然'之义也。"又引黄先生论文辞封略，认为称为"文"者其义广狭有不同，所指也不同："窃谓文辞封略，本可弛张，推而广之，则凡书以文字，著之竹帛者，皆谓之文。非独不论有文饰与无文饰，抑且不论有句读与无句读，此至大之范围也，故《文心》书记篇，杂文多品，悉可入录。再缩小之，则凡有句读者皆为文，而不论其文饰与否。纯任文饰，固谓之文矣；即朴质简拙，亦不得不谓之文。此类所包，稍小于前，而经传、诸子，皆在其笼罩。若夫文章之初，实先韵语；传久行远，实贵偶词；修饰润色，实为文章；敷文摘采，实异质言；则阮氏之言良有不可废者。"这段话指出所谓"文"的概念有大小不同三种含义，最广义的"文"，应指所有用文字书写者，其义与"字"等同，合称"文字"；次广义的"文"，即用文字来表达完整意思者，不论有韵无韵，文采华美或质朴之不同，所有经传、诸子、史书、文集所载，均可称为"文"，这一概念所包含的也甚广；更小的含义，是指韵文、骈体文、讲究文采修饰的美文，与质朴无华之作相区别。

举出这一实例即可说明：《文心雕龙讲疏》是范文澜创造性地继承其师黄侃学术之作。梁启超所讲，此书"非特嘉惠于今世学子，而实有大勋劳于舍人"，堪称确评。

《文心雕龙注》是在《文心雕龙讲疏》的基础上撰成的。最大的不同之处，是《文心雕龙注》去掉了《讲疏》中的讲解部分，而大力增订了注释的内容，使之臻于完美。为了便于说明问题，我们抽取了两书同一小段文字之注释内容，作简单的比较，以明了《文心雕龙注》学术价值的更加提高和注释的力求完善。在这一小段文字中，《文心雕龙讲疏》共有六个简要的注释，兹摘引如下：

> 文之为德大矣，①与天地并生者，何哉？夫玄黄②色杂，方圆③体分；日月叠璧，以垂丽天之象；④山川焕绮，以铺理地之形；⑤此盖道之文也。仰观吐曜，俯察含章，⑥卑高定位，故两仪既生矣。

注释：

① "文德"之论，见王充《论衡》。《论衡·佚文篇》云："文德之操为文。"又云："上书陈便宜，奏记荐吏士，一则为身，一则为文。繁文丽辞，无文德之操。"《魏书·文苑传》：杨遵彦作《文德论》。

② 《易·坤卦·文言》："夫玄黄者，天地之杂也，天玄而地黄。"

③ 《大戴礼·曾子天圆篇》："天道曰圆，地道曰方。"

④ 《易·离卦·象辞》："离丽也；日月丽乎天，百谷草木丽乎土。"王弼注曰："丽犹著也。"

⑤ 《易·系辞上》："仰以观于天文，俯以察地理。"《正义》曰："天有悬象，而成文章，故称文也；地有山川原隰，各有条理，故称理也。"

⑥ 《易·坤卦》："含章可贞。"王弼注曰："含美而可正，故曰含章可贞也。"

在《文心雕龙注》中，这六条注释，除第⑤条照录之外，其余各条均有补充，使训诂更详明，考辨更确切。如注"文德"一条，先说明这一段话是据章炳麟之论，《国故论衡·文学总略篇》

云"'文德'之论,发诸王充《论衡》,杨遵彦依用之,(《文德论》以为古今辞人,皆负才遗行,浇薄险忌,惟邢子才、王元景、温子昇彬彬有德素。)而章学诚窃焉",然后加以发挥、考辨,说,《论衡·书解篇》也有"文德世服"一段话,合观王充原意,系指当时儒生讽古经,读古文,不能实行以成德,雕缛以成文,信有德者必有言之旨,而上书奏记之人徒作丽辞,更无德操。此之谓德,指义理情实而言,与彦和文德之意不同。最后指出彦和称文德之所本,为《易·小畜·大象》:"君子以懿文德。"王充、章学诚诸说,别有所指,不与此同。其他各条注释,经过补充后,意义均更详确。

《文心雕龙注》较之《讲疏》,又增加了新的必要注释,这同是范文澜所作的重要补充。尤其为《原道》的篇名作了一个长注,论述刘勰的"道",是自然之道,亦即《宗经》篇所谓恒久之至道。故此篇之后,接《征圣》《宗经》二篇。然后,他揭示出《文心雕龙》上篇共二十五篇的逻辑关系,用表以列之,可谓纲举目张。标举篇名,区分大类,用最简要的语言概括各篇大旨,并指明此篇在全书体系中的地位及相互间的内在关系。

1936年,《文心雕龙注》在上海出版,开明书店编辑部在《校记》中评价此书说:"博综群书,为之疏证,取材之富,校订之精,前无古人。"此书在解放后又一再重版,至今仍获得海内外文史研究者的高度评价。《文心雕龙》研究专家牟世金在他为中国文心雕龙研究学会所编《文心雕龙研究论文集》一书写的前言中,称范注是1949年以前"最重要的成果"。又说:

> 此书为注《文心雕龙》的划时代之作,已早为海内外学术界所公认,如日本户田浩晓氏著《文心雕龙小史》,即谓范注"不可否认是《文心雕龙》注释史上划时期的作品",台湾王更生谓是书"确实在《文心雕龙》的注释方面开一新纪元",王元化更称《范注》对《文心雕龙》"作了详赡的阐发,用力最勤,迄今仍是一部迥拔诸家,类超群注的巨

制"。这些评价都并不为过。①

何以《文心雕龙注》能历经半个世纪时光的考验,至今仍享有如此盛誉呢?这不仅由于范文澜熟悉典籍,征引宏丰,考订精审,而且因为他对于传统学术经、史、子以至诸家文集、笔记之类都作过相当深入的研究,故能广泛联系贯串,抉幽阐微,注本就能在材料上和见解上都胜人一筹,成为一部划时代的巨制。《文心雕龙注》是范文澜国学造诣高深的明证,这样说绝非溢美之辞。他注《辨骚篇》,因此篇原文多引《离骚》,故全录其文。分段依戴震《屈原赋注》,韵依江有诰《楚辞韵读》,均系严格选用清儒训注之最佳者。每段之末用简洁文字概括本段大意,极便读者。而《史传篇》讨论的是史学著作的源流、得失,范文澜的注文也与史学关系最为密切,因此值得深入分析。

此篇注文的重要价值首先在于:做到广泛搜集前人研究成果,评价得失,纠正谬误。对于《史传篇》,清代著名文献学家纪昀不了解其价值,称"彦和(刘勰字)妙解文理,而史事非其当行,此篇文句特烦,而约略依稀,无甚高论,特敷衍以足数耳。学者欲析源流,有刘子玄(即刘知幾)之书在。"范注明确纠正纪昀此论之误,指出《史传篇》对史学源流的论述具有创始的意义,强调《史传篇》开《史通》评论史学之先河。范文澜认为:《史通·六家》篇特重《左传》《汉书》二家,《文心》评论《左传》《史》《汉》,其同一也;《史通》推扬二体,言其利弊,《文心》亦确指其短长,其同二也;"至于烦略之故,贵信之论,皆子玄书中精义,而彦和已开其先河,安在其为敷衍充数乎?至如《浮词篇》,'夫人枢机之发'至'章句获金',并《文心》之辞句亦拟定矣。"他更指明《史传篇》中"至于寻烦领杂之术,务信弃奇之要,明白头讫之序,品酌事例之条,晓其大纲,则众理可贯"一段,乃构成刘知幾评论史书体例的纲领。"《史通》全书,皆推阐此四句之义,孰谓彦和此篇是敷衍足数者。"这些论

---

① 见牟世金《龙学七十年概观》,《文心雕龙研究文集》前言,人民文学出版社,1990年版。

述,说明范文澜熟悉传统学术,能够继承清代考证学派的治学方法,同时见识又超过前人。他阐发的《史传篇》开《史通》论史先河的论点,已被当代学者所赞同并加以发挥。

抉幽阐微,引发新义,是范注又一重要价值所在。《史传篇》原文有云:"唐虞疏于典谟,商夏被于诰誓。"这是认为史籍的开端是《尚书》中典谟、诰誓诸篇。范注对此加以辨析:"《尚书》所载皆典谟训诰誓命之文,虽为古史,而体例未具,非正史之宗。至周公①制《春秋》,编年之体,于是起也。"正确指出《尚书》虽属史的范围,但尚不是正式史书,编年史著应从《春秋》开始。《史传篇》又有针砭史家记载久远年代的事附会讹伪的话:"若夫追述远代,代远多伪,公羊高云传闻异辞,荀况称录远略近,盖文疑则阙,贵信史也。然俗皆爱奇,莫顾实理。传闻而欲伟其事,录远而欲详其迹,于是弃同即异,穿凿傍说,旧史所无,我书则传,此讹滥之本源,而述远之巨蠹也。"对此,范注申明刘勰的议论对刘知幾的影响,并引证自先秦至汉、晋、两宋的诸多事实,证明历代儒生因嗜古的癖好,越往后竟将上古史事推得越远,牵强附会,造成许多迷误。他说:"彦和此论,见解高绝,《史通》疑古、惑经诸篇所由本也。孔子修《春秋》,托始乎隐,以高祖以来事,尚可问闻知也。《尚书》托始于尧、舜,以尧、舜为孔子所虚悬之理想人物,故尧、舜二典,谓之《尚书》,尚书者,上古之书,与夏书、商书之有代可实指者,本自有别。《竹书纪年》起自夏禹,不必可信。司马迁撰《史记》,乃又远推五帝,作《五帝本纪》;张衡欲记三皇,司马贞本其意补《三皇本纪》(皇甫谧《帝王世纪》、徐整《三五历纪》皆论三皇事。亦记盘古神话);宋胡宏撰《皇王大纪》,又复上起盘古(盘古本西南夷之神话,自后汉逐渐流传至中国);愈后出之史记,其所知乃愈多于前人,牵引附会,务欲以古复有古相高,信述远之巨蠹矣。"范文澜的议论,明显地吸收了近代学者顾颉刚等人古史辨伪的理论和成果,因而从近代学术思想的高度阐发了《史

---

① "周公"应为"孔子",此处范注原文偶误。

传篇》提倡征信阙疑、反对好奇穿凿的原则，赋予古人有识之见以新的意义，故能给人以深刻的启迪。

《文心雕龙注》第三个突出的价值，是恰当分析问题，体现出朴素辩证观点。《史传篇》原文有云："至于纪编同时，时同多诡，虽定、哀微辞，而世情利害。勋荣之家，虽庸人而尽饰；迍败之士，虽令德而常嗤；理欲吹霜煦露，寒暑笔端：此又同时之枉，可为叹息者也。"这是概括著史涉及当代人物、事件时，由于"世情利害"、权势干预等因素，而造成有所隐饰、歪曲。范注分两层申其说。第一层云："《史通·曲笔》篇申述彦和此论。"故刘知幾反复指斥褒贬失实、虚美隐恶的行为："用舍由乎臆说，威福行乎笔端，斯乃作者之丑行，人伦所共疾也。至如朝廷贵臣，必父祖有传，考其行事，皆子孙所为，而访彼流俗，询诸故老，事有不同，言多爽实。"第二层，更为可贵的是，范文澜对于史书记载失实区分了两类情况。属于有意曲笔，"任情高下，爱憎无准"者，违背作史必求信实的原则，应该遣责。但还有另一种性质的问题，非有意歪曲，出于环境的压力或材料失实、认识产生偏差所致。范文澜举出了五种情况：（1）《汉书》《三国志》以下"正史"，有的处于统治者极其腐败时修成，要写出真相，压力过大，"生在本朝，宜避时艰"。（2）史馆监修或所据史料失实造成的失误。"隋唐以降，更置监修，限以岁月，钳其喉舌，载笔之士，乌合史馆，仓卒成编，惟务速效。史料所资，朝廷则有实录，语多诣谀，大臣则有行状碑表，或出门生献媚，或出文人鬻笔，类不可信，至于名士专集，杂载传状墓志，本无直笔之责，自多阿世取容。及其易代修史，借此排编，删改首尾，贵能形似，既乏稽考旁校之暇，故老乡里之询，浊源混混，欲挹清流，乌可得乎？"（3）传闻有失误，即使完全如实记下来，也已违背史实。"耳目所亲，犹或舛讹，况时代久远，疆域宽广，转展言传，能不失实？记录之士，有闻直书，纵无一字之差，已违事物之直矣。"（4）因为"正史"记载范围广泛，包罗万象，修史者很难样样精熟。"包囊既广，踳驳舛讹，势不可免。"故提出撰著专史以救纪传体史书之失。（5）史书记载一概都用古语，却不能用当时的口语,"于是武夫走卒,言必雅驯,修饰改易,几类翻译",也是造成失实的原因之一。

这段论述,对史书失实尽可能作了具体分析,区分不同情况讨论致误的原因,避免了看问题绝对化的形而上学观点,因而所论比前人推进了一步。这一事例说明范文澜善于从传统文化和五四以后思想潮流中吸取营养,突出地具有朴素的辩证观点。马克思主义的世界观和方法论本来就是人类优秀文化发展的成果。具有朴素辩证思想的学者当然更容易学习唯物辩证法的思想体系,并在普遍自觉学习马列主义的客观环境下,经过刻苦努力,达到精熟地运用它。范文澜后来所走的道路充分证明了这一点。

(二)《群经概论》

1933年出版的《群经概论》一书,是全面论述中国古代经书知识的著作,既博采众长,综合了清代以前学者的重要论述及清代以来考证学家的研究成果,又体现了范文澜本人长期研治经学的宝贵见解,因而至今仍被专家视为很有价值的学习经学的入门之作。

《群经概论》的第一个特点是,相当系统地整理、总结了中国经学的知识,内容囊括了全部儒家经典"十三经"(《周易》《尚书》《诗》《周礼》《仪礼》《礼记》《春秋左传》《公羊传》《穀梁传》《论语》《孝经》《尔雅》《孟子》),分别论述经的起源、经籍的成书和定本、经的传授、经典注疏、今古文家法,以及历代经师注疏、考证所涉及的主要问题。中国经学是儒家学说的核心,并成为历代封建皇朝的政治指导思想,也是历史上各个时期的学术指导思想,有关经学的论著汗牛充栋。范文澜对这些论著作了认真审查、梳理,他继承了乾嘉朴学以来诸先辈严谨治学和广采博取的特点,又能突出当代读者最感兴趣或容易产生歧误的问题,作有针对性的论述。如第一章是绪论性质,分为五节,分别讲"经名""经数""唐人正义""汉魏博士考""今古文家法"等问题。第二章专门论述《周易》,分九节,讲"易名""八卦及其重卦""卦辞及爻辞""十翼""周易传授""王弼韩康伯易注及孔颖达正义""象数""汉儒易说略义""连山归藏"。第三章论《尚书》,分十二节,讲"尚书名义""尚书篇目""书序""今文尚书""今文尚书之传授""孔壁古文""古文尚书之传授""梅赜所献古文尚书""中文尚书""史记兼用今古文""周书及其篇名"等。第四章论《诗》,共设十六节,讲"诗之起源""周以前之诗""六义""删诗""诗序""毛诗篇目及序次""毛传""郑笺""毛诗传授""鲁诗遗说""鲁诗传授""齐诗""韩诗""逸诗""诗韵例""毛诗词举要"。从上述列举的前四章篇目,即可说明《群经概论》一书内容全面、系统,尤重视提供现代读者所需要的经学知识,实为范著此书之显著特点。

　　本书又一特点,是考证功力深厚,对前人有分歧的经说审慎地加以别择,在此基础上提出作者己见。关于周礼名义(见第五章第一节),范文澜分三层详加考论。第一层,论述"周礼"的本义是论述周朝一代之礼。他引《论语》所称:"子曰:殷因于夏礼,所损益可知也,周因于殷礼,所损益可知也。"据此可明礼以代名,所从来久矣。又据《左传》文公十八年:"史克曰先君周公制《周礼》。"又闵公元年:"齐仲孙湫曰鲁犹秉周礼。"昭公二年:"晋韩起见《易象》与《鲁春秋》,曰周礼尽在鲁矣。"故范文澜认为:观此诸文,知周礼之名,通行于春秋时代,且其含义甚广,一切政典爵名,以至《易象》史法,无不包举其中。又说:若单就狭义之礼分析言之,则有经礼与曲礼。《礼记·礼器篇》云:"经礼三百曲礼三千。"郑玄注曰:"经礼谓《周礼》也。《周礼》六篇,其官有三百六十;曲犹事也,事礼谓今礼也。"今礼也即仪礼。

　　第二层,论述西汉末以前,未有《周礼》一书的书名,记载周代官制三百六十官的书名是《周官经》或《礼经》。证据即为《礼记·曲礼》孔颖达疏所举:"《周礼》见于经籍,其名异者有七处。《孝经说》云:'《礼经》三百',一也;《礼器》云:'经礼三百',二也;《中庸》云:'礼仪三百',三也;《春秋说》云:'礼义三百',四也;《礼说》云:'有正经三百',五也;《周官外题》谓为《周官》,六也;汉《艺文志》云:'《周官经》六篇',七也。七者皆云三百,故知俱是《周官》。案《艺文志》亦云《礼经》三百,威仪三千。"故范文澜得出明确的看法:据此诸文,自子思至西汉刘歆以前,未有名三百六十官之《周官经》为《周礼》者。

第三层,参考清末学者孙诒让所说,论述《周礼》书名,始于刘歆而后为东汉诸经师所认同。范文澜详加考证的几个关键事项是:其一,《周礼》的命名和立博士,当在汉平帝初年。《汉书·王莽传》正式记载《周礼》的书名,见于居摄三年(8年),云,九月歆为羲和,与博士诸儒议莽母功显君(按,指薨后应加何种高规格的官服),云发得《周礼》,以明因监。又引司服职文亦称《周礼》。据居摄三年,博士已能言《周礼》,则《周礼》之立博士,当更在前。孙诒让疑其在莽居摄,歆为羲和以前,考之《汉书》,其说似与时间不合。王莽居摄在平帝死之次年,而置羲和官,则在平帝元始二年(2年),孙氏所言莽居摄,歆为羲和以前,未知何指。察之当时情势事实,大抵孝平初立,王莽持政,留歆为右曹太中大夫,歆既得行其志,《周礼》或于此时建立博士。元始四年安汉公奏立明堂辟雍,五年羲和刘歆四人,使治明堂辟雍。按歆《移太常博士书》云:"至于国家将有大事,若立辟雍封禅巡狩之义,则幽冥而莫知其原。"若平帝时无《周礼》博士,则谁能助歆治明堂辟雍者?故《周礼》之立,当在平帝初年。其二,荀悦《汉纪·成帝篇》云:"刘歆以《周官经》六篇为《周礼》。王莽时歆奏以为《礼经》,置博士。"荀悦此处所称王莽时,当指平帝立、王莽持政时而方与当时情势相合。至于《释文叙录》所言"王莽时刘歆为国师,始建立《周官经》为《周礼》"则非是,因歆为国师在王莽始建国元年(9年),时代更后。其三,考证刘歆之后东汉诸儒皆宗其说。刘歆既采《左传》之文,将《周官经》题为《周礼》,自是之后,东汉杜子春、马融诸儒,咸传其学。郑玄《周礼注》序谓:"郑少赣、郑仲师、卫敬仲、贾景伯、马季长皆作《周礼》释诂。"故郑玄冢宰注云,周公居摄而作六典之职,谓之《周礼》。冬官目录云,古《周礼》六篇毕矣。其《仪礼》注及《礼记》注,援举此经,咸不云《周官》。至《隋书·经籍志》载汉晋诸家注,并题《周官礼》。系唐人兼采二名,用以著录。考此书题名前后的改易,则如孙诒让所言:《周礼》之目,始于刘歆,而定于东汉经师,其踪迹固可寻也。正因为范文澜善于抓住经学知识中的关键问题爬梳、考证,在综合前人合理说法的基础上明确提出自己的看法,才使本书至今仍有重要的学术价值。

摆脱长期以来今古文学派的门户之见,以鲜明的近代理性眼光,吸收双方意见中各自合理的部分,对经学问题作出较为允当的阐析,这是本书的第三个明显的特色。兹以第九章第二节为例说明。此节论述孔子作《春秋》用意何在。对此《公羊传》哀公十四年有一段解释:"君子曷为《春秋》?拨乱世反诸正,莫近诸《春秋》。"范文澜认为,这一解释本来比较可信,因为,此讲孔子作《春秋》目的在拨乱反正,与孟子所论可相印证。《孟子》中有两段话,论述孔子修《春秋》是针对世道陵夷、礼坏乐崩,意在恢复天下正道而作。其一为:"世衰道微,邪说暴行有作,臣弑其君者有之,子弑其父者有之。孔子惧,作《春秋》。《春秋》天子之事也。是故孔子曰:'知我者其惟《春秋》乎!罪我者其惟《春秋》乎!'"其二为:"王者之迹熄而《诗》亡,《诗》亡然后《春秋》作。晋之《乘》,楚之《梼杌》,鲁之《春秋》,一也。其事则齐桓、晋文,其文则史,孔子曰,'其义则丘窃取之矣!'"据《公羊传》的解释和孟子所论,乃知孔子作《春秋》必有褒贬大义存于其间,非仅纂辑陈编,刊正芜乱而已。也即庄子所谓"《春秋》以道名分",《史记·孔子世家》所称"笔则笔,削则削,子夏之徒不能赞一辞"。然后世今古文家却各执一词,辩难纷纭。古文家以为孔子全述周公旧典,益影之随形,了无意义。今文家以孔子为无前圣人,《春秋》制作全归孔子所创,无所依凭。范文澜认为,这些都属固守家法的门户之见,并不足取。对此,他畅论如下:"子曰:'述而不作,信而好古,窃比我于老彭。'言老彭不自制作,好述古事,我亦若老彭但述之耳。又曰:'盖有不知而作之者,我无是也。多闻,择其善者而从之,多见而识之。'所谓从之识之者,当莫过于文武之道。故子贡曰:'文武之道,未坠于地,在人。贤者识其大者,不贤者识其小者,莫不有文武之道焉。夫子焉不学,'此可见孔子之学,实源于文、武、周公。谓孔子天纵之圣,生而知之,无待于文、武、周公者,迂腐之见也。至文、武、周公之道,果何自来乎?试征之《论语》。'子张问十世。子曰:殷因于夏礼,所损益可知也。周因于殷礼,所损益可知也。其或继周者,虽百世可知也。'是周之典礼,亦根柢于夏殷,周公制礼,亦但损益之耳,非凿空自造,如后儒所云云也。……明乎孔子之学,原于文、武、周公,文、武、周公又原于夏、殷,因袭旧典,无害圣人,何必逞述作之辩而始自诩尊孔子乎?"综观范文澜对孔子修《春秋》的看法,他对今古文家法都不盲从,摒弃其中迂腐夸诞之说,而吸收其合理的成分,故他认为要回答"孔子何为而作《春秋》",有两点是最为关键的:一、孔子处在社会秩序崩坏的情势下,他修《春秋》要寄托大义,采取褒贬手法,讽刺违反名分、破坏纲纪的行为,维持君臣父子的正常关系。所以,才有如孟子和司马迁所说的孔子成《春秋》而乱臣贼子惧的巨大社会威力。二、各个时代的政治思想和文化制度,既有变革又有传承的关系,孔子要维护的"大义"和制度渊源于西周而又有损益,同样,西周的制度文化也源于夏、殷而又有损益。正是在综合上述二项的基础上不赞成古文经学家认为《春秋》只是据旧史而纂辑、述而不作、了无意义的看法,强调孔子作《春秋》的重大政治意义和社会影响,同时又明确批评今文经学家极力抬高孔子,称他为"天纵之圣","无所依凭"的偏见,强调孔子所要维护的"大义"和制度与西周制度文化的渊源关系。范文澜尤其不满于某些今文经学家夸诬荒诞之说,严肃地指出:"说《春秋》者,误以为麟至为有神秘之意义,故皆支离不可信,盖即无麟至,孔子亦必作《春秋》,不过偶逢其事,因而绝笔耳。谓孔子修《春秋》,麟感而至,尤荒谬无取。"这些论述,对于廓除今古文学派门户之见,把孔子作《春秋》的目的和意义,放在符合近代理性精神的、可信的基础上来理解,显然是很有帮助的。

总之,《群经概论》一书内容丰富全面,而又贯串了近代学术眼光,因而是具有重要价值的经学入门著作。中国传统学术蕴积深厚,绵延发展两三千年,至清代又形成了严密考证的学术风尚,这是传统学术在乾嘉时期特殊社会条件下出现的又一高峰,以"实事求是"为鹄的,治学力求搜罗尽可能完备的材料,广参互证,追根穷源。进入20世纪以后,由于大力输入西方新学理,特别是学习了进化的、因果联系的观点,对以往的材料作重新审查的眼光,为了求实求真而勇于批判、怀疑的态度,而不断开拓近代学术发展的道路。范文澜早期撰著的《文心雕龙注》《群经概论》及《正史考略》诸作,恰恰一方面体现出传统学术根柢深厚、考证严密、材料详备的特色,另一方面又具有学习西方新学理、进一步树立批判精神的时代气息。因而,这些著作不仅在用近代学术眼光整理国学上具有不可低估的价值,而且为后来范文澜接受更加科学的指导思想——唯物史观,跨进到创建中国马克思主义史学的行列准备了条件。

(三)《正史考略》

《正史考略》出版于1931年,较《群经概论》时间略前。顾名思义,《群经概论》中,"论"的色彩较浓,《正史考略》则"考"的成分更重。纵观全书,范文澜所考的是择取较有意义的问题,与好作琐碎问题考证者大异其趣。他所特别注重的约有三大端:一是涉及史籍的基本面貌、基本体例;一是关系到史家学术地位、史德人品的评价,对于以往受诬枉、遭曲解者更加重视作重新评价;一是考辨史书纂修过程中的关键问题,发前人之未发。兹就上述三项各举典型例证以说明之。

关于《史记》记载的下限,这是涉及《史记》基本面貌的问题,故书中详加考辨。因司马迁的一生基本上与汉武帝同时,故书中列出汉武帝自建元至后元全部年号，然后排比各条与《史记》记载下限有关的材料，再作辨析并断以己意。按，司马迁本人讲到《史记》终止的有两处。一处是《太史公自序》云："至于麟止"。《后汉书·班彪传》云："上至黄帝，下讫获麟。"武帝元狩元年获麟，太始二年西登陇首又获麟。《后汉书·班彪传》章怀太子注云："迁作《史记》，绝笔于此。"范文澜指出，此说不确。理由是：武帝虽获麟二次，然是年改元（改元为元狩），史公当以此为正。又一处亦见于《太史公自序》："余述历黄帝以来至太初而讫。"《汉兴以来诸侯年表》《建元以来王子侯者年表》皆讫太初四年。《汉书·班固传》亦言《史记》一书"太初以后阙而不录"。经过排比、综合各种相关材料，范文澜认为，"讫于麟止"是司马迁原定的撰述计划。原因是："太史公作《史记》，以绍述仲尼自任，故《自序》云：'先人有言，自周公卒五百岁而有孔子，孔子卒后至于今五百岁，有能绍明世，正《易传》，继《春秋》，本《诗》《书》《礼》《乐》之际，意在斯乎！意在斯乎！小子何敢让焉！'《春秋》绝笔获麟，史公作史，亦适值获麟之事，其纪事止于元狩元年自无疑义。"范文澜又认为，司马迁另一处所言"余述历黄帝以来至太初而讫"，则是后来计划作了调整。其原因，则是太初历的制定、颁行，与司马迁关系甚大，故称："惟太初改历，实行孔子夏时之志，是史公一大事业。"至于《史记》书中所见太初以后的若干处记事，则是对个别史实的零星补充，如《高祖功臣侯者年表》记年之最后一栏，与前面五栏"高祖十二""孝惠七""高后八""孝文二十三""孝景十六"各标一段年代显然不同，其标出两个年代，前面有"建元至元封六年三十六"，后面又标上"太初元年尽后元二年十八"，此后一年代即有可能是后来加上的。范文澜这段考证和结论言之成理，符合史书编纂先有一个体现著述宗旨的计划，后来因出现特殊情况计划作了调整，最后成书时个别地方又有若干史料的补充这一规律。

班固所著《汉书》的学术价值，北朝魏收的史德，一向有人讥贬责骂，《正史考略》论述《汉书》《魏书》部分，举出很有说服力的史实，辨明事情真相。班固著《汉书》本是纪传体史书的杰作，刘知幾在《史通》论六家、二体篇中，盛赞为"究西都之首末，穷刘氏之废兴，包举一代，撰成一书，言皆精练，事甚该密，故学者寻讨，易为其功。自尔迄今，无改斯道。"可是，《史通·曲笔》篇中又有"班固受金而始书，陈寿借米而方传。此又记言之奸贼，载笔之凶人"的痛骂的话。郑樵《通志·总序》，严责班固变司马迁创立的通史体，改为断代为史，致使古今相隔，失会通之旨，武帝之前，又尽窃迁书，不以为惭。范文澜对此作了深入的考辨，认为：对班固的著史才能和《汉书》的学术地位，范晔早已推重备至，论述恰当。《后汉书·班固传》云："固自永平中始受诏，潜精积思，二十余年，至建初中乃成，当世甚重其书，学者莫不讽诵焉。"范晔又作了精彩的评价："司马迁、班固父子其言史官载籍之作，大义粲然著矣。议者咸称二子有良史之才。迁文直而事核，固文赡而事详。若固之序事，不激诡，不抑抗，赡而不秽，详而有体，使读之者亹亹而不厌，信哉其能成名也。"范晔在传末赞语又推崇云："比良迁董（司马迁、董狐），兼丽卿云（司马长卿扬子云）。"进而赞誉为史学之杰出人物。后世却出现一些不负责任的说法，或出于嫉妒，或出于虚构，给班固加上受金、攘父的恶名，《北史·柳虬传》《史通》即有此说。《文心雕龙·史传》篇云："至于宗经矩圣之典，端绪丰赡之功，遗亲攘美之罪，征贿鬻笔之愆，公理（仲长统字）辨之究矣。"证明仲长统所著《昌言》（今已佚）已为班固昭雪，刘勰完全赞成他的论述。再考《汉书》中韦贤、翟方进、元后三传赞语，俱写明"司徒掾班彪曰"。颜师古在《韦贤传》注文中也为班固作了辩白，说："《汉书》诸赞，皆固所为，其有叔皮先论述者，固亦显以示后人，而或者谓盗窃父名，观此可以免矣。"与班固同时代而比他年长的王充，对班氏父子的史才、史德尤最早作了高度评价。《论衡·超奇篇》云："班叔皮续《太史公书》百篇以上，记事详悉，义浅理备，观读之者以为甲而太史公乙，子男孟坚为尚书郎，文比叔皮，非徒五百里也，乃周召鲁卫之谓也。"当时人的看法，无疑是最有力的证据，故范文澜认为那些诬枉之词都不攻自破:"据此叔皮皆存直笔,而孟坚又能绍述父志,仲任(王充字)好讥诃世人,而论班氏父子如此,后世嚣嚣者何为乎?"

北朝魏收所修《魏书》,尤长期蒙受"秽史"的恶称。范文澜也举出有力的材料,辨明魏收著史承受着巨大的压力,动辄获谤,而本人的才能品德颇有值得称道者,故对其史著决不能一笔抹杀。他先引赵翼《陔馀丛考》论"《魏书》在收一人已四易稿,而其书尚芜杂若此,信乎作史之难也"之后,又举出证据,说明魏收处于暴乱之朝,为完成著史之事业,必须设法保身,而《北齐书》中又有表彰其"提奖后辈",又谆谆戒人"金人缄口",证明魏收实有不得已的苦衷。"《魏书》初成,众口喧然,由是改修再三,繁秽益甚,须知愈改则是非愈乱。设收能使当时谤史之人,皆各餍所望,则其繁秽恐将十百倍而不已也。"最后引证《四库总目提要》举出《魏书》中对尔朱荣之凶悖也据实记载,李延寿修《北史》,每以收书为据,且在《魏收传》论中称赞其婉而有章,志存实录。既然如此,"秽史"之说实为冤词。范文澜所作的考辨,已严肃地提出对《魏书》及魏收的史德应该全面作重新评价,此后已有学者沿着这一思路进一步考论这个问题,此也证明范文澜考辨问题之重要和见解之敏锐。

范文澜对考辨《新唐书》(欧阳修、宋祁合撰)纂修情况及《新唐书》的特点也很有贡献,他所辨析的几个问题都颇有价值。一者,据陈振孙《直斋书录解题》、吴缜《新唐书纠缪》、王鸣盛《十七史商榷》等书,考论:"据此,知欧公(阳修)不满列传,容或有之,然亦正是不改宋(祁)文之证。窃意宋祁用力既久,本有全书,欧阳则仅作纪、志(《廿二史劄记》谓"欧公本纪",未免草率从事),曾公亮合二人之所作以呈进,因分题其名,实则二人各不相谋也。"二者,严肃批评欧阳修撰史专在"书法"上下功夫,滥用褒贬,结果掩盖了历史真相,或是造成对复杂的史实的歪曲,这同样体现经过五四以后一批历史学家更自觉地树立了追求历史真实的观念。书中援引多项证据,论证晁公武《郡斋读书志》云"议者颇谓永叔(欧阳修)学《春秋》每务褒贬;

子京（宋祁）通小学，惟刻意文字，采杂说既多，往往抵牾，有失实之叹焉"，这段评论可谓深中病根。并作了更严格的批评："案欧、宋二氏于《新书》多费岁月，务求精美，实则考核之功固不少，而刻意于文字褒贬，未免徒费心力，费时或更多。"三者，考证宋祁所修《新唐书》列传部分尚有几个特点。他"欲反旧书冗俗之弊，故宁简毋冗，于旧书各传，无一篇不改窜易换，戛戛独造，惟古是求"。列传中"又有全替换古人作文者"。尤重视韩柳文章，列传中凡可采入史者，必采撷不遗。如《韩愈传》中载《进学解》《佛骨表》《潮州谢表》《祭鳄鱼文》；《忠义传》载《张中丞传后序》；《吴元济传》载《平淮西碑文》等。于《柳宗元传》中采其《与萧俛书》《寄许孟容书》《贞符》《自儆赋》；《段秀实传》中采其《段太尉逸事状》；《孝友传》中采其《驳复雠议》《孝门铭》；《宗室传》中采其《封建论》。范文澜对《新唐书》所作的多项考证，论据充实，结论正确，对于进行新旧《唐书》的比较研究，很有参考价值。

范文澜早期治学，已达到"博"和"通"的要求。"博"是指对传统学术各个门类均有涉猎、探究，学识渊博。"通"既是指治学能上下贯通，又指对经、史、子、集各个领域能够打通研究、互相发明、触类旁通。这样，等到他在历史理论上达到更高的层次，写起通史来，便能左右逢源，不论在理论的概括、分析上和史料的掌握、运用上，都达到高度的成就。

（四）《水经注写景文钞》

《水经注写景文钞》（1929年8月由北平朴社出版）一书的内容，是选录古代杰出地理学家郦道元所著《水经注》中记述祖国壮美河山的二百八十五处胜迹，如泰山、华山、三峡等。对于了解范文澜的思想和学术道路来说，尤有价值的是全书的《序》。这篇序，自然也反映出著者在文字校勘上的功夫，而更重要的是，它表明他已开始运用阶级分析的观点观察历史和现实社会，深切地同情乡下农夫"受种种压迫,很少机会受良好教育,成天作工,智识卑下",都市中的工人"白天做活动机器,夜里挺着喂臭虫"。小民"在这样惨毒里生活","哀痛之声,不是震天动地价响么?"他尖锐地抨击:"越是不材恶木,凭着它们所以为恶木的几种特质,繁荣超过一切,枝叶扶疏,独占雨露,根株布濩,广吸养料,良木如何能免于枯槁呢?"愤怒地揭露富贵人"刮脂膏榨血汗,日夜孳孳","青山丽水间,要是这类人多了,立刻会被血腥铜臭弥漫着像大雨前烟雾那样黑暗"。并且抒发他呼吁铲除人世间的不平,实现没有剥削、人人安居乐业、健全文明地发展的理想:"首先把那片野生森林整齐一下,恶木悉数伐去,良木排得有条有理,教他平均地发展,欣欣然而向荣。"人人"有作工读书娱乐的一定时候,衣食无虑,贫富不争,机诈消灭,浩浩荡荡地向着文明道路上直奔前进"。同时,这篇序又标志着著者冲破了本人原先因追随其师黄侃等人而设下的反对白话文的藩篱,用凝练、生动的白话文写成,开始显示出范文澜独特的语言风格。

书中选录的《水经注》原文颇费匠心,读之足以激发对祖国壮丽景色的无比热爱,和对那班玷污大好河山的腐朽势力的强烈愤恨。如记巫峡的峰峻流急和四季景色气氛变化的一段文字:

> 自三峡七百里中,两岸连山,略无缺处。重岩叠嶂,隐天蔽日,自非亭午夜分,不见曦月。至于夏水襄陵,沿沂阻绝。或王命急宣,有时朝发白帝,暮到江陵,其间千二百里,虽乘奔御风,不以疾也。春冬之时,则素湍绿潭,回清倒影。绝𪩘多生怪柏,悬泉瀑布,飞漱其间,清荣峻茂,良多趣味。每至晴初霜旦,林寒涧肃,常有高猿长啸,属引凄异。空谷传响,哀转久绝。故渔者歌曰:"巴东三峡巫峡长,猿鸣三声泪沾裳。"①

书中所摘抄的这类文字,为我们展现了祖国大好河山的一幅幅优

---

① 据《水经注写景文钞》,北平朴社,1929年版。

美风景图。同时,它也展示了范文澜热爱大自然的审美情趣,和他渴求实现没有压迫剥削的人间乐园的理想——这些正是这位孜孜不倦、严谨治学的大学教授思想性格的另一面,而且是很重要的另一面。由此我们看到不同于严肃的"学究"的另一个范文澜,富有人情味和憧憬着美好理想、充满激情的范文澜。二者结合起来,才是真实的范文澜全体。

第五章　以科学理论为指导的第一部通史著作

范文澜所著《中国通史简编》和《中国近代史》，是继郭沫若《中国古代社会研究》之后，中国马克思主义史学发展史上的丰碑，开启了以唯物史观为指导系统地研究和叙述中国历史的新时期。在《中国通史简编》著成以前，中国学者撰著的以唯物史观这一科学理论为指导的有关中国历史的著作，除《中国古代社会研究》（1929）以外，主要还有吕振羽所著《史前期中国社会研究》（1934）和《殷周时代的中国社会》（1936）。以上三部书对于中国史学发展都有重要意义，它们都是论述中国历史上某一时期的著作。而《中国通史简编》则是第一部以科学理论为指导而撰成的通史著作，因而具有更不寻常的意义。以下先胪列这部著作前后印行的八种版本，以见这部名著在中国现代史上影响之巨大，然后论述其重要价值。

（一）《中国通史简编》的版本

《中国通史简编》于1941年完稿后，至1949年全国解放以前，先后在延安及各解放区多次印行，传布极广。范文澜于1941

年5月完成此书上册书稿后，即在延安交付排印。此后又撰成下册。至1943年10月，《中国通史简编》全书初版在延安印行。1945年1月再版。

1947年，由华北新华书店印行《中国通史简编》第三版，署："中国历史研究会编"。共分八册，各册起迄为：

第一册：第一编　原始公社到中央集权的民族国家底成立——远古至秦统一

"第一章　原始公社时代——禹以前"至"第六章　周代思想概况"

第二册：第二编　民族统一的中央集权的封建国家成立后对外扩张到外族的内侵——秦汉至南北朝

"第一章　官僚主义中央集权的民族国家底成立——秦汉至南北朝"至"第七章　秦汉以来文化概况"

第三册：第三编　封建制度社会螺旋式的继续发展到西洋资本主义的侵入——隋统一至鸦片战争

"第一章　南北统一时代——隋"至"第三章　大分裂时代——五代十国"

第四册：第三编　"第四章　国内统一封建制度进一步发展时代——北宋"至"第五章　外族侵入北方南方分裂时代——金与南宋"

第五册：第三编　"第六章　外国侵占全国社会衰敝时代——元"至"第七章　封建制度更高发展时代——明"

第六册：第三编　"第八章　外族统治，严格闭关，社会停滞，西洋资本主义侵入时代——鸦片战争以前的清朝"

由于抗战胜利时，范文澜已撰成中国近代史鸦片战争至义和团部分，华北新华书店此次印行《中国通史简编》第三版时，遂将近代史部分作为第七、第八册出版。书前有一段"附记"：

华北新华书店印行《中国通史简编》，分成六册，颇便阅读。兹将本书作为《简编》第七、八册，"附录"移至第七册后面，其余概不变动。

故第七、第八两册起迄为：

第七册："第一章 第一次鸦片战争"至"第四章 第二次鸦片战争"[附录]"汉奸刽子手曾国藩的一生"

第八册："第五章 洋务派的'自强'与第一次割地狂潮"至"第八章 对抗瓜分野心的义和团反帝运动"

1947年,《中国通史简编》在上海由希望书店出版,书名题为《中国通史简明教程》。同年《中国通史简编》又由新中国书局出版,署"中国历史研究会 编辑：谢华 佟冬 叶蠖生 唐国庆 尹达 金灿然 范文澜 主编：范文澜"。

1948年10月,《中国通史简编》由东北书店再版,署"中国历史研究会编",分上、中册。

1949年,《中国通史简编》由北京新华书店印行,分上、中、下册,署"中国历史研究会编"。全书之前,有：《序》(署"中国历史研究会1941年5月25日")；《再版说明》(署"北方大学历史研究室1948年4月3日")；《研究中国三千年历史的钥匙》(范文澜)；《论正统》(范文澜)。

1949年,北京新华书店又印行有《中国通史简编》上、下两册。1951年,人民出版社出版了《中国通史简编》全一册,这是在延安版《简编》的基础上进行一次小的修订,署"中国历史研究会编"。这两种版本,书前四篇文字相同。至1951年,延安版《中国通史简编》先后共印行了八版。

1941年《中国通史简编》初版印行时,范文澜撰写的《序》(署"中国历史研究会"),和1948年再版时范文澜撰写的《再版说明》,都是中国近现代史学的重要文献。从《简编》撰成后,延安、各解放区先后多次再版,1947年终于冲破国民党反动统治当局的禁止在上海印行,全国解放初期又一再重印,充分说明范文澜运用新的观点撰写的史著符合于时代的需要,受到广大干部和人民大众的热情欢迎；而由他撰写的《序》和《再版说明》则为我们提供了作者撰著宗旨和写作背景等宝贵的资料。

范文澜于1941年5月撰写的《序》,首先明确地论述研究历史是为了了解人类社会发展前途和中国革命发展前途，以推动历史前进这一崇高使命，接着论述研究历史必须依据丰富的史料，而旧史内容陈旧、观点落后以至谬误，远远不适合于今天人民大众当家作主时代的需要：

> 中国是拥有五千余年悠久历史的古国，积累着丰富而又庞杂的大堆史料。甲骨钟鼎，经传诸子，史书地志，小说笔记，哲学宗教，诗文考证，歌谣戏曲，凡此种种，无不属于历史的研究范围以内。这不仅非短时期所得遍览穷探，在物质条件多方限制的环境下，也不允许这样去做。可是要了解中国历史比较近真的情况，却又必须向这广泛纷乱的大堆史料中去寻找。
>
> 如果利用"二十五史"、《资治通鉴》一类现成的史书来学习中国历史，是不是能收预期的功效？第一，这类包含千百万字的大部书籍，学习者哪有这许多时间和精力去消费；第二，这类书连篇累牍，无非记载皇帝贵族豪强士大夫少数人的言语行动，关于人民大众一般的生活境遇，是不注意或偶然注意，记载非常简略；第三，我们要探求中国社会循着怎样的道路向前发展，而这类书却竭力湮没或歪曲发展的事实，尽量表扬倒退停滞阻碍社会发展的功业。一言蔽之说，这类书不适于学习历史的需要。
>
> 我国广大读者需要的首先是从广泛史料中选择真实材料，组成一部简明扼要的、通俗生动的、揭露统治阶级罪恶的、显示社会发展法则的中国通史。
>
> 中国历史研究会同志们才力薄弱，不自揣量，草拟了这一部《通史简编》出来，不用说，距离实际合用的通史，至少还有十万八千里。我们知道，这仅仅是大胆的尝试，这仅仅是初步的探索，这仅仅是不值自珍的敝帚，这仅仅是聊备删削的草稿。我们怀抱着百分之二百的热望，要求大雅通人、先进硕士给我们严格的批评和指正。止有在批评和指正下面，才能完成写出较好通史的任务。

范文澜在这里所论述的研究中国通史必须从大量、广泛而庞杂的史料中认真选择出确有价值的真实史料，论述旧史存在着数量过于浩巨、记载片面而不能反映出人民大众的生活境遇和活动、湮没或歪曲社会向前发展的事实这三项弊病，也是击中要害的，他所悬定通史编撰最后要达到"组成一部简明扼要的，通俗生动的，揭露统治阶级罪恶的，显示社会发展法则的中国通史"的目标，确有见地而且比较切实可行，以后在这部延安版《中国通史简编》的基础上，经过多年艰苦努力改写的修订本《中国通史简编》，即相当完满地达到了这一目标。他反复强调这部书稿"距离实际合用的通史，至少还有十万八千里"，"仅仅是大胆的尝试"，"初步的探索"，"是聊备删削的草稿"，情词恳切地表达出范文澜对著史工作一贯持有的高度认真负责，虚心向专家和读者求教的态度。这篇序最后一一列出当时在延安分工写作的各位同行的名字，对于所有参加过集体编撰工作的同行专家付出的劳动都不埋没，同时也明确交代范文澜本人作为总编应负的责任。

范文澜于1948年4月3日以北方大学历史研究室的名义撰写的《再版说明》，交代了1947年该研究室成立后在范文澜主持下对《中国通史简编》全书在短时间内略作修改校订等重要情况：

> 《中国通史简编》一九四一年在延安出版以后，各个解放区多有翻印，在蒋管区虽然遭受法西斯特务的禁止，但是一九四七年上海也终于印出了。这证明读者急需一部真实的中国人民的历史。不过在延安编辑的时候，因为材料缺乏，人力薄弱，仅仅一年半的日期，仓促脱稿，自然产生许多缺点，距离实际合用的通史，还有十万八千里。几年来接到许多珍贵的批评和指正，却又因为原来参加编辑工作的同志们，都负担起另外的工作，范文澜同志忙于赶写近代史，所以始终未能修改。去年北方大学历史研究室成立，预计在近代史编辑完毕以后，把《通史简编》仔细订正。现在编辑近代史的工作正在进行，《通史简编》又须再版，只得根据原稿校对一遍，在个别问题和词句上略有改动，较详细的修改还得留待将来。

第五章 以科学理论为指导的第一部通史著作

人民的历史,不是皇族的家谱;历代纪元年号,显然以天下为帝王私产,且时代距离,不易省察;故本书对历代帝王直称姓名,年次全用公历。为便于检查,将公历、年号、帝王姓名和帝号,制成简单的年表。中国历史到西周"共和"时候,才有确实的年数,所以年表就从"共和"元年开始。年表把同时存在的主要政权、年号并列。年表仅仅为了纪年,其在纪年上没有多少作用的,完全删去,如公元三〇四年从七月到十二月司马衷改变三次年号,删去"建武""永安",只留下能继续二年的"永兴";如公元四九四年南齐连换三个皇帝,删去萧昭业、萧昭文,只留下能继续五年的萧鸾。

参加本书校订工作的同志共八人:范文澜、王南、王可风、荣孟源、牟安世、高山、刘桂五、纪志翘。

这次只是微小的校订,深望读者再多给予严格的批评和指正,庶几将来能仔细修改,慢慢写成一部较好的中国通史。

范文澜同志底《研究中国三千年历史的钥匙》和《论正统》两篇文章,对于研究中国历史,有些参考价值,因此稍加修改,编入书中。

(二) 唯物史观指导下的探索

延安版《中国通史简编》,起自远古止于鸦片战争,共五十六万字,此书的撰著是在当时物质条件、研究条件困难极大的情况下进行的。最突出的是资料缺乏,据范文澜讲,那时连《农政全书》《天工开物》这类书都找不着,[①] 编著时间又如此仓促,自然存在不少缺点。然而它著成后却产生了巨大反响,1941 年在

---

① 据范文澜《关于〈中国通史简编〉》,《新建设》第四卷第二期(1951 年 5 月)。

延安出版以后，各个解放区多有翻印，受到干部、群众的欢迎。在国民党统治区虽然遭受特务的禁止，但是1947年上海也终于印出了。广大读者的欢迎是对这部著作新颖的观点、系统的内容、生动的文字所具有的价值的最好评价。

《中国通史简编》为新中国成立后内容更丰富、水平更高的修订本《中国通史简编》提供了基础，也是中国马克思主义史学发展的重要成果。但是，对这部延安版《中国通史简编》的价值却至今似乎仍研究得很不够。其原因有二。一者，从1953年起，修订本《中国通史简编》陆续出版，比较前书，观点更加成熟，分析更加深入，更高的成就可能会有些掩盖原书的价值。再者，又因为范文澜一向谦虚，常严格地作自我批评，曾一再检讨原书存在的缺点，而对原书的成绩却讲得不够。这或许也影响到人们细心地总结书中的成就。今天认真读这部著作，仍然可发现它有多方面的宝贵价值。

第一，它是较早诞生的一部以唯物史观为指导，系统地叙述几千年中国历史进程的通史著作。范文澜对中国马克思主义史学工作者的根本任务有自觉的认识，即不仅要说明中国历史进程符合唯物史观创始人指出的人类社会所共同经历的阶段，而且要全力总结出这种共同规律在中国历史上表现出来的特殊性。本书对此有明确的表述："我们要了解整个人类社会的前途，我们必需了解整个人类社会过去的历史；我们要了解中华民族的前途，我们必需了解中华民族过去的历史；我们要了解中华民族与整个人类社会共同的前途，我们必需了解这两个历史的共同性与其特殊性。止有真正了解了历史的共同性与特殊性，才能真正把握社会发展的基本法则，顺利地推动社会向一定目标前进。"[①] 这段话很可以视为范文澜在延安时和新中国成立后史学工作的总的指导思想。惟其明确地以唯物史观发现的共同规律来指导这部通史著作，才同封建时代史家以至资产阶级史家的著作划清了界限，具有崭新的内容和意义；惟其要总结和说明共同性在中国历史上表

---

① 《中国通史简编·序》，华北新华书店，1948年版，第1页。

现出来的特殊性，他的研究才避免教条主义和公式化的毛病。通过对历史资料的分析、综合，范文澜对几千年中国历史提出了系统的看法：夏以前，是原始公社时期；夏、商是原始公社逐渐解体到奴隶占有制时代；从西周到秦统一，是初期封建社会；秦汉至南北朝，是封建的第二阶段，封建社会的政治、经济、文化获得大发展；隋、唐至鸦片战争以前，是第三阶段，封建社会螺旋式继续发展至西洋资本主义侵入。原本《简编》所安排的章节内容，也构成修订本内容的基础。拿原本《中国通史简编》与修订本的章节标题比较，第一编第三章"封建制度开始时代——西周"中，"古公建立封建制度的周国""周怎样灭商""周初大封建""各族间战争与西周的灭亡"这四节，是原有或基本上原有的；重新设置的只有"西周的经济结构"等三节。第四章"列国兼并时期——东周"中，"王国衰微与大国争霸""弱国对强国""人民对国家的负担"等六节，是原有或基本上原有的；重新设置的只有"在兼并战争中变化着的东周社会""古代文化的创造"两节。另外，"孔子及其所创儒家学说"等三节系从其他章移入。尤其是，书中对中国历史演进的总看法，以后虽有所调整，但基本格局则由此奠定。长时间内关于中国古史分期讨论中影响很大的西周封建说一派，也就以范文澜为主要代表。

第二，《简编》做到比较深入而成功地分析和描述各个时代的特点。有了对社会形态和历史时期的正确看法，构成一部通史著作的骨干和脉络，而对各个时代的分析和描述，则是包裹这些骨干和脉络的血肉，二者配合，才是主干清晰，有血有肉的历史。《简编》已经比较成功地做到了这一点，这无疑是它受到欢迎的重要原因。

书中叙述战国盛行养士制度。因为在当时，"士能替主人出计策，能替主人显扬声名，巩固他的地位。如果待士不好，他能投到仇敌方面来作对。例如商鞅、张仪、甘茂、范雎、蔡泽、李斯，全是山东失意的策士，入关助秦灭亡六国"。养士著名的，国君有魏文侯、齐宣王、燕昭王，贵族有孟尝君、平原君、信陵君、春申君。齐孟尝君田文家财巨万，"在薛召集豪侠奸人六万多家，宾客三千多人。其中有犯罪亡命的，有装狗偷窃的，有学鸡叫的，不论贵贱，一律招待。他在薛放高利贷，取息金养食客。……后来田文失位，食客都跑走了"。山东策士聚在赵国谋攻秦。秦相魏冉说不妨事，因为策士无非谋自己的富贵。"好比狗，……投下一块骨头，立刻起来争夺了。秦王用魏冉计，费不了三千金，赵国策士果然大争夺。"① 读着书中这些有独到眼光、简洁生动的叙述，有谁对战国盛行养士这一时代特点不留下深刻印象呢？自从曹丕创九品中正制度后，两晋南北朝形成了严格的士族（门阀）制度。书中对这一时代特点有充实、深刻的描述："士族依法律保证统治地位的巩固，生活极端腐化，造成西晋末年的大乱，中原士族十之六七避难到长江流域，拥护司马睿重建政权。士族中王氏一族最强盛，王导做丞相，管政治，王敦做大将军，专兵权，子弟满布要职，当时有'王与马（司马氏），共天下'的传言，又有谢氏一族与王氏并称，南朝士族，王谢居首。其余众族各依门第高低，分配权利，不敢僭越。北方士族过江较晚，便被称为伧荒（南人呼北人为老伧或伧夫），即使人才可用，也只得浮沉微职，难升上流。"士族在入仕、婚姻、身份等方面都有特权。书中举出典型性的史实论述门阀制度下的婚姻的严格界限："门第相等，才能婚姻，否则视为极大罪恶。梁王源嫁女给富家满氏，沈约上表弹劾，说王源污辱士流，莫此为甚。甚至说满氏'非我族类'，强烈的等级偏见，竟否认同种人为自己的'族类'。……东晋末杨全期自矜门第极高，江左莫比，一般士族，却因杨氏过江较晚，又与伧荒通婚，共同排抑，不认杨氏为甲族。梁时侯景攻破台城（南京玄武湖旁），迫胁萧衍允许他求婚王谢。萧衍说：'王谢门高，可向朱张以下去求。'门第界限，严格如此。"由于士族掌握着统治权，朝代更迭，士族地位不变，因此长期形成士族阶层种种恶劣特性：傲慢、苟安、悠闲、腐败。书中这样简练而又淋漓尽致地描述士族的腐败："颜

---

① 以上均根据《中国通史简编》上册，华北新华书店，1948年版，第124—127页。

之推说梁朝士大夫,通行宽衣大带大冠高底鞋,香料熏衣,剃面搽粉涂胭脂,出门坐车轿,走路要人扶持。官员骑马被人上表弹劾。建康(南京)县官王复未曾骑过马,见马叫跳,惊骇失色,告人道,这明明是老虎,怎么说它是马。后来侯景叛乱,贵族们肉柔骨脆,体瘦气弱,不堪步行,不耐寒暑,因此死亡无数。还有些贵族,因为百姓逃散,不能得食,饿成乌面鹄形,穿着罗绮,怀抱金玉,伏在床边等死。"最后总概括:"九品中正制不仅在南朝行施,北朝士族虽在异族压迫的下面,也还享受一部分的政治上特权,直到隋唐,士族制度才逐渐破坏。"① 这样,书中做到从多方面叙述这一时期士族发展的种种特征和来龙去脉,文字简明扼要,把道理的阐发与形象化的描述很好地结合起来,使读者有全面、深入的了解,并且感到饶有兴味。再如叙述唐朝安史之乱后出现的藩镇割据局面:"唐朝经这次大乱,统治力量大为削弱,又加回纥吐蕃乘虚入寇,更不敢激起内变,破坏危局,对拥兵悍将,李豫(唐代宗)以下诸帝,一贯采取姑息政策,止求名义上还承认朝廷,占据土地,封赏官爵,厚给财物,都在所不计。广德二年,淄青节度使李正己、成德节度使李宝臣、魏博节度使田承嗣……互结婚姻,遥为声援,收集安史余众,各拥劲卒十万,练兵修城,任命文武官吏,扣留赋税,不服朝廷命令,造成地方势力与中央对抗。"② 写南宋初年,以李纲、宗泽为首的主战派不顾投降派的压力勇敢抗击金兵。李纲任宰相七十五天,政治上坚决反对和议,主张广开言路,军事上专力招抚义兵,建立新军,得到两河人民踊跃响应。宗泽留守东京,部署各军进击金人,却被宋高宗赵构阻拦。这位七十岁的老人眼见恢复无望,忧愤成重疾,最后"连呼渡河三声,气绝而亡"。河南、河北、山西民众组织义军浴血奋战,红巾军"声势浩大,组织极严","遇敌即奋死进攻,绝不畏避"。他们曾袭击金军大寨,宗翰几乎被

---

① 《中国通史简编》上册,华北新华书店,1948年版,第332页,第333页,第335—336页。
② 《中国通史简编》中册,新华书店,1949年版,第530—531页。

擒。① 这些精彩的文字再现了历史的场景,具有强大的感染力。

第三,《中国通史简编》的成功还在于,历史家做到把冷静的理性分析与表达对历史事件、人物是非分明的态度二者结合起来,取得了相当成功的经验。这是基本写作旨趣、写作态度问题,对于既保证历史著作的科学性,又要发挥其教育、感奋作用,有着重要的意义。优秀的史著必须始终以冷静态度对所有历史问题作分析,"把问题严格地提到一定的历史范围内",不允许以史家个人的好恶去歪曲或割裂历史事实,因此,作冷静的科学分析具有首要的意义。然而,冷静的理性态度不等于"冷眼旁观",并非要熄灭掉史家的热情。因为历史上的善恶是客观存在的,其标准是对历史起推动或阻碍作用,对人民的态度;同时历史与今天的现实又是相联系的,写作史书,在确切叙述事实的基础上,必然要评判是非,总结经验、教训,从中求得今日行动的教益,推动时代前进。因此,史家不可能是冷眼旁观,对一切善恶行为无动于衷,史书也不能停留在罗列事实,而要写出史家对史实的理解,表现史家赞成什么,反对什么。问题是应在忠实于历史的前提下,把理性的分析与热情的态度结合起来。范文澜作为一个关心国家民族命运、自觉地要求以历史著作教育大众、帮助"顺利地推动社会向一定目标前进"的马克思主义史学家,他对于这一事关著史旨趣和基本态度的重要问题是把握得好的。他对热爱祖国历史、吸收珍贵经验与创造美好未来的关系,歌颂历史光明面与揭露暴君民贼罪恶的关系,曾有非常深刻的论述:

> 几千年来,中国人民千辛万苦,流血流汗,创造了自己的祖国,创造了自己的历史。既然是自己创造的,产生热爱祖国,热爱历史的心情,也是很自然的。今天人民革命胜利了,劳动人民真正当了自己祖国的家,对自己祖先创造历史的勤劳和伟大,特别感到亲切与尊敬,要求知道创造的全部过程,为的承继历史遗产,从那里吸收珍贵的经验,作更伟大更美好的新创造。历史上,中国劳动人民对自然界作斗争

---

① 《中国通史简编》中册,新华书店,1949年版,第737—742页。

第五章 以科学理论为指导的第一部通史著作

的生产斗争历史,对抗统治阶级及侵略民族作斗争的阶级的民族的斗争历史,都有非常光辉的成就。统治阶级中一部分人,以各个不同的程度,参加这种斗争,全部或部分的符合人民的意志和利益,在政治经济上,在武力卫国上,在文化思想上作出许多大小事业,给历史以巨大的贡献,这与劳动人民的成就,同样值得人民的永远纪念与学习。把上述丰富的史实综合起来,就会基本上构成古代历史的光明面。当然,正因为中国人民充满着民族自尊心,所以特别愤恨自己的已往的奴隶生活与落后状态,对那些玷污民族名誉,出卖人民祖国,压迫劳苦人民,破坏经济文化,阻碍社会发展,毒害人民思想的暴君民贼及其所代表的反动地主阶级,表现无比仇恨,把他们的罪恶写在历史上,好让人民知道历史不是走的一帆风顺的胜利道路,历史走的是崎岖曲折,艰难困苦的道路。①

这些话是在四十多年前说的,在今天却仍然没有过时,《中国通史简编》便是以有血有肉的叙述,体现了这一指导思想和根本态度,因而能给人以道理上的启发和感情上的激励。《简编》一出版就赢得解放区和国统区广大读者的欢迎,说明这部著作的鲜明倾向和许多论断得到人们的认同,引起了内心的共鸣,所以获得了成功。

《简编》的基本观点之一,是肯定劳动人民是历史的主人。这是同旧史将帝王将相作为历史的主人而歪曲人民大众的作用相对立的命题。书中以具体的史实论证了:秦末、隋末和元末三次大规模农民战争胜利的结果,建立了汉、唐、明三个强大的皇朝,推进了封建社会的发展。相反,农民战争失败的结果,军阀混战割据,外族乘虚侵入,就出现分裂或经济遭受严重破坏的局面。对此,范文澜明确总结说:"劳动人民的命运就是整个民族的命运,不看清这一件大事,等于忘记了劳动人民是历史主人的

---

① 《关于〈中国通史简编〉》,《新建设》(1951年)第四卷第二期。

原则。"① 坚持这一原则，同承认统治阶级中有作为的人物（包括政治上、经济上、军事上、文化上）也曾或大或小地推动历史前进，是不相矛盾的。如论述朱元璋创建明朝、完成统一中国事业的功绩说：朱元璋在安徽起兵后，渡江击破元大将蛮子海牙军，占领东南形胜的应天府，"藉四周新起势力作屏障，不受元兵直接的迫害，这使他有机会进行整顿军队，建立纪纲，招聘谋士，改革弊政，扩大土地，筹备钱粮等必要准备，逐步实现削平东南群雄的计划"。又说，"朱元璋出身孤贫，一无凭借，不到二十年，居然完成统一中国的大事业。看他成功的原因，主要是在了解敌我，紧握时机，不放过每一有利的机会。他的成功，自然只是他个人的成功，但确不是偶然侥幸的成功"。朱元璋初起兵就申明军纪，严禁抄掠。破和州城时，郭子兴部将纵兵杀掠，朱元璋召集诸将说道，我军从滁州来，多掠民间妻女，军中无纪律，哪能成事，所有俘获妇女悉数放还，不得私藏。克集庆城（南京），召官吏士绅说道，"我是救人民来的，你们各守旧业，不需疑惧"。城中军民喜悦，此役即得民兵五十余万人。又善于用人。初起事时，就留心招聘文人谋士，先后得李善长、范常、夏煜、孙炎、杨宪、秦从龙、刘基、宋濂、章溢、叶琛，均能以礼相待，听取建言，酌量录用。才能尤高的留置左右，待遇优厚，共商机密，很得这些人的助力。故范文澜归结说："善于用人，善于了解每一个人的特性，是元璋能成大事的原因。"② 他在评论清朝鸦片战争前几位皇帝的作用时说，清朝满族与汉族间的矛盾斗争、清朝统治阶级与汉族人民的斗争、统治阶级内部的斗争都很复杂，"这样复杂的斗争，表现在历朝皇帝的政治策略上，因为皇帝是统治阶级唯一的首领，他们都很有才干，确能把握斗争而且从斗争中取得胜利"。书中评价康熙帝说："玄烨是清朝第一个英明的皇帝，他在位六十一年，完成了统一中国的事业，……武功与汉唐两朝比盛。内政方面，充分发挥了统治术，士大夫歌功

---

① 《关于〈中国通史简编〉》，《新建设》（1951年）第四卷第二期。
② 《中国通史简编》下册，新华书店，1949年版，第931—943页。

第五章 以科学理论为指导的第一部通史著作

颂德,全入牢笼(少数义士除外),汉族反满运动呈现退潮的形势,因之康熙成为清朝的全盛时代。""玄烨为要提高自己的智力,学习历代地主的统治经验,求学非常勤勉。五岁读书,到老不休,上自天象、地理、历算、诗文、音乐、法律、战术,下至骑射、书法、医药、蒙古、西域、拉丁字母,无不精熟,他是统治者中从古少见的博学者,掌握了丰富的统治法术,足够取得群臣的敬服。"又称赞他功绩之一是编了一批有用的书:"玄烨招集大批文士,编修《明史》,允许撰稿人报答先朝旧恩,在一定限度内替明朝皇帝说些好话。此外各依学术类别,编纂许多大部书籍,如《康熙字典》(四十二卷)、《历象考成》(四十二卷,天文历算学)、《数理精蕴》(五十三卷,高等数学)、《渊鉴类函》(四百五十卷,类书)、《佩文韵府》(四百四十三卷,作书典故)、《全唐诗》(九百卷)、《词谱》(四十卷)、《曲谱》(十四卷)、《律吕正义》(五卷,乐理),都是有用的著述。规模尤其巨大的书叫做《古今图书集成》,凡一万卷,明朱棣编《永乐大典》(二万二千九百余卷,书已大部散亡)以后,这是最大的一部类书。"对乾隆帝敕修《四库全书》,他既有批评,也有肯定:"弘历编《四库全书》,指示任事诸臣,备极周详,迭次颁谕说明编纂方法,凡有关君臣名分、华夷大义处,一字一句也不放过,像他那样精力卓绝,思虑细密,确是文化史上罕有的苦心人,同时反面也显示出汉族民族意识的强固,无法可以消灭。"① 《简编》在这方面存在的缺点则有如范文澜后来一再总结的:一是对唯物史观运用得还不熟练,因要暴露统治阶级的罪恶,而对汉武帝、唐太宗这样的杰出的帝王有贡献的一面写得不够。二是书中"有些地方因'借古说今'而损害了实事求是的观点",如叙述三国历史时,借吴、蜀联合拒魏来类比抗日民族统一战线,借孙权来类比蒋介石集团破坏统一战线。② 以后修订本对这些地方都作了修正和补充。

---

① 《中国通史简编》下册,新华书店,1949年版,第1185—1187页,第1239—1242页,第1250页。
② 《关于〈中国通史简编〉》,《新建设》(1951年)第四卷第二期。

第四，原本《简编》广泛地叙述了历史发展的各个方面，除政治、民族、军事、阶级阶层诸项外，还重视论述各个时期经济生产状况、科技发明和思想文化状况，这也是优于以往史书的地方。范文澜对于叙述古代的科学发明和有关农业、手工业知识十分重视，尽管编写时材料极缺乏，这些方面还是写的不少。例如炼钢、造纸、印刷、火炮的逐步发展；茶叶、早稻、棉花的大量种植。又如汉时陕北发现石油，北宋用来点灯，东汉末曹操开始用石炭，唐时航海有大船，宋时航海用指南针定方向，诸如此类都重视叙述。原本书中对文化思想的论述比较简略，但所提出的不少基本观点即是后来修订本论述的基础。如关于春秋时期孔子和战国诸子的论述，除评价孔子及韩非后来作较大修正外，其余对道、墨诸家及孟子、荀子的评价，都保留了原本的基本论点而加以扩充、发展。

书中论老子的思想主张说："老子看到历史上的成与败，存与亡，祸与福，古今关系的变化，以及战国时代的纷争繁扰，总结出一些含有朴素的唯物论的辩证法思想。但是，他所代表的没落了的贵族领主阶级的地位，使他不仅不能随着历史的发展前进，反而憎恨发展，主张清静无为，纯任自然，他所说的自然，就是事物的原始状态，因此主张倒退复古。"又说："老子又是一个大权谋家。他懂得历史发展和人情世事关联转变的辩证关系，例如他说'祸兮福之所倚，福兮祸之所伏'，'弱之胜强，柔之胜刚，天下莫不知莫能行'等等，因此主张柔、静、下……。看见事物的辩证关系，是他的成就；但他那没落阶级的特性，使他只能夸大事物柔弱的一面，而抹杀了另外的一面。法家所说的'术'，兵家所说的'奇'，都是老子学说的应用。""儒道两家，都是封建社会最出色的政论家。儒家替统治者制定尊卑贵贱的秩序；道家替统治者发明驾驶臣民的方法，使他地位巩固。汉刘询教训儿子刘奭说，我们汉家自有制度，杂用儒道两家，你偏重儒学，非把汉朝弄坏不可。后来刘奭果然把汉朝弄坏。""中国士大夫处世的秘诀，也是外儒内道，就是说，披着仁义礼乐的外套，内藏阴谋权术的骨干。"书中对荀子思想也有深刻的论述："荀子时代较晚,看出孔子墨子老子庄子子思孟子邹衍讲天都有流弊。墨家的天能赏贤罚暴,含有对统治者的威胁性,其余各家的天,是依一定不变的运命而表现出无上的权力,人只能靠天任命,绝对服从它,不得发挥人为的积极性。这在荀子时代,生产力正当跃进阶段中(荀子《富国篇》说,人力可以增加生产,不愁衣食缺乏),旧说不能使他满意,因此他推翻旧说,创造新的天论。""荀子以为天只是客观存在的自然物,天的作用,只是寒暑风雨,生长万物。人应该理解天运行的规律,控制它,利用它,使它有益于生产。那些灾变怪异,都是不相干的事。所以圣人但改变人事,不推求天意。荀子用人事代替天意,用科学代替迷信,把天命鬼神一起否认,确是思想极大的进步。"又说:"荀子法后王,希望找一个眼前较好的君主,帮助他成功。孟子法先王,看不起当世统治者,所以责骂得很严厉。如说暴君是独夫,是民贼;又说君之视臣如草芥,则臣视君如寇雠;又说民为贵,社稷(国家)次之,君为轻。诸如此类,颇有民主的意味。"这些论述,都是把老子、荀子、孟子这些思想家的学说,放在春秋战国时期的时代变动之中来考察,又着眼于诸子学说之间的联系和比较,阐发各家学说的精义,提炼其特点,虽然简略,却切中肯綮。以后修订本《中国通史简编》各相关篇章的论述,都以此为基础而且有进一步的发挥和发展。

第五,《简编》为通史编著创造了视野开阔、上下联贯的经验:写中国史要注意东西方的联系,写古代史要重视与近代史的联贯,深刻地分析近代中国的命运乃是孕育于明清时期多种社会与外交的矛盾和社会因素演变的必然结局。

范文澜对此项有自觉的认识,他用"古代史与近代史的联结"和"直通"的提法。中国历史行程至鸦片战争出现巨大转折,由封建国家走上半殖民地道路,由独立国家变为半殖民地。而这种结局乃种因于明清时期,原本《简编》在第三编第七、八两章中,从多方面揭示出造成后来巨大转折的复杂因素。第七章专辟"西洋人的东来"一节,追述了东汉时中国与罗马帝国的交通,元朝交通复活,明正德年间葡萄牙人到达中国,嘉靖年间占领澳门,荷兰占据台湾,明末天主教利玛窦、庞迪我等来华。第八章设置"海禁与华侨""鸦片战争前的国际贸易"等节,论述清朝实行海禁,抛弃海外华侨,给欧洲将南洋作为殖民扩张前哨提供了机会。长期的闭关政策,造成清统治者对西方世界及其侵略意图懵然无知。"老朽的中国,好比紧密封闭在棺材内的'木乃伊',一朝与外界新鲜空气接触,不可避免要腐烂。"清朝采取限制洋商的各项措施,但"事实上并不能阻止西洋商品暴风雨般的侵袭,也不能阻止奸商们贪饱私囊,暗中通融勾结。紧闭的大门,鸦片战争前早成半开的破门了"。① 此后,嘉庆末至道光年间,鸦片大量走私造成白银剧烈外流。英国政府为维持其不合法贸易的顺利进行,决心发动武装侵略,中国为了自救,也只有诉诸武力,"鸦片战争不能不爆发了!"② 这两章中,对国内社会矛盾和中国与西方殖民者的矛盾步步深入作了揭露,令人信服地告诉人们:近代中国的苦难命运,革命的性质,和各阶级的地位,都是由上述各种因素决定的,具有深刻的历史必然性。这样,古代史与近代史真正贯通起来,成为名实相副的"通史"。

(三) 对宋元明清时期历史的卓识

延安版《中国通史简编》第三编第四章至第九章,是对宋元明清时期历史的论述。这四个朝代(准确说是从公元960年北宋建立,至1840年鸦片战争爆发以前)总共历经的时间,只占中国几千年中的八百八十年,而书中所用的篇幅为三十万字,占了全书五十六万字的一半有余。形成这种情况的原因有二:一是范文澜到延安后,进一步学习马列主义、毛泽东思想,树立了厚今薄古的观点,中国封建社会的后期离近现代社会更近,与当代中国人的生活关系更密切,应该有更详细的了解和更深入的分析;

---

① 见《中国通史简编》下册,新华书店,1949年版,第1291页,第1293页。
② 见《中国通史简编》下册,新华书店,1949年版,第1307页。

第五章 以科学理论为指导的第一部通史著作

二是在写作上，开始时受字数的限制较大，后来中央既已明确指示："需要写多少就写多少"，思想上不再受限制了，因而比较地放开来写。新中国成立后至1965年春，范文澜以十几年的精力修订旧著，所完成的恰好在北宋以前。自远古至五代十国这一段，是以原著为基础重新撰著，我们到下一章讨论修订本《中国通史简编》的成就，其中也包含原著的真知灼见。而他对北宋以后重要历史问题的见解，则只见于原本《简编》，不包括在修订本之内。基于上述几项理由，我们有必要对修订本未能涉及的原著的最末六章作一番考察，这样我们将更加相信，评价延安版《中国通史简编》是20世纪史学史上的一部名著是有充分根据的。

范文澜探讨中国封建社会后期历史所具有的卓识，主要表现在以下三个方面：

一是相当准确地揭示出宋元明清各朝政治和制度的特点。

书中论述北宋兵制的特点，实则从一个侧面论证了封建专制制度的腐朽和必然败亡。范文澜说："赵匡胤来回五天工夫，获得帝位，他知道自己成功太容易了，所以登位以后，专力巩固中央政权，一切设施，都含有对内严防的性质。这是他和他的后代坚执不变的国策，因而宋朝内政最腐朽，外患最强烈，成为历史上怯弱可耻的一个朝代。"[①] 赵匡胤因为对武将严加猜忌防范，定计迫令他们交出兵权。他建立新兵制，分全国为禁兵、厢兵、乡兵、藩兵四种。禁兵是皇帝的卫士，挑选体力强健的军民充当，犒赏特别优厚。禁兵驻守京城，轮流到外州县就食，号称就粮军。边防要地，派禁兵把守，却让各镇守兵每年移动防地，浪费时间和精力在道路上，目的是要兵没有固定的将，将没有固定的兵，不容易联合叛变。厢兵是各州守军，只供官厅役使，从不训练武艺，毫无战斗力可言。乡兵是点抽壮丁充当地方守军，藩兵是招募归顺部落充当边境守军，这两种兵并不常有。其结果，绝不会再有觊觎帝位的武将，中央政权是巩固了，同时也就更趋腐

[①] 《中国通史简编》中册，新华书店，1949年版，第636页。

败和空虚。庞大的军队,坐费衣食,纪律废弛,当时已有"将骄兵惰,空耗赋税,竭天下之财,养无用之兵,兵愈多而国势愈弱"的定论。更为惊人的事实是:"军官出钱收买人头,报功受赏,或用茶叶向敌国(西夏)购回人头,算作战功,已成为军中公开的成例,朝廷并不禁止。赵恒(宋真宗)时四川夷人常来寇掠,边将不敢出战,送给夷酋米券一张,约定世世凭券领米,停止侵犯,别部酋长效尤骚扰,照例获得米券。酋长们争券数多少,见边将自陈某酋长只杀若干人,领得一券,我杀兵民比他多几倍,理应多给几券。边将不得已,按照酋长们凶暴程度发给米券,到赵顼(宋神宗)时前后凡发四百余券,只有极端腐败的军队才能这样做。"宋神宗用王安石做宰相,行保甲法,想渐废募兵制,改用民兵。宋哲宗后,募民募兵都成空名,巨大兵饷成为文武官员分肥中饱的来源。"金兵南侵,如入无人之境,朝廷下哀痛激切的诏书,促四方文武官员起兵勤王,可是无兵可用,偶有些乌合队伍,在怯懦贪鄙的军官统率下,援河北就在河北溃败,援京师就在京师溃败,赵佶、赵桓(宋徽宗、钦宗)父子屈膝降金,中原不战沦亡。这就是赵匡胤养兵防内的效果。"① 书中又描写北宋官场苟且取安、不思进取、一心只为保住乌纱帽的风气:"宋朝用人,最重老成稳健,遇事镇静,只求维持现状,惟恐改革生事。何朝宗年十八应进士试,赵匡胤说,此人还没有髭须,欠老成,且让回家读书。赵恒(宋真宗)有意用寇准做相,却嫌他年纪轻些。寇准赶快吃药,须发全白,果然拜相。暮气沉沉,是宋朝政治的特色,像范仲淹、欧阳修、王安石那样想改革旧习,就被满朝文武攻击陷害,不驱逐出朝,决不甘休。"② 许多人一心为了做官,不顾廉耻,甚至不顾儿孙死活。饶州朱文锡因中神童科得官,乡里人羡慕,便将五六岁的小儿放在竹篮中,悬挂树上,聘教师教五经,昼夜不休。小儿多病死,学做神童的还是很多。等到危急关头,京官竞相出卖宋朝宗室,向金人献媚效

---

① 《中国通史简编》中册,新华书店,1949年版,第631—632页。
② 《中国通史简编》中册,新华书店,1949年版,第644—645页。

忠:"金兵攻入开封,大捕宋宗室。宋官不遗余力替金人奔走搜索,婴儿妇女,都不得免。赵佶的幼子赵捷,匿民间已近五十日,忽被宋官发现,捕送金营。官员受朝廷优厚待遇,一朝权势变动,反而陷害有如深仇,人民平日饱受统治阶级的压迫,却匿藏宗室多至七百人。"①

书中对元代社会政治状况和制度特点的论述也堪称勾划清晰、提炼精当。突出的有以下几项:一是论述忽必烈时代创立的各种制度奠定了元朝治国的规模,并影响了后世。忽必烈命儒生刘秉忠、许衡定官制,内官最高有中书省管政事(宰相),统领吏、户、礼、兵、刑、工六部,枢密院管兵马,御史台管纠察。次级内官有院(如蒙古翰林院、宣政院)、寺(如武备寺、太仆寺)、监(如司天监、回回司天监)、府(如大宗正府),外官有行省、行台、宣慰使、廉访使,亲民官有路府州县四等。定国都北京,建立规模宏大的都城。划全国行政区为中书省(直辖河北、山东、山西地)及十一行中书省(简称行省,计为岭北、辽阳、河南江北、陕西、江浙、江西、四川、甘肃、云南、湖广、征东)。行省制度,明清以来相沿不改。二是帝位争夺的酷烈。忽必烈在位三十五年死。皇孙铁木耳立,在位十三年死。侄海山立,"自海山至懿璘质班凡八帝二十五年,一帝平均在位三年。当时皇后皇族大臣间行施各种阴谋暴力,互相杀夺,无暇顾及统治权的巩固,这是元朝不能较久存在的原因之一。"② 三是对宗教的保护利用和道学的提倡。范文澜说:"蒙古人向外侵略,与多种宗教接触,他们很快懂得保护被征服国的宗教,对自己非常有利,因此保护一切宗教,成为蒙古传统的政策。"③ 蒙哥每逢各教庆节日,令基督教士盛装替自己祝寿祝福,同样也令回教教士、佛教大师替自己祝寿祝福。教士们欢欣自喜,以为得大汗宠信。忽必烈也对基督教、回教、犹太教、佛教都加优礼。尤其尊喇嘛教,利用它来统治刚征服的吐蕃人,尊大喇嘛八思巴为帝师国

---

① 《中国通史简编》中册,新华书店,1949年版,第647页。
② 《中国通史简编》中册,新华书店,1949年版,第856页。
③ 《中国通史简编》中册,新华书店,1949年版,第860页。

师,京师特设宣政院,专管佛教。此后喇嘛教更盛,新皇帝将立,必先谒见帝师,受戒七次,才登大位。蒙古人崇尚儒学,追尊孔子,用意也与保护各宗教同。故程朱理学也成为其统治人民的工具。"蒙古侵入中原,就有一些所谓名儒投奔蒙古主人,献上典章礼乐制度三纲五常等统治中国的儒学。这些人多被搜罗在忽必烈左右,待遇颇优。"名儒赵复由江南到燕京,讲授程朱道学,俨然成为北方道学大师。他的两个名弟子,姚枢官至昭文馆大学士。许衡为忽必烈定朝仪,造官制,率弟子十二人教蒙古学生有功,官至集贤大学士,兼国子祭酒。又一南宋名儒吴澄降元,做国子监丞,被尊为一代最大的道学家。四是论述元朝贪暴政治的特点。范文澜说:"窝阔台定中原,近臣别迭等献计道,'汉人无用,不如悉数屠杀,空出田地来作牧场。'幸而耶律楚材竭力劝阻,教窝阔台征收地税商税及酒醋盐铁等税,每岁可得银五十万两,绢八万匹,粟四十余万石。窝阔台从楚材议,派官分十路收税,果得银绢,喜出望外,夸奖楚材道,'你不曾离我左右,却能替我取来这么多的财物,天下有比你贤能的人吗?'即日命楚材做中书令(宰相)。蒙古人只懂得畜牧和杀掠,从没有想到收税的利益更大,等到懂得税收,又不会想到兼顾民力的必要。在蒙古人看来,收税与杀掠,只是名称不同,实质无异。因此贪暴政治,比任何朝代严重得多,不仅中国北方地区衰敝的经济继续破坏,就是南方正在发展的经济,也遭遇强烈的摧毁,陷入停滞状态。蒙古族统治中国,给与中国社会无比的灾难。"① 书中对元朝的政治、阶级、阶层及经济文化状况还有更丰富具体的论述,而上述几项尤为突出。作者经过深入分析史料所提挈的这些主要纲目和论点,对于读者把握这一时期的历史特点和评价元朝在中国历史发展上的地位,显然是大有帮助的。

范文澜对明代社会状况的论述也颇费匠心。首先是论述明初及其后中央政制的变化,和由此造成的严重后果。"朱元璋综合

---

① 均见《中国通史简编》中册,新华书店,1949年版,第877—878页。

历朝的统治经验,创立新制度。废中书省,朝政由六部尚书分任,废枢密院,军卫归五部都督分统,皇帝一人总揽大权,不容有第二人偷窃权柄。君主专制政体,到明朝,确已最高度的完成了。""朱元璋禁止内阁识字读书,不许干预政事。朱棣(明成祖)时开始重用阁官,朱瞻基(明宣宗)设文书房,命大学士陈山专教阁官读书做八股,与士大夫受同样的教育。此后司礼监掌印太监成为皇帝的第一代理人。朱元璋设殿阁大学士,仅备顾问,不预闻政事,朱瞻基时,三杨(杨士奇、杨荣、杨溥)久在内阁,获得起草诏令权。此后内阁首辅成为皇帝的第二代理人。阉官擅权,造成魏忠贤屠杀东林的祸乱;内阁争位,造成邪正两派官员的互斗。明朝政治上最大事件,不外阉官擅权和内阁争位,同时也是亡国的重要原因。"① 其次,论述由于明初实行开垦荒田、军民屯田、兴修水利、防止兼并等措施,使得在元代遭受大破坏的农业得到逐步恢复,"呈现繁荣的盛况"。农民的租役负担也得到减轻。明代实行"一条鞭法",是由海瑞所创行。海瑞"本着均税的主张,在知县巡抚任上(他做过一任浙江淳安县知县,又做过半年应天十府巡抚),创行一条鞭法。所谓一条鞭,就是清丈地亩,按亩征银,令田主缴纳一定数量的银,所有田亩差役各种杂费包括在内,官募人充役,不再摊派。这种办法,对无田贫民确有利益。朱翊钧万历九年,朝廷采用一条鞭法,作为全国通行的制度。可是地方官吏勾结富豪,仍旧苛役农民,从中取利。"② 第三,论述明末东林党与阉党的斗争以及政治的腐朽恶浊直接导致灭亡。范文澜对明朝最后七十年的政治局势作了极其精练、生动的概括:"朱翊钧万历时代,明朝腐败政治已经发展到最高点。朱翊钧、朱由校(明熹宗)、朱由检三朝,统治阶级内部发生大混乱,起初士大夫分邪正两派,互相攻击,朱翊钧概不理会,任令自胜自败;后来朱由校重任大阉魏忠贤,邪派结成阉党,正派大败,惨被杀逐;最后朱由检斥退阉党,起用正人,

---

① 《中国通史简编》下册,新华书店,1949年版,第1117—1118页。
② 《中国通史简编》下册,新华书店,1949年版,第999页。

阉党改换面目，用阴谋诈术，取得由检的信任，正人全被排去，明朝也就灭亡。"①

对清代（鸦片战争前）政治和制度的特点，书中集中论述了清代民族矛盾与阶级矛盾相交织，斗争复杂，而历朝皇帝却很有才干，确能把握斗争并从中取胜。对汉族猜忌、防范，是清朝政策的特点。"少数的满洲人统治广大的汉族，战战兢兢，只怕汉人有机可乘，起来推翻自己的政权。因此'兴一利即生一弊'，'多一事不如少一事'（玄烨说）成为朝廷至高无上的政治思想。这就是说，清朝采取消极的、保守的、防御性的、反对进步的维持现状政策，一切可能撼动封建制度的新趋势，不惜竭全力予以阻止。在经济方面，着重地主利益的巩固（永不加赋），若干年来发育起来的资本主义的幼芽，被闭关政策所摧残，以致奄奄无生气了。"②典型的事实是乾隆帝对纪昀的呵斥。"四库总纂官纪昀曾从容说到江南财力困疲，应该想些救济的办法。弘历大怒叱骂道：'朕看你文学还好，叫你管四库书馆，不过养一个戏子罢了，你怎敢大胆妄谈国事？'"③并肯定清朝赋税制度比前代优良："田赋与差徭是人民两个重大负担，差徭害民尤甚。多尔衮入关，首采范文程建议，照万历定额征收钱粮，尽废天启、崇祯各种加派。又采用一条鞭法（人民纳一定赋税后，所有运输募役等费由官自办，民不预闻），免去杂徭。这些措置，对明末穷困劳倦的人民确是一种宽政。康熙五十年，规定'以后滋生人口，永不加赋'。从此丁银（人头税）有定额（用康熙五十年丁口税作为定额），广东开始将丁银随地亩征收，每地银一两，摊丁银一钱六厘四毫不等。雍正时推行各省，每地银一两，摊丁银通常在一二钱间。历代相沿的田赋（土地税）和丁税（人头税）归并为'地丁'一种赋税，无田人民得免纳丁税，有田人民，摊派并不过分苛重。"④这些论述都是很有见地的。

---

① 《中国通史简编》下册，新华书店，1949年版，第1080页。
② 《中国通史简编》下册，新华书店，1949年版，第1262—1263页。
③ 《中国通史简编》下册，新华书店，1949年版，第1251页。
④ 《中国通史简编》下册，新华书店，1949年版，第1271页。

二是注重反映历史演进的新态势、新问题。

最突出者，是明朝一章专设"南洋诸国与华侨""西洋人东来"二节，以确切的史实，反映出中国史必然地、逐步地、无法改变地走进世界历史的总格局，中西文化不可避免地出现互相交流、互相撞击的局面。范文澜极注重历史的联系，极重视撰写通史必须揭示出事物和过程由低到高、由简单到复杂的演进趋势，及其前因后果；而特别重视论述封建社会后期东西关系的局势，用史实来说明后来鸦片战争发生、西方殖民者用武力打开中国的大门、清朝屈辱战败的历史必然性。他这样做，是发扬了司马迁"通古今之变"的优良传统而加以发展，取得了显著的成功。此点也是我们应当予以重视的。

书中先追述自西汉、东汉、三国以来海上贸易情况。称"孙吴、东晋、宋、齐、梁立国南方，人力财力都不能抗衡中原，势必发展海外贸易来补充本国经济的缺陷"。孙权遣朱应、康泰通南海诸国，所经历及传闻凡百数十国。至梁武帝时，交通尤盛。李延寿《南史·夷貊传》立专条的有林邑国、扶南国、诃罗陀国等十五国。"南朝海外贸易，远超两汉，《南齐书》所谓'舟舶继路（接连不绝），商使（使官）交属（往来频繁）'，可以想见当时的盛况了。"隋唐南方海上交通继续发展，自广州至波斯湾中国商船独占运输业的霸权。"因国际贸易的发展，特设市舶司（最早的记载见开元二年）管理商务。波斯、师子、昆仑船舶，屯聚广州城下。外国商人及传教师多至十余万人。"到了宋朝，朝廷独占大部分国际贸易的利益，在广州、明州、杭州、泉州置市舶司，掌管征收关税及处理一切商务。元朝承宋旧制，在广州、上海、庆元、澉浦、泉州置市舶司。官府自备海船，选取商人往海外贸易，所得利益商人得三分，官府得七分。

书中论述明代对外贸易自明初至明成祖期间经历了一次曲折。"朱元璋统一中国后，派使官招谕四邻各国，要求它们向明朝进贡。招谕的用意，主要是在宣告自己做了中华大皇帝，四夷应该来修臣职（朝贡），通商利益，并不重视。"至洪武七年，因防倭寇，撤废市舶司，只许琉球、真腊、暹罗少数恭顺小国进贡。"商船贸易绝对禁止,人民通番下海,私行交易,罪至斩首。"至明成祖时,重新恢复对外通商。范文澜分析其原因是:"朱棣夺得朱允炆的帝位,想在政治上增高威望,来巩固自己的地位,外国朝贡自然也是增高威望的一种办法。同时中国社会经洪武时代长期休息以后,也需要扩大合法的对外贸易,来交易有无。所谓'夷中百货,都是中国必不可缺的,夷一定要卖出,中国一定要购入','中国物产,可以自给,外国却必需中国的物产',足见朱元璋闭关政策,显然违反社会的要求了。"朱棣登帝位当年,即恢复三处市舶司,并新创一种国营对外贸易政策,夺取商人利益。范文澜指出,历史上著名的郑和下西洋,其性质是"利用政府的力量,自备船只武器货物,派遣强大武装舰队到南洋诸国去招谕和贸易"。郑和七次下西洋,到达南亚、西亚、东非,最远至马达加斯加岛南端,招谕三十余国。范文澜对此的评价,一方面,认为"确是中国古代史上一件动人的壮举",另一方面,与葡萄牙人开辟新航路相比较,郑和下西洋并未促进中国国力的强盛和社会的进步,甚至其作用是消极的。作者所作的比较发人深省:

> 郑和末次航行正当公元1430—1433年,其时,葡萄牙人也正开始作海上活动,继续试航数十年,终于开辟欧亚交通的大航路。欧洲人航海是适应了当时商业资本发展的需要,含有进步意义,郑和航海,主要是满足皇帝'万国朝贡'的侈心,所得奇货重宝,如二钱重的大块猫睛石,二尺高的珊瑚树、麒麟、狮子、花福鹿、金钱豹、驼蹄鸡、白鸠等类,仅供朝廷一时的赏玩,去交换的物品如黄金、锦绮、纱罗、绫绢、纻丝、磁器,哪些不是中国人民的脂膏血汗?所以欧洲因航海通商,收得社会上向上发展的效果,中国航海通商,反招致民穷财尽的怨声。朱见深成化九年,命兵部尚书检查郑和出使水程,车驾郎中刘大夏藏匿旧案不缴,抗言道,"三保下西洋,费钱粮数十万,军民死万余人,就算得奇宝回来,对国家有什么利益?这是一件敝政,现在还想再做么?"成化国力已远不及永乐时代,经刘大夏等反对,朱

见深止好放弃"万国朝贡"的妄想。

从郑和下西洋船队的规模，造船和航海的技术，航海里程之远等项来说，无疑都足以显示中华民族创造力之强和明朝国力之盛，但由于东西方航海目的的不同，贸易手段的不同，尤其是各自所处的社会生产方式和体制的不同，因而导致了完全不同的结果，书中的论述无疑在今天还有宝贵的启发意义。

书中还以相当的篇幅论述明清时期华侨在南洋群岛的贸易活动及与祖国的关系，在读者面前展现了开阔的视野。范文澜对此有精湛的分析："中国与南洋的通商，是适应着本国的经济力的发展而产生的。朱元璋行施闭关政策，朱棣行施国营贸易政策，虽然起了些阻止私人商业的作用，终究敌不过社会发展中的经济力量。"因此，尽管其后宣德、正统、景泰，都有严禁沿海居民贸易通番的禁令，但其效果仍是有限，一部分统治者，也只好承认"私通滥（偷）出，断不能绝，大利所在，民不畏死"了。另一方面，华侨在海外的活动得不到祖国的支持，形势发生逆转："因为朝廷严禁'奸民下海，犯者必诛'，华商冒死出洋，多留居不敢回国。欧洲人侵入以前，南洋群岛的华侨，不仅在商业上占绝对优势，政治上取得了不可侮的地位，人口总数约略计算，当在十万以上。等到欧洲人侵入南洋，华侨不得祖国的援助，情况渐趋恶劣，只凭自己的力量，在海外作坚强的奋斗。"而世界历史已逐步走向东西方势力接触的新格局，因而，海外贸易和华侨在海外的状况也已逐渐成为影响中国社会进程的一个重要因素。范文澜对此作了如下剖析和论断：

> 中国与南洋通商，输入大量奢侈品，供统治阶级浪费享用，结果是现金外流，人民负担加重。华侨流寓海外，积累财富，不能运回祖国，后来受佛郎机、荷兰压迫，便失去发展的机会。中国海商被朝廷抑阻，官吏勒索，蓄积起来的货币，不能转化原始积蓄，作资本主义的前导。在这几个原因下，中国社会，渐渐落在欧洲的后面了。

读着这样的论述，你自然会被作者深沉的历史感和强烈的时代感所感染，古代与近代，中国和世界内在的有机联系，也因而得到生动的体现。

书中紧接着又以专节叙述"西洋人东来"，大角度地记述了"欧亚航路的寻得"，"佛郎机（葡萄牙）据澳门"，"佛郎机（西班牙）带来墨西哥银圆"，"荷兰占据台湾"，"英吉利最后到中国"，"葡西两国与中国通商的情况"，"天主教士来华传教"，"天主教士介绍西学来中国"等项重要内容。其中最值得注意的是，范文澜认为：西方传教士利玛窦（意大利人）东来，正值明朝的末年，一方面倭寇势盛，一方面满洲兴起，辽东的边患竟成为明朝的致命伤。那时候军队腐朽，器械破烂，国家财政又极困难。怎样能够开发财源，怎样能够改善兵器，这都是统治阶级愿意考求的。利玛窦诸人到中国来传教，看清楚了这一点。万历二十八年（1600）利玛窦上表陈情，就提出西洋的奇器、天文、舆地学有益实用的意见。万历帝对他很优待，召入便殿，询问外国民风国政等事，大概也希望从他得些致富强的方法。利玛窦通知本国教士们多多地输入绘画、玻璃、器皿、麻布、钟表、地图、火器等物。"这都说明明朝文化经济落在欧洲的后面，在危急期中，更显出了欧洲文化的优越地位。"利玛窦留居京师，他通中国文字，译四书寄回本国，中国士大夫与利玛窦交接，得闻教理和科学，极为尊信，交游甚广，徐光启、李之藻等先后入教，天主教从此流传起来。范文澜据此得出明末"统治阶级有一部分人敢于接受外来文化"的论断。他还强调明朝末年实际上已经开关，主要根据是：

> 熊三拔继利玛窦在北京掌教，著《泰西水法》一书，说明几种水利器具的原理，意在兴水利，救中国的贫乏。徐光启著《农政全书》，其中《泰西水法》一卷，即采熊三拔所说。王徵从邓玉函学西法，译《奇器图说》四卷，远比《泰西水法》进步。崇祯十二年，毕方济奏上富国强兵四大策：（一）改历法（二）办矿脉（三）通西商（四）购西铳。其中开矿一条，崇祯十六年前后，曾命汤若望试办，不久明亡，未见成效。购西铳一条，明朝早就实行，天启时代，东

北边患紧急,兵部到澳门征求擅长火炮的人,得陆若汉、公沙的西劳等二十四人,大炮四尊助战,屡立奇功,崇祯又命毕方济、龙华民招劝外商,捐助火器,又命汤若望监铸大炮,传授用法。天启以来,关于火器的著作,如《海外火攻神器说》、《祝融佐理》、《则克录》(一名《火攻挈要》,汤若望讲,焦勖笔录)等书,专门讲求西洋炮法。改历法一条,利玛窦、庞迪我、熊三拔等人早有著作多种,介绍西洋天文学。崇祯立西洋历局,令徐光启、李之藻、邓玉函、汤若望等修改历法,成《崇祯新法算书》一百卷。通西商一条,澳门租借以后,事实上对西洋人早就没有海禁。这样说来,毕方济富国强兵四大策,明朝完全采用了。

书中又详细论述明代工业、手工业技术的成就,如炼铁、造船、水碓、建筑用的起重法、火器等,并且提出很大胆的看法:"可以这样设想,如果中国不是又一次的被落后种族(按,应指民族)所统治,也许资本主义生产方式,可能在中国正常地发展起来,不须经过近百年那样痛苦的历程。"这些都说明:著者十分重视发现历史发展中带有新的时代特点的事物,重视分析历史进程中具有本质意义的问题。因而使《中国通史简编》具有迥异于以往的中国通史著作的思想光彩和新鲜风格。

三是精到地提挈思想文化史的要义。

《中国通史简编》的最后部分,用三万余字的篇幅论述宋元明清思想文化,提纲挈领,评价精练而内容丰富,给人以胜义叠出之感。仅择数端予以说明:

关于宋明理学的诸多问题,书中有许多卓见。范文澜提出了宋儒的嫡生父母是孔孟,佛老只是保母哺乳关系的精辟见解:"宋儒无论正统派反对派都精究佛学,试看正统派濂(周敦颐)洛(二程)关(张载)闽(朱熹)等大儒的传记,无一人不擅长佛学。……正统派大儒没有人不读佛经,反对派的陆九渊,用禅宗学理讲儒学,更是无人否认的定论。""宋儒自称'吾儒',异口同声斥责佛老,是不是'儿子骂父母'呢?当然不是。宋儒的嫡生父母是孔孟,佛老只有保母哺乳的关系。因为宋儒的最高宗旨在证明儒家三纲（君为臣纲，父为子纲，夫为妻纲）五常（仁、义、礼、智、信，化成五伦君臣、父子、夫妇、兄弟、朋友）是永恒真理，而五常又是服务于三纲的（五常本是优良的道德，服务于三纲，成为贱者卑者幼者片面的义务。所以阶级社会里不会有公平正常的道德）。佛教讲出家弃俗，破坏了三纲，道教讲清静无为，也对三纲不利，所以佛教必须痛斥，道教也该连带受骂。取道教《无极图》作主静论的依据，《先天图》作命运论的依据，佛教戒学（律）作修身齐家的依据，定学（静坐）作正心诚意的依据，慧学作格物致知的依据，佛性（凡人都有佛心）作性善的依据（五常出自天性，由五常化出的三纲，所以也出自天性，不可变动），中道（非有非空）作中庸的依据，渐教作'道问学'（下学而上达）的依据，顿教作'尊德性'（先立乎其大）的依据。无论宋儒采取佛老学说，成份有多少，总没有超出'作依据'、'作参证'的范围，不但不触动三纲五常的基本思想，而且三纲五常的基本思想，得佛老援助更形巩固有力。学术取佛老，宗旨反佛学，形式尊佛老，精神反佛老，所以宋儒是儒不是佛老。"这些论述，是对宋学与佛老的关系这一中国思想史上的重大问题所作的概括而鞭辟入里的阐释。又讲宋学兴起时《春秋》学大盛的实质："《春秋》是孔子讲名分（纲常）的儒家圣经，北宋初期儒者把目光集注到这部圣经上，非常合时宜。穆修首先提倡《春秋》学，说'《春秋》有贬而无褒'。孙复著《尊王发微》十二篇，宗旨是'春秋无褒'（在孔子笔下，全是乱臣贼子，无一人可褒赏），凡是人臣，都应该受皇帝的诛罚。《春秋》一部分'攘夷'大义却被宋儒完全抹杀了。孙复创立宋学的规模，只讲'尊尊（君臣）亲亲（父子）'，有利君父片面的理论，此后任何统治者（包括入主中原的异族）把表扬宋学，当作急务，原因就在这里。"

书中对宋代主要理学家的主要学术主张都有简要中肯的论述，指明其特点和功过。如论周敦颐说："宋初儒者严定君臣名分，但缺乏哲学的依据，不能制成完整的理论。周敦颐开始采取佛老，建设儒家的哲学。韩愈以来不曾想到夺敌人武器武装自己的方法,周敦颐这一成就,怪不得儒者认作巨大的功绩,甚至说孔子比他还差十分之一。"周敦颐首先改造陈抟的《无极图》为《太极图》。此项改造的意义,在于要提出"主静"(敦颐自注:无欲故静)作为全部学说的宗旨(无欲主静立人极,人极是人类道德的最高形式),用"没有天地以前,已经存在着的无极原来是静的"来证明人的天性是静的,应该是无欲的。宋朝统治者急求稳定五代以来纷乱争夺的恶习,主静学说当然有极大的意义。周敦颐第二大著作是《通书》,《通书》提倡一个"诚"字,说诚是"圣人之本,性命之源,五常之本,百行之原"。诚是"无为"的,是寂然不动的,所以诚是静的。人应该诚(不自欺,不欺人),这是毫无疑问的真理,可是周敦颐所谓诚,却是要人诚心诚意丝毫不怀疑三纲是永恒不变的真理。关于朱熹学说的特点,范文澜说:"朱熹是正统派理学的集大成者,他继承周敦颐的《太极图》(熹称文王谈《易》,不知有太极,孔子知太极,不知有无极),邵雍的《先天图》(雍著《皇极经世》,推演天地运命),魏伯阳的炼丹术(熹改名邹䜣,注《参同契》求长生术),以及儒经佛典诸子,无不泛览精研,在宋儒中学问最称博大。朱学宗旨在'主敬'在'道问学'。教人从平时言语行动等小事做起,必须格物穷理求得知,反躬实践见诸(于)行。"并举出朱熹在白鹿书院讲学所订教条五项为证:(一)学问宗旨——父子有亲,君臣有义,夫妇有别,长幼有序,朋友有信。(二)学问次序——博学之,审问之,慎思之,明辨之,笃行之。前四项学、问、思、辨是为了穷理。笃行则又包括以下三条。(三)修身——言忠信,行笃敬,惩(戒)忿窒(塞)欲,迁善改过。(四)处事——正其谊(义)不谋其利,明其道不计其功。(五)接物——己所不欲,勿施于人,行有不得,反求诸身。从总体上,范文澜对朱熹有明确的肯定,一是他学问博大,集理学思想之大成,精研各种典籍;二是他把儒家修身内省的功夫发挥到尽致,称"宋儒善讲修身养性功夫,尤其是朱熹,讲得更周到切实",认为他在这方面成就确实甚大,应该珍视并采择。同时明确指出,让老百姓相信天命、天理,安分守己,任由统治阶级摆布,则是朱熹学说和整个理学最严重的局限。关于朱陆异同,范文澜也有精彩的论述,认为:"朱熹主道问学,下学而上达(从小事做起);陆九渊主尊德性,先立乎其大(先要立大志,明本心)。朱熹主格物致知,陆九渊主先发明人的本心。朱熹主归纳,由博反约,陆九渊主演绎,执简驭繁。朱熹主读书讲学,陆九渊主实践中(人情事势物理上做功夫)提撕省察(指点出道理),悟得本心,不必多读书(学苟知本,六经皆我注脚)。朱陆鹅湖大会,陆作诗说:'易简功夫终久大(自称),支离事业转浮沉(讥朱)',朱答诗道:'旧学商量转邃密,新知培养转深沉'。朱陆治学方法不同,两派相争主要就在这一点。"范文澜对陆学的肯定是:其学问宗旨为"主静",同时颇有主动的趋向。他教学生下棋,说可以长人精神,又教弹琴,说可以养人德性,又说"精神不运(动)则愚,血脉不运则病",他把俗人喜声色、喜富贵、喜文章技艺,与朱派专在口头上谈学问同样轻视,认为说空话,不理会实际行动,丝毫没有意义,这是陆学胜朱学的地方。

范文澜对王守仁心学的评价也有独到的见解。称王守仁发挥陆学,建立姚江学派,在思想界推倒腐朽空虚的程朱派,称霸南方,王学影响不仅鼓动了思想界,不仅鼓动了政治界,而且因朱之瑜(明亡后,义士朱之瑜留居日本,为幕府德川光圀宾师,传授王学),成为明治维新一个力量。王学的宗旨,在破坏束缚身心的程朱学,提倡"狂"(率真进取)的作风。范文澜高度评价王阳明《传习录》载《训蒙大意示教读刘伯颂等》是一篇很好的教育理论,说:"某次阳明与弟子们闲坐,举扇说'你们用扇',一人起立对道'不敢'。阳明道:'圣人的学问,不是这等捆缚苦楚的,不是装做道学的模样。你们看《论语》曾点言志一章,何等狂态,随口狂言,要是伊川(程颐),便斥骂起来了。孔子却称赞曾点,足见圣人教人,不是要束缚众人成一个模型。'阳明最恶乡愿(伪君子程朱派),他说:'乡愿行为有两面,忠信廉洁去哄骗君子,同流合污去迎合小人,他们没有显著的罪恶可指,但他们的心早已破坏了。熟媚圆活,善能合俗,永不会学得圣人的道理。只有'狂者'才能免俗染，成圣人。'阳明这种主张，正与庸俗的程朱学相对立。"

范文澜表彰王学中有平民色彩、创立良知新学说的人物王艮、颜钧、何心隐（原名梁汝元）、李贽。他指出，泰州学派的开创者王艮（出身盐丁）讲学的宗旨是：人我互亲，要人爱我，必先我爱人，人不爱我，必反省自己，反己就是格物的功夫。王艮把高妙不测的圣道，看做百姓日常生活的规律，不合的便是异端。人我互亲，反己格物，与其他学派高谈主观的天理大异。王艮又主张"天民（常人）随命，大人造命"，与儒家居易（守常道）俟命（听天命）传统观念相反，故这种学说含有浓厚的平民色彩。又说："王艮收学徒不论身分，上自官吏，下至农商，环集听讲，随机立教，光明洞达，如脱桎梏，影响比阳明大得多。"但范文澜并没有不恰当地拔高平民派的地位，而是中肯地指出其局限："不过平民派主张近乎庸俗，助官府教化，劝人安分息讼，不谈世事，没有士大夫派那样大胆破坏儒家的礼教。"书中又专立有"卓越的思想家"一节，论述邓牧、黄宗羲、唐甄、王夫之这四位杰出人物的进步思想，认为他们都共同出现在封建统治腐朽、外族侵入、政权鼎革、天崩地解的时代，"看透国家灭亡生民涂炭的原因，完全由于统治阶级祸国殃民，罪恶万重。他们痛定思痛，感到必须改革社会制度，提倡民主政治，才能挽救民族的沦亡。他们生在封建时代，当然不能造出精密的完备的理论，可是这些优秀的思想，也就大可珍贵，值得赞扬"。邓牧是南宋末进步思想家，著有《伯牙琴》，激烈地批判君主专制制度和封建官吏的罪恶，20世纪初年鼓吹反满革命的人物曾经著文表彰过他，以后很长时间并未被人注意，因而在60年代初出版的思想史著作中被称为"长期被遗忘的进步思想家"。其实，范文澜在《中国通史简编》中已对他的进步思想给予热情介绍和高度评价，说：

南宋亡，邓牧与谢翱、周密等慷慨悲愤，抗志不屈，发扬高度的民族气节。牧著《伯牙琴》，有《君道》《吏道》两篇。《君道篇》说："君主把天下当私产，妄自尊大，残民自乐。天没有给他生四只眼、两只嘴、头有鳞、臂有羽（意谓君是禽兽怪物），形貌不异常人，足见常人都可以做君，为什么非他做不可。因为私有天下，多聚财物，怕人来夺位，不得不设军队刑狱，保护自己，从此争夺祸乱永不会停止。只有废除争天下的原因，使人不觉得做君是乐事，才是救乱的办法。"《吏道篇》说："大小官吏，游手浮食，遍布天下，害民比虎狼盗贼还凶，人民谁不愿意自食其力，安居乐业呢？官吏夺民食，竭民力，人民能不怨怒思乱么？上天不仁，生长这批奸邪（官吏），使与虎豹蛇蝎同为民害。只有废去官吏，让人民自治，才能感到安乐。"

废除大小统治者，废除剥削制度，政治全由劳动人民自己管理，邓牧可以说是中国民主主义者的第一人。

从范文澜论述邓牧进步思想这一例证，可以进一步说明《中国通史简编》运用唯物史观的新观点，对许多问题作了深刻的论述，并且发掘了许多新材料，因而无论在观点上、内容上都为通史研究创辟了新境界。

再一项极有见地的是对明中叶以后考据学逐渐兴起的论述。这个问题又是同清代学术的局面直接联系的。清代学术的最大特色是考证学的繁荣，而一般认为，清代考据学风的开创者是顾炎武，他是乾嘉时代朴学鼎盛局面的直接源头，此外还有个别学者把眼光看得远点，指出宋代司马光、黄震、王应麟、容迈等已经明显地注重文献方法。综合上述两种认识，清代考证学有远源和近源。范文澜在书中又提出一项独到见解，明代中期以后一些学者已明显地重视文献考证之学，这也是清代朴学的一个学术源头。对此他作了有力的论证："明朝士人埋头八股，空谈性理，大抵枵（音枭，空）腹不读书。一部分矫俗的名士，主张读古书（文必秦汉，诗必盛唐），因此文字学、音韵学、校勘学、辨伪学、训诂学、地理学、辑逸学、历算学，逐渐兴起。其中音韵学尤为读古书的关键。明中叶以下，较大寺院都有主音和尚，专门研究音韵，发明颇多，给士人很大的便利。陈第（戚继光部将）著《毛诗古音考》《屈宋古音义》，证明（用本证、旁证）古今音韵不同,实是清朝考据学最重要的先驱者。"范文澜所揭示的,实为学术史上一个重要的问题,此后已有学者对明代考据学这一领域作专门探讨,写成数十万字的专著,此一例子也说明范文澜目光如炬,所论洞中窾窍。对于清代考据学,范文澜也有公允、准确的评价。他论戴震学术的特点是:"读书极博,理解极精,依据许慎《说文解字》、郑玄经注作学问的尺度,判断是非,如老吏折狱。"戴震所创皖派学风的特点,"是'实事求是','无征(证据)不信',这当然是很好的科学精神"。他们专力经学,旁及小学(文字学)、音韵、训诂、天算、地理、金石、乐律、典章、制度、校勘、考古等等,凡经他们整理的古书,解释明确,使读者节省无限的精神,对学术确有极大的功绩。同时明确指出他们的局限:"他们只能依据许郑去批判别人,却不能依靠真是来批判许郑。"又说,他们的功绩并不能抵消他们共同的缺点。"他们笃信许郑的学说,笃信经是无可怀疑的圣训。经的形成有先后不同的时代,内容有真实和假托的区别,这些,他们是完全不理的,只要说得合许郑合经文,那就断然下判决了。所以他们标举'实事求是'、'无征不信'是科学的,但得出的结论却未必真是、真可信。"范文澜本人的学术渊源是深受他的北大老师、古文经学派学者黄侃、陈汉章、刘师培的影响,可是他评论学术史却能摆脱今古文学派门户之说,既客观地评述古文学派的成就和不足,又能公正地肯定清中叶以后兴起的今文学派处于西方势力侵略益急,中国政治腐朽,危亡可忧的局势下,借公羊学大力发挥改制变法的思想,具有革命的意义。他又把道光以后的公羊学者分为二派,一为议政派,以龚自珍、魏源、康有为、梁启超为代表;一为经师派,如戴望、皮锡瑞、王闿运、廖平等人,称这一派讲今文师法,斤斤与古文学派争孔子真传、经学正统,"学问既不及古文学派的精切,识见又仅限在《公羊》、《王制》(《礼记》中的一篇)小范围内,在学术史上不能占什么地位"。这些论述,对于研治清代学术者都很有启发意义。①

---

① 以上均据《中国通史简编》下册,新华书店,1949年版,第1315—1382页。

以上两节，我们先从一部通史应该具备的要求的角度作了论述，又以著者写的内容更详细的两宋以后历史作了评价，至此，可以明白地得出结论：延安版《中国通史简编》成就不容低估，在观点上，它以远比以往的历史观科学和进步的唯物史观为指导，对几千年中国历史提出了更能反映出历史进程的真实面貌、揭示出历史发展规律和真正价值的、自成体系的认识和评价，站在劳动人民的立场并代表中华民族前进的方向提出了大量新鲜的论断，摆脱了以往历史著作有过的许多偏见、误解和歪曲；在内容上丰富而多层面（包括叙述政治状况，阶级关系，生产水平，制度沿革，人物活动，民族关系，中外关系，学术文化等），尤其重视把握和揭示各个时代的特点，善于抓住历史演进中的新因素，新动向；在叙述上，脉络清晰，上下、中外贯通，即相当出色地做到古代史与近代史的贯通，中国史和世界史的贯通。故《中国通史简编》是一部以科学历史观为指导的成功之作，确确实实标志着中国通史的撰著进入了一个新时代，一般的通俗著作或急就章是根本无法与之相提并论的。范文澜在延安时期困难的条件下，以一年多的时间著成具有如此多方面成就和不平常意义的著作，即从整部近代文化史来说，也是非常了不起的。历史将永远记载范文澜在延安精神哺育和激励下创造的辉煌！

第六章 20 世纪中国史学的皇皇巨著

——《中国通史简编》修订本的成就

（一）《中国通史简编》修订本的理论指导

范文澜对《中国通史简编》的修订，至 1953 年，完成了全书"绪言"和第一编（战国以前），至 1957 年 6 月，完成第二编（秦汉至隋统一），1965 年 4 月，完成第三编（隋唐五代十国部分，分两册出版），总计约一百一十万字。著者仍然自谦为"简编"，实际上，这是试图以科学观点总结中国以往历史的浩大工程。书中所叙述的，包括历史上政治、军事的重要事件，社会经济的发展，各个时代的制度及其演变，阶级的构成、状况和变化，民族状况和民族关系，重要历史人物的活动，科学技术和思想文化，堪称规模巨大，内容宏富，史识高明，叙述生动。修订本《中国通史简编》自问世以来，多次再版重印，总印数达数百万册，是迄今为止影响最大的一部通史著作，称之为 20 世纪中国史学的皇皇巨著，确是当之无愧的。

范文澜的修订工作，是以十几年的心血，进一步搜集、分析史料，重新编撰的过程。他特别重视更深入地总结中国历史的规律和若干重要理论问题，以指导全书的修订，使之达到更高的科学水平。长达三万字的"绪言"就是他深入进行理论探讨的结晶。他严格检查了原著存在的缺点：一是对唯物史观运用得还不熟练，因要暴露统治阶级的罪恶，而对汉武帝、唐太宗这样的杰出的帝王有贡献的一面写得不够。二是书中"有些地方因'借古说今'而损害了实事求是的观点"，如叙述三国历史时，借吴、蜀联合拒魏来类比抗日民族统一战线，借孙权来类比蒋介石集团破坏统一战线。这些都应予纠正。

范文澜又申明，修订本仍然保留了旧本中正确的基本观点，包括：劳动人民是历史的主人；阶级斗争是研究历史的基本线索；重视生产斗争中的科学发明；用马克思主义的普遍原理与中国历史的实际相结合，说明中国历史经历了原始社会、奴隶社会、封建社会诸社会形态。"绪言"中着重论述的是著者经过探索形成的新观点，共有五个问题：一、汉族封建社会的分期；二、初期封建社会始于西周；三、自秦汉起中国形成统一国家的原因；四、历史上的爱国主义；五、历史上战争的分类。"绪言"把这些问题充分展开论述，标志着著者对唯物史观的运用达到了纯熟的程度。其中一、二两项尤为影响全局的重大问题。

1. 论封建社会分期

修订本把中国封建社会划分为三大时期四大阶段：初期，西周至秦统一；中期秦汉至元末，又划分隋统一以前为前段，隋唐以后为后段；后期，明至鸦片战争以前。而纠正了旧本划分为三期，把南北朝划分为封建社会中期结束的不恰当做法。著者对于中国封建社会演进的脉络得出了系统的新认识。认为：自秦汉至元末，应划为中期封建社会。西晋末年以后，经历了一百几十年的大分裂，最后鲜卑族拓跋部贵族联合汉族的北方士族，统一了黄河流域，建立起北朝，与汉族政权的南朝对立。到隋统一南北，才结束了这个长时期的对立状态。在阶级关系方面，魏晋南北朝的士族企图恢复领主的地位，北魏皇帝大杀士族，抑制了这种倒退的要求。这一时期的奴隶数量增加，但也只是旧的社会形态的一种残余,比起农民来,奴隶自然是少数,在生产中也只有附属的地位。隋唐以后,南方经济发展。"封建经济的地盘至少扩大了一倍,并且以此为基地,继续向闽江、珠江两流域逐步扩大",南方经济超过北方。北宋以后,"中央对地方的统治愈益强固,不再有公开的地方割据现象"。元代蒙古族武力统一中国,农业生产遭受极大摧残,但在手工商业和中外贸易方面,仍然相当地保持着前进的趋势。而明清两朝划为封建社会后段的明显特征是,明嘉靖、万历以后,出现了规模不大的手工工场,这是资本主义生产方式的前身。《苏州府志》《仁和县志》都有工匠受雇于机房、计日付给工钱的记载。《明实录》里还记载有苏州织工抗苛税斗争,染坊、机户受雇工人均有数千人。"机户就是拥有生产资料剥削雇佣工人的原始资本家,织工染工就是出卖劳动力的雇佣工人。……这种资本主义生产关系在封建社会里虽然还只是极微小的胚胎或萌芽,同时还混合着浓厚的封建成分,但是,这是极可珍贵的胚胎或萌芽。"① 清代广东佛山所制铁锅畅销内地并大批出口,广东的丝织物更远近闻名,云南、广西矿场雇用工人挖矿。明清两朝厉行海禁,企图阻遏民间对海外自由通商,致使"若干地区已经发芽的资本主义已受到严重的压制,发展的速度因而迟缓起来。不过,即使如此,中国资本主义终究是鹅行鸭步地在前进"。上述著者划分中国封建社会阶段的分析,揭示出历史演进的脉络,提挈了全书,为各个章节中对史实的具体论述提供了有力的理论根据。

2. 论初期封建社会始于西周

"初期封建社会始于西周"是又一项带有全局性意义的理论问题。上古史料有限,而且往往语意不清,背景不明,研究者如何对有限的史料进行诠释、概括,尤其不易。甚至对相同的史料,不同的研究者会得出不同的结论,因而有"西周奴隶说"与"西周封建说"的分歧,这就需要展开争鸣,各自阐述见解,互

---

① 《中国通史简编》(修订本),第一编"绪言",人民出版社,1965年版,第18—19页,第22页。

相交流，以推进问题的解决。范文澜从直接生产者的身份、统治阶级的构成、上层建筑的封建性质和领主制如何向地主制过渡四个层次作分析。他认为："周初大封建，从所有制的意义说来，就是自天子以至采邑主，大小土地所有者向农奴（主要的）和自由民身份的农民（次要的）征收地租。也就是说，他们之间存在着封建的生产关系。"西周农夫（即农奴）有属于自己的劳动工具。证据是《诗经·周颂·臣工》："命我众人，庤乃钱镈，奄观铚艾。"也有实际上属于他的土地，证据是《小雅·大田》："雨我公田，遂及我私。"农夫耕种公田，则是领主对农奴实行劳役地租的剥削。农奴也有自己的经济，《周颂·载芟》和《良耜》都提供了证据。从统治阶级方面讲，周天子既在王畿内保有大块公田，同时，他又以"最高所有者的地位，在王畿内分封许多卿大夫采邑，在王畿外分封许多诸侯国。这些受封的大小领主从周天子取得所有权，自然要尊敬他的权力并且向他贡献和服役"。而"诸侯在国内，同周天子一样，分封卿大夫采邑。卿大夫在采邑内，也立侧室（"卿置侧室"）和贰宗（"大夫有贰宗"）。天子、诸侯、采邑主都从分封里建立自己的权力，形成一整套的统治体系"。① 这样，从周天子、诸侯到采邑主，形成封建领主的各个等级，与直接生产者农奴两方面结合，构成了封建的生产关系。西周的宗法制度，就是反映和维护这种封建经济基础的上层建筑。宗法制度的基本精神是以宗子为中心，按血统关系的远近来区别亲疏贵贱，从而规定出无可改变的等级制度。"亲者也就是贵者受封以后，嫡长子孙世世承袭土地所有权（名义上最高所有权属天子），自天子以至侧室贰宗成为掌握各级统治所有权的贵族领主阶级。疏者也就是贱者（包括同姓的农民和非同姓的农奴等人，统称为庶民或农夫）成为被统治阶级。"由领主制向地主制过渡的途径是："春秋战国时期，贵族领主的宗族因兼并战争而崩坏，世袭小块土地的农宗就很自然地变成获得土地所有权

---

① 《中国通史简编》（修订本），第一编，人民出版社，1965年版，第34—37页。

的农民或小地主。再加上其他获得土地所有权的人,如士、荒地开垦者、工商业者、高利贷者等人,便形成春秋战国时期新起的地主阶级和农民阶级。"①

为了促使讨论更加深入,推进分期问题的正确解决,也是为了回答持不同观点者的论难,范文澜又对以下几个问题作了申辩和阐释。一是西周还有奴隶从事农业生产,是不是只能是奴隶社会呢?他认为那种看法是不对的。其理由是:如果以为有了奴隶,就不能有农奴和农民,这就把社会看作"纯粹的"现象。如果以为既有奴隶从事生产,所以不能是封建社会,这就无以解释《周颂》《小雅》里那些诗篇所说的生产情形。他特别引用了列宁在《统计学与社会学》等文章中的论述,说明马克思主义的一个法则:在社会科学中,问题是讲到普遍的现象,而不是单个的事件。在社会生活极端复杂的情形下,随时都可以找到任何数量的例子和单个事实来证实任何一种意见。为要得出客观的结论,我们就不应引用单个例子与单个材料,而是一定要引用所有有关的有价值的材料的总和。并且把它们作为整体的、有联系的东西来看,那么事实就不仅是"雄辩的"东西,也是绝对具有证明力的东西。范文澜认为,应用这一原理到讨论西周社会性质上来,就必须首先"掌握《诗经》里叙述当时生产情形的全部诗篇,因为这些诗篇所叙述的情形不是个别的情形而是大量的普遍的主要的情形"。二是,对《周颂》《小雅》的价值不能轻易怀疑。因为,《周颂》是西周初期所作并在宗庙里演奏的诗篇,《小雅》也是西周人所作。他们叙述当时的生产情形要比后世人的追述直接些可靠些。再者,《周颂》《小雅》那些诗篇说的是周天子主要收入的来源(别一主要收入是畿内采邑和畿外诸侯的贡赋),并不是个别的情形。既然西周前期(共和以前)公田是天子主要收入的一种,而公田的耕种情形,诗篇已有简要的叙述,那就足以证明在公田上耕种的农夫们确定以力役地租的形式向土地所有者贡献其无偿的剩余劳动而且是主要的劳动生产者。还有,如果说《周

---

① 《中国通史简编》(修订本),第一编,人民出版社,1965年版,第38页。

颂》《小雅》作者是属于统治阶级的人,所以他们说的话不可信。这也不一定,作者不颂幽厉而颂成康,不刺成康而刺幽厉,足见他们作诗并不是任意美刺。即便诗中讲农夫的劳动兴趣有夸张之处,但农夫们有自己的工具和经济,有私田并助耕公田等事实,若非当时实有,诗人造出这些话来并庄严地在宗庙里演奏,又有何意义呢? 三是,范文澜提出,对《诗经》的解释,不应轻率地别立新说。诗有一定的诗义和训诂,为当时人所公认,故贵族成员如不懂得诗就无法参加朝聘会盟的大事。毛《传》郑《笺》也像孔门诗教那样,基本上是有所本的,某些可疑或错误之处当然也是有的。故他认为,说诗不可随意离开训诂。后人"固然不可抱残守缺,墨守旧说,否认后儒证据精确、优于汉儒的某些新说,但也不可仅仅因旧说不合己意,轻率地别立新说。凡立新说,如果显得费力甚大,或'通'于此处而不能通于他处,或新说虽立而旧说依然不曾为有力的证据所推翻,那么,这种新说都是值得怀疑的"。四是关于西周东周社会演进趋势,范文澜对此加以概括说:"从全部西周东周的文字记载看来,只能使人看到同一社会制度在演变,不能看到一种社会制度过渡成别一种社会制度。而两种社会制度间的过渡,'通常是表现于用革命手段推翻旧生产关系而奠定新生产关系'。商与西周之间确实有过这样的过渡,而西周与东周之间,东周与战国之间,确实没有这样的过渡。"他又说,西周社会又具有过渡的性质。就是:西周有三种生产关系并存着,主要的占领导地位的是封建主对农奴的生产关系,并由此向较高的封建制度过渡。《孟子·滕文公》讲:"夏后氏五十而贡,殷人七十而助,周人百亩而彻。"贡、助、彻是三种剥削方式。从殷助到周助是质变,从夏贡殷助与周助周彻是数变(即量变过程中的部分质变)。夏贡是原始公社解体中自由民耕种土地向统治者纳贡物。殷助是土地被统治者所占有,自由民类似农奴地被迫为统治者无偿耕公田。这种关系的滋长,使原来并不发达的奴隶社会逐渐过渡到封建社会。以武王克商战争为标志,助法成为普遍实行的制度,社会也就开始成为封建社会。彻是实物地租。彻法的普遍行施,在王畿内开始于共和以后,在东方诸侯国间开始于春秋时齐鲁等先进国。从周助到周彻，是低级封建社会向较高的封建社会过渡。五是，封建制度的产生，并不一定是以铁器农具的使用为标志。因为，奴隶制度的转化，主要在于奴隶对奴隶主进行斗争，迫使奴隶主不得不变更完全占有为不完全的占有，而生产力也就在这个变更中发展起来。恩格斯在《家庭、私有制和国家的起源》一书中讲过：自纪元后800年至1066年之间，在日耳曼人社会里铁还没有脱离最初的阶段，迅速的变化是在1066年之后。而在这以前，铁并不比青铜硬，甚至比不上石斧。因此不能凭最初的铁的有无来决定社会的变化。恩格斯在同书中还论述德意志人国家的形成，指出奴隶制度与封建制度的交替，是因为奴隶制已经没有益处，而小农经济却成为惟一有利的农作形式。因此范文澜反诘道："这里根本不曾说起铁起了什么作用，而且在封建社会初期，铁制农具很贫乏，经过二百年，铁器才开始有广泛的应用，铁器论将怎样解释这种现象呢？"范文澜由此得出更加具有理论意义的看法，即对唯物史观的原理决不能教条式地刻板地应用，社会制度的交替有各不相同的环境、条件，因而产生不同的方式和途径。"推究封建制的发生，首先应从剥削形式的变更上也就是从阶级斗争的效果上着眼。又可见铁的作用，既不决定原始公社制与奴隶制的交替问题（决定于金属工具），也不决定奴隶制与封建制的交替问题，而封建社会经济的发展，则必须依靠制铁技术的进步。春秋时期，熟铁（最初的铁）进步到生铁，春秋时期的封建经济，也就比西周前进一步。"又说，"马克思多次指出，只是历史发展的一般趋势、社会经济结构的发展和变更的法则是绝对必然的，但它们是实现在多种多样的经验和环境中的。事实正是这样。原始社会获得了新的生产力，绝对必然地要产生阶级社会，产生出来的一般是奴隶社会，但有些可以是封建社会。同样，奴隶社会一定要变成封建社会，但新的生产力表现在自由农民与隶农的生产力，并不在于最初的铁。"①

上述范文澜对"西周封建说"的论证，是经过十多年的深入思考和反复锤炼而得，根据充分，逻辑严密，自成体系，因而长时间以来得到许多史学工作者的赞同，成为古史分期讨论中有力的一派。

3. 论历史上的爱国主义和战争性质

评价历史上的爱国主义和区分战争的性质，往往牵涉到复杂的情况而难以把握，范文澜以高屋建瓴的气概，在"绪言"中也作了精彩的理论阐述。他首先界定，我国各族人民世世相传的居住地区就是我们共同的祖国。历史上，早在西周初年，华夏族就称它所居住的地区为中国；秦以后，中国扩大为当时国境内各族所共称的祖国。他强调中国和朝代的不同："中国这一名词的涵义就是祖国，朝代则是统治阶级在各个不同时期所建立的国家称号。中国为各民族统治阶级和被统治阶级所共有，但以大多数居民即劳动人民为主体，朝代则为某一族主要是汉族统治阶级所独有，以君主（王或皇帝）和他们的朝廷（政府）为首领。朝代有兴有亡，一个替代一个，中国本身则总是存在着并且发展着。"②而国家作为政府机关，建立在祖国的土地和被压迫阶级上面。代表国家的君主和他的朝廷，在表面上似乎是站在社会之上，通常以公正的中间人姿态来缓和两大对立阶级的冲突，因而也似乎代表了被压迫阶级。在这种情况下，祖国、国家、君主三者常混为同一事物，被统治阶级和统治阶级都区别不清楚。要正确判别和肯定历史上的爱国主义，就必须通过分析，牢牢地把握是否有利于祖国社会的进步，即符合于各族人民的共同利益这一根本原则，同时，要辩证地区别对待各种复杂的情况。范文澜高度概括地区分了历史上四种爱国主义的表现：（一）"腐朽的朝代，残暴的君主，都是祖国社会发展道路上的障碍物。农民起义摧毁（不

---

① 均见《中国通史简编》（修订本），第一编，人民出版社，1965年版，第39—48页。
② 《中国通史简编》（修订本），第一编，人民出版社，1965年版，第64—65页。

论成与不成）这些障碍物，实际上是爱祖国的一种重要表现。统治阶级为了保护那些障碍物，疯狂地镇压农民起义。他们自以为爱国，显然他们爱的是他们的国家和君主，对祖国说来，他们是祖国的罪人。他们的忠君爱国与起义农民的爱祖国是丝毫没有共同点的。"至于统治阶级中个别的人，同情或参加农民起义，而不中途叛卖，则也应承认是祖国的爱护者。（二）"在反抗外族压迫的情况下，统治阶级和被统治阶级的爱国行动，一般都表现为爱本族的朝代和君主。"但其中也有区别。被统治阶级在遭受阶级压迫以外又加上民族压迫，所以反抗是广泛而持久的。他们常常以恢复前朝为号召，实际意义是借前朝为象征来恢复祖国。统治阶级的利益在于剥削劳动人民，当见到旧朝大势已去，统治阶级中人便纷纷投降外族统治者，反过来镇压人民的爱国行动，以求得外族统治者的青睐。统治阶级中也有一部分人，坚决不投降，采取积极或消极的反抗方式。他们虽出于对旧朝的忠爱，但也是热爱祖国的表现。（三）历史上敢于诤言直谏，不惜杀身，要求君主改善政治（如夏朝的关龙逢，商朝的比干，楚国的屈原），或为民事鞠躬尽瘁，敢于诤言直谏，目的也在改善政治（如蜀汉的诸葛亮，唐朝的魏徵），他们的行动对祖国对人民有利，虽然主观上是出于忠君尽职，但他们也是爱国者。"凡是对人民多少有些益处的措施，多少对腐朽的现状有所否定，都应予适当的评价。"（四）"凡法施于民（创造发明，有利于民），以死勤事（民事），以劳定国（治国安民），能御大灾，能捍大患的人，依据他们对祖国和人民的实际贡献，都可以称为爱国者。"[①]

对于历史上的民族压迫、民族战争，范文澜指出，都应该把账算到实行压迫、挑动战争的汉族或少数族统治者身上。"汉族统治阶级残酷地压迫国境内少数族（当然也残酷地压迫汉族人民），有时候（往往在强盛时），也残酷地压迫国境外少数族。形式上似乎是汉族压迫少数族，实际是汉族统治阶级为了满足它自

---

① 《中国通史简编》（修订本），第一编，人民出版社，1965年版，第65—66页。

己的私利,利用民族名义,挑动汉族人民与少数族人民间的不和,以达到从中取利的目的。与汉族统治阶级同样,国境外少数民族的统治阶级,用武力侵入中国,也利用民族名义,挑动本族人民与汉族人民间的不和,以达到统治中国的目的。历史上所有民族压迫,本质上只是一个民族的统治阶级压迫别一民族,主要是压迫别一个民族的劳动人民,藉以增加自己的剥削对象。"①历史上有过的民族间的隔阂、猜忌和仇恨,都是汉族或少数族统治者为其私利而制造的。抚今追昔,更应该珍视全国各族人民友好团结的局面,珍视各民族共同创造伟大祖国的成果,继承爱国主义的传统,并且予以更高度的发扬。

关于历史上战争的分类,"绪言"中所作的区分是:(一)正义战争。"凡农民起义和全民族反抗外国侵略的战争,都是正义战争。消灭地方割据,完成中国统一事业的战争也属于正义战争。"(二)非正义战争。"其中一部分是破坏性的战争。凡镇压农民起义(包括国内少数民族起义)的战争,统治阶级内部分裂,争夺权利,割据土地的战争都属于这一部分。又一部分是侵略性的战争。凡落后国侵入中国,摧残中国的经济与文化,以及中国统治阶级侵入落后国,客观上对落后国社会只有摧残没有发生推进作用的战争都属于这一部分。"范文澜又特别指出,历史上正义和非正义战争,不可机械地绝对划分。有些战争,一方面是破坏性或侵略性的,但在另一方面却发生了有益的作用。他举出,春秋战国时期的兼并战争,汉武帝唐太宗的对外用兵,清圣祖清高宗的开疆拓土,都可以说是有益的战争。至于帝国主义列强对中国以及一切落后国家的战争,则一定是彻头彻尾的侵略战争。他严肃地批评有的人所持"帝国主义侵入以后,中国从而产生资本主义的工业,这应该是有益的","帝国主义在中国建工厂筑铁路等等,是发展生产力,有进步意义"的看法,称之为完全的谬说。②

---

① 《中国通史简编》(修订本),第一编,人民出版社,1965年版,第67页。
② 《中国通史简编》(修订本),第一编,人民出版社,1965年版,第68—70页。

范文澜深刻地论述了古代史与近代史的联结:"中国长期封建社会到明朝已进入后期,资本主义的生产方式开始萌芽了。到清朝(鸦片战争以前)有进一步的发展。不了解明清两朝经济发展的实情,要了解中国一接触外国资本主义的侵略便有各种反应的原因是很困难的。因为以林则徐等为代表的改良主义倾向;太平天国农民战争之所以成为旧民主主义革命的序幕;曾国藩、李鸿章等军阀官僚为什么办洋务,广东上海绅商首先仿制外洋器物等事实,都有它们的经济原因,都不是偶然的。"这些论述,比起原本《中国通史简编》的认识显然是大大深化了。他还总结出通史工作要做到"直通""旁通"和"会通"。"直通",是要精确地具体地划分出中国社会发展的各个阶段。"旁通",是要充分认识社会生活各方面的现象不是彼此孤立,而是互相联系、互相依存、互相制约着。研究者不能只选择某个"主导"的事物,或持主观武断的态度,而要研究当时社会的一切思想和各种趋向。"最后归因于物质生产力状况的根源。"把上述两个方面,即:"对社会自始至终的矛盾运动"和"在一定阶段内,当时社会的发展趋向"的分析二者综合起来,就是"会通"。

"绪言"中论述的这些理论问题,都是范文澜长期从事通史研究的经验总结,对于我们从事史学研究具有极宝贵的借鉴和指导作用。而《中国通史简编》的修订工作,由于自觉地贯彻了上述理论指导,因而保证了全书在叙述中国历史进程所表达的史识上,在讴歌民族精神、阐发民族智慧上,在反映各民族共同创造祖国历史上,在评价历史人物上,在描绘多样的社会生活上,在阐发传统文化的宝贵价值上以及全书的编纂、组织上,都在原本成就的基础上更臻新的境界,成功地向读者展现出一幅幅雄浑壮阔、多姿多彩的历史画面。

(二) 高明的史识,开阔的视野

范文澜著史的目的,是要科学地说明中国历史演进的客观过程,揭示其规律性,并总结历史上兴衰治乱的教训、民族的智慧、文化的精华。书中很重视论述历史发展的趋势和阶段特点,论述各个时期的政治思想和措施、社会结构、阶级关系、经济状况,这些与记载评论制度的创立沿革、重大事件、人物活动、科技文化等方面相配合,视野开阔,多层面地展开,构成了内容丰富的通史。

书中态度鲜明地肯定人民大众是历史的创造者,从根本上决定历史前进的方向。"商朝奴隶阶级对奴隶主的斗争和周国封建制度反奴隶制度的斗争配合起来,破坏了商朝奴隶制社会,出现了西周初期封建社会。秦末农民战争的结果,结束了西周以来的领主统治,建立起盛大的西汉朝。隋末农民战争的结果,结束了奴隶制度的残余,建立起更盛大的唐朝。元末农民战争的结果,结束了元朝贵族的野蛮统治,建立起盛大的明朝。"范文澜关于"劳动人民是历史的主人"的命题,正是根据历史上归根结底是人民的意志、人民的斗争决定历史前进的方向,推动社会前进的大量史实总结出来的,因而是正确的、马克思主义的命题。他又具体论述农民战争推动生产力发展的作用:"农民战争打击了封建统治,迫使封建统治者不得不在政治上、经济上作出些让步和改良。这样,生产力和生产关系得到某些部分的适合,社会生产力因而多少有些发展。"每一次农民战争,其他被压迫者(奴隶、小手工业者、小商贾)往往参加进来,合力打击压迫者。"奴隶残余的逐步缩小,手工业的逐步发展,都是农民战争的副产品。"① 以隋末农民大起义为例,范文澜精彩地分析了唐初社会的进步和经济的繁荣,从根本上说来,正是隋末农民大起义推动的结果。是农民大起义,使唐太宗"这个出身大贵族的雄豪子弟,不得不在事实面前,认识了劳动民众的巨大威力。得罪了民众,就像隋炀帝那样集全部权力于一身的皇帝,也难逃亡国杀身的后果。他认识到要巩固自己的统治权,就必须不得罪民众,这是他

---

① 均见《中国通史简编》(修订本),绪言,人民出版社,1965年版。

取得贞观之治的根本原因,也是他被称为英明的封建皇帝的根本原因"。①

1. 历史时期的特点和社会结构

修订本《中国通史简编》很重视论述各个历史时期的特点和社会结构。第一编第三章"封建制度开始的时代——西周"第三节"周初大封建",论述西周初年实行的封土建邦和宗法制度。武王克商后,开始分封诸侯。周公杀武庚,灭东方十七国,才实行大封建。把最亲近的贵族周公同母弟康叔、周公长子伯禽、武王外祖父太公吕尚、召公之子、成王弟叔虞分封在重要地区,建立卫、鲁、齐、燕、唐(在山西太原,后称晋国)等大属国,确实表现了周初分封政治上的远见。而灭多数小国,建立较大侯国,降服许多小国,含有统一天下于周王的意义,显然是一个进步。强迫奴隶制度的小邦接受周朝的封建制度,更是一个重大的进步。分封与宗法制度密切结合,以周王为中心,形成一层一层的宗法等级关系。而其真实的社会物质基础,就是封建土地所有制(按,宗法封建关系,往往为处于家长奴役制阶段的民族所采用,在中外历史上屡见不鲜)。经过大封建,全国土地名义上都为周天子所有。周天子的最高土地所有权,在王畿内,是以农夫助耕公田,缴纳劳役地租而直接实现。王畿外的土地,则由侯、卿、大夫朝觐贡献实现——这是对诸侯、卿大夫地租剥削的再分割,是间接对庶民的剥削。所以在西周时代,不存在土地私有制。但又应看到,由于大小采邑主可以将土地转让、交换,故这又包含有向私有制转化的因素,而纯粹的公有制并不存在。著者还论及,在封建制度建立和扩大的基础上,西周初年,政治上经济上出现了前所未有的大进步。这时社会上比较平静,阶级矛盾并不尖锐(按,有其他史学家所持意见与范文澜正合,如徐旭生)。奴隶制的残余还有。但就整个社会来说,奴隶制成分不断缩小,奴隶生产不断减少。就各级封建主来说,虽然他们同时占有农奴和生产奴隶,但一般农奴比奴隶多,且比较起来,封建主

---

① 《中国通史简编》(修订本),人民出版社,1965年版,第93—94页。

宁要农奴。这些论述都是依据大量历史文献（《诗经》《尚书》）以及金文材料综合研究而得，讲出了西周社会进程的实际情形，蕴含着历史的辩证法。与论述周初生产关系和阶级状况相配合，著者又专设一节论"统治阶级的敬天保民思想"。认为：周初的社会意识，与商代大不相同。商代奴隶主对奴隶有绝对的权威，因而在思想观念上也认为统治者受有绝对的天命，对民可以任意诛杀。周初统治集团的思想核心则是敬天保民。这与商代有质的不同，因为它反映了封建领主不完全占有农奴的新生产关系。敬天保民思想进步，就因为产生这种思想的基础进步。针对不少论者所言周初制度与商代制度无大不同的观点，著者指出，周代祭祀、葬礼与商代显著不同，并分析这种不同的原因是来自黄土高原的周人深知稼植之难，敦厚节俭。有关的周初文献即向我们昭示了这一点。而周初文化乃是灿烂的古代中华文化的最初基石，明乎此，那么周初的大政治家、大思想家周公的历史地位也就不言而喻了。

第一编第四章"列国兼并时期——东周"论述的是充满激烈变动的东周时期：平王东迁以后，王室衰弱，无力控制各诸侯国；侯国互相兼并，大国陆续出现，打破了诸侯并列、王室独尊的局面；后来侯国大夫互相兼并，强宗陆续出现，打破了宗族并列、公室独尊的局面。在各种大变动中，著者最关注的是由宗族土地所有制向家族土地所有制转变这一最基本的社会变动，其中，尤为关键的是宗族内部的发展引起宗族兼并，导致家族土地所有制产生，书中对此的论述也很有启发性。宗法制度来源于血缘关系，而血缘关系的强弱，与社会的前进程度成反比例。周人从家长制奴役阶段建立新国家，宗法观念和家长制曾给他们建立宗法封建社会提供方便。在一个宗族内部，血缘、氏族关系是如此强烈；但由于事物的矛盾运动，宗族也必然要走向它本身的反面。周王室东迁使宗族制度遭受很大削弱。东周前半期，已成礼乐征伐自诸侯出的大国争霸局面；后半期进而出现各国强宗实际执政的局面。整个宗族制度，从它的顶点一层一层崩溃。当时的士阶层，在政治上、军事上有很大数量，士从食田到赏田，是由领主的附属转变为新兴地主。与此同时，各诸侯国内商人势力继续发展，而因出现土地自由买卖，商人便成为新兴地主阶级的一部分。总之，西周没有真正的土地私有制，但到东周时期随着经济发展和社会的变动而出现了，且最终地冲破了宗法制的束缚，由此导致地主土地私有制的确立。家族制度代替宗族制度，这自然是血缘关系的削弱。但不幸的是宗法观念、习惯势力仍然顽固残留着，它只是削弱，而远不是最终摆脱。无论如何，土地私有制的产生和确立，委实具有极其重大的意义，因为历史前进步伐加速了，如兼并战争的激烈进行、经济的繁荣、文化思想领域中的百家争鸣局面，都是在此基础上展开的。

此章第六节"东周时期的经济状况"，又具体讨论了在向地主土地所有制转变过程中经济领域的变化，特别是赋税制度的变化。著者认为，农奴是推动领主制社会向前发展的主要力量。由于宗族、大国的兼并，宗法领主制已走向它的反面，公田制已不再适合生产力的发展。赋税制度的变革就是土地制度变化的标志。先前，下级领主对上级领主负有贡赋的义务。贡是缴实物，等于土地所有权的实现，即力役地租的再分割。赋是出军赋，是氏族成员对氏族公共事务共同分担的演变。进而是税亩与丘甲并行。鲁宣公十五年（前594）实行"初税亩"。"税亩"的税，是力役地租变为实物地租，含义如同现代的税。或许此时采邑主对公室的贡还存在。再演变则是国家对土地所有者征收课税，农民向地主缴交地租。鲁国的"用田赋"及秦的"初为赋"（稍后）即此内容。这里的赋已不只军赋，已是如后代的课租，包括公社成员对公社共同体的实物义务与军事义务所演变的两种负担，至此结合在一起。土地所有权的真正确立，似应放在此时。继鲁国之后，这种新的赋税制度，也在其他东周国家先后推行。书中还论述了地主土地所有制的形成，因铁器农具的使用而加速。在生产力和生产关系变革的基础上，社会财富增加，春秋后期各国国君过着奢侈生活。东周晚期，商业进一步发展，并开始推行金属货币。

战国时期社会的一个突出特点，是盛行养士。而长期流行的一种看法是,称赞信陵君之流的"礼贤下士",卑躬屈节地去迎合士的心意,称赞游侠之为知己者死。范文澜却提出了与众不同的看法,认为战国的养士,不是别的,只是没落领主利用士来作为维持其统治的工具,这些士则是行将没落的阶级的陪葬品。请看他的分析评论:

> 宗族制度破坏后,国王和贵族势力削弱了,他们迫切需要大量拥护者,不得不向地主阶级的士求助。……领主地位愈来愈危殆,养士风气也愈来愈盛行。战国末年领主卑躬屈节招天下士,惟恐士不来附己。当时著名的养客贵族有孟尝君、平原君与魏国信陵君魏无忌、楚国春申君黄歇。四人养士各在三千人以上。孟尝君与宾客吃同样的饭,并赠送礼物给宾客的亲戚。平原君散家中财物供养宾客。信陵君待士更谦恭,搜求隐士无所不到,在四人中声誉最高。春申君门下上等客都著珠履。别一著名养客者燕太子丹,要讨刺客荆轲的喜欢,尊荆轲为上卿。最好的房舍,最好的饮食和车马,都送给荆轲享用。太子丹还天天到荆轲那里问安,惟恐荆轲不满意。太子丹把燕国的命运寄托在可耻的刺客身上,是养客者中间最下等的一个。这些领主们,尽量吸取劳动群众的血汗,来求得士的满意,企图得到士的助力,维持自己的地位,这正好说明领主统治已经走到了末路。

著者接着又说:士大体分为四类,一类是学士,一类是策士,一类是方士或术士,最下一类是食客,"这一类人数量最大,流品最杂,其中包括鸡鸣、狗盗、任侠(恶霸)、奸人、罪犯、赌徒、屠夫、刺客等等无赖凶人,通过贵族将相来吸食人民的血汗。田文(齐国孟尝君)曾路过赵国,赵人闻名,聚立路旁看他,笑道'原来只是一个短小男子'。田文发怒,他的食客下车斩杀观众数百人,索性把一县人都杀死才走路。后来田文失位,食客都跑散了,田文复位,食客又回来。所谓食客,就是这样野蛮的贵族走狗。四类士身份不同,他们活动目的基本上都是为了巩固统治者的地位。"① 范文澜论述战国时代没落领主不择手段地招募士来为己效力，以及食客行为的野蛮无耻，是密切结合战国社会的发展趋势和阶级关系格局的变化来分析的，透过表象剖析出养士的本质性意义，因而是很深刻、很有价值的见解，需要我们认真思索和参考。

2. 政治思想的时代特点和阶级关系

著者十分重视分析、总结各个时代政治思想的特点和居于支配地位的社会阶级、阶层的特点，因为这些对于一个时期的社会面貌和演进的趋势是很关键的因素，对其他社会部件起着很大的制约和影响作用。他总结西汉时期统治阶级的指导思想经历了三个变化："前期行黄老刑名之学，符合与民休息的社会需要。中期独尊儒学，罢黜百家。所谓儒学，就是儒学为主、刑名学为辅的董仲舒春秋公羊学。"公羊学的盛行，说明多欲政治代替了前期的无为政治。董仲舒学说的核心是"改制""更张"，恰恰成为汉武帝兴造制度，施展其雄才大略的理论依据，武帝的改正朔，制太初历，立学校之官，罢黜百家，州郡举茂材孝廉，其议皆由董仲舒发之。"后期行纯儒学。所谓纯儒学，就是依据孔子所传在周天子统治下承认封建割据合法存在的原始儒家思想。其中以提倡温柔宽厚的《诗》学为最盛行。"这正是中央集权衰弱豪强割据势力兴起的反映。汉宣帝教训汉元帝说，我们汉家制度，一向杂用霸（刑名）王（儒）道，怎能学西周政治用纯儒学呢！乱我汉家制度的一定是你了。这种提倡宽柔的政治学说是豪强势力抬头、要求摆脱中央集权控制的反映，它的实行，又更加助长豪强势力的膨胀。范文澜所揭示的，正是导致西汉后期政治社会状况迅速恶化的关键因素。其时的情形正像书中所描述的："纯儒学政治使上下豪强得到兼并的便利，连汉宣帝设立的常平仓，也因儒生说是不要与民争利，被汉元帝取消了。儒生所谓民就是属于下层豪强的商贾和地主。朝廷不要与下层豪强争剥削农民的权

---

① 引文均见《中国通史简编》（修订本），第一编，人民出版社，1965年版，第248—249页。

利,就是纯儒学的政治主张。"①

东汉社会,正是在西汉后期豪强势力兴起所预示的方向上,演出了豪强势力恶性发展和不同豪强集团之间残酷争斗的种种景象。范文澜从各个方面透彻地剖析了东汉时期豪强集团兼并性和割据性的特征。东汉开国皇帝刘秀是由于夺取了农民战争的果实而登上统治宝座的,他本人就是个大豪强。他所依靠的云台二十八将、三百六十五功臣也是以南阳豪强为基干。光武帝又封外戚四十五人,与宗室王侯合成一个豪强集团。"朝廷用人,主要从这个集团中选取,特别是南阳人。东汉皇室宗室的男女嫁娶,大体上也不出这个集团的范围。皇后皇太后的母家常是这个集团中最有势力的一家。东汉后期,政权常常落入外戚手中,外戚成为无市籍大地主,也就是上层豪强的政治代表。"又一个对社会起严重破坏作用的豪强集团是东汉后期出现的宦官集团。东汉宦官的嚣张跋扈由来有自,光武帝所设立的朝廷政治中枢的机制就隐伏了后来酿成大祸的因素。光武帝为了集中权力,在朝官中设立尚书六人,分掌全国政事。尚书地位低微,但"天下枢要,在于尚书",职权极为重大。朝廷最高的官称为三公(太尉、司徒、司空),并无实权,只是给那些有资望的大臣享受名义上的尊荣。另在宫内设中常侍、小黄门、中黄门等宦官多人,这种设置就为以后埋下大祸患,因为宦官负责传达皇帝口诏,阅读尚书呈进的文书,如果皇帝昏庸懦弱或年幼,宦官就可操纵宫中大权,为非作歹。"东汉后期,宦官经常从外戚手中夺得政权,指挥尚书们发号施令,朝廷大官无法对抗。宦官都是无赖凶狡人出身,他们夺得政权后,成为有市籍地主,也就是下层豪强的政治代表。"东汉在外戚、宦官两大集团之外还有一种政治势力,他们是由正常途径进身的官僚,成为地主阶级一个阶层的代表。东汉中小地主仕进的一般途径是:(一)公府辟召,即三公等大官特聘著名士人做本官府属官;(二)郡国荐举,就是郡太守国相按二十万

---

① 引文均见《中国通史简编》(修订本),第二编,人民出版社,1965年版,第42页。

人口选举孝廉一人的比例,每年保荐孝廉若干人到朝廷,考试及格后授各种官职;(三)由曹掾(吏)积累资格逐渐上升,即京内外各长官(包括县令)聘士人做本官府属吏,由吏升迁为官。走这三条路仕进的人,不但必须是士人且能通经学或作奏章,而且需是被举荐为孝廉。还有的以门第资格(即阀阅)被荐举,或走权贵门路。总之,能不能获得权贵举荐,起着最为重要的作用。而有权举荐士人的大官则有意借此培植私人势力,故形成"郡国举孝廉,大率取年少能报恩者,耆宿大贤,多见废弃"的局面。荐主与被荐人自然而然地在政治上形成类似君臣的关系,在私人情感上发生父子的关系。"大官们历年荐举士人,形成许多大大小小的私人集团。有些名门世家,甚至形成门士故吏遍天下的巨大团体。士人是无市籍地主阶级的一个阶层,东汉后期士人逐渐从外戚为代表的上层豪强集团里分化出来,变成官僚集团,在外戚、宦官两种势力之外,自成一种势力。它的政治代表,是士人出身的三公和大名士,它的政治倾向一般是接近外戚集团,反对宦官集团。"① 东汉后期的官僚集团也就是魏晋南北朝时期居于支配地位的士族之前身。以上三大集团,就成为制约东汉社会进程的三种主要势力。作为中央集权体现者的朝廷,在东汉后期,对豪强还有一定的控制力。汉和帝时,朝廷向豪强让步,废除盐铁官卖制,放任私家经营盐铁业。豪强势力更强大了,转过来实行对朝廷的控制。东汉后期,宦官势力猖獗,鲠直派官僚、名士、太学生以及地方官学生、私门学生结成广泛的士人集团,以宦官"虐遍天下,民不堪命"为理由,展开反对宦官势力的斗争。士人集团及鲠直派官僚的代表人物有郭泰、范滂、陈蕃、李膺等,他们评论朝政,褒贬人物,使宦官集团感到畏惧,于是利用他们支配的皇帝权力,指名士李膺、范滂等二百余人为党人,下令大捕党人,下狱治罪,被称为"党锢之祸"。东汉豪强势力的恶性发展,在经济上形成许多割据性的坞壁,奴役

---

① 引文均见《中国通史简编》(修订本),第二编,人民出版社,1965年版,第139—140页,第141页。

贫苦农民当徒附,强迫精壮徒附当部曲。坞壁之间也恃强凌弱,互相兼并,这就使得东汉后期社会呈现非常不安定的状态。失去生路的农民,起而暴动,最后爆发了黄巾军大起义。豪强集团之间的争斗,发展为军阀大混战。东汉朝廷也在军阀混战中灭亡。范文澜以其卓越的观察力,把握住东汉初豪强势力发展和豪强集团之间的矛盾斗争这一根本问题,剖析东汉社会由前期向后期演变的各种特点,使恶浊混乱的社会现象清楚地显示出所由以发作的病根来,读者因之也获得更深刻的启示。

3. 经济状况——社会变化的深层原因

根据唯物史观原理,在阶级社会中,造成社会变化的原因,是各个时期的政治势力、政治主张、阶级或阶层间利益的斗争促使的,而其更深层的原因则是社会物质生产的变化和不同集团间经济利益的推动。这种历史观点与传统史家或在此以前的近代史家有本质的不同。在此之前,传统史著或近代史著虽然也有出色之作,在历史观上提出有进步的主张,但始终未能认识推动社会变革的根本原因,有的甚至随意将社会变迁的原因说成是决定于某种偶然因素或神秘莫测的东西。马克思主义史家的著作,第一次揭示出,决定历史前进的根本动力是物质生产方式的变革和人民群众的意志,将社会变迁的原因归结到可以确切考查的社会生产、经济领域的变化。按照这种理论和方法考察历史,意义极为重大,历史学由此才成为一门科学。修订本《中国通史简编》全书所贯串的,正是这一指导思想,书中以阶级关系和经济领域变动来解释社会变迁有许多成功的例子,论述三国分立局面的出现也是其中之一。对于赤壁战后形成的魏、蜀、吴三国鼎立的局势,范文澜又从经济的角度作了深刻的分析。他提出的一个重要论点是:"从经济方面说来,三国分立也是东汉末年社会大破坏的自然产物。"其理由是:原来黄河流域是经济最发达的中心地区,因之它也是政治文化的中心地区。"这个伟大强盛的中心地区首先带动了长江上下游地区(益、荆、扬)的经济逐步前进。"西汉中期,楚越地方还被称为地广人稀,刀耕水耨,无冻饿之人,也无千金之家。"这就是说,江淮以南经济落后,剥削者还不能积累起千金。到了东汉时期,大地主大豪强到处出现,说明经济已有发展,足以产生大的剥削者。"经济发展的一个表现是人口增长。东汉时期,会稽郡户数、口数,都比西汉增长三分之一或更多一些(东汉分为会稽、吴二郡,此按二郡户口之和计算)。豫章郡增长更快,户数由六万增至四十万,口数由三十五万增至一百六十六万。益州郡户口也有明显增长。"不过,长江上下游的人力富力比起中心地区来相差是很大的,它只能作为依附者与中心地区相联系,从而得到自身发展的助力。所以当中心地区强盛的时候,长江上下游不可能在政治上脱离朝廷自立为国家,但当中心地区遭受大破坏,不能起带动作用的时候,那就要发生一时的分立,汉、吴两国就是在这种情况下发生的。"然则由于历史上形成的渊源久远的政治、经济、民族、文化等条件的作用,黄河流域和长江流域从根本上要求统一,这是在长时期内发展的必然趋势。所以,如范文澜所言,"等到中心地区经济有相当的恢复,分立局面便不能继续而自然地归于统一。三国南北朝以后,长江上下游经济逐渐与黄河流域平衡甚至超过,两大流域的联系更加密切不可割裂了。虽然有时因某种原因也发生南北分立的现象,但优势总是在北方,因为经济条件以外,加上其他各种条件,黄河流域仍不失为全国的中心地区。"① 同样,范文澜根据经济、民族、文化等层面综合考察,对偏安一隅的东晋南朝共三百年对中国历史发展的积极作用也给予颇高评价。他说,自东晋立国,至隋灭陈,前后共二百七十二年。"西晋灭亡后,黄河流域在少数族统治下,长期遭受严重的破坏,汉族在长江流域建立本族政权,抵抗少数族的南来蹂躏,这是有利于民众的事业,不能看作分裂和割据。长江流域比起黄河流域来,一向是落后地区,东晋时期,北方汉族人大量南迁,长江流域经济有很大的发展,逐渐接近黄河流域未遭破坏时的经济水平,文化的兴盛,更远远超过当时的北方。南朝文化为隋唐统一时期高度文化

---

① 《中国通史简编》(修订本),第二编,人民出版社,1965年版,第202—203页。

奠定了基础。"① 闽江流域和珠江流域比长江流域又落后得多。东晋时一部分北方士族迁到晋安郡（治设原丰县，福建福州市），闽江流域经济文化开始发展起来。梁末大丧乱，晋安郡独富饶安宁，不受丧乱的影响。侯景陷三吴，会稽郡很多迁居到岭南，汉族文化在珠江流域也开始有一些发展。故长江下游的汉族士人通过迁到原先偏僻地区，把汉族先进的经济文化带过去，提高落后地区的水平，这也是东晋南朝时期历史进步的一个表现。在此章结束"简短的结论"中，范文澜又特别从经济角度对此再作分析："新朝代兴起，总有一个社会比较安静的时期，民众从而多少获得一些休息的机会。等到这个朝代的暴君出现，一个新朝代又来代替它。所以，将近三百年中，南方改换了五个朝代，对稳定社会来说，是有积极意义的。""长江流域经济就是这种情况下继续发展起来。特别是杂炼生𬭁的炼钢法被发现，使南方生产工具得到改进。水利的兴修，扩大了水田面积，耕作技术的进步，提高了农作物的产量，稻谷产量比粟麦高，这就有可能繁殖长江流域的人口。东晋以下，人口有显著的增加，依靠劳动民众的力量，一向落后的经济，逐渐追上黄河流域的水平。黄河长江两大流域合起来，中国封建经济的势力更繁盛了。在这个基础上，才产生出比两汉更强大的唐朝。"②

历史研究工作，在详细地、充分地占有材料的前提下，史识的高低便是决定史著思想品位和学术价值高下的主要因素。传统的史学评论家对此曾有很好的论述。唐代刘知幾提出著名的史家三长说，并称史识是最重要的。《旧唐书》本传载："礼部尚书郑惟忠尝问子玄曰：'自古已来，文士多而史才少，何也？'对曰：'史才须有三长，世无其人，故史才少也。三长：谓才也，学也，识也。夫有学而无才，亦犹有良田百顷，黄金满籯，而使愚者营生，终不能致于货殖者矣。如有才而无学，亦犹思兼匠石，巧若公输，而家无楩柟斧斤，终不果成其宫室者矣。犹须好是正直，

---

① 《中国通史简编》（修订本），第二编，人民出版社，1965年版，第389页。
② 《中国通史简编》（修订本），第二编，人民出版社，1965年版，第446—447页。

第六章 20世纪中国史学的皇皇巨著

善恶必书,使骄主贼臣,所以知惧,此则为虎傅翼,善无可加,所向无敌者矣。'"清代章学诚对史识的重要性有进一步的论述。《文史通义·说林》云:"文辞,犹三军也;志识,其将帅也。李广入程不识之军,而旌旗壁垒一新焉,固未尝物物而变,事事而更之也。""文辞,犹舟车也;志识,其乘者也。轮欲其固,帆欲其捷,凡用舟车,莫不然也。东西南北,存乎其乘者矣。""文辞,犹金石也;志识,其炉锤也。神奇可化臭腐,臭腐可化神奇。知此义者,可以不执一成之说矣。(自注:有所得者即神奇,无所得者即臭腐。)"章学诚的话,讲出了深刻的道理。志识好比三军的将帅,杰出的将帅,能够通过训练指挥,成效显著地使军队改变作风和面貌,同样是原来的士兵,原来的装备,却能由疲沓的队伍转变成为威武雄壮、所向无敌之师。文章好比舟车,志识好比驾驶的人,没有能掌握正确方向的"乘者",舟车就不知所从,或是走弯路、走错路、走向危险的路。志识又好比是熔炼金石原料的炉锤,写文章如果没有高明的识见贯串其间,就好比只是陈列一堆原材料,根本算不上是高质量的成品。章学诚所做的比喻是很精彩的,他不愧是总结历代学术源流变化、学术风气高下得失的杰出学者,他对于时人大多热衷于堆砌材料,不讲求提炼出有价值东西的偏差洞悉无遗,所以才能把志识提高到做学问的统帅、方向和化臭腐为神奇的"炉锤"来强调,作为针砭时弊的药石。如果说在乾嘉时代,具有"别识心裁"就好比治学有了统帅,有了方向,那么像范文澜这样的中国马克思主义史学的开创性人物,掌握了唯物史观原理来观察分析历史,这对于提高史学研究的境界,则更应该作如是观。苦心多年钻研,创造性地运用唯物史观原理,使范著修订本《中国通史简编》从观点到内容都展现出崭新的面貌。特别是在观察历史的见识和视野的开阔方面,成功地体现了修订本"绪言"中提出的指导思想,因此我们从西周、春秋战国、两汉、三国以及东晋南朝等历史时期选取了若干典型的例证来论述,以见范著在这一最重要的方面所达到的值得称誉的造诣。

（三）多层面地反映历史真实

与上述观察历史的识力和开阔视野相密切联系的，是范著十分重视多层面反映历史，著者恰当地运用了许多确凿生动的史实，极力状写历史演进的丰富内容和波澜曲折，状写历史场面的多姿多彩。

首先是论述各朝代重要制度的创立衍变。制度的沿革是历史运动的主要表现形式之一，对于反映历史人物的作为、社会阶段的特征，对于认识各个朝代阶级的、经济的、文化的状况和中国历史走过的道路，以及总结兴衰治乱教训，都有很大关系。以书中叙述秦、西汉、隋三个朝代重要的政治、经济制度及其沿革为例，著者既看到它压迫剥削劳动人民、维护统治阶级利益的实质，又能从封建国家职能着眼，说明这些制度在当时创设的背景，以及对于后代所产生的影响。著者认为，秦始皇统一中国，建立了专制主义的中央集权的统一国家，这是古代史上特出的伟大事件。尽管秦始皇是个暴君，但是，他建立地主政权代替领主政权，建立统一的大国代替割据的小国，比起秦以前的封建时代来，"显然是进入了新的时代，他和他的统治机构，显然比前一时代的封建国家起着较多的作用。因此，他创建的许多制度，是符合当时社会的需要的。后来延续二千年之久的封建体制，基本上是秦制的逐步演变"。秦始皇所创立的重要制度有：（1）皇帝独裁。皇帝自称朕，表示至尊无二。政事无论大小，全由皇帝一人裁决。（2）实行郡县制。全国共设四十郡，郡各管县若干。郡守县令由朝廷任命，随时可以调动。（3）建立中央和地方的官制。中央官制有左右丞相、御史大夫、太尉、将军、廷尉、治粟内史、少府等官。地方官制有郡守、郡尉、监御史、县令长等。县以下乡官有三老、啬夫、游徼，又有亭长。"上有朝廷，下至乡、亭，构成地主阶级的巨大统治机器。掌管这部机器各个部分的人是流动不定的大小官吏，不是世袭固定的贵族。"秦始皇在

第六章 20世纪中国史学的皇皇巨著

经济上采取的重要措施则有：修驰道，以秦京咸阳为中心，全国修筑驰道，驰道宽五十步，中央宽三丈为皇帝专用，两旁人民自由行走，修成驰道对陆路交通有很大的便利；通水路，决通堤防，疏浚鸿沟，通济、汝、淮、泗各水，在吴、楚、齐、蜀等地也大兴水利工程，特别是凿通灵渠，开发岭南的重要航路，意义更大；去险阻，堕毁六国分裂疆土、阻碍交通的长城巨堑；统一全国度量衡，促进共同的经济生活。范文澜认为：由于秦始皇创设了上述重要的制度和措施，中央对地方实现了很大的控制权，"定疆域，书同文，车同轨，行同伦，中国开始成为伟大的统一国家"①。

秦朝建立的统一国家，到西汉才巩固起来。西汉的重要制度是到其极盛时期才规定的。范文澜认为："扩展疆域的汉武帝在创立制度上也充分表现他的雄才大略。"他所创立的重要制度，"不仅为西汉所遵守，西汉以后整个封建时代的各皇朝，也只能修改补充，不能废除另创"。这些制度主要有：一、诸王分土不治民。汉初消灭了安全割据的异姓王，分封了同姓王，王国官制与朝廷无异，朝廷只派遣太傅、丞相，其余官吏由国王自己任用，实际上是半割据状态。至汉景帝时爆发了吴楚七国之乱，朝廷遂乘平叛之机，改定王国制度，国王权力全部削去。汉武帝又实行推恩法，允许国王分城邑给自己的子弟，从此大国分成许多小国和侯国。汉武帝又设刺史官，按六条考察政事，第一条考察豪强，其余五条考察郡守。此外还有权考察国王，有罪状便奉闻，不法的国王因此受到惩罚。这样，在汉景帝以后便形成了皇子可以封国称王，分土不治民，不可能拥兵割据的制度，有利于国家统一的巩固。二、朝廷确立铸钱权。从汉景帝至汉武帝元鼎年间，钱法变了九次，也就是在铸钱问题上，朝廷和豪强作了九次斗争。汉武帝从豪强手里夺回了铸钱权，专令水衡都尉在京师铸五铢钱，通行天下。"此后朝廷每年用十万人采铜铸钱，至西

---

① 均据《中国通史简编》（修订本），第二编，人民出版社，1965年版，第9—11页，第30页。

汉末共铸二百八十万万钱。五铢钱轻重合宜,自汉至隋七百余年,基本上行用不废。朝廷铸钱权的确立,有利于国家统一的巩固。三、盐铁官营。汉武帝擢用桑弘羊、东郭咸阳、孔仅三个大商贾做理财官,"向商贾夺取盐铁业。这是一个艰难的斗争,汉武帝用刑罚并没收器物来禁止私铸铁业和煮盐,又招歇业盐铁商做盐铁官,换取盐铁商的合作"。从此盐铁官营成为定制,朝廷增加了巨大收入。四、赋税制度。朝廷规定的赋税和徭役,主要有:口赋,算赋,更赋,户赋。"赋税制度重赋额,给地主商贾以兼并的权利,轻田租,也让农民保持一些抵抗的力量。"五、尊儒立官学。"汉武帝完成了学术统一的巨大任务,把道、名、法、阴阳五行各家统一在儒家里面。"汉武帝采用策问(考试)的方法,凡对策公开讲黄老刑名纵横家说的人一概罢黜不取,独擢拔董仲舒、公孙弘等儒生。从此诸子百家被废黜,儒家独尊,特别是春秋公羊学成为最通显的儒学。武帝又采董仲舒、公孙弘的建议,京师立学校,又令郡县推举孝廉、茂才,供朝廷选用。儒学与仕途结合起来,非藉儒学不得入仕,士人都变成儒生了。京师设太学,由五经博士当教官,学生为博士弟子,又由全国各郡保荐学生到博士处受业,待遇与博士弟子相同。通过考试,成绩优异的授给官职。这样,从皇帝丞相到地方官,都会讲经学,政治思想统一了。"自从汉武帝立官学,两汉学术只有儒家派别的争辩,不再有儒与非儒不同学派的斗争。这个结果不利于学术思想的发展,但也有助于国家统一的巩固。""官学制度规定中庸主义的儒学作为官吏的思想标准,同时以儒学为基础,吸收其他有利于统治者的各种学说,使儒学非常适合于统治阶级的需要。"①

范文澜对隋朝制度的论述更为精辟。书中高屋建瓴,概括了隋朝制度的创立有两大特点。第一,隋制系综合前代各种制度制订的,对于以后封建社会有深远的影响,就此而论,隋朝制度的

---

① 《中国通史简编》(修订本),第二编,人民出版社,1965年版,第44—45页,第46—49页,第50—51页。

第六章 20世纪中国史学的皇皇巨著

重要性类似于秦朝。范文澜说:"战国时,秦孝公、商鞅创立秦制,高度的君主集权精神有异于山东六国。秦始皇统一天下,稍作修补,成为通行全中国的制度。两汉以至南北朝(北周中央官制模仿《周礼》,是例外),基本上沿袭秦制,自然也陆续有不少改革。隋文帝统一天下,综合前代各种制度,有沿有革,厘定成隋制。自唐至清,基本上沿袭隋制,自然也陆续有不少改革。隋文帝所定制度,同秦制一样,都有划时代的意义。"第二,隋朝建立,标志着自东晋迄南北朝近三百年分立局面走向重新统一,因而无论官制、礼制、选举制度等项,都突出地反映了中央集权制的加强,长期南北界限的泯灭,和长期华夏正统的发扬。范文澜的论述说明制度的设立深刻地反映了历史的根本趋势,对于读者认识隋朝虽是一个短促的时代,但对中国封建社会有重大影响这一历史地位,有很大的帮助。如隋代管理政务的机构是尚书省,下设吏部、礼部、兵部、都官、度支、户部六曹(以后度支改为工部,都官改为刑部)。六部尚书分掌全国政务,自隋时定型,一直沿袭到清末。隋代又改变汉、魏以下州郡县长官得就地自辟僚佐的制度,在后魏、北齐多由吏部选授的基础上,确立了全国任何小官,任用权都操在吏部的制度。"隋制,县佐须用别郡人,地方长官不得自用僚佐,县佐回避本郡,使本地人不得把持本县政务。这些,都有利于中央集权的进一步加强。地方官制隋以前极为紊乱,南州有侨州郡县,南、北两朝都滥立州郡县名目,民少官多,耗费甚巨。583年,隋文帝废郡一级地方官,只存州县两级。隋炀帝改州为郡,全国有一百九十郡,一千二百五十五县。隋简化地方官制,消除了东晋、南北朝以来的紊乱现象。"再如礼制。隋朝以前,北方政权的统治者不得不承认南方是华夏正统。北魏皇帝力求华北,故请由南齐高级士族逃到北方的王肃为魏定礼乐制度,尽量模仿南朝。此后,梁武帝制礼作乐,也大得北方士族的仰慕。又北齐修五礼,继承的也是正统礼乐。而北周苏绰、卢辩为宇文泰所造周礼,则被南朝和山东士大夫视为拙劣的模仿而已。因此,隋文帝依照梁礼及齐礼来修定隋代礼乐,废弃周礼,"目的正是在于从南朝接收华夏正统的地位"。此外，隋文帝两次下令修定刑律，也有很重要的意义。第一次，上采魏、晋旧律，下及齐、梁，沿革轻重，务取平允。第二次，又删去判刑苛重的条文，定出新律十二卷。"自此刑律简要，基本上为唐宋至清各朝所沿用。"隋代选举人才的制度，采取考试法，废除南北朝以门阀铨选的旧规，南北方的旧家世族只能保持传统的社会声望，失去了政治上的特权。隋炀帝定十科举人，规定以考试诗赋为主。"这是科举（主要是进士科）制度的开始，南北士人凭文才来竞争高低，魏、晋以下凭门阀高低做官的制度，从此逐渐为科举制度所代替。进士科的作用，不仅在提倡华美文学，更重要的意义还在消除南北士族的界限。"① 隋朝虽然只历经三十八年，但读了范著，我们必然对隋在制度上多所创设的丰富内容有深刻实在的认识，而且对隋代在中国历史上承先启后的地位，和中华民族经过一个历史时期分立之后，必然在新的基础上走向更高的统一这一发展方向，在哲理上获得宝贵的启示。

论述历代的制度兴革以外，修订本《中国通史简编》还向我们多角度地展示促进和影响中华民族历史发展其他方面的问题，如水利工程，中外关系和文化交流，汉族地区社会结构和不同阶层的作用，民族活动，文化心理等。在古代中国，抵御水害、兴修水利是一代国政，事关黄河流域及全国广大地区农业和经济发展、人民境遇和国力盛衰。范著对历代朝廷及地方官如何治水以及造成的正负面影响极为关注。如西汉时代，范文澜认为，兴修水利是汉武帝两大事业（另一项是对匈奴作战）之一，水利上的成就促进农业发达、经济发展，并成为推动对匈奴战争取得胜利的重要原因。他说："水利工程是发展农业的一个重要基础，自传说中的大禹以下，治水常是大的政治措施，但巨大规模的治水，却自汉武帝开始。"关中地区前后兴修的漕渠、龙首渠、六渠，都为节省漕运时间和灌溉田地发挥很大的作用。工程最为艰

---

① 《中国通史简编》（修订本），第三编，人民出版社，1965年版，第8—9页，第9—10页，第13—14页。

巨的是，公元前109年，"汉武帝发卒数万人塞瓠子口（河南濮阳县），亲自到河上，命随从官员自将军以下与卒同负薪。二十余年黄河大决口，终于堵塞了，这是和水斗争最大一次胜利。"自此以后，更大兴水利，奖励朔方、西河、张掖、酒泉、敦煌、北地等郡开渠溉田。"这些都是边郡，武威、张掖、酒泉、敦煌又是新郡，兴修农田水利，大有利于边防的巩固。"其他，关中还有灵轵渠、成国渠、沣渠、白渠，汝南、九江郡引淮水，东海滨引钜定泽水，泰山下引汶水等，都有很大的灌溉效益。各地修成的小渠及陂地还不可胜数。① 总之，汉武帝大规模治水，对于促进北方广大地区农业生产的发展和西汉国力的强盛，都具有重大的进步作用。东汉时期最重要的水利工程是王景治黄河。因王莽时（11），黄河在魏郡决口，河道南徙，改从千乘（山东利津县）入海，河水侵入汴渠（东汉漕运的要道），兖、豫两州连年遭水灾。故"汉明帝擢用王景（69），发民卒数十万人治河。王景测量地势，开凿山阜，建立水门，自荥阳至千乘口筑堤长千余里，使河、汴分流，河不侵汴。从此汴渠得安流运漕，黄河受南北两堤约束，水势足以冲沙土通流入海（至1048年才又改道），幽、冀、兖、豫四州得免较大的河患。"自东汉王景治河，千余年间黄河未改道，未发生大水患，堪称奇迹！汉顺帝时的一大水利工程是会稽太守马臻在会稽、山阴两县（浙江绍兴县）治镜湖（又称鉴湖），筑大堤周围三百五十余里，灌溉民田九千余顷。自此以后，会稽、山阴千余年没有水旱灾。马臻作为长江下游水利事业光辉的创始人，值得后人纪念。东汉末年，曹操在北方兴修水利也有卓著成效。曹操为适合军事运输和农田灌溉的需要，大开河渠，沟通黄河淮河长江三大水，交通比前便利。又在河北开平虏、泉州两渠，接连海上运输，控制了割据辽河流域的公孙氏和塞外的乌桓族。"三国分立，北方水利常在兴修，成为恢复生产消灭蜀、吴的一个重要因素。"②

---

① 《中国通史简编》（修订本），第二编，人民出版社，1965年版，第52—53页。

② 《中国通史简编》（修订本），第二编，人民出版社，1965年版，第162页。

中外关系及文化交流是历史进程的重要内容。唐以前，重点是对西域的交通和佛教传入对中国历史及文化的影响。范著对此充分重视，用了较多篇幅论述。第二编第二章西汉时期的第六节"西汉疆域和文化影响的扩展"一节，专设有"通西域"子目，论述汉武帝为断匈奴右臂，募使出使大月氏，约大月氏夹击匈奴。历史上著名的张骞应募出使，途中被匈奴拘禁十年，得便走脱后远至西域诸地。归途中又被匈奴拘禁一年多，乘匈奴内乱脱身回到长安。张骞出国时带着堂邑父等一百余人，前后十三年，只剩张骞、堂邑父两个人回来。张骞生还，带来了有关远西诸国的新消息，从而促成了东西文化的交流。他的生还，是人类历史上一件值得纪念的大喜事。其后，汉武帝再派张骞带着更庞大的队伍出使西域，西汉与乌孙、康居、月氏、大夏等西域大国开始了正式的交通。以后又连派出使官到达更远的安息（波斯）、身毒（印度）等国。汉文化随着这些使官广泛地传播到遥远的西方。随着汉武帝对匈奴战争的胜利，匈奴奴隶主在西域的统治权，从此转移到封建制度的西汉方面。经过几十年的经营，以敦煌为起点的远通西域南北两条交通干线（即历史上著名的丝绸之路）保证了畅通。范文澜以充满热情的笔触论述中西交通对西汉和西方社会文化发展的巨大促进："在这种形势下，中外文化的交流开始了一个新纪元。""从西方传到中国来的，就物产方面说，家畜有汗血马，植物有苜蓿、葡萄、胡桃、蚕豆、石榴等十多种，这些物产的输入，给中国增加了新财富。就文化方面说，有乐器乐曲的传入。张骞传来《摩诃兜勒》一曲，乐府因胡曲更造新声二十八解，朝廷用作武乐。西汉晚期，印度佛教哲学与艺术，通过大月氏传入中国。希腊罗马的绘画也在1世纪传到天山一带。这些西方文化特别是佛教哲学的东来，大大影响了东方人的精神生活。"另一方面，是"高度发达的汉文化也大量传播到天山南北以及更遥远的西方"。汉设在西域的屯田官和屯田兵士，带来了进步的生产技术，推行地下穿井的井渠法，又从高山引来水源，修渠灌溉，使沙漠瘠土变成沃野。西域各国贵族子弟经常到长安学习汉文化，受到重大的影响。而"从中国传到中亚以至欧洲去的货物，主要是丝、丝织品、钢铁。炼钢术的西传，更是对人类文明的一个大贡献"。范文澜对炼钢术的西传尤为注重，他以《汉书·大宛传》所载大宛以西到安息国原先不懂铸铁器，后来汉的使官和逃兵教他们铸铁造兵器，及罗马博物学者普林尼的著作中对中国铁器大加称赞，以及印度《药学字典》（著于13世纪）记有"钢"字，释文之一，意为"中国生"。联系起来，合理的解释便是："这说明中国钢曾传到印度。既然炼钢术或铁器已在公元前1世纪传到大宛，公元1世纪中又见于罗马人的著作，那么西汉时在陆路上（一自西域，一自云南）和海路上与中国相通的印度，很早获得中国钢是极有可能的，虽然《药学字典》成书在13世纪。"对于汉文化向西传播的意义，范文澜自豪地予以高度评价："张骞向西方'凿空'（探险），西汉通西域，东汉再通西域，都是有益于人类底进化的事业。"①

西晋以后，佛教更大规模传入中国。对于佛教大规模传入造成的蛊惑民众思想、靡费浩巨财富、破坏农业生产等严重祸害的一面，范文澜在书中作了有力的批判，下文将会论及。同时，他又以辩证态度，根据大量史实，总结出佛教在哲学上、艺术上对中国文化发展的有益影响。以下两段论述极为精辟，值得仔细体味：

> 佛教哲学的传入，对中国哲学发展的步骤说来（由朴素唯物论到唯心论，再由唯心论到唯物论）并不是无益的，西方文化，主要是印度文化，如文学、音韵、音乐、跳舞、建筑、雕塑、医学等伴随着同来，也是值得热烈欢迎的。因为在人们的交往中，除了言语与动作之外，就再没有别的什么了。而文学、音乐、跳舞等等都是从言语动作中提炼出来的最纯的精华，最高的典范。民族间文化交流，等于民族间大量优秀代表在相互交谈和学习。东汉时期西方文化开始东流，而且此后数百年间不断地大量东流，除去

---

① 《中国通史简编》（修订本），第二编，人民出版社，1965年版，第87—89页。

那些不是有益的宗教迷信,其余都有助于汉文化的逐步丰富起来。①

汉族传统文化是史官文化,它的优良特征是征实,它的缺点是想像力不很丰富。古代传下来的神话不多,就是缺少想像力的一个明证。一切神话,是在想像之中,借想像之力,去克服自然力,支配自然力,并给自然力以形象化的东西。这种东西对事实来说,自然是一片荒唐话,但对艺术来说,恰恰是艺术的宝库和园地,没有丰富的神话,或者说,没有无边的幻想,要发展艺术是困难的。佛教拥有成套成堆的神话,传到中国来,可以补史官文化的不足,在艺术方面起巨大作用。中国古代规模宏大的艺术品的产生,和佛教是分不开的。

范著第三编第七章"唐五代文化概况"又专设一节"唐代长安——各国文化交流的中心",详述中外文化在长安交流的盛况。当时,唐代都城长安堪称为国际性大都会。有众多外国各类人士侨居长安和往来长安,他们之中有:来往使臣,有来自中亚诸国以至东罗马,东亚诸国,日本派出的"遣唐使"前后有十九次之多,由文艺优秀通达经史的文臣带领,使团人员中包括医师、阴阳师、画师、音乐长,并有众多的学问僧和留学生同行,唐中宗到唐玄宗时代的几次都达五百人之多,日本遣唐使归国后,多位列公卿,参与国政,唐代的文化制度随之介绍到日本;流寓长安的外国王侯;在长安供职的外国官员;外国留学生,除日本外,最多的是朝鲜半岛上的新罗,据《旧唐书》载,开成五年一次归国的新罗留学生即有一百零五人之多;学问僧和求法僧;乐工、舞蹈者、画师;西域商贾等。上述外国各色人员,还有自立邦国的少数族,如南诏、吐蕃、回纥、龟兹、于阗、疏勒等,也多有官员或才士艺人长期留住,甚至世代安居。西域各国的服饰、音乐、舞蹈、杂技等在长安流行。以长安为中心,中国各民族间,中国与当时世界各国之间演出了交流文化的大场面。范文澜极力

---

① 《中国通史简编》(修订本),第二编,人民出版社,1965年版,第244页。

称扬唐代文化这种开放性和兼容性,表明中华文化发展到昌盛成熟阶段的高度自信,而唐代文化经过有选择地吸收而愈加灿烂发达:"大抵一个朝代,每当国内混乱,统治动摇的时候,对内越是惴惴不得自保,对于外来文化越是顽固地排斥拒绝,不敢有所触发。天宝之乱以前的唐朝,处在强国稳定的时期,在政治上有信心奉行'中国既安,四夷自服'的方针,在文化上也有足够的自信心,并蓄兼收,群花同放。因为唐代的中国文化已经发展到昌盛成熟的阶段,任何外域文化传入中国,都没有可能消溶唐文化,而只能作为一种新养料注入唐文化的整体内。唐代外域文化在中国流行,并不是因为中国的封建文化已经衰老没落,相反,是因为它正在高度繁荣,具有充分的吸收力和消化力。唐文化依据本身发展的需要,对于外来的新成分,有抉择地损益取舍,经过汲取发扬,愈益显得丰富多彩。"① 这些话,乃是总结了唐代以至全部中外文化接触交流史而得出的经验精髓。

范著还生动具体地揭示出各个历史时期的社会状况及各阶级、阶层的作用和趋向。以东汉至南北期这一历史阶段为例,著者以锐利的眼光探析了剥削阶级的奢侈和凶残无耻,佃农的艰辛处境,宦官的作恶,士族人物的种种举动和士族集团对社会政治生活的支配地位,用形象化手法叙述出来,构成了一幅幅复杂生动的历史图画。

范文澜以王符《潜夫论》和葛洪《抱朴子》为典型材料,状写东汉统治阶级的奢侈至极。王符所描述的以京师贵戚为首的富贵人家衣服、饮食、车舆、装饰、庐舍都非常奢侈。"这些人家养着大量奴仆婢妾,让他们身穿锦绣衣,足登麂皮履,佩带犀角、象牙、珠、玉、金、银、琥珀、玳瑁等精制品,表示主人家的富贵气象。富贵人死后,棺材一定要用江南生产的大楠木,从几千里外运来,让工匠雕治,工程极其精细。一套棺椁重约一万斤,要耗费成千上万的人工才能造成。"《抱朴子》则记载汉朝广陵某富贵人的墓冢说,吴景帝时,发掘一个大冢。冢内有高阁。

---

① 《中国通史简编》(修订本),第三编,人民出版社,1965年版,第761页。

四周有行车路,高可以骑马。灵座前侍立长五尺的铜人数十枚。棺内置云母石厚一尺,尸体下有白玉璧三十枚。死人怀中有形似冬瓜长一尺许的白玉,耳鼻塞枣形黄金。"这一类墓冢,照王符所说,东起乐浪,西至敦煌,万里版图内富贵人家都是这样。富贵人不论活人或死人,都是极淫侈的消耗者。他们残酷地榨取农工所生产的财富,通过淫商达到穷奢极欲的目的。"① 范文澜的论述,不仅对认识东汉社会的特点很有典型意义,而且深刻地说明了,在中国长期封建社会中,占有巨量财富的剥削者任意挥霍浪费,耗尽财物,而不是用在有利于生产发展上面,这正是造成封建社会长期发展缓慢的重要原因,因而更有普遍性的意义。

范著对西晋统治集团的极度腐朽和种种丑恶行为,尤其作了淋漓尽致的揭露和透彻的批判。西晋统治阶级的当权派,是高级士族里拥司马氏的一派,即司马氏集团。司马懿、司马师、司马昭相继用酷刑大量屠杀拥曹氏的士族,同时用厚利吸收一群人到自己方面来,造成司马氏集团。范文澜以极其憎恶、鄙视的语调有力地贬斥这一统治集团的腐朽无耻,说:"其中有贾充一类的功臣,有何曾一类的儒生,有王祥一类的官僚,有阮籍一类的名士。这些都是司马氏集团的主要组成部分,贾充一类人又是这个集团的骨干。封建统治阶级的所有凶恶、险毒、猜忌、攘夺、虚伪、奢侈、酗酒、荒淫、贪污、吝啬、颓废、放荡等等龌龊行为,司马氏集团表现得特别集中而充分。每个阶级都有自己的道德观,封建统治阶级当然也有它的道德观,但在司马氏集团里,封建道德是被抛弃得很干净的。"司马氏集团刚刚取得消灭蜀汉的小胜利,率兵灭蜀的三个将领钟会、邓艾、卫瓘便因阴谋、猜忌争功、反叛而互相展开残杀,最后司马昭又把邓艾的几个儿子都杀死。晋灭吴后,大将王浑、王濬争功,两人各有徒党,互相攻击,晋武帝却不敢惩罚他们。由于皇帝控制力的削弱,而至逐步酝酿成大乱。先是杨皇后与其父杨骏合谋,私改晋武帝临死时所留诏书,以让杨家独掌朝政。次年,晋惠帝妻贾皇后逼死杨皇

---

① 《中国通史简编》(修订本),第二编,人民出版社,1965年版,第168页。

后，族灭杨氏并杀死杨氏徒党数千人，接着便爆发了八王之乱，形成群兽互相残杀。故范文澜指出西晋统治集团极端贪残野蛮的实质："司马氏集团中人，相互间只有一种极阴恶的杀夺关系，就是见利必夺，以杀助夺，愈杀愈猛烈，一直杀到发动大混战。""辅杀夺而行的是滥赏。用滥赏来纠集徒党，用徒党来进行杀夺，杀夺愈急愈多，赏赐愈滥愈厚，也就人人想望常有祸乱，西晋统治集团就是这样一个以杀夺滥赏始，以杀夺滥赏终的黑暗集团。"又说："杀夺与滥赏，使得统治集团中人得失急骤，生死无常，心情上表现紧张与颓废，躁竞与虚无的相反现象，生活上苟且无耻，纵情享受，则是一致的。"贪财是其共同特点。晋武帝以卖官聚敛财富，故朝臣刘毅当面说他像东汉的桓帝灵帝。又说，桓灵卖官，钱入官库，陛下卖官，钱入私门，比桓灵更加贪心。又如大名士王戎家有许多田园，亲自拿着筹码算账，昼夜忙得不得了。家有好李，怕买者得好种，钻破李核才到市上出卖。又一特点是荒淫。晋武帝先选中级以上文武官员家的处女入宫，次年又选下级官员和普通士族处女五千人入宫。灭吴后又选取吴宫女五千人。晋宫中有美女一万人以上。上行下效，士族也荒淫成风。统治集团的奢侈靡费也属空前。晋武帝和他的大臣、亲信者很多都以穷奢极欲著名。何曾每天膳食，值钱一万，还说没有可吃的东西。何曾的儿子何劭，每天膳费二万钱。任恺比何劭更奢侈。王济、王恺、羊琇又超过任恺，但还比不上石崇的豪富。王恺和石崇斗富，晋武帝助王恺，仍不能取胜。一个皇帝助臣下斗富，这是西晋特有的典型事件，可见奢风之盛。书中还叙述了统治集团虚伪和放荡的种种恶劣行径。至300年终于爆发八王之乱，统治集团疯狂地互相屠杀，十六年后西晋朝廷完全覆没。范文澜怒斥道："八王之乱是一幅群兽狂斗图，司马氏集团的全部残忍性腐朽性集中表现在这个狂斗中，由此引起三百年的战乱和分裂，居住在黄河流域的汉族和非汉族人民无不遭受灾难，司马氏集团的罪恶是无穷无尽的。"① 表达了正直人们对历史上凶恶无耻的黑暗统治集团共同的切齿痛恨!

范著对历史上劳动人民遭受的苦难处处表达了深切的同情。如书中讲东汉大小豪强到处筑起称为坞、壁的堡垒,实行武装割据。坞堡中有武装、工匠、敢死士,又有供享乐的"妖童、美妾、倡讴、妓乐"。堡垒外则住着佃农。"他们在暴力胁迫下,变成半农奴身份(人身还不能被买卖),叫做徒附。崔寔《政论》叙述徒附的生活情况说,贫户没有耕地,只好向豪富低头,父子妻女像奴婢一般替田主耕种,一辈一辈做下去。活着衣食不足,死了买不起棺材。年景略差,便得饿死或出卖妻子。真是说不尽的伤心惨目,作为人的生趣被剥夺得干干净净了。大名士申屠蟠隐居在田野间,住屋用蓬草盖顶,依桑树枝作梁栋,同佣人一样。佣人即徒附,他们住的是这样的陋室,室里只有一些破被烂帐,临死还得到路旁去死,不敢死在家里,因为没有葬身之地(《昌言》"被穿帷败,寄死不敛")。徒附穷困到极度,那里会有人的生趣!"② 一边是穷奢极欲、纵情享乐,一边是穷困至极、死无葬身之地,这样黑暗的社会早就是理所当然地应该被推翻。

初期的名士如何处心积虑博取声名?士族在晋代取得政治上的支配地位以后,皇帝和权臣如何取悦和笼络这一社会势力?这些是认识中古时期社会各阶层趋向很有价值的问题。范文澜发掘了许多有价值的史实,使读者对当时的社会态势有更真切的认识。书中叙述东汉士人在孝廉的名义下,为了获取更大的声名,煞费苦心地采用各种机诈手段。如许武被举为孝廉以后,和两个兄弟分家,三分财产自己取最好的一份。两个兄弟算是能让,也被举为孝廉。许武于是大会宾客,宣告使两弟成名本意,把自己的一份财产分给两弟,许又因此获得更大的声名。又如赵宣葬父母,就在墓道中居住行丧礼,前后凡二十余年,乡人都称他是孝子,州郡官屡次请他做官,他都不出来,孝名越来越大。后来郡

---

① 《中国通史简编》(修订本),第二编,人民出版社,1965年版,第281—283页,第289页。

② 《中国通史简编》(修订本),第二编,人民出版社,1965年版,第170页。

第六章 20世纪中国史学的皇皇巨著

太守陈蕃查出赵宣在墓道生了五个儿子,按惑众欺鬼神的罪名处罚。又如黄允,不就官府征召。大官们想见他,黄允自称养病,不见宾客。大官们派遣亲信人早晚到门上问候病情,也拒绝不见。黄允被认为是清高士,声名极大。司徒袁隗是一个典型的大官僚,慕黄允大名,要把侄女嫁给他。黄允听说,托故逐走妻夏侯氏。夏侯氏大会亲族,当众宣布黄允隐恶事十五条,不过十天,黄允逃出洛阳,不再是名士了。像赵宣、黄允只是名士中不幸被揭露的个别人,幸而不被揭露的名士,当然多得很。

至西晋时,门阀地位高低的局面已经形成,以至皇帝也要通过自我标榜或联姻名门,来提高自己门第的地位。司马昭死,晋武帝不听群臣谏阻,坚持行三年丧礼,下诏说"朕本诸生家,传礼来久,何至一旦便易此情于所天"。意即我家本是传礼的儒生人家,不能因为做了皇帝改变我的儒生本色。范文澜说:"从来没有一个国君或皇帝经过三年之丧,他一定要这样做,无非是表示自己是纯粹的士族。他曾和宠妾胡贵嫔(父胡奋,征南将军)赌博。胡贵嫔不逊让。他发怒说,你原来是个将种。胡贵嫔说,北伐公孙,西拒诸葛(指司马懿),不是将种是什么?他听了很觉得惭愧。士族以积世文儒为贵,如果祖先曾做武将或其他杂业就不算纯粹。大抵自东汉末士族制度形成以来,士族在政治地位上有高低,而且也在门第世系上矜清浊。晋武帝自称诸生家,就是在政治地位以外,还要争取门第上的清望。司马师娶东汉名儒蔡邕的外孙女羊氏为妻,司马昭娶魏名儒王肃的长女王氏为妻,这都是司马氏通过婚姻来提高门第的一种表现。"[①]

晋室南渡以后,如何取得南北方士族同时支持,是东晋政权保持其有效统治的关键。东晋名臣王导的功业,便是争取南方士族支持初到建康、立足未稳的司马氏政权,并且设法在南北士族的矛盾间弥合缝隙,协调关系。由于他做得成功,因而成为东晋开国一代重臣。如范文澜所说:"王导想在吴国旧境内建立以中原士族为骨干的东晋朝,联络南方士族便成为极其重要的事务。"

[①] 《中国通史简编》(修订本),第二编,人民出版社,1965年版,第280页。

书中写道，晋元帝初到建康，南方士族都不理他，过了大半年还没有人来求见。王导很担心，和从兄王敦商议，替晋元帝制造威望。一个节日，王导请晋元帝坐肩舆出巡，王敦王导和北方名士都骑马随从，显出晋元帝的尊严。南方士族顾荣等在门隙窥看，大惊，相率到路旁拜见。王导对晋元帝说，顾荣、贺循是南方士族的首领，招这两个人来任职，其余士人自然都来了。晋元帝使王导亲自去招顾、贺，二人应命来见晋元帝。"从此，南方士族归附，成为东晋政权的一个构成部分。"书中又载：士族间必须说洛阳话，通婚姻必须严格衡量门第的高下。王导为联络南方士族，常常说吴话。北方士族骄傲自大，说王导没有什么特长，只会说些吴话罢了。王导曾向南方士族陆玩请婚。陆玩辞让说，小山上长不了大树，香草臭草不能放在一起，我不能开乱伦的例。北方士族轻视吴语，实际上就是轻视南方士族，南方士族拒绝和北方士族通婚，表面上是谦逊，实际上也是轻视北方士族。陆玩曾在王导家食酪（北方食品）得病，写信给王导说，我虽是吴人，却几乎做了伧（南人轻视北人的称呼）鬼。这都说明南北士族的界限很分明，北方士族政治地位比南方士族高，南方士族并不心服。义兴郡强族周姓，曾集合一些怨恨北士的豪强，谋起兵攻王导、刁协等。事败后，王导因周氏强盛，不敢追究。故范文澜评价说："在晋元帝即帝位以前，王导的政治措施，主要是在争取南北士族间相对的平衡，由于王导的忍让，基本上是成功了。"他又指出：王导政治上的成功，关键在于给士族安排了经济上的利益。世代居住的南方强宗大族，如吴郡顾氏、陆氏，义兴周氏，都是拥有部曲的大地主，不允许北方士族侵犯其利益。于是王导定侨寄法，在南方士族势力较弱的地区，设立侨州、侨郡、侨县，安置北方逃来的士族和民众。流亡来的士族保持原来的籍贯，凭借势力在寄居地依然奴役北方流亡来的民众，为自己创立新产业。侨州郡县有大量的各级文武官职，当然又是流亡士族的出路。故此范文澜称侨寄法具有两重性："它虽是紊乱行政系统、加深人民穷困的恶劣制度，但对东晋政权来说，却是安置流亡士族，缓和南北士族间矛盾的重要措施。"①

士族的地位、风尚，在文学上也有显著的反映。东晋南朝士族过着腐朽萎靡的生活，反映在文学上，就是只讲求形式的美观，用典务求繁富，对偶务求工整，声律务求和谐，内容则几乎是空乏或者是污秽。南朝盛行五言诗，凡参与士流的人，都学作五言诗。上至朝廷会贺，下至友朋酬饮，都得赋五言诗，否则便被轻视。又讲究作诗、作文章多用典故，因此能背出多少典故也表明文才的高下，在士人聚会的场合也成为关系脸面的大事。书中撷取了两则小故事，典型地反映出当日风气。一则是赋五言诗的故事："有一次，梁武帝在光华殿宴饮群臣，联句作诗，武将曹景宗力求参加。梁武帝说，你技能很多，何必在诗上争能，意思是劝他不必在士人面前出丑。曹景宗酒醉，力求不已。梁武帝给他竞、病二韵。曹景宗作诗道'去时儿女悲，归来笳鼓竞；借问行路人，何如霍去病。'宴会上人无不惊叹。"范文澜称这确是南朝惟一有气魄的一首好诗，比所有文士作的靡丽诗都要好得多。这也说明不入士流的武人同样学五言诗，更可见五言诗之盛行。又一则是皇帝和名文士比赛记诵典故的故事："梁武帝曾和沈约比所知关于栗的故事，沈约比梁武帝少三条。沈约出宫，对人说，这个老翁爱面子，不让他一些就会羞死。后来梁武帝听说，大怒，要治沈约的罪，沈约不久被逼死。一个皇帝和臣下在记故事的多少上争高低，甚至逼死对手，足见当时文人重视记事，承认记事不如人，等于承认文章不如人，这就势所必争，顾不得什么君臣的关系。"②

范文澜作为熟练地掌握唯物史观指导从事研究的史学家，他一贯反对教条化对待经典作家论述、"把马克思主义的生动原理变成毫无意思的生硬公式"的错误，而主张与此相反，即不是从

---

① 《中国通史简编》（修订本），第二编，人民出版社，1965年版，第358—359页。

② 均见《中国通史简编》（修订本），第二编，人民出版社，1965年版，第410页，第412—413页。

历史比拟和历史譬喻中求得指示，而是从研究实际环境中求得指示。① 他的研究方法，就是重视史实，详细地搜集材料、分析材料，认为"社会生活中各个现象不是孤立的，它们互相有机联系着，互相依赖着，互相制约着"。遵循列宁所提出的对各种社会经济形态产生、发展和衰落过程进行完备周密的研究，考察一切矛盾趋向的总和的原则。特别警惕避免"选择单个'主导'思想或解释这个思想时所持的主观态度和武断态度"，坚决反对剪裁历史材料去演绎社会发展阶段的公式的有害做法。② 因此范著向读者展示的，是社会发展阶段特点清晰，而又各种因素、事件和人物发生、演变的复杂生动、丰富多样的内容，使读者认识历史是一个各种因素互相关联、互相作用、互相制约，而又有规律和线索可寻的发展过程，这样，读史才能增加知识、助长兴味、启发智慧。范著是跃动着历史的生命力、血肉饱满的著作，它不同于喜聚材料或作考证之书，也迥异于少见新鲜材料、只有历史发展的筋骨、缺乏血肉之作。具有丰富的历史知识，精通文史哲诸学科，又是文章高手的毛泽东，在诸多史学书之中，独独称赞范著材料多，让人愿意读下去，这一评价主要当指范著"多层面反映历史真实"的出色成就。

（四）各民族共同的历史

范文澜十分重视全国各民族在历史上对祖国发展所做出的贡献。他说："汉族和当时国境内各族共同的祖国，就是中国。"③ 又说，中国之所以成为一个伟大的国家，"首先必须承认，这是构成中华民族的各族男女劳动人民长期共同创造的成果"。④ 因

---

① 参见《中国通史简编》（修订本），第一编，"绪言"，人民出版社，1965年版，第10页。
② 参见《中国通史简编》（修订本），第一编，"绪言"，人民出版社，1965年版，第71页。
③ 《中国通史简编》（修订本），第一编，"绪言"，人民出版社，1965年版，第67页。
④ 范文澜：《中华民族的发展》，《学习》第三卷，1950年第一期。

此，修订本《中国通史简编》极重视记载历史上各民族的状况，记载民族间关系的发展，努力写成各民族共同的历史。

有关先秦时期各民族活动的史料比较缺乏而零散。范文澜克服了这一困难，认真地搜集了散见在《春秋》《左传》《国语》《论语》《孟子》等先秦典籍中的史料，加以爬梳、分析，专门在第一编第四章"列国兼并时期——东周"中，设了"各族间的斗争与融合"一节，头绪清楚地叙述了东周时期中原华夏族及众多的少数族的分布及活动概况，提炼、概括了华夏族与居住在中原地区及四方的诸族因文化不同而斗争，最后趋于融合这一民族关系发展演变的主流。范文澜极为重视古代儒家思想中对待民族问题的一种很进步的观点：不是从血统或种族，而主要从文化水平的高低区分"诸夏"与"夷狄"的观点。他说："中国、夏、华三个名称，最基本的涵义还是在于文化。文化高的地区即周礼地区称为夏，文化高的人或族称为华，华夏合起来称为中国。对文化低即不遵守周礼的人或族称为蛮、夷、戎、狄。例如杞君朝鲁君，用夷礼，杞被贬称为夷，后来杞国朝鲁用周礼，杞又得称为诸夏。"这种主要从文化水平高低区分诸夏与夷狄的观点，在儒家今文经学典籍《春秋公羊传》中表达得很鲜明。在《公羊传》作者看来，诸夏与夷狄并不是凝固不变的，而是以文明或道德进化程度来区分，所以"夷狄"可以称"子"，可以受到赞许，而"诸夏"在文明或道德上倒退了，就视为"新夷狄"。这是公羊学有利于多民族国家形成和巩固，有利于民族文化交流和进步的很光辉的思想。

范文澜吸收了这一思想精华并加以发扬，他从分析历史事实出发，精到地归纳总结，得出东周时期华夏族与诸族经过斗争达到融合，成为中国历史上民族关系和国家统一加强，文化向前发展的一个重要阶段这一很有意义的结论。他说："华族与居住在中国内部和四方的诸族因文化不同经常发生斗争，斗争的结果，华夏文化扩大了，中国也扩大了，到东周末年，凡接受华夏文化的各族，大体上融合成一个华族了。"当时中原地区华族与诸族杂居、四方存在许多少数族的情况，书中有清晰的叙述：据《左传》所记载，东周王畿内有戎族小国，卫都城上可以望见戎州。在南方，长江、汉水两流域，是蛮族居住地，有群蛮、百濮、卢戎等。淮水流域是夷族所居，小国有舒、六、蓼。还有舒蓼、舒庸、徐等，通称淮夷。在东方，今山东省境内，有莱夷、任、宿、须句、颛臾、邾、莒、小邾、杞、介、郯、根牟，通称东夷。又有戎、鄫瞒两小国。北方有北狄多种小部族。西方有大戎、小戎、骊戎、犬戎等多种戎狄小部族。"以上诸族，散居中国的内部和四方。因为华族文化程度较高，政治上有霸主主持盟会，起着互救的作用。华族凭藉优势的文化和政治力量，终于融合了诸族。"南方蛮夷被楚统一，春秋时期楚是华夏的劲敌。东周后期，楚国文化向上发展，与诸夏相等，华夷的界限逐渐消失。东方诸夷没有成立强大国，陆续被齐、鲁、楚吞灭。北方和西方则有晋、燕、秦强大起来，先后征服或融合了周围戎狄小部族。从春秋初年至战国后期四五百年间，中原境内及四方许多文化落后的部族消失了，实际上是融合到不断扩大的华夏族之中。秦汉时期形成的人口众多的汉族，是由华夏族与原先杂居相处的诸族混合而成的，这是各民族共同创造祖国历史的一个很重要的事实。范文澜所讲东周时期是中国朝着统一方向发展，为秦汉统一作初步准备，具有重大意义，① 这里当然包含着融合于其中的所有各民族共同的贡献。

　　修订本《中国通史简编》东汉一章中，著者用了更多的篇幅论述东汉与周边各族（乌桓、鲜卑、匈奴、羌、氐、西域各国）的关系，既记载东汉与北匈奴、鲜卑、羌的战争，又极为重视汉与周边各民族关系加强的事实。如东北的乌桓族，一再内附。公元49年，"辽东境外乌桓大人到洛阳'朝贡'，辽西境外乌桓大人郝旦等率众九千余人内附。汉光武帝封郝旦等大小酋长八十一人为王、侯、君长，使居住沿边十郡境内，招募乌桓人内附。"公元58年，"辽东太守祭肜大破渔阳塞外赤山乌桓。塞外各部乌

---

① 《中国通史简编》（修订本），第一编，人民出版社，1965年版，第180页，第181—183页。

桓恐惧，西自武威郡，东至玄菟郡，纷纷内附。乌桓接受汉文化以后，大人改为父子继承制。"至三国曹魏时，"乌桓居内地久，很自然地和汉族融合起来，边境上乌桓部落对魏仍保持政治联系"。又如南匈奴，经过东汉朝一百五六十年间，由内迁而逐步成为定居在今山西境内的居民。"公元 50 年，汉光武使南单于入居西河郡美稷县（山西离石县境）。南单于分部众屯北地、朔方、五原、云中、定襄、雁门、代郡，助汉守边。沿边八郡流民归还本土，北匈奴不敢大举南侵。此后南匈奴人口逐渐繁衍，汉和帝时，有户三万四千，口二十三万，兵五万。汉每年给南匈奴一亿九十万钱。南单于自称'生长汉地，开口仰食，惭无报效之义'，南匈奴贵族精神上与汉朝廷是亲密的。南匈奴人民与汉人杂居，逐渐进行农业生产，文化与汉人大体相同。东汉后期，南匈奴骑兵成为击北匈奴、鲜卑、羌的主力军。"至三国曹魏时，南匈奴人更确定地成为居住并州的一个少数族。

东汉时期班超、班勇父子先后出使西域，建立功勋，对于西域社会的发展和促进东西文化交流意义重大，因此著者予以大书特书。范文澜分析汉通西域的完全必要性和深刻合理性："玉门关内河西狭长地带，玉门关外葱岭以东西域诸国，都是汉与匈奴关系本身安危、势所必争的地区。汉置河西四郡，割断匈奴与西羌的联系，关中形势稳定了。西域诸国内附，割断匈奴的右臂，河西形势稳定了。与汉相反，匈奴失去西羌的援助，由强变弱，失去西域的赋税，由富变贫。匈奴贫弱，汉才有可能击败匈奴，取得北方边境的安宁。从自卫的观点来看，汉通西域是完全必要的。匈奴奴役西域诸国，'敛税重刻，诸国不堪命'，西域人民和大部分统治阶级，都盼望得到汉的保护，从西域人民的要求来看，汉通西域也是完全合理的。由于通西域，东方和西方的文化得以交流，从人类的利益来看，意义更是重大了。因此，东汉班超班勇父子在西域建立的功绩，是非常光辉的功绩。"由于王莽时期采取愚蠢混乱的政策，断绝西域与中国的交通。匈奴乘机又征服西域诸国，实行报复性的剥削，诸国不堪命，要求汉统治的恢复。班超即在这种形势下，于公元 73 年，带着三十六个吏士出使西域，杀鄯善国匈奴使官，威名大震，于阗国杀匈奴监督官，鄯善、于阗等国王都派儿子到洛阳做侍子，隔绝五十八年的西域，第一次重新与汉交通了。"班超得于阗、疏勒等国的支持与匈奴争西域统治权。76年，匈奴和在它影响下的龟兹、焉耆等国，攻汉西域长官，汉章帝召回汉官，放弃西域，伊吾又被匈奴夺去。班超奉召将归国，从汉诸国大震动，疏勒国大官黎弇怕班超走了，龟兹来报复，拔刀自杀。于阗国王侯大臣抱住班超的马脚，号泣不让走。班超与所率三十六人留下来，准备击败反汉的焉耆、龟兹两国。80年，汉章帝派徐韩率兵一千人援班超。87年，班超率西域诸国兵二万五千人大破龟兹等国兵五万人。90年，班超又大破葱岭西月氏国兵七万人。94年，班超率龟兹等八国兵七万人合汉吏士商贾一千四百人攻破焉耆国。葱岭东西路通，西域五十余国全部内属。"八年之后，朝廷召班超归国，这时他已是七十一岁的老人。107年，汉放弃西域，朝官们原以为闭玉门关便可安居无事，不料北匈奴残部征服诸国，连年侵犯边境，威胁河西四郡。事实教训朝官们"弃西域则河西不能自存"。于是，班超之子班勇奉汉安帝之命，将兵五百人，出关经营西域。班勇奋先父之余烈，再次立功绝域。"126年，班勇率西域兵大破北匈奴呼衍王，又击走北单于兵，北匈奴向西逃遁，葱岭以东诸国又来归附。127年，黑暗的朝廷说班勇有罪，召还下狱。此后汉在西域的政治势力逐步削弱，商业和文化却仍交流不绝，特别是文化，过去汉文化经河西向西流，现在佛教文化经河西开始向东流。北匈奴被班勇驱逐，向西远走，西域诸国得免奴役，有余力发展佛教文化，通过河西这条文化运河，与汉地保持着长时期的正常关系。"[①] 从张骞通西域，到班超、班勇父子经营西域，这些历史事实有力地证明，今天新疆境内广大地区，早在两汉时期就与内地有着密切的政治、经济和文化的联系，中华民族的发展早就融汇着新疆境内各民族居民的宝贵贡献。范文澜在书

---

① 均见《中国通史简编》（修订本），第二编，人民出版社，1965年版，第178—179页，第182页，第188—189页，第190—191页。

中所作的分析和记载,无疑是我们加强民族团结和爱国主义教育的好教材。他所描写的疏勒国、于阗国王侯大臣为坚留班超在西域而号泣,甚至自刎的场面,生动地说明今新疆广大地区早在汉代就与中原休戚相关,中华民族在几千年历史发展中形成的强大向心力和凝聚力,正是我们胜利地穿过狂风暴雨,历经劫难而不断壮大的力量源泉!

对于南北朝时期少数民族建立的政权北魏、北周,范文澜详细地论述其政治、经济、文化状况。此中尤其值得注意的是,他对少数民族统治者有利于社会进步的作为,给予了充分的肯定。北魏是鲜卑族建立的政权,范文澜评价北魏道武帝、太武帝是两位杰出的皇帝。书中详述魏道武帝拓跋珪得并州后,开始成立正规的政治机构,在文化上接受汉族的封建文化,在平城立太学,搜集典籍,教育生员,在经济上首先重视农业,实行计口授田,分地定居,不许自由迁徙。并称赞说:"魏道武帝是有力地推动鲜卑社会前进的积极人物。他灭后燕国,建立强大的魏国,为结束十六国长期混乱、统一中国北部作了准备,在这一意义上,他对中国历史也是有贡献的。"对魏太武帝拓跋焘,范文澜评价说,他"消灭十六国割据的残余,统一了整个黄河流域,对中国历史作出了巨大的贡献。腐朽懦弱的南朝汉族政权,是不可能作出这个贡献的"。① 范文澜对周武帝宇文邕也从多方面给予了充分肯定。他说,在周武帝统治下,周国进入强盛时期。"周武帝是解脱了鲜卑旧俗,真正接受汉文化优良部分的英明皇帝,最明显的表现是在周国内解放奴隶和杂户。……自397年魏道武帝灭后燕以来,二百年间战争频繁,奴隶和杂户不断在增加,周武帝毅然释放官私奴婢和杂户,确实是北朝唯一的英明皇帝。南北朝连年交战,南朝也掳北方人作奴婢,南朝统治者同样表现了野蛮性,周武帝这一英明措施,比南朝统治者也是文明得多。"又说,周武帝生活朴素,勤政爱民,统率将士,赏罚严明。他在灭齐以

---

① 《中国通史简编》(修订本),第二编,人民出版社,1965年版,第460—461页,第537页。

后,立即采取有利于统一整个北中国的措施,划一权衡制度,通行全国。又令新归服的山东诸州举贤才,上县六人,中县五人,下县四人,到朝廷共论政治得失。并称577年周军进攻邺城、灭齐之战,北齐朝官纷纷出降,士卒莫有斗志。"周武帝统一黄河流域,为隋统一全中国作了准备,自北魏内乱以来,只有这一次战争是有积极意义的战争。"①

到了唐代,西藏高原出现了吐蕃国,漠北出现了回纥国,云南出现了南诏国,书中特地辟出三章分别予以论述。这三章有如下两项突出的特点。

第一,翔实地叙述少数民族的经济文化状况,记载他们对开发本地区所做出的贡献。

隋末唐初,吐蕃国朗日论赞普灭苏毗国。松赞干布灭羊同、孙波、附国等国,统一了西藏高原,并扩地到蜀和吐谷浑境,建立起大吐蕃国。范文澜高度评价并详细记载了松赞干布的事业,因为他是吐蕃族取得巨大进步的代表人物。"羌族从一百几十个聚散无常的原始部落进而组成吐谷浑、苏毗、吐蕃等国家,又从这些分立的国家进而组成统一的吐蕃国,都是划时代的大发展。尽管仍旧存在着严重的分立倾向,但经过吐蕃国的强盛时期,羌族人产生了以吐蕃文化为中心的共同心理状态,此后,原来的羌族为具有初步稳定的人们共同体性质的蕃族或藏族所代替了。弃宗弄赞赞普(即松赞干布)是强盛吐蕃国的创始者,因之,他的成就在吐蕃历史上有重大贡献,在中国历史上也有重大贡献。"松赞干布一生与唐太宗同时,他十三岁继位,十八岁遣使向唐朝求婚,二十五岁娶文成公主,三十四岁卒,在他继位之后数年间,平息叛乱,迁都逻些,完成统一大业,牧业繁荣,国力兴盛,获得了迅速的成功。书中将松赞干布一生的事业,总结为稳定内部,巩固王权,建立起统一的吐蕃国,和对外用兵,兼并强邻,保卫国家安全两个方面。他创设了中央官制,

---

① 《中国通史简编》(修订本),第二编,人民出版社,1965年版,第488—489页,第484页。

又创设兵制和地方官制,制定法律,称《十善法律》,使善者有所劝,恶者知所戒。在经济方面,松赞干布时期畜牧业兴旺,同时在发展农业方面也有了一些进步,在高地蓄水为池,引水灌溉,开辟耕地。他又派遣学生到克什米尔学习声韵学,归国以后创造三十个字母,用以拼写吐蕃语,松赞干布亲自学习这种新制文字,大力提倡。"自从有了吐蕃文,在大吐蕃国境内,使无文字和有文字的诸部都行用统一的吐蕃文,随着羌族各部融合成为后来的蕃族或藏族,吐蕃文也就发展成为蕃族或藏族通行的藏文,松赞创制文字的意义是非常巨大的。"在对外方面,松赞干布先后征服孙波、羊同等国,免受来自北方和西方的威胁,使吐蕃居于安全地位。松赞干布推动了吐蕃进入强盛时期,他的成就对后来藏族的形成具有深远的影响。范文澜是把松赞干布作为吐蕃族创造历史的杰出代表来赞扬的,故称他不仅是藏族历史上,也是中国历史上的杰出人物。认为,由于他创造文字,制定制度和法律,与唐和亲,吸收汉文化,"原来寂寞无所闻见的中国广大西部,因强有力的吐蕃国出现,变得有声有色了。这是吐蕃历史的大进步时期,也是中国西部居民开始参加历史活动的时期。"① 对于松赞干布时期历史的记述,突出地体现了范文澜关于各民族共同创造中国历史这一观点。

  书中论述唐代回纥的历史经历了两次重要的转折。一是唐玄宗册封骨力裴罗为怀仁可汗,由于册封,显示出回纥高于其他各部的地位,而回纥汗国的制度采突厥制度,兼采唐制,合成回纥制度。二是回纥西迁西域后,控制了天山南北两路地区,并且经过融合而同属于回纥族,改变了西域以往的面貌。"回纥的重大意义在于,自迁入西域后,逐渐成为西域的主要居民,而原来居住地漠北,逐渐为蒙兀所占有。从此,大漠南北和天山南北都固定了居民,改变过去游牧族流动的常例,此后许多历史事件是在

---

① 《中国通史简编》(修订本),第三编第四章,人民出版社,1965年版,第449页,第454页,第490页。

这个情况下表现出来的。"① 南诏的位置介于唐与吐蕃之间，本身贫弱，必须依附于一个大国。南诏与唐的关系前后迥异。安史乱后，唐困于内战，无意争取南诏来归，南诏附吐蕃四十余年，成为唐西南方的一个敌国。至唐德宗时才出现了变局，南诏想摆脱吐蕃的压迫，又由于唐的争取，南诏转附唐朝，成为吐蕃东南方的一个强敌。南诏利用自己的中间地位，附唐后，拒绝唐势力伸入国内，除朝贡外，完全保持政治上的独立。南诏附唐将近四十年，在唐援助下，大破吐蕃军，国力可称强盛。范文澜总结这近百年的史实得出结论：南诏"附唐利多害少，附吐蕃利少害多"。②

第二，注重写民族关系的发展，特别是少数民族通过与居先进水平的汉族互相交流，促进了经济文化发展，密切了国内民族间的联系。

书中所述唐与吐蕃的经济文化交流最为典型。范文澜认为："吐蕃国力强盛，经济文化落后，作为对方的唐朝，经济文化是繁荣的，国力方面，在前期，唐与吐蕃都强盛，有战有和；在中期，唐已衰弱，吐蕃自唐德宗时起，也由盛转衰，都需要和。两国和好，才能得到经济文化交流的利益，这对吐蕃是更为切实的利益。吐蕃要吐谷浑和四镇，唐决不能放弃，安史乱后，吐蕃乘机夺取唐州县，唐决不能甘心；这样，双方构成和与战交错着的局面。"大约计算，自太宗贞观八年至武宗会昌二年二百零九年间，两国使官往来，约有二百次，其中蕃使入唐次数为多。"使者往来，除去若干次为了欺诈或责让，其余一般是正常的往来，这也说明尽管两国间有多次战争，但经济文化上的需要，促使两国的基本关系，不能不是和好的。"用弃隶缩赞赞普上唐玄宗表文中的话说，吐蕃与唐是甥舅关系，"遂和同为一家，天下百姓，普皆安乐"。这几句话，最足以表明吐蕃与唐的基本关系和民众

---

① 《中国通史简编》（修订本），第三编第五章，人民出版社，1965年版，第493页。

② 《中国通史简编》（修订本），第三编第六章，人民出版社，1965年版，第552—553页。

的共同感情。早在武则天派郭元振出使时,吐蕃民众已经厌恶战争,希望和亲,因为和亲带来的是普皆安乐,战争带来的是穷困和死亡。唐与吐蕃和亲最动人、意义最深远的一幕,是唐太宗应松赞干布请求,遣文成公主出嫁吐蕃,松赞干布率兵到吐蕃东境亲迎。著者无比珍惜唐朝与边境民族之间以和亲形式的文化交流,充满感情地回味:"这种交流,当时是在走亲戚的和好关系上进行的,直到今天看来,也还是很愉快的。"松赞干布非常喜悦,为公主建筑唐式宫室,自己见公主时也改服纨服。吐蕃史书记载文成公主带来的物品,除佛像、珍宝、佛经、各种食物、锦缎和用物外,还有营作与工技著作六十种,治病医方一百种(治四百零四种病),医学论著及诊断法多种。因为所带书籍、物品种类很多,"自然有若干通达这些书籍和制造物品的文士工匠随从前来。这是规模颇大的第一次汉文化输入,对吐蕃文化增加了丰富的养料"。此后,吐蕃开始设史官,采取起居注式记载史事,显然受汉文化影响。唐中宗时,金城公主出嫁弃隶索赞赞普,有大批人员、物品、杂使诸工随从。范文澜总结经济文化交流对于吐蕃发展所具有的重大意义,说:"吐蕃有自己的文化,但必须吸收别族较高的文化来丰富自己。以松赞干布为代表,吐蕃对别族文化采取欢迎态度,积极学习,这一点,也是它能够强盛的一个原因。它主要和唐朝文化交流,从唐输入大量汉族文化。唐蕃两次通婚,文成公主、金城公主出嫁到吐蕃,是汉文化输入的标志。佛教起初也是从唐朝输入,后来又直接从天竺翻译佛经。佛教和政治相结合,盛行无阻,成为吐蕃文化的骨干,影响到文学艺术等各个方面。"[①] 书中还叙述回纥迁居西域后,仍和内地朝廷保持和好关系,继续进行东西方贸易,并和西域旧居民融合成一个大回纥族。南诏文化则显示着向汉文化看齐的趋势,也就是逐渐革除白蛮旧俗,完全接受较高的汉文化。唐西泸县令郑回,在南诏攻破嶲州时被俘,南诏王器重他有学问,使教王室子弟,威

---

① 《中国通史简编》(修订本),第三编第五章,人民出版社,1965年版,第465页,第485—486页,第492页。

望很高,后来当了清平官(相当于宰相,共设六人)。以后,唐四川节度使允许南诏派遣贵族子弟轮流到成都就学,前后相沿五十年,学成回国者至少有好几百人。

修订本《中国通史简编》第三编所设"吐蕃国""回纥国""南诏国"三章共计约有九万字。在通史著作中,以这样显著的地位和足够的篇幅叙述一个时期少数民族的状况,确实有首创的意义。由于翔实地记载少数民族的发展情况和民族间的经济文化交流,这就大大丰富了通史的内容,提高了它的科学性,证明了各民族共同创造伟大祖国的历史这一真理,并且在今天具有增进民族间友好感情和加强民族团结的巨大现实意义。

(五)评说千秋功罪

范文澜为自己著史提出的一项重要任务,是歌颂历史上的进步力量,揭露、谴责邪恶势力,评说千秋功罪。评判进步与邪恶的标准,是按照马克思主义的原则,严格地"把问题提到一定的历史范围之内",考察其对人民大众态度如何,是否起到推动社会前进的作用。

修订本《中国通史简编》出色地运用这一原则,对历史上众多的人物、事件、社会势力、思想流派提出了褒贬分明的评价。书中既态度鲜明地肯定人民大众推动历史前进的作用,同时,又实事求是地肯定了统治阶级中一部分人,在政治、经济、军事、文化上对历史做出的贡献,做到依据这些人物所处的历史条件,作具体分析,分别给予适当的评价。范文澜称汉武帝"无疑是中国历史上有特殊功勋的伟大人物"[①]。严正地批评他"对外连年大用兵,战争使国内各种矛盾都激化起来",他对农民实行残酷的剥削,致使农民穷困破产,富人乘机大掠夺。同时又认为,"通

[①] 《中国通史简编》(修订本),第二编第二章,人民出版社,1965年版,第136页。

过汉武帝,农民付出'海内虚耗,户口减半'的代价,造成军事、文化的极盛时期。"汉武帝本人,具有雄才大略的特性,对外用兵,扩张疆土,对内兴作,多所创建。西汉一朝各方面的代表人物,如大经学家大政论家董仲舒,大史学家司马迁,大文学家司马相如,大军事家卫青、霍去病,大探险家张骞等,都集中出现在汉武帝时期。"这是历史上非常灿烂的一个时期,汉武帝就是这个时期的总代表。"①对于诸葛亮,书中认为,按照封建时代的标准来说,他的道德是很高的。他确实做到了一虚心纳谏,二不增殖私产,堪称是正身的模范。"他集中权力在一身,但是汉后主并不感到他的威胁,朝臣们并不感到他的僭越,国内始终保持着和睦状态。""他以'鞠躬尽瘁,死而后已'的精神来效忠汉国,无异于屈原的效忠楚国。"蜀汉当时并不具备统一中国的客观条件,"给他留下的只有主观努力的一面。他在这一面的努力,确是达到无以复加的高度,凡是封建统治阶级可能做到的较好措施,他几乎都做,因之,他的攻魏计划虽是失败了,他所治理的汉国,在三国中却是最有条理的一国"。②又论述唐太宗接受了隋末农民起义的教训,有善于纳谏的作风,能知人又能用人,"他相信人才就在今世,随时留心,从新人疏人甚至敌人中得到许多文武奇才"。他的文治和武功都取得空前的成功,是"中国皇帝中出类拔萃的人物"。当然他是个封建统治者,由于功业的巨大成就,后期骄矜心和享乐心也逐渐滋长。著者论述历史人物和历史事件,都能做到把正确的观点与丰富的史实结合起来,具体地分析具体情况,因而立论鲜明,毫不躲躲闪闪,见解深刻独到,发人深省,而又做到根据充足,很有说服力。

对于功绩与罪过集于一身的人物,著者尤能精到而细致地加以剖析,不作笼统的肯定或指责。如对唐玄宗,书中有恰当的分析:"唐玄宗在开元年间,是励精求治的皇帝。……在励精求治,取得成就以后,便精疲力尽,骄侈心代替了求治心。唐朝到开元

---

① 《中国通史简编》(修订本),第二编,人民出版社,1965年版,第39页。
② 《中国通史简编》(修订本),第二编,人民出版社,1965年版,第208页,第205页。

时期才达到极盛的顶点,也就在这个时期的季年,造成了天宝时期的乱源。"开元年间,唐玄宗为求国内的安宁,曾表现出卓越的政治才能,主要表现在用人和纳谏上。先后任用姚崇、宋璟、张说、张九龄等人,各有所长,都能直言谏诤,补救缺政。"唐玄宗懂得纳谏的重大意义,这是取得开元之治的根本原因。可是,他纳谏非常勉强,这些直臣都因忤旨被罢免,不能久居相位。……他在位年久,骄侈心压倒求治心,想要一个顺从意旨的人做宰相,自己可以纵情享乐,老奸李林甫因此被用来代替张九龄。"谏诤的路被李林甫断绝,开元之治转向天宝之乱了。① 这些论述,是对唐玄宗功过的深刻分析,也是对唐朝由盛到衰这一历史转折的精到概括。书中对于较为次要的历史人物,也能要言不烦地评价他在历史上起到什么作用。五代十国的吴越王钱镠即是典型例证。钱镠对百姓剥削沉重,赋税苛重,"小至鸡、鱼、鸭卵、鸡雏,也要纳税。贫民欠税被捉到官府,按各税欠数多少定笞数,往往积至笞数十至百余,民尤不胜其苦"。又大兴土木,营造华丽的宫殿、台榭,引起民众的怨恨。同时肯定钱镠也做了些有益的事情,兴修水利,促进了农业生产。"他修筑钱塘江石堤(从六和塔至艮山门),保护杭州城;凿平江中妨碍行舟的巨石,增进海上交通;造龙山、浙江两闸,阻遏海潮内灌。又自嘉兴、松江沿海滨到太仓、常熟、江阴、武进,凡一河一浦,都造堰闸,蓄泄有时,不畏旱涝。当时米价每石只值五十文,可见浙西农业有很大的发展。"② 坚持了历史地、实事求是地分析的科学态度。

以上所谈,说明范文澜评价历史人物目光犀利,严格地从历史条件出发,善于透辟地、辩证地分析问题。书中尤其值得我们注意的是,著者评价历史人物还有两个特点:一是重视发掘新材料,提出具有特识的新见解;二是运用比较方法评价人物。这两

---

① 《中国通史简编》(修订本),第三编,人民出版社,1965年版,第97页,第116—117页。

② 《中国通史简编》(修订本),第一编,人民出版社,1965年版,第411—412页。

项对于推进评价历史人物的理论和方法都是很有意义的。

例如,东汉灵帝在政治上是一个极昏暴的皇帝,而同时,范文澜却以新鲜资料证明,他在文学艺术上却是一个有力的变革者。著者指出:"他招集辞赋家、小说家、书法家、绘画家数十人,居鸿都门下,按才能高下受赏赐。保守派首领杨赐斥责这些人是'群小',是'驩兜共工',又一首领蔡邕斥责他们是小才,是俳优。因为汉灵帝想利用变革派来对抗太学名士,所以不顾保守派的反对,待变革派以不次之位,让他们做大官。这样,文学与艺术在变革派的影响下,开始出现新的气象,也就是说,质胜于文的旧作风开始变成新的相称的新作风。"① 因此,汉灵帝对于推动具有"以情纬文,以文被质"的新作风的建安文学的出现,起到重要的积极作用。对汉灵帝的这一新的评价,确是发前人之所未发。再如,东晋葛洪是著名的道教徒、《抱朴子》一书作者。范文澜从三个方面评价他,首先,作为道教徒,《抱朴子内篇》代表道教幻想求得一种吃了可以不死的药物,永远享受人世间的乐趣,"专心一意用妖妄的方法求长生不死,《抱朴子内篇》就是这样的一部妖妄书,并且是集合战国以来神仙家一切方术的一部妖妄书"。② 其次,讲葛洪书中《金丹篇》《黄白篇》记载用矿物炼丹药炼金银,"开化学的远源",在《仙药篇》和其他篇里,主要用植物治疗百病,"实是较为原始的药物学"。故《抱朴子内篇》可以提供不少的科学史资料,而外篇中则包含有社会进化思想和否定神仙鬼怪的唯物倾向。③ 第三,葛洪又是一位出色的医家,著有《玉函方》一百卷,《肘后救急方》三卷,充分肯定他治病、著书为贫穷民众着想的医德。④ 又如对隋文帝的评价。范文澜认为这位在位二十四年的皇帝在政治上多有成就,对西晋末以后将近三百年乱局的结束有重要的意义。他发掘了许多有价值

---

① 《中国通史简编》(修订本),第二编,人民出版社,1965年版,第250页。
② 《中国通史简编》(修订本),第二编,人民出版社,1965年版,第427页。
③ 《中国通史简编》(修订本),第二编,人民出版社,1965年版,第427—428页。
④ 《中国通史简编》(修订本),第二编,人民出版社,1965年版,第442页。

的材料,论述隋文帝躬行节俭,奖励良吏,严惩不法官吏,对前代各种制度斟酌损益,创设官制、礼乐、刑律、兵制、科举、度量衡等项制度,为唐以后历朝所延用。书中写道:"五九四年,关中饥荒,他派人去看百姓所用食品,是豆粉拌糠,他拿食品给群臣看,流涕责备自己无德,命撤消常馔,不吃酒肉。他率领饥民到洛阳就食,令卫士不得驱迫民人,遇见扶老携幼的人群,自己引马避路,好言抚慰。道路难走处,令左右扶助挑担的人。他这些表示,在帝王中确是罕见。"① 在分析一系列新鲜材料的基础上,对隋文帝作出了总评价:"隋文帝为巩固国家统一作出了贡献。首先是厉行节俭政治,使民众在较轻的剥削下得以发展生产。其次是修定刑律和制度,使适合于南北统一后的中国。刑律删去若干秦、汉、南北朝相沿的酷刑,更是一个重大的改进。隋文帝利用突厥内部存在的弱点,以谋略为主,军事为辅,避免发生大战争,这对国家的安定是很有利的。西晋末年开始的国内分裂,经隋文帝积极经营,造成了较为稳定的统一局面,盛大的唐朝就在这个基础上建立起来。"范文澜对于隋文帝用计削弱突厥的论述尤为精辟。当南北朝时期,突厥势力强大。北齐、北周对立,各送重赂求突厥援助,突厥愈益骄横。隋文帝即位,不再给突厥礼物,突厥怨恨,起兵入寇。隋文帝采用长孙晟所献远交近攻、离间强部、扶助弱部的策略,使突厥贵族为争夺权位互斗,部落离散。隋利用其衰弱,取得边境安宁。因此,他得出"统一是立国的生命"的重要结论:"产生力量的一个主要原因是国内统一,丧失力量的一个主要原因是国内分裂。北朝、齐、周分裂,争向统一的突厥忍辱献厚礼,隋文帝统一,击破分裂的突厥。隋末大乱,当时割据者如薛举、王世充、刘武周、梁师都、李轨、高开道之流,都向统一的突厥可耻地称臣求援。突厥给他们称号,助长他们的分裂势力,藉以坐收大利。统一是立国的生命,分裂是衰亡的根源,历史上无数事实证明了这个规律,隋与

---

① 《中国通史简编》(修订本),第三编,人民出版社,1965年版,第8页。

突厥胜败的变化也是许多证明中的一个。"① 范文澜通过评价隋文帝的政治、外交实绩，郑重地强调历史所昭示的统一是立国的生命这一规律，在今天仍然具有巨大的现实意义。

李泌是中唐大臣，历仕肃宗、代宗、德宗三朝，位至宰相，但近人史著对他的政治贡献少有谈及，论者又每以"好谈神仙怪异"概括其特点。范文澜则从《旧唐书》《新唐书》《资治通鉴》中发掘出不少新材料，在此基础上对李泌提出很有价值的新看法。他说："李泌是唐中期特殊环境中产生出来的特殊人物。他经历唐肃宗、唐代宗、唐德宗三朝，君主尽管猜忌昏庸，他都有所补救和贡献，奸佞尽管妒嫉加害，他总用智术避免祸患。他处乱世的主要方法，一是不求做官，以皇帝的宾友自居，这样，进退便比较自如；二是公开讲神仙、怪异，以世外之人自居，这样，不同于流俗的淡泊生活便无可非议。统治阶级争夺的焦点所在，不外名与利二事，李泌自觉地避开祸端来扶助唐朝，可称为封建时代表现非常特殊的忠臣和智士。"② 756 年，安禄山叛军攻入西京，唐玄宗逃往四川，太子李亨在马嵬被众拥戴主持军事，到灵武即皇帝位，是为肃宗，由此展开以肃宗为首与割据势力斗争的新局面。李泌原先以智慧早成被称为奇童，与太子李亨为布衣友。此时他到达灵武，与大将郭子仪共同辅佐肃宗。他向肃宗提出用兵计划，要旨是先让叛军两头受敌，往来数千里，疲于奔命，唐军以逸待劳，待明年（757 年）以两路大军夹攻叛军老巢范阳镇，朝廷再令陕西、河南、河北、山西各军四面围攻，可获全胜。李泌的计策可谓深谋远虑，完全正确。但肃宗贪图近利，未予实行。757 年，元帅李俶（太子）、副元帅郭子仪率朔方等镇兵及回纥、西域援军共十五万，在长安城西大破叛军，唐军进入西京。此时，李泌便力求到衡山隐居，肃宗也就允许。范文澜论云："李泌的归隐是要避免杀身的灾难，唐肃宗的允许，是要

---

① 《中国通史简编》（修订本），第三编，人民出版社，1965 年版，第 20 页，第 19 页。
② 《中国通史简编》（修订本），第三编，人民出版社，1965 年版，第 137—138 页。

行施自己的一套想法。唐肃宗挽留李泌时说,我和你同忧患有年,现在正好同娱乐,你怎么说要走呢!李泌看来,忧患正在兴起;唐肃宗却看作娱乐的时候已经来到。李泌看来,娱乐里面包含着杀身之祸,必须及早走避到遥远的衡山去;唐肃宗却看作娱乐是忧患的报酬,忧患过去了,剩下的只是娱乐。智士与昏君的两套想法,如此悬殊,当然不可以合作。"① 此后,唐军九个节度使六十万兵力,在河北邺城下被叛将史思明打得大溃败,以后又有一连串变乱,至762年,发生宫廷内乱,张皇后准备杀李辅国,却反被李辅国所杀,唐肃宗惊死。证明了李泌对整个时局的识见。至唐德宗时,藩镇反叛势力仍很嚣张,西方回纥、吐蕃又形成威胁,使唐朝廷形势更加危急。783年,唐德宗因关内泾原士兵哗变攻长安,逃往奉天。784年,又因李怀光反叛,德宗再次仓皇逃到汉中。此时,他派人去召李泌(时任杭州刺史)。德宗是个性格狷急、刚愎自用的昏君。时有大政论家陆贽任翰林学士在身边,时时竭诚谏诤,但重要议论少有采纳。范文澜比较陆贽与李泌二人对唐德宗的影响说:"陆贽的严肃态度,与唐德宗刚愎的性格是不能相容的,陆贽尽管能发救时的宏论,遇到昏君,不免大部分化成空谈。李泌经历玄、肃、代、德四朝,昏君的心理已经摸得够清楚了,因此能够在某种程度上诱导唐德宗做一些好的事情,使得有些祸乱受到阻止,内忧外患多少有减轻的趋势。"② 范文澜发掘出许多有价值的新材料,论述李泌重返唐朝廷后的贡献,归结来说有三项:一是保存住西边两镇,使唐朝廷保留了京都西部屏障;二是规劝德宗不杀功臣;三是解除吐蕃对唐的威胁。唐德宗当太子时受过回纥侮辱,因此一贯仇视回纥,要以特别优待吐蕃表示对回纥的报复。李怀光准备反叛时,唐德宗派人去吐蕃求救兵,私自允许割安西、北庭二镇给吐蕃。赖大将李晟、马燧、浑瑊进击叛军,德宗才得回到长安。吐蕃来求安西、北庭两镇,德宗本想召回两镇将领,实行割让前议。在此关

---

① 《中国通史简编》(修订本),第三编,人民出版社,1965年版,第140—141页。
② 《中国通史简编》(修订本),第三编,人民出版社,1965年版,第156页。

键时刻，李泌进谏说，两镇将士尽忠竭力，为国家固守近二十年，如果割弃，他们将来从吐蕃入侵，一定很凶悍。朝臣赞助李泌意见，两镇得保守下来。唐德宗回长安后，便对功臣李晟、马燧、浑瑊多方猜忌。吐蕃入寇，被李晟击败。吐蕃人说，只要用计除掉三位良将，便可以取唐国。吐蕃用了拙劣的离间计，声称已与李晟暗通，唐德宗竟信以为真，致李晟日夜哭泣，请求出家为僧。马燧也被德宗憎恶而削去副元帅职。范文澜说，此时唐朝廷君臣相疑，几成内外解体之势。在此关键时刻，李泌被任用为宰相。"李泌大概也感到非任职不可，居然允许做宰相。这时候，确实只有李泌一人可以挽救危局，因为只有他能够说透利害，打动唐德宗的内心，使他多少听从一些。"李泌受任后，即与李晟、马燧去见德宗，谈话中找到了合适的时机，向德宗诚恳进言说，愿你勿害功臣。李晟有大功于国，你万一害他们，内自宿卫，外至方镇，哪个不愤怒，恐怕中外叛变，大乱立刻到来。你能诚心对待他们，他们自然也就安心，国家有事，他们去出征，无事在朝内任职，不是很好吗？你不要忌二位功大，二位也不要因位高自疑，天下就无事了。德宗答应，二人也涕泣拜谢。一个紧急关头就这样平稳地渡过去了。范文澜对李泌用计策解除吐蕃的威胁评价最高，说："李泌做了许多有利于国的事，愈得信任，因而提出'北和回纥，南通云南（南诏国），西结大食、天竺'，以困吐蕃的计划。唐德宗坚决反对和回纥，经李泌反复开导，才决定与回纥和亲。788年，回纥可汗得唐许婚，非常喜悦，愿为唐牵制吐蕃。793年，南诏国也脱离吐蕃，与唐恢复亲善关系。吐蕃的两个与国变成敌国，唐的两个敌国变成与国，唐与吐蕃形势大变，从此吐蕃势弱，不能为唐大害。唐朝免去吐蕃的威胁，到唐宪宗时，又有力量和关东割据势力作战，并取得胜利。李泌这一建议的实施，对唐与吐蕃两国都有深远的影响，在他的政治生活中，这是最大的一个成功。"① 天宝年间以后，藩镇势力猖獗，一

---

① 《中国通史简编》（修订本），第三编，人民出版社，1965年版，第157—158页。

再反叛，唐朝廷山河破碎，频频出现危局。根源就在腐朽势力统治着朝廷，对跋扈的藩镇将领姑息、优待，助长其气焰炽烈万丈。昏庸的帝王对于忠心为国、顺从朝命的功臣却一贯猜忌，面对嚣张的邪恶势力，这些功臣们在战场上英勇征战，不顾个人安危，当受猜忌排挤时，又能为国家大局而委曲求全，表现出可贵的气节。故范文澜对与李泌同时代的郭子仪、李晟、马燧、浑瑊等著名将领出生入死的功绩也详加记述，并且高度评价其忠心体国的可贵品质，说："朝廷的赏罚如此悖谬，宜乎图谋割据的阴谋家愈来愈多，那些不为风气所转移，忠实地阻遏割据势力的少数功臣，对朝廷说来，也就愈益显得难能而可贵。"① 总之，围绕李泌以及郭子仪、李晟等功臣，范文澜所发掘的新材料和提出的卓识，对于我们丰富中唐时期的社会状况和历史走向，深化我们对民族智慧的认识，都有宝贵的价值。

比较研究是史学研究的重要方法，它能够推进我们的认识能力，开阔视野，增加灵感。通过对具有可比性的不同时期、事件、人物进行比较和分析，能更清楚地认识他们不同的特点，以及各自的历史地位。范文澜重视比较研究方法，而且运用得很成功，诸如，书中比较先秦儒墨两家思想主张，比较秦和隋两朝统治时间短促，但对中国历史发展产生深远影响，比较隋末和唐末两次农民大起义的相似和相异，比较盛唐三大诗人李白、杜甫、王维学术思想渊源和风格的不同，比较韩愈、柳宗元的思想倾向和文学风格的不同特点等，都是通过比较而揭示出深刻内涵的成功例证。限于篇幅，本章不能一一展开论述，只能选择两个例子略作评述。

——对晋元帝司马睿和宋武帝刘裕的比较。两人是东晋朝和南朝宋朝的开国皇帝。范著对两人的称帝基础、对士族的态度、对北伐的态度等项进行比较，给人以耳目一新之感。范文澜指出，晋元帝司马睿向来缺少才能和声望，在晋宗室中又是疏属，他能够取得帝位，主要依靠王导的支持。当然，东晋、南朝约三

---

① 《中国通史简编》（修订本），第三编，人民出版社，1965年版，第145页。

百年间,南方经济上升,文化更远超北方,这是东晋和南朝在历史上所起的积极作用,因此首先创立东晋政权的晋元帝和王导是有功的。晋元帝掌握政权必须取得北方士族和南方士族的支持,首先是名望最高的王、谢两门大族的支持,而王导则运用他的才能和影响,尽力协调北方士族和南方士族的矛盾,以维持东晋朝廷的统治。侨州郡县的设置,就是专为安置北方流亡士族的措施。在北伐问题上,态度极其消极。"晋元帝只想做个偏安皇帝,王导也只想建立一个王氏当权的小朝廷,他们的目光专注在江东内部的权利分配上,从来不作北伐的准备,而且还反对有人主张北伐。"① 祖逖坚主北伐,募兵二千余,以严明的军纪,进军中原,屡次击败石勒军,收复黄河以南全部土地,不愧是当时最识大体、最有才能的杰出人物。祖逖准备收复河北,晋元帝却只给他镇守的官职,而派根本不出征的戴渊做征西将军,显然表示对祖逖不信任。晋元帝是深怕部下因北伐立大功,建立起崇高的威望,而对自己的帝位不利,可见是一个庸人。刘裕出身于低级士族。404年,桓玄篡晋,刘裕在京口约集失意士人密谋攻桓玄,被众推为盟主。刘裕击败桓玄,掌握东晋政权。后来积累战功,打下帝业基础,和晋元帝依靠大族推戴的情形完全不同。范文澜进而对比说:"刘裕所创的宋朝,皇帝独掌大权,主要辅佐,多选用寒门,原来的高门大族,只能做名大权小的官员,难得皇帝的信任。削弱士族的政治力量,实行皇帝专制的中央集权,宋朝国内的统一程度远非强藩割据的东晋朝所能比拟,政权大大增强了。当时鲜卑拓跋部统一黄河流域,出现强大的魏国,如果没有统一的汉族政权,鲜卑人几次大举南侵,很有可能并吞长江流域,摧残发展中的经济和文化。所以,刘裕消灭纪纲不立、豪强横行的东晋朝,建立比较有力的宋朝,对汉族历史是一个大贡献。"② 刘裕坚决实行北伐。409年,刘裕攻南燕。412年,攻破江陵城。413年,刘裕遣将收复成都。415年,又遣将攻克襄阳。

---

① 《中国通史简编》(修订本),第二编,人民出版社,1965年版,第360页。
② 《中国通史简编》(修订本),第二编,人民出版社,1965年版,第368—369页。

东晋境内在刘裕势力下全部统一了。416年，刘裕率军分五路，水陆并进，攻后秦国。"这次北伐，胜利是巨大的，关中虽失去，自潼关东至青州，却成为宋朝的疆土。"① 刘裕又撤去许多侨郡县，实行土断法，令北方流亡来的士民就所居地作为土著，加强行政统一。晋元帝与宋武帝相对比，一个平庸苟且，一个大有作为，因而历史地位高下大不相同。

——对韩愈和柳宗元在古文运动中风格和地位不同的比较。范文澜认为，韩愈作为公认的古文运动的创始人，他成功的原因首先是树立发扬儒道，排斥佛老的旗帜，"同时期内没有一人像他那样鲜明，也没有一人敢于向佛老作这样坚决的斗争"。韩愈古文众体兼备，下至造句也一字不苟，古文作为一种文体，从此达到完全成熟的境地。在为文的方法上讲，关键又在于他能够虚心学习，吸收古今人之所长。"韩愈反佛老，诗中却常用《庄子》语，足见他读书并不排除属于老氏的诸书。"故说，韩愈和杜甫一样，之所以能够"在文学上取得伟大的成就，归根说来，只是能够学无常师，有师即学"。柳宗元与韩愈相比较，范文澜认为，韩为古文运动的主将，柳为副将。首先是二人的襟怀志向、文章风格不同。柳宗元因热心仕进，参与了王叔文在顺宗朝革除弊政的活动，王叔文失败，柳宗元被贬，因此失志忧愁，怨天尤人。书中说，"他从朝廷权要贬为炎荒地方官，从热衷禄位转到悲观绝望，这些痛苦的遭遇，使得柳宗元内心永远存在不可解脱的苦恼。他本是近体文高手，在炎荒改作古文，用来发抒忧郁愤闷的心情，他所作古文最好的部分，首先是山林游记。柳文弱点在阴郁畏疑，读之使人不欢。游山水记则是从愉快心情产生的，虽然也偶尔告哀，因为主要是写山水，告哀气氛不能掩盖一笑的欢乐。本来哀怨的发泄，在有些文章里，可以吸引广大读者的同情，例如屈原《离骚》。柳宗元的哀怨，却只能引起读者较小的同情。"又说，韩柳是好友，又互相了解彼此的造诣，柳称韩文"猖狂恣睢，肆意有作"，所谓猖狂云云，就是韩愈兴儒反佛，理

---

① 《中国通史简编》（修订本），第二编，人民出版社，1965年版，第369页。

直气壮,表现阳刚爽朗,文章有雄伟的气象。"韩称柳宗元文'雄深雅健'。以《天说》为代表的不少篇柳文,韩愈所评是确实的。但柳宗元的精神状态很不健康,他在永州《与李建书》里,写出悲伤心情。……这样的悲观心情,发为文章,给人以阴郁消极的感觉,是很自然的。韩愈诗'一封朝奏九重天,夕贬潮州路八千。欲为圣明除弊事,肯将衰朽惜残年!'柳宗元不可能有这种胸怀。"其次,范文澜进而分析比较韩柳二人学术思想渊源的不同,这是造成二人文章风格和历史地位不同的根本原因。韩愈崇尚儒学,对佛老特别是佛教攻击最为坚决。为了反佛,甘冒生命危险。他对佛教宣传的各种祸福报应之类的骗术,全不置信,被愚人看作绝对神圣的佛骨,要求投诸水火,予以毁灭,这是何等卓荦超拔的议论!柳宗元在《天说》与《答刘禹锡天论》里,分析入微,充分发挥了他的唯物主义思想,得到哲学史上颇高的地位。"可是,柳宗元是天台宗的佛教信徒,佞佛与韩愈的反佛,态度完全相反,……中佛毒当然很深。"范文澜深刻地分析反佛与佞佛,代表着旺盛与衰落的两种发展方向,因而文章气势也高下悬殊:"柳宗元文学上的才力并不比韩愈差,成就却有高下之分,由于韩愈崇儒学反佛老,主张是明显的,态度是坚定的,因之他的古文不只是文体的改革,而是一种学术思想的斗争。到了宋朝,群儒起而响应,其道大行,韩愈遂成为古文和理学的不祧之祖。""韩愈顺着儒学方兴的盛势,柳宗元沿着佛教将败的颓波。文章高下决定于作者的思想和气势,韩愈崇儒学,气顺而势壮,柳宗元信佛教,势逆而气衰。韩柳古文成就的高下,取决于二人学术的不同,以古文技巧来说,韩文畅通,柳文精密,二人是难分高下的。"[①] 对于范文澜比较韩愈、柳宗元二人的风格、地位和学术渊源的不同,读者尽可以从一些个别问题对著者的论述表示一点异议,如范著对柳宗元的名文《天说》的战斗精神评价尚嫌不足;对其又一名文《封建论》总结一千多年历史发展证明

[①] 《中国通史简编》(修订本),第三编,人民出版社,1965年版,第720页,第721页,第721—722页,第723页,第724页,第725页。

实行郡县制有利于国家统一，必然战胜导致分裂割据的分封制，在历史观点上雄视千古，成为古代史论的杰作，而著者对此未予论及；对柳宗元游记名篇状物抒情的高度技巧，也未作具体论述，而主要讲其不足一面。尽管尚有某些可商之处，但从总体上，却不能不佩服范著通过比较，深刻地揭示出韩柳二人在学术文化潮流中所处的不同地位，和文章风格上的不同特点，确是见识宏远之论，在众多的有关韩柳二大家的评论中独具特识，值得我们仔细体味。

对于各个时期的不同社会势力、文化思潮、学术流派的是非功过，范文澜都以唯物史观为指导，站在人民的立场上作出态度鲜明的褒贬评说。这里仅重点论述影响极大的范著对唐代佛教盛行造成的严重祸害所作的有力的揭露。宗教迷信的盛行是社会文明进步的巨大阻力。范文澜在大学毕业后曾因在现实中找不到出路，思想上陷入苦恼，而一度大量阅读佛经，成为"佛迷"。当他从这种宗教思想牢笼中挣脱出来之后，更对迷信思想对人们心灵的毒害有切肤之痛。所以他批判历史上佛教盛行和其他迷信思想蛊惑人们的毒害作用是结合自己的亲身体验而发，由于洞悉内情，反戈一击，更能打中要害。范文澜对宗教迷信思想的批判当然不限于佛教。对于先秦时代阴阳五行学说的唯心迷信实质和危害，他曾作了严肃的评判："东周时五行说早已通行，至邹衍特加发挥，号称'谈天衍'，把阴阳消长与五行相胜配合起来，造出五德终始（水德克火德，火德克金德等）的循环论与命定论。阴阳五行家'推五德终始之运'的学说，要人们一举一动完全听命于鬼神天数。这种学说影响最广泛而流传又极久远，是战国诸家学说最有害的一种。"① 对于东汉后期创立，此后逐渐流行的道教，著者论其产生的条件和实质说："东汉时，佛教传入中国，'索隐（寻求隐暗无证据的事）行怪（作怪妄的事）'、'舍人事而任（信仰）鬼神'的阴阳五行学以至左道邪术，在佛教影响

---

① 《中国通史简编》（修订本），第一编，人民出版社，1965年版，第267页。

下,汇合起来成立一个称为道教的宗教。"① 并称之为"妖妄的宗教"②。又分析道教在东汉创立的社会环境,说:"汉光武帝以今文经学为基础,大力提倡妖妄的谶纬之学,藉以证明自己受天命,应该做皇帝。东汉妖术盛行,《后汉书》特立所谓《方术传》,除了郭玉、华佗等少数医生,其余都是著名的妖人。这种妖人妖术就是战国西汉传下来的方士和神仙术,不过到东汉时已经发生了一些变化。战国、西汉的方术,主要是用长生不死之药欺骗富贵人(包括皇帝)。骗术败露之后,方士被杀或逃遁,教训了后来的方士,富贵人受骗,也教训了后来的富贵人。东汉富贵人自汉光武帝以下,一般不求长生药,却求愚弄人民的妖术;反之,方士也不再用长生药冒险求富贵,却用各种符合朝廷提倡的妖术来取得名利。用符水祝祷法骗人,就是各种妖术的一种。"至东汉后期,佛教逐渐流行以后,"遂给某些妖人一种创立宗教的启示。妖人们把方士所有的神仙术与《老子》书中'谷神不死''玄牝之门'等等神秘的话结合起来,于是神仙术改为道教,方士改称为道士,哲学家老子也被改装为道教的教主"。③ 总之,东汉后期创立的道教,是在鬼神符箓妖术炽盛的社会环境下,各种神仙阴阳五行邪术的总汇。

唐代佛教流行,长期肆虐,造成严重祸害。范文澜在修订本《中国通史简编》第三编第二册第七章"唐五代的文化概况"中,专设"佛教各宗派""禅宗——适合中国士大夫口味的佛教"两节,以后又为《唐代佛教》一书写了"引言",以大量的史实和酣畅的议论,揭露唐代佛教盛行祸国蠹民的罪恶实质。范文澜指出,佛教以"生如苦海"的邪说,"生死轮回""因果报应"的谎言骗人。"佛教的根本教理是四圣谛,首先肯定人的一生沉溺在苦海中,没有丝毫乐处,即使有乐处,也是极暂时的。对不灭的神(灵魂)说来,由于无明(贪、嗔、痴总称为无明,也称为

---

① 《中国通史简编》(修订本),第二编,人民出版社,1965年版,第428页。
② 《中国通史简编》(修订本),第二编,人民出版社,1965年版,第427页。
③ 《中国通史简编》(修订本),第二编,人民出版社,1965年版,第196—197页。

三毒,贪欲尤为诸苦之本,称为苦本)的缘故,灵魂或出生为人或为畜生或为饿鬼或入地狱,从无始以来,在生死苦海中流转不息。与短促的一生同样,是没有丝毫乐趣的。……佛教最怕神灭论,神灭论如占优势,持神不灭论的佛教就自然全部崩溃。因为它依靠神不灭论来威吓人也用来诱骗人信教。"① "人之所以是人,而不是寄生虫,因为能够进行生产斗争和阶级斗争,推动社会不断前进,佛教极端贱视劳动生产,并专替统治阶级消除民众的阶级斗争,大批僧众不耕而食,不织而衣,不营造而居大寺庙,实在是一群蠹国病民的寄生动物。《易经·系辞》说,'天地之大德曰生',佛教以涅槃为无上妙境,等于说'天地之大德曰死'(佛教认身体为'毒器',死是解脱)。……佛教思想与汉族人传统的文化思想正相反。但是佛教从西汉末传入中国以后,影响一直在扩大,隋唐两朝发达到最高度。主要原因不外是它有一整套叫做因果报应的骗术,利用当时创造了巨大财富的被剥削阶级仍然贫苦无告,和统治阶级为了巩固其统治地位、需要麻痹人民的反抗意志,而他们自己又有懒惰、贪欲、自私等心理,骗术获得广泛的销路。"② "佛教强调因果报应,用以解释阶级的不平等、富贵贫贱相差悬殊的原因,对统治阶级非常有利,因而获得统治者的保护和推广。加以诳话连篇,无处不是诳话大话,胁人以地狱无穷尽之苦,诱人以富贵千万倍之报,被压迫人民不免受骗,而特别有贪心的人,更不免堕入术中,受骗至死而不能自拔,成为虔诚的不是存心骗人而实际是骗子的佛教徒。"③ 著者又说,中国书籍自六经以至诸子百家,从来没有人敢说佛书那样的大话和诳话,庄子著书,号称谬悠荒唐,但比起佛书来,相差却远得不可以道里计。中国士人有信书的陋习,以为写在书上的话,都是不可不信的重要话。又从来不曾接触过佛经这种无边无际的大话,和毫无责任感的诳话。于是,正当东汉政治黑暗,广大人民求生

---

① 《中国通史简编》(修订本),第三编,人民出版社,1965年版,第556页。
② 《中国通史简编》(修订本),第三编,人民出版社,1965年版,第558—559页。
③ 《中国通史简编》(修订本),第三编,人民出版社,1965年版,第563页。

不得,而今文经学盛行,统治阶级精神境界异常空虚的时候,佛教便乘机传入。"它那骇人听闻的大话和诳话,逐渐俘虏了许多人,特别是贪欲无厌的统治阶级中人。"①

在唐代佛教各宗派中,范文澜特别深入分析净土宗造成的祸害,称它是讲成佛最易的一个法门,也是骗人最多害人最重的一个宗派。他说:"净土宗很像保姆拿画饼哄一两岁婴儿,利用人们的愚昧和贪欲,进行最大胆的欺骗。""净土宗提出快速成佛法,说念阿弥陀佛一口,灭八十亿劫生死之罪,得八十亿微妙功德。照一般佛教说,从凡夫修到初地菩萨位,要经一大阿僧祇劫。一大阿僧祇劫据说是万万为亿,万亿为兆,一个阿僧祇是一千万万……(共八个万字)兆劫(世界成坏一次为一劫),修成菩萨可谓烦难之至。净土宗却说只要一念阿弥陀佛,迟则七日,快则一日,速生净土,即是八地以上的菩萨,据说,大乘菩萨分十地(级),念佛一声,即成八级以上菩萨,可谓快速之极。足见速成是戏论,缓成也是戏论,归根说来,全部佛教都是戏论。"②唐代净土教徒造了许多记载报应的书,譬如某书记唐僧人雄俊,生时无恶不作,唐代宗大历年间,阎罗王判他入地狱。雄俊大声反对说,我如果入地狱,三世诸佛都是说诳。阎罗说,佛不曾说诳。雄俊说,佛经说,下品下生,犯五逆罪的人,临死念佛十声,还得住生,我虽犯了罪,但并不犯五逆,要说念佛,不知念了多少声。说完,即乘台往生西方。范文澜严斥说:"这是鼓励人作任何罪恶事,有净土提供最安全的逋逃薮,这除了助恶还有什么别的意义!"如此净土教义,生时无恶不作,只要口中念佛,死时便全一笔勾销,往生净土世界。"东方净土与西方条件相同,并无高低优劣之分。这好比捐客招揽生意,你要西就有西,你要东就有东,反正把买卖拉到手就算成功。佛教骗人如蜘蛛张网,西也张,东也张,上也张,只等你落网,这同蜘蛛要吃

---

① 《中国通史简编》(修订本),第三编,人民出版社,1965年版,第566页。
② 《中国通史简编》(修订本),第三编,人民出版社,1965年版,第570—571页。

所有落网的虫一样贪婪。"①

唐代史料中有许多关于佛僧欺骗伎俩的事实，范文澜选取尤为典型者记载、分析。其中论述密教宗派的骗术揭露最为有力。密教宗派中，金刚智和不空师徒二人的诱骗手法曾经迷惑了许多人，包括昏庸的皇帝和贪鄙的朝臣。"金刚智自称用曼荼罗法，可以拘禁鬼魅，使鬼魅附童男童女身上，去病去妖都很容易，显然与道士同样妖邪。日人小柳司气太论道教与真言密教之关系，指出密教经中剽窃模仿道教的证据多条，说明不空到天竺求经，仿照道教的骗术，拿到中国来变成新鲜货，偷来偷去，无非是妖邪合流。"不空是天竺人，长期在中国，故被称为胡僧。不空大受宠信，是在肃、代两个昏君的时候。安史作乱，肃宗逃到灵武，曾密遣使者向不空求秘密法。于是不空率沙门一百人入行宫，朝晚诵经求佛保佑。郭子仪力战，并以重酬招回纥兵为助，才收回京师，唐肃宗却认为不空有功，不空也乘机居功，遂有不空入宫建道场，为唐肃宗受转轮王（圣王）位，七宝灌顶，受菩萨戒。"一个昏君，一个妖僧，不顾国家大乱，民生涂炭，还弄什么转轮王互相欺骗，实是可恶之至。"唐代宗受毒更深，他所用的宰相元载、王缙、杜鸿渐也都佞佛，王缙还利用宰相地位讹诈大量财物，作为对佛寺施舍。代宗让不空为亡母章敬太后造冥福，建章敬寺，共四十八院，四千余间，穷极壮丽，费钱亿万。当时进士高郢上书规谏说，古之明王不为求福费财劳人。今兴造急促，昼夜不息，力不逮者随以榜笞，愁痛之声盈于道路，以此望福，臣恐不能。《资治通鉴》也说，胡僧不空，官至卿监，尊为国公，出入禁闼，势移权贵，京畿良田美利，多归僧寺。故范文澜愤然斥责说："不空为代表的佛寺，攘夺田产，浪费民财，与昏君奸官同样是大民贼。"②而密教经典所载密教作法，妖邪气比道士更足，佛教变化到密教这种形式，正证明走入绝境。

---

① 《中国通史简编》（修订本），第三编，人民出版社，1965年版，第574—575页。

② 《中国通史简编》（修订本），第二编，人民出版社，1965年版，第584—585页。

第六章 20世纪中国史学的皇皇巨著

唐代韩愈、杜牧等有识之士都坚决辟佛。唐文宗曾对宰相说，吾民尤困于佛。他本想发动废佛，因佛教势力强大，不能发动。唐武宗继位，下令废佛，他派遣御史四人巡行天下，督促实行。"御史乘驿马还没有出关，天下寺连屋基都已经挖掉，足证佛寺恶贯满盈，民众对佛寺憎恶已极。"①

范文澜论述唐代佛教的肆虐，所持的态度极其严肃认真，材料的依据极为扎实。他先嘱助手张遵骝以五六年功夫，分类录出上百万字的佛教资料，然后才写成有关唐代佛教的两节。他说："唐朝文化空前发达，需要特立一章。其中占较大篇幅的是佛教部分。佛教肆毒，不始于唐朝，但唐朝是流毒极盛之世，佛教所有胡言乱语，为非作歹，这时候全部暴露出来，不禁使人望而切齿。我对佛教，没有从哲学的角度去粉碎它，我只用普通常识去批驳那些灵魂不灭、因果报应、求福免祸、六道轮回等谎言和谬说，肯定唐朝佛教祸国殃民之罪恶极大。"并谦虚地表示希望读者多多提出宝贵意见，以便更有效地铲除它遗留下来的影响。②人类的历史是科学和文明不断战胜迷信和愚昧的历史。对历史上各种宗教迷信思想及其祸害进行揭露、批判，首先是为了如实反映历史，反映文明与进步如何经过艰难曲折战胜迷信与愚昧，同时，也是为了从历史得到借鉴，推动现实社会中科学与文明更迅速地进展，更有效地克服当前存在的唯心主义和迷信邪说。范文澜付出巨大的精力，以较大的篇幅，对唐代佛教的祸害进行深入的分析、批判，突出地表现出这位优秀史学家的强烈责任心和使命感。我们从他以上的论述，除了获得知识上的许多教益之外，还从精神上受到宝贵的启迪。范文澜对佛教并不采取绝对否定的态度。本章第二节已讲到他肯定佛教文化传入对丰富中国文化，以及补中国史官文化的不足所起的巨大作用。此外，范文澜又一再指出佛教哲学内容丰富深广，认为它也接触到某些真理，但是它那种极端片面的思想方法，又总是把这些真理推到极端偏僻的

---

① 《中国通史简编》（修订本），第三编，人民出版社，1965年版，第601页。
② 《中国通史简编》（修订本），第三编"第一、二册说明"，人民出版社，1965年版。

方面去，做出荒唐的论断。①

（六）对传统文化的精彩分析

周恩来曾这样论及范文澜的治学道路：五四运动时，"他就专门研究汉学，学习旧的东西。但是他一旦脑子通了，对编写中国历史就有帮助，就可以运用自如。"② 事情确是如此。范文澜对传统学术文化有渊博的知识，曾在大学开设有关经学、文学、史学等多门课程，撰写有多种专门著作。编著和修订《中国通史简编》，是他运用马克思主义进一步总结传统思想文化的过程。书中论述重要的思想家、史学家、文学家的成就，都经过反复修改、提炼。而有关唐代文学成就部分，是他在遍读唐人诗文集的基础上精心写成的；唐代中外文化交流部分，是先经助手多年分类搜集材料或写出初稿之后，再由他加工修改撰成的。高深的素养和精心写作，使书中有关思想文化部分内容异常丰富，理论分析游刃有余，精见迭现，令人目不暇接。

1. 论先秦思想文化

先秦思想文化部分，以对儒、道两大家的论述最为精彩。范文澜对孔子思想作了富有卓见的分析：孔子的学说，是春秋时期地位不稳定、希望向上爬而和民间有一定联系的"士"这一中间阶层的思想的结晶。"士是统治阶级的最下一层，当他求仕干禄向上看时，表现出迎合上层贵族利益的保守思想，当他穷困不得志向下看时，表现出同情庶民的进步思想。士看上时多，看下时少，因此士阶层思想保守性多于进步性，妥协性多于反抗性。"孔子思想集中地反映出这种特点。士阶层在当时是新兴地主阶级也是新兴家族制度的有力代表，它对宗族制度有一定的反抗性。

---

① 详见《中国通史简编》（修订本），第三编，人民出版社，1965年版，第599页。

② 见《学习毛泽东》一文，载《周恩来选集》上卷，人民出版社，1965年版，第333页。

孔子反对横征暴敛,表现出真诚的爱民思想,主张举贤才,慎刑罚,薄赋敛,重教化,斥责为政者"不教而杀"、暴虐残民的行为。不过孔子把民看作愚昧无知的人。孔子修《春秋》,寄托他的政治思想。凡暴君被杀,称国人弑其君某某,表示国人皆曰可杀,但仍称弑,表示到底是以下犯上。这些都说明孔子思想有一定的进步性、反抗性,但保守性大于进步性。孔子创儒家学说,主要内容是"仁"和"礼"。礼指统治阶级规定的秩序。仁指做人的道理,也就是爱或同情心,但应与礼相适应,按照尊卑差别,表示出各种轻重不等的爱或同情心。礼是外在的,仁是内在的,二者合起来,目的就是服从统治阶级规定的等级制度。孔子讲"中庸",也是妥协性的表现,"一切都得合于中庸之道,而中道所在,要依据情况随时移动。移动求中道称为权(秤锤),权总是偏在尊者贵者亲者一方面。"总之,孔子学说有多面性,"所以儒家学派总能适合整个封建时代各个时期统治阶级的需求"。①范文澜所作论述,是根据孔子创造的全部学说,结合春秋时期的社会特点和阶级变动,进行辩证的、深入的分析,反复提炼出来的,因此能够揭示出孔子思想的内在蕴含。

书中认为,老子思想是战国时期十分值得重视的学派,《老子》(道德经)书中包含着对历史和社会的极其深刻的观察,包含着对事物矛盾性的丰富认识和智慧,因而在历史上影响十分深远。范文澜说:"老子是有极大智慧的古代哲学家。他观察了自然方面天地以至万物变化的情状,他观察了社会方面历史的、政治的、人事的成与败,存与亡,祸与福,古与今相互间的关系与因果,他发现并了解事物的矛盾性比任何一个古代哲学家更广泛更深刻。""老子看到了矛盾的某些重要法则,特别是正反两方面互相转化的法则。"又说:"战国时期社会动荡激烈,人民迫切希望安静休息,老子所说无为、清虚、静止,正是当时取天下的一个方法。"老子应用无为学说在阶级矛盾上,对统治阶级主张无

---

① 《中国通史简编》(修订本),第一编,人民出版社,1965年版,第201—202页,第206—207页。

为,对被统治阶级主张愚民。他想倒退到小国寡民的时代去,这种思想,正是没落领主的反映,不敢向前看,"只好回头看那辽远的后面"。综合上述分析,范文澜得出对老子思想的总认识:老子小国寡民的思想是反历史的,就其"深刻地观察了当时社会各方面的矛盾,发现了若干辩证法的规律来说,却是极可珍贵的"。书中又高屋建瓴,从两千年中国古代政治思想与学术思想演变的大势,论述儒道两家学说的地位和作用:"儒道两家是封建统治阶级不可偏废的两个重要学说。儒家是一条明流,它拥护贵贱尊卑的等级制度,使统治者安富尊荣;道家是一条暗流,它阐明驾驭臣民的法术,使统治者加强权力。秦汉以后历朝君主,凡善于表面用儒,里面用道,所谓杂用王霸之道的国常兴盛,不善用的国常衰亡。① 儒经和道经也为历朝士人所必读,成为学术思想的主要泉源。因此,孔子与老子两大学派,一显一隐,灌溉着封建社会政治、文化的各个方面。"这些论述都极其深刻中肯,确能道出古代思想的深刻奥蕴,仔细体味,益人神智。

2. 论汉代儒学精华和史学成就

范文澜对汉代思想文化也提出了很深刻的见解。他论述汉代经学说,在西汉前期、中期和晚期,忠实于儒家学说的一些儒者,对政治曾发出不少反对的议论。前期如贾谊,中期如董仲舒、眭弘、盖宽饶,晚期如贡禹、谷永、鲍宣。故应该区分多数阿世取容的章句小儒,也应该看到少数同情人民的正统儒者,他们继承、发挥了孔子、孟子的德治、仁义学说,主张能行德治的人才能受天命为天子,天命是民心的反映,国君失民心就失天命而败亡,受天命者代替失天命者,最理想的方式是尧舜禅让,其次是汤武革命。如董仲舒,范文澜说他"所讲天人之际,本意在利用天变灾异来进行谏诤,剥去迷信部分,实质上仍是孔孟的仁义学说"。又如眭弘,汉昭帝时,因泰山等地发生怪异事,他上书说:"先师董仲舒有言:虽有继体守文之君,不害圣人之受

---

① 均据《中国通史简编》(修订本),第一编,人民出版社,1965年版,第269—270页,第272—273页,第273—274页。

命。"眭弘以为汉运已经终了,要求朝廷访求天下贤人,"禅以帝位","以承顺天命"。朝廷加眭弘"妖言惑众,大逆不道"的罪名,杀眭弘。范文澜说:"董仲舒遵守有德代失德的训条,眭弘为这个训条遭杀身之祸,足见他们是忠实于自己的学说的。"①

书中对司马迁的史学观点和刘向父子的学术成就也有极为深刻的论述。范文澜说:"《史记》改变了分国割据的历史概念,建立起历史的统一观和正统观。《史记》十二本纪上起五帝,历三代以至秦汉,一脉相传,这是有极大意义的,它表示国家的统一和人心的统一。"春秋战国时有百国春秋,《周春秋》和《鲁春秋》没有尊卑的区别(例如《国语》中《周语》与诸侯国语并列)。没有一个明确的中心。《史记》称天子为本纪,称诸侯为世家,称天子在位年为全国共同的纪年,称诸侯在位年为本国内的纪年。"这样,全中国以天子为中心,精神上统一起来了,虽然战国以前,实际的中国是分裂割据的。天子成为全国的中心,天子所属的朝代,自然被认为正统的朝代。在封建时代里,正统朝代与非正统朝代的区别,曾起着一定的积极作用。这里包含了天子的族类问题,政治的仁暴问题,疆域的统一与分裂问题,其中族类问题尤为特出。汉族建立的朝代,即使因暴政被广大人民推翻了,但继起的如果是非汉族的朝代,那个被推翻的汉族朝代,就会被用来作号召广大人民的旗帜,一直到推翻非汉族的朝代才停止。反之,非汉族的朝代被推翻以后,绝对不可能用作号召民众的旗帜。这个自西晋至清朝毫无例外的历史事实,与广大人民承认正统朝代反对僭伪偏闰朝代的传统思想有密切的联系。这个传统思想发源于孔子《春秋》,形成于司马迁《史记》,十二本纪正是这个传统思想的正确反映。由于这个正确反映,传统的历史正统观更加巩固,成为封建时代进行民族斗争的一个重大力量。"② 范文澜如此重视司马迁的中华一统历史观对民族意识形成的重大影响,是很有意义的。司马迁的大一统历史观是继承孔孟

---

① 《中国通史简编》(修订本),第二编,人民出版社,1965年版,第120页。
② 《中国通史简编》(修订本),第二编,人民出版社,1965年版,第124—125页。

而来，同时也是以信史的形式，极其明确、极其集中地反映了中国自远古以来历史发展的趋势。孔子修《春秋》，尊奉周天子，用褒贬书法，贯彻正君臣名分的原则，对诸侯国无视周王室的僭越行为严加挞伐。大一统遂成为儒家学派的政治思想，以后历代皇朝都拿统一的规模作为当时政治成就的最高目标。孟子处于战国纷争攻战的时代，他所关注的中心问题是如何做到"天下归之"，即国君施行仁政使民众归心，天下统一。并且明确预言"不嗜杀者定于一"，正好被战国至西汉历史的发展所证实。司马迁继承了孔孟的思想主张，他通过整理史料，撰成一部中华民族不断走向统一的信史，这对形成中华民族的向心力、凝聚力，形成中国一统的民族心理和历史传统，其贡献是极其巨大的。① 范文澜还提出了"正统观"，对此，我们应区分其历史上的内涵与当代的内涵之区别。在历史上，"正统观"的确如范文澜所说，包含天子的族类问题，政治的仁暴问题，疆域的统一与分裂问题。在今天，"正统"则指符合广大人民愿望，为民众所拥护，代表历史前进方向的合法政权。当然，历史上的内涵与当代的内涵也有其内在的联系。汉族占全中国人口的绝大多数，主要居住在中原地区，因此历史上汉族政权往往被认为是正统，是"正朔所在"，不仅汉族民众这样看，往往周边民族也这样看。因为，中原地区的经济文化水平在全国最高，又积累下来政治上的威望，因而对周边民族有巨大吸引力，这也是中华民族向心力的一个重要方面。《资治通鉴》有一段记载，一千年来屡有学者加以引用、诠释，颇能说明这个问题。所载史实是："秦王坚锐意欲取江东，阳平公融谏曰：'知足不辱，知止不殆'，自古穷兵黩武，未有不亡者。且国家本戎狄也，正朔会不归人。江东虽微弱仅存，然中华正统，天意必不绝之。"② 胡三省对此甚为重视，他在《资治通鉴》注文中解释说："会，要也。言天要中国正朔相传，不归夷狄也。"陈垣先生在《通鉴胡注表微》中又特意引用

---

① 参见陈其泰《史学与民族精神》上编《司马迁对历史发展趋势的卓识》之四"大一统历史观与通古今之变"，学苑出版社，1999年版。

② 《资治通鉴》卷一〇四，晋孝武帝太元七年。

了《通鉴》这段记载和胡注,并加了一段很长的按语,中心意思则为:"正朔不归夷狄,乃当时一般之公论,不独苻融言之。"白寿彝先生则在《中国通史·导论》论述"统一的多民族的历史"中,引用《通鉴》、胡注及陈垣先生的按语,再加引申说:"这里所举事例足以说明,在少数民族中,至少有一部分人抱有上述心理,这对于促进统一是有好处的。"① 而《史记》书中《五帝本纪》《夏本纪》《殷本纪》《周本纪》等篇,称自传说中的颛顼、帝喾、尧、舜,至夏、商、周,这些古帝王都出于一个共同的祖先。他又为春秋各诸侯国立了"世家",表明春秋各诸侯国是兄弟或亲戚关系。《史记》又设有《匈奴列传》《南越列传》《东越列传》《朝鲜列传》《西南夷列传》《大宛列传》,尤为形象地描绘出周边民族围绕中原政权,整齐有序而又背景极其广阔的图画。《太史公自序》论述这些篇章的撰述义旨:"汉既平中国,而佗能集杨越以保南藩,纳贡职。作《南越列传》。""燕丹散乱辽间,满收其亡民,厥聚海东,以集真藩,葆塞为外臣。作《朝鲜列传》。""唐蒙使略通夜郎,而邛、笮之君请为内臣受吏。作《西南夷列传》。""汉既通大夏,而西极远蛮,引领内乡,欲观中国。作《大宛列传》。"从《史记》的主旨,到全书的结构和各篇的记述,世代的中国人都以此为最好的历史教材,"中华一统"的历史观深入人心,对全体中国人形成共同的民族意识起到有力的培育、灌溉作用。在范文澜所论《史记》诸多成就中,"建立起历史的统一观"一项对于民族精神和民族文化影响至为巨大,因此在这里略予申论。

范文澜对刘向、歆父子学术成就的评价,也是极为精当的,不惟充分肯定他们在目录学、校勘学上的开创性地位,尤其强调他们的著作对于认识古代文化史的巨大意义。他说:"西汉后期,继司马迁而起的大博学家刘向、刘歆父子,做了一个对古代文化有巨大贡献的事业,那就是刘向创始、刘歆完成的《七略》。""《七略》综合了西周以来主要是战国的文化遗产,把不值得保存

---

① 《中国通史》导论,上海人民出版社,1989年版,第95页。

的书籍都废弃了，例如经学博士的讲义，一篇也不录取。它经过选择、校勘、分类、编目、写成定本等程序，并写出学术性的总论和分论，是一部完整的巨著。它不只是目录学校勘学的开端，更重要的还在于它是一部极可珍贵的古代文化史。西汉有《史记》《七略》两大著作，在史学史上是辉煌的成就。"①

3. 对东晋南朝文化的高度评价

东晋和南朝一共约二百七十年。其中东晋朝一百零三年。南朝四个朝代加起来总共不到一百七十年，其中最长的宋朝仅五十九年，最短的齐朝才二十三年。政治上，这五个朝代都偏安于江南一隅，没有大的作为。但范文澜对于东晋和南朝在文化上的成就却独具特识地给以高度评价。他认为，东晋和南朝的文化成就是划时代的，二百余年间，黄河流域的文化移植到长江流域，"不仅是保存旧遗产，而且有极大的发展。中国古文化极盛时期，首推汉唐两朝，南朝却是继汉开唐的转化时期。唐朝文化上的成就，大体是南朝文化的更高发展"。② 以诗歌而论，书中认为，古体五言诗在建安时期是个高峰，在太康时期又是一个高峰，到了南朝特别是梁朝，成为大高原，由此转入律诗的新境界。《文心雕龙》说，江左诗篇，沉溺在玄风里，没有好诗。但是，东晋初郭璞和晋宋间陶潜，却是受玄风影响又不受玄风约束的特出的作者。范文澜精辟地联系郭璞的性格经历评价其诗作在艺术上和内容上的特色："郭璞非常博学，识见比那些清谈家高出无数倍。他看到大乱不可免，在刘渊起兵以前，去江南避难。东晋建国，看到内乱仍不可免，心情是沉郁的，冒死斥责王敦的叛逆，性格是刚毅的，他是有肝胆、忧世的志士，所作《游仙诗》，文采鲜明，异于玄言诗的平淡，寓意慷慨，异于玄言诗的浮浅，阮籍《咏怀诗》以后，《游仙诗》可称独步。"③ 范文澜对晋、宋间著名诗人陶潜更具卓见，体察入微地分析陶诗内心感情的炽热洁

---

① 《中国通史简编》（修订本），第二编，人民出版社，1965年版，第125—126页。
② 《中国通史简编》（修订本），第二编，人民出版社，1965年版，第409页。
③ 《中国通史简编》（修订本），第二编，人民出版社，1965年版，第410页。

净,与外表形式的恬静平淡二者巧妙的和谐统一,这是作者善于用心去发现古代诗人进步的思想、高尚的情感、真率的性格和独特艺术美的最好写照,其论云:

> 陶潜的情感是炽热的,他在《杂诗》里自述"忆我少壮时,无乐自欣豫,猛志逸四海,轻翮思远翥",又说"丈夫志四海,我愿不知老"。《咏荆轲诗》更显出他的心情,"雄发指危冠,猛将冲长缨,……其人(荆轲)虽已没,千载有馀情",这里惋惜刺客的失败,无非借来发泄自己的猛气。这些都可见陶潜本来很想有所作为,可是,环境迫使他不可能有所作为。东晋自司马道子当权以后,变乱纷起,晋宋交替,变动更大,陶潜眼见世路的险恶,宁愿隐居园田,避免横祸。《归园田居诗》里说,"少无适俗韵,性本爱丘山",乱世的俗,既不肯适,又不能抗,那末,顺应本性也就成为唯一可走的道路。《与子俨等书》说自己"性刚才拙,与物多忤,自量为己,必贻俗患",可见他归隐是出于不得已。他在《咏贫士诗》里说,安贫与求富两个念头,常在胸中交战,安贫乐道的念头,总是处于战胜者的地位,所以他那种躬耕劳苦、饥寒交至的生活,和他那种清静恬淡坚贞不移的性情,能够融合无间,因而发为诗(四言诗、五言诗)文(赋、辞),处处见真性情,处处见真生活,使读者自然发生对这个高士的爱慕。何晏一类人的玄言诗,用老庄的辞句掩盖着一团欲火,他们怕流露出真心,掩盖惟恐不厚,作诗者的真心既然见不得人,人也无心去看他们的诗,东晋玄言诗流传极少,都被合理地淘汰了。陶潜诗也有玄言诗的色彩,但由于蕴藏在内心的是洁净的热情,足以振起平淡的文体,平而引人入胜,淡而饶有馀味,就是因为平淡的外形包裹着热情的内容。陶潜诗几乎篇篇有酒,但并不引起读者的烦厌,也正因为酒在陶潜诗中是热情的表现物。"何以称我情,

浊酒且自陶",显然这种酒与酒徒的酒、纵欲人的酒大异其趣。①

读着这些具有真知灼见的评价,不仅使人对陶诗的思想价值和艺术风格产生深刻的印象,而且由于作者用真心去体察陶潜热切而真率的感情,因而也感染着读者从欲念和烦扰中离开一步,而向洁净和恬静的境界走近一步。范文澜又独具慧眼地指出,东晋南朝时姚察、陶潜所写的散文作品,已经开创了唐代古文运动的先河:"东晋南朝人撰史书,凡论赞都用骈文,惟梁时姚察、姚思廉父子作《梁书》《陈书》,论赞独用散文,超出一般史家的窠臼。姚察以前,陶潜作《孟府君传》《五柳先生传》,也是境界很高的散文。唐朝以韩愈为代表的古文运动,在反对四六文的意义上来说,是进步性的文体革新,陶潜、姚察则是这个运动的先驱。"②

老辈学者谈治学经验,屡屡讲到打基础的最好方法是,选择一部名著读得精熟,并从各个方面研究它,求得对内容、思想和著述风格、结构体例、语言特点、史实典故的出处,作者的思想经历、时代环境、学术的渊源和对后世的影响等,作一番深入的探究,能做到这样则不仅使你从多方面打下治学的扎实基础,而且在本学科领域的研究中有了一项"看家本事",此后再以研治这部名著的体验应用于研究其他著作,举一反三,上下左右拓展。老辈学者的这套成功经验,确实行之有效,屡试不爽。范文澜早年治学即以研治南朝著名文学评论名著《文心雕龙》为重要基点,多年悉心探究,不但对这部名著本身透彻把握,而且对同时代的各种文学门类的成就和前后的渊源流变了然于胸,他对文学史上各个时代的问题之所以能够提出许多卓见,显然得力于精通《文心雕龙》的益处极大,这是我们细心阅读他的著作时所不难发现的。他对南朝的几部名著的评价堪称精警过人,多发前人

---

① 《中国通史简编》(修订本),第二编,人民出版社,1965年版,第410—411页。
② 《中国通史简编》(修订本),第二编,人民出版社,1965年版,第416页。

之所未发。他称《世说新语》《文选》《诗品》《文心雕龙》这四部名著为产生于南朝的几部"总结性的文学著述"。论《世说新语》云，此书"主要内容是记录清谈家的言行。清谈家至东晋末告结束，宋时正好作总结。刘义庆爱好文学，招聚文士多人，《世说新语》当是众文士所编辑。清谈家的特征是言语玄远耐思索，行动有兴趣不同于常人。《世说新语》用生动精炼的文辞，刻画这些特征，隽永无比。……后世模仿《世说新语》而作的书很不少，可是都显得不能相比，因为《世说新语》是魏晋清谈的产物，后世没有魏晋式的清谈，也就不可能产生同样隽永的作品。"① 又论《文选》二十卷，是"选择最精的文学总集。《文选》取文标准是'事出于沉思，义归乎翰藻'，就是说，入选的文章必须情义与辞采内外并茂，偏于一面的概不录取。在这个标准下，《文选》自然是正统派的文集，以立意为宗，不甚讲求采色的文章就很难入选了。《文选》取文，上起周代，下迄梁朝。七八百年间各种重要文体和它们的变化，大致具备，固然好的文章未必全得入选，但入选的文章却都经过严格的衡量，可以说，萧统以前，文章的英华，基本上总结在《文选》一书里。"② 钟嵘所撰《诗品》，是汉魏以来五言古诗的总结，作者自两汉古诗至梁沈约等凡一百二十人，分列为上中下三品。范文澜赞赏钟嵘评诗的标准："在《中品序》中主张诗由'直寻'（出于自然），反对颜延之派的专用故事，在《下品序》里主张声调流利，反对沈约派的专讲声律。钟嵘生在颜延之、沈约两派盛行的时候，指名反对两派的弊病，可称诚实之士。……对入品的诗人，各加直率的褒贬语，无所忌讳。当时庸俗诗人的宗师如颜延之、鲍照、谢朓、任昉、沈约，都列在中品，并指出学这些人的诗的流弊。钟嵘敢于这样做，因为他相信自己的褒贬公正无私，被评论的各

---

① 《中国通史简编》（修订本），第二编，人民出版社，1965年版，第416—417页。
② 《中国通史简编》（修订本），第二编，人民出版社，1965年版，第417页。

诗派也承认他的褒贬确实是公正无私。"① 范文澜论《文心雕龙》五十篇总的特点是："剖析文理，体大思精，全书用骈文来表达致密繁富的论点，宛转自如，意无不达，似乎比散文还要流畅，骈文高妙至此，可谓登峰造极。"关于《文心雕龙》论文的宗旨，书中深刻地指出："刘勰对文学的看法，就是文学的形式可以而且必须有新变（《通变》篇），文学的内容却不可离开圣人的大道（《原道》篇、《征圣》篇、《宗经》篇）。《文心雕龙》确是本着这个宗旨写成的，褒贬是非，确是依据经典作标准的。这是合理的主张，因为在当时，除了儒学，只有玄学和佛学，显然玄学佛学不可以作褒贬是非的标准。"范文澜深刻地揭示儒学古文学派哲学上倾向于唯物主义的特点，在《文心雕龙》中有明确的体现："《神思篇》、《物色篇》都说，先有外面的事物，沿着人的耳目，感动人的内心，内心动了，经过分析（"善于适要"），得其'要害'，造成文章来适应外面的事物，达到'瞻言而见貌（事物），即字而知时'的目的。刘勰依据这样的认识，所以不承认有抽象的文学天才，而主张仔细观察事物的'要害'，学习文章的法则（"术"），并且要保护体力，使精神常处于饱满状态。"《文心雕龙》全书"讲明作文的法则，使读者觉得处处切实，可以由学习而掌握文术，即使讲到微妙处（"言所不追"处），也并无神秘不可捉摸的感觉。"关于《文心雕龙》的历史地位，作者评价说：全书五十篇，"总起来是科条分明、逻辑周密的一篇大论文。刘勰以前，文人讨论文学的著述，如曹丕《典论》《论文》，曹植《与杨德祖书》，陆机《文赋》，挚虞《文章流别论》，李充《翰林论》，都只是各有所见，偏而不全。系统地全面地深入地讨论文学，《文心雕龙》实是唯一的一部大著作。""《文心雕龙》是文学方法论，是文学批评书，是西周以来文学的大总结。此书与萧统《文选》相辅而行，可以引导后人顺利地了

---

① 《中国通史简编》（修订本），第二编，人民出版社，1965年版，第417—418页。

解齐梁以前文学的全貌。"① 关于东晋南朝文化的历史地位，范文澜准确地评价它是在汉魏文化基础上的转化时期，各个文化部门都完成了除旧布新的事业，开导了更加发达的隋唐文化的到来，故说："东晋南朝在文化上的成就是划时代的。就文学艺术说，汉魏西晋，总不离古拙的作风，自东晋起，各部门陆续进入新巧的境界。艺术部门，王羲之的书法，顾恺之的绘画，戴逵的雕刻，都在东晋时完成革旧布新的事业。文学部门，革新开始于宋齐，至梁陈接近于完成，进一步就成为唐朝的律诗律赋和四六文。另一种革新，是以古文（散体文）改革骈体文，开始于陈朝的姚察，为唐韩愈开古文运动的先路。就经学、哲学、宗教说，西晋以前，总不离拘执不开展的作风（魏及西晋玄学，对两汉经学是开展的表现，但仍拘执于老庄之学），自东晋起，各部门都无拘执地开展起来。"由于东晋南朝各个文化部门取得了重要的发展，便使"隋唐文化得到比两汉提高一层的凭藉"。②

4. 对唐代文化多姿多彩的论述

对唐代文学、史学、科学、艺术各部门的灿烂成就，范文澜在修订本《中国通史简编》第三编第七章中，专设了三节（"百花齐放的唐文苑——诗、词""近体文与古文""唐朝的史学、科学、艺术"）作了深刻酣畅、多姿多彩的论述。这一部分是范文澜晚年精心致力写成的，也是他战胜疾病取得的重要研究成果。本来，范文澜于20世纪二三十年代在天津、北京、开封各大学讲授中国文学史课程多年，对唐代文化成就的研究早有许多积累，而可资参考的学术界的研究成果也毫不缺乏，加上他本人当时健康状况不好、身患疾病，故按常理说，其时范文澜若根据自己多年积累的学识，再适当参考其他学者的研究成果，不用再下苦功夫把它写出来，大概也说得过去。但实际情形相反，他仍为写作这部分内容付出了极其辛勤的劳动，特别是用了一年时间，

---

① 《中国通史简编》（修订本），第二编，人民出版社，1965年版，第418—419页。

② 《中国通史简编》（修订本），第二编，人民出版社，1965年版，第447页，第449页。

遍读唐人诗文集，仍然从深入发掘第一手资料做起，精心构撰，论述气魄宏大，分析厴心切理，纵横捭阖，见解精当，成为历史著作史上罕见的出色篇章，这又一次证明了在科学研究上，只有在崎岖山路上不畏艰难奋力攀登的人，才有希望达到光辉的顶点这一至理名言。范文澜首先高屋建瓴地论述唐代文学的气象、规模和时代特色，精练地概括唐代文学继承了前代文学中有前途的新生因素，使之达到完成的境界，并得到大发展，又成为此后一千年间各种文学形式新的起点、新的源头：

> 唐文学比起文学史上著名的建安、太康、齐梁诸时期来，是一个规模空前的发皇时期。自建安以来在文学形式上极被重视的声律和对偶化运动，唐朝达到了完成的境界，并且得到大发展。东晋以来对骈文处于劣势地位的散文运动，唐朝也达到了完成的境界而大为发展。近体诗（律诗）和古文（散文）是代表唐朝文学的主要文体，由此破坏了或者派生了其他若干文体，影响后代文学至为巨大。刘勰《文心雕龙》说，六朝以前各种文体无不溯源于六经。照这样说，两宋以下至语体文流行的一千年间，各种文体的渊源，应该是唐朝。唐文学所以如此重要，只是因为它吸收南朝文学的英华，并创造出融合南北的新境界。

这是作者从深入地分析唐代文学内部诸多方面的演变，归纳出其中最具时代特征的新旧推移的逻辑发展，并且从俯视整个中国文学发展趋势的高度而得出的精到看法，为百花齐放的唐文苑作了准确的历史定位，立论超凡拔俗而又令人信服。范文澜又把唐代文学的兴衰分为三个阶段，与唐代政治的兴衰的三个阶段，既有密切联系，又有文学自身的规律和表征："唐前期政治是兴盛的，文学却在酝酿状态中，为后来的兴盛准备着条件。唐中期政治衰颓，文学却极为兴盛，唐后期政治由衰颓以至于灭亡，文学则由兴盛转向衰颓。不过，在一般衰颓中，也还有例外，如新兴的词（诗馀），是统治阶级精神界极度腐朽濒临死亡时候的产物，但对这种文体的本身说来，在唐末五代却是方兴未艾的盛世。"① 其中，范文澜尤其透彻地分析整个唐代南北融合、华艳文风与质朴文风交汇消长、否定之否定的发展趋势，揭示出历史的辩证法。他认为，自隋至唐朝前期，是欣羡、沿袭南方文风。因为自东晋南渡，北方为落后民族所占据，它们依靠兵力，统治汉族，在政治文化方面，北方人包括落后族的统治者，一致承认南朝是华夏正统所在。隋统一后，南方浮艳的文风风靡北方，隋文帝用政治力量扶助质朴的北方文风来对抗南朝文风，要求公私文翰，并宜实录（据实直书）。尽管朝廷的要求完全合理，但并不能挽回已成的风气。隋炀帝步梁陈后尘，提倡华艳，南方文风统一了南北文苑。隋代的李谔主张依据儒家经典为文，用意即在救弊。唐初，也有人主张去短取长，融合南北文风。魏徵《隋书·文学传序》说："江左宫商发越贵于清绮；河朔词义贞刚重乎气质。……此其南北词人得失之大较也。若能掇彼清音，简兹累句，各去其短，合其两长，则文质彬彬，尽善尽美矣。"② 魏徵此论代表南北融合的自然趋势，盛唐时期这个趋势才达到文质彬彬的理想境界。唐前期文学除了主要沿袭南朝外，又逐渐自创新境，中期以后，新境大辟。唐前期经济趋于繁荣，促使文化发展，加上朝廷设进士科，利禄所在，吸引士人无不致力于文学。当时颇有些士人博闻强记，使用事类表现惊人的丰富。类书的编辑也以唐朝最为发达。传世的大部类书，即有《艺文类聚》、《北堂书钞》、《初学记》、白氏《六帖》等。"依靠一些事类，堆砌成篇，缺乏作者自己的思想和感情，更缺乏明确的思想，《文心雕龙》所谓'禄禄丽辞，昏睡耳目'的催眠文章，在唐朝文学特别是唐前期的文学中，占很大的数量。《全唐文》《全唐诗》两书保存大量诗文，除去催眠文章，存下来的才是唐文学，其中不大的一部分才是唐文学的精华。"范文澜着重指出：北方文风与南方文风在文苑中展开争夺战，其结果，是北方文风逐渐取得优

---

① 《中国通史简编》（修订本），第三编，人民出版社，1965年版，第658—659页。

② 《中国通史简编》（修订本），第三编，人民出版社，1965年版，第659页。

势。"唐文学的精华,就是北方文风占优势的那一部分文学。李谔请正文体,意思是要提倡儒家思想。典诰文体,用实录来反对轻浮,也就是要用北方文风来反对南方文风。此后两种文风互相排斥,又互相融合的结果,构成唐文学的全貌。……作者才思的来源,有些人主要是儒学,有些人是佛教(禅宗)和道教。儒学思想在文苑中往往起主导作用,因为佛道尽管盛行,儒学的正统地位依然存在,合于儒学思想的文学,容易得到士人群的尊崇和共鸣。唐朝最杰出的诗人杜甫,古文运动的首领韩愈,固然都各有独到的成就,但坚守儒家思想,也是获致成功的一个重要原因。"把握南北文风互相融合又互相斗争这一主线来综观唐代文学的总趋势,结论便是:"在前期,沿袭南朝旧习,南方文风压倒一切。在中期,北方文风以儒家思想为骨干,与南方文风作斗争,取得胜利,文学呈现极盛状态。在后期及五代,政治上一片衰败萧索气象,影响到文苑,同样是一片衰败萧索气象。"而当时产生的词,却是一种新兴的文体,"恰似几朵鲜艳的桃李花在秋树枝上开放,使人感到衰秋里还有一点春艳。唐文苑盛极以后,并没有全部崩坏"。① 由于范文澜掌握了丰富的第一手资料,作深入的开掘提取,又能熟练地运用辩证法的观点作分析综合,因而能够准确地揭示出事物发展的本质性问题,又能恰当地解释诸多复杂的现象,使读者对唐代文学的发展获得全面、正确而有深度的认识。

"百花齐放的唐文苑——诗、词"这一节,分"初唐诗人""盛唐诗人""中唐诗人""晚唐诗人和词人"四个小标题,共约三万五千字,洋洋洒洒,云蒸霞蔚,论述每一时期在社会政治条件的推动和制约下,不同的文学风气如何酝酿、形成、极盛和衰落,以遒劲的笔力,按照成就的高下,错落有致地评价了唐代三十五位诗人的思想特色和艺术风格,他们是:初唐诗人王勃、杨炯、卢照邻、骆宾王、沈佺期、宋之问、陈子昂;盛唐杰出诗人

---

① 《中国通史简编》(修订本),第三编,人民出版社,1965年版,第661—662页。

第六章　20世纪中国史学的皇皇巨著

李白、王维、杜甫,以及孟浩然、岑参、高适、元结、韦应物;中唐杰出诗人白居易、元稹、韩愈、柳宗元、刘禹锡,以及张籍、孟郊、贾岛、樊宗师、卢仝、李贺;晚唐大诗人李商隐、温庭筠、杜牧,以及陆龟蒙、皮日休、聂夷中、司空图、韩偓、韦庄,还有唐末花间派词人及五代词人李璟、李煜、冯延巳。向读者生动地展示了唐代繁荣的经济、强盛的国力如何把文学艺术推向中国文学的又一高峰,不同流派和风格的诗人如何在百花齐放的唐文苑中各展风姿、争芳斗艳,儒、佛、道三大思想体系如何滋养和制约着文学家们的襟怀和见识,诗人们又如何通过吸收时代营养和精心锤炼写作技巧,使自己的才华发挥尽致,唐代诗坛的璀璨成果如何雄辩地证明中华民族伟大的创造精神。著者丰厚饱满的论述为读者展示出一幅幅生动的图画,仿如群峰竞秀,百壑争流,美不胜收。一部通史著作对文学领域能作出这样雄浑壮美、鞭辟入里的论述,实在令人叹为观止。兹举论杜甫和韩愈二人的成就和风格为例,以见著者才识高超、分析精彩之一斑。范文澜认为:杜甫在唐朝是诗人第一,在古代所有诗人中也是第一。他的成功处,首先是有高尚的抱负。他要"致君尧舜上,再使风俗淳"。"这是辽阔不切实际的抱负,高尚的感情却由此而生。"与李白、王维分别是反映道教思想和佛教思想的杰出诗人不同,杜甫是代表儒家思想的杰出诗人。他忠诚唐朝廷,因为"在家天下的封建国家里,君是国的代表人,忠君实际就是爱国"。他有自比稷、契的大抱负,然而由于经历安史之乱,他的实际境遇却是流离失所。"大抱负与穷困生活这个矛盾,是杜诗丰富内容的源泉。"杜甫有儒家经术作为主导思想,有熟读万卷书的丰富学识,又重视从前代诗人(如庾信、阴铿、何逊)和同时代人(如李白)吸取营养,"择善而从,无所不学,所以成为兼备众体,集古今诗人之大成的伟大诗人"。至于李白与杜甫,书中认为,就艺术性言,他们各有特长,地位不可撼摇。范文澜对韩愈在诗歌史上的地位和他所倡导的古文运动有高度评价。中唐大诗人白居易、元稹写出播扬人口的通俗体诗,但其末流却演变成支离褊浅的庸俗诗作。以韩愈为代表,倡导写强弓大戟般的硬体诗,担负起挽救庸俗化弊风的时代责任。"韩诗与古文一样,像长江大河,浩浩汗汗,表现笔力雄健才思富赡的极致,李白杜甫的精华,被韩诗吸收并神而化之,独成一大家。""韩诗变化怪奇,主要得自李白,法度森严,主要得自杜甫。"① 而韩愈首倡的古文运动,"不仅是反对陈腐的今体文(唐四六),更重要的是力图复兴极衰的儒家学说,推翻声势极盛的佛道二教,所以韩愈古文富有战斗精神,不愧为'凌云健笔意纵横'的大文学家和思想家"。又说:"古文运动在唐朝是一种战斗性的运动,战斗目标是反虐政和反佛道二教,特别是佛教祸国殃民,朝廷崇拜佛教就是最大的虐政。"以古文来反对盛行几百年的骈体文,至韩愈成为长江大河。"韩愈取得集大成的成就,所用方法和杜甫是一样的,即学道、博学、练句(包括练字)三个步骤。杜甫教人学诗'法自儒家有','应须饱经术',韩愈教人学古文,首先要学古圣贤之道。这个道就是儒家的经术。……文学自附于经术,作者的思想感情才有正统的来源,是非喜怒才合乎封建社会的道德标准,刘勰作《文心雕龙》,以《原道篇》冠全书,杜韩论诗文,出发点与刘勰同,杜韩在文学上获得特殊的成就,根本原因就在于此。"韩愈博学群书,尤其推崇西汉司马迁、司马相如、扬雄三人的成就,又极力做到"惟陈言之务去","锤字坚而难移"。综合上述原因,韩愈才有可能成为古文运动的创始人和"几乎是空前绝后的成功者"。范文澜对韩愈倡导的古文运动的总体评价是:

> 在唐朝文苑里,诗的成就是巨大的,但不可忽视古文运动更巨大的成就。诗的境界经唐人开发,几乎无新境可辟,唐末五代以至两宋,只能在词的方面开辟新境。古文却不然,古文经韩柳制作,虽达高峰,但境界未辟,宋明各家直到清末报刊所用半文半白的文体,也算是古文的一种新境界。"五四"运动以后,语体文兴,才结束了古文的命运。这还只是指古文本身而言。古文更大的作用,是在建立新儒学,使士人摆脱佛教思想的束缚,宋明两朝理学的广阔境

---

① 《中国通史简编》(修订本),第三编,人民出版社,1965年版,第691页。

界，由唐古文运动的主要推动者韩愈率先启行，这在诗人中是无与为比的。古文直接产生小说传奇，即短篇小说，又迫使佛教徒进行俗讲活动，产生俗讲变文。短篇小说与俗讲变文开出宋以后文学的新境界，诸如诸宫调、宝卷、弹词、说话、戏曲、演义（章回小说）等等，追溯远源，无不与唐古文运动有密切的关系。不能因为语体文兴，古文已被逐出文学的历史舞台，连它曾在驱逐近体文那场斗争中所起的重要作用也否认了，那是非历史主义的。①

范文澜评价文学家的成就，是把其思想倾向与艺术风格二者结合起来评论，绝不孤立地就艺术论艺术；他十分注重考察时代与文学思潮的关系，考察文学家的出处、际遇对其文学创作的影响，以及前代哲学思想和文学传统对其作品的影响。他的论断是确有见地和经得起盘问的，不但能给普通读者以亲切有味的知识，对于专门家也有重要的参考价值。书中对唐代文化的其他部门，包括哲学、史学、宗教、艺术以及科学工艺，都有许多恰当的评价。范文澜评价《史通》的价值说："刘知幾推崇《文心雕龙》，自谓已能融会贯通，得其要领。《史通》一书，即根据《文心雕龙·史传》篇的要旨，详加发挥，唐以前的全部史书，都受到审判，成为我国第一部有系统的史学评论。""《史通》论修史，以直笔为中心思想。不仅有《直书》篇、《曲笔》篇，从正反方面，详加论述，其他各篇中，也贯穿着直笔的论点。什么是直笔？《史通·杂说》篇下有一个扼要的解说：'夫所谓直笔者，不掩恶，不虚美，书之有益于褒贬，不书无损于劝诫。'意思是说，凡是有关褒贬劝诫的史事，不管事主是谁，都应该据实直书。怎样才能做到直笔？综括《史通》所述，约有四端：不畏强暴（史德），分清邪正是非（史识），鉴别史料真伪（史学），不为浮词妄饰（史才）。""《史通》以直笔为评价古今史家的标准，凡是符合这个标准的，热烈表彰；不符合这个标准的，严厉批评，褒

---

① 均据《中国通史简编》（修订本），第三编，人民出版社，1965年版，第733—734页。

贬极为分明。这样，大大发扬了直笔的传统，对后世产生深远的影响。"①

唐代艺术的两个重要部门书法和美术有很高成就。范文澜对唐代书法风格的变迁和书法大家的造诣也有精当的分析评价。他说，原先在南北朝长期分裂的局面下，南北文风不同，字体也不同。南方产生了二王（羲之、献之）的新书体，风流妍妙，北方尚沿袭魏、晋（西晋）的书体，拘谨守旧，又流变而成为拙陋。西魏攻江陵，打败梁朝，梁文士王褒当了俘虏，他的书法却大受北方士大夫的推崇。北方书家，原推赵文渊为首，自王褒入长安，贵人们纷纷摹习王褒书，成为风气，赵文渊即被遗弃，其后赵文渊亦改习王褒书，以迎合时尚，足见南方轻便的书体代替北方拙钝的书体是必然趋势，再经过唐太宗大力提倡，二王书法遂为全国正宗。"唐太宗深爱王羲之书，'心摹手追'。亲撰《晋书·王羲之传论》，评其书法为'尽善尽美'，古今第一。他多方搜求王羲之的墨迹，据说曾派萧翼到释辨才处骗取《兰亭序》，观赏了一生，还觉得不够，命令作为死后的殉葬品，随棺入墓。在唐太宗影响下，从宫廷到社会，摹仿王书，北方旧传的书体自然灭迹。"范文澜又说："初唐的欧、虞、褚、薛，只是二王书体的继承人。盛唐的颜真卿，才是唐朝新书体的创造者。创造新文体、新书体都不容易，先要破，然后才能立。过去，王羲之破钟繇书体而有创造；现在，颜真卿又破二王书体而有创造。"②范文澜所论王羲之书法"风流妍妙"，初唐书法名家都承王书遗韵，至颜真卿开出新局，以其"方严正大"的独创风格而使书坛面貌一新，都是精当不可移易之见，尤其是把握由初唐到盛唐之后书风的巨大变化、新陈代谢的趋势，更给人以高瞻远瞩而又体察入微之感，能从思想上和方法上深受启发。

通史著作中要将文化史部分写好，难度是很大的。因为仅就

---

① 《中国通史简编》（修订本），第三编，人民出版社，1965年版，第736—737页。
② 《中国通史简编》（修订本），第三编，人民出版社，1965年版，第748—749页。

文化史部分而论，上下绵亘几千年，涉及经学、史学、诸子、文学、艺术、科技等众多的部门，其中所包括的多种学科（如音韵、声律、书法、美术、绘画、雕刻以及天文历算等）都是很专门的知识。以一人之力，要论述如此浑浩漫长的文化史长河，论述众多的部门和层出不穷的思想家、史学家、文学家、艺术家和科技家，要论述各个时代的思想文化思潮和流派，及其相互间的继承、吸收、排斥和影响，要分析、概括文化长河在各个时期和不同阶段的流转变迁、起伏曲折，并论述文化与社会的关系；要做到这些，必然要求史学家要有丰富渊博的才学，纵览上下、高瞻远瞩的卓识，高度的辩证分析能力和生动的表述，实在戛戛难造！从我们上面讲到的范文澜对先秦儒道两家的论述，对汉代经学和史学时代特点和学术成就的分析，对东晋南朝文化的历史地位所作的独具卓识的评价，对唐代文化诸多部门灿烂成就的展现，已足以证明范文澜当之无愧地达到了这一要求。他对中国文化有深刻的体知和热爱之情，对经学史、诸子学、文学史、史学史等领域都曾分别作过深入而有系统的研究。中国传统学术讲实事求是和知人论世的方法；唯物史观指导下讲发展的、联系的观点，讲研究事物的继承性和差异性，讲事物发展的阶段特点，讲考察时代条件与学术文化的双向影响，注重辩证分析和历史主义的方法；这两者，在范文澜手里达到融合无间，得心应手地运用。因此他的精彩分析，体现了纯熟的唯物史观的方法，又体现了地道的中国风格。尤其难以企及的是，他自先秦学术文化以下，都形成了具有独到见解的成体系的学说，其中先秦至唐末五代部分，先在延安版《中国通史简编》中已具备了很好的基础，修订本又下大功夫作充实、提高，使内容更加丰富详赡，论述更加精辟。两宋至清中叶以前部分，虽然修订本尚未写到，原版《中国通史简编》中也有内容可观、很有启发性的分析、评价。所以实际上，名家范文澜是以一人之力，对长达几千年、内容无比宏富的中国古代学术文化史作了全面的、自成体系的深刻发掘和精彩论述，构成了他通史研究杰出成就的重要组成部分，并为今天的思想文化史研究提供了具有极高价值的学术遗产。

在本章中，我们以较多的篇幅，论述了修订本《中国通史简编》的理论指导、卓越史识和开阔视野，论述了著者在求真原则指导下对中国历史进程多方面内容的深入开掘，论述了书中对各民族活动的翔实记载和对许多重要历史事件和人物的精当评价以及对传统文化的精彩分析，我们由此形成了对《简编》全书的总体看法。这部潜心研究多年、反复修订而成的巨著，是以唯物史观为指导，分析和描述中国历史进程的杰作，全书鲜明的观点与浓厚的理论色彩，是以对大量史实的准确把握和深入考辨为基础的；全书各编蕴涵着丰富知识、消化了大量史料，恰恰由于著者高度的理论素养而得到升华并贯彻始终，因而成为在20世纪史坛上光彩耀目的"成一家之言"的名著。范文澜继承并发扬了司马迁的优良传统，撰成一部具有高度科学性，而又洋溢着爱国精神和时代气息，体现了各民族共同创造祖国历史的成功史著。修订本的后两册出版于1965年，全国范围的长期大动乱即将开始，这是风暴来临之前深入思考、用尽心力、集中了一个时代历史学者智慧的特出之作，也是中国史学讲"实录"、求信史的优良传统，在"左"倾思想愈演愈烈的日子里结出的硕果。

第七章 《中国近代史》（上册）的开拓意义

（一）《中国近代史》（上册）的版本

范著《中国近代史》（上册），系 1945 年在延安撰成。1946 年在延安初版印行。1947 年 9 月由华北新华书店翻印，当年 12 月又印行第二版。在这些版本的前面，都有范文澜写的《说明》，扼要地论述本书著述的主要宗旨、原先拟订的计划和最主要的体例。这些文字同范文澜关于《中国通史简编》所写的《序》《再版说明》等一样，都为范文澜从事史学著述的背景和旨趣提供了珍贵的资料，是中国马克思主义史学发展史上极有价值的文献，现特引录于下：

一、《中国近代史》分上下两编，上编叙述旧民主主义革命时代，下编叙述新民主主义革命时代。上编又分两个分册，1840 年至 1905 年为第一分册，1905 年至 1919 年为第二分册。本书是上编第一分册。

二、本书纯属草稿性质，各分册拟陆续付印，目的在便于同志们审阅。其中观点错误、取材不当、繁简失宜、语句欠妥等病，所在皆有，切盼同志们阅读时标出应改之处，以便将来搜集许多宝贵意见，作修改草稿的南针。

三、自鸦片战争以来，中国人民饱受侵略的苦难，永远不能忘记。稿中引举某外国如何残暴，如何诡诈，都是专指侵略者说的，与各国爱好和平民主的人民无涉。

四、凡引用原文，如文字较长，多注明出处，数句或数字，多省略不记。惟标以「 」符，以明语有所本，非出臆造。

五、曾国藩是百年来一切反动派的开山祖师，直到今天，还有人继承他的汉奸刽子手衣钵，决心充当他的末代裔孙。中国人民熟习曾国藩的一套把戏，对提高政治警惕性是不无帮助的。因此把他的一生罪状写成专篇，作为本书的附录。

1948年，东北书店也出版《中国近代史》（上编第一分册）。1949年，华北大学和北京新华书店分别出版《中国近代史》（上编第一分册）。华北大学所出版的是作为"中国历史丛书"的一种，书前有《再版说明》，我们从中可得知此书在两年多时间内已作过两次校订、修改，第一次是1947年由范文澜领导的北方大学历史研究室作了校订，第二次是1949年由范文澜领导的华北大学历史教研室作了修改。这篇《再版说明》的原文是：

《中国近代史》上编第一分册，系1945年在延安草成。因本人才力薄弱，又因当时史料缺乏，编写匆促，缺点良多。1947年秋华北新华书店翻印时，北方大学历史研究室诸同志曾校订一次，略有增删。今日北平解放，可以搜得之史料正多，本应仔细探研，求其完备，但限于工作条件，未能如愿，研究室诸同志商定先就手头现有材料，作一次微小的修改。深望读者今后多给予严格的批评和指正，期能逐步改善，完成一部较为满意的中国近代史。

华北大学历史研究室，荣孟源、刘桂五、王南、牟安世、钱宏、贾岩、唐彪、王可风、彭明诸同志帮助增删校

第七章 《中国近代史》（上册）的开拓意义

订；许多读者也提供宝贵意见；谨致谢意。

范文澜　1949 年 5 月 4 日

1949 年，本书在上海由生活读书新知联合发行所出版，题《中国近代史》（第一分册）。1952 年，人民出版社出版了本书第七版，题《中国近代史》（上编第一分册），由范文澜写了《七版说明》，摘引如下：

> 这一次修改和补充，比前几次都多些。鸦片战争、太平天国革命、甲午中日战争各章添加当时世界上重要情况的说明。义和团运动等章删去可疑的材料，改用已有证明的史实。散见各章中的隐晦的词句，此次概予删去。后出依音翻译的外国人名，此次都改用最先见的中译名。书中年月日阴阳历杂用，此次改以公元阳历为主，阴历作为附注。书中所引各书原文，此次多据较好的版本逐条校正，此外还有不少地方，把不妥当的词句修改了一些。荣孟源、丁名楠两同志很仔细地提供了许多意见和材料，依靠他们，本书缺点错误可能减少了一些。

据此可知，范文澜对《中国近代史》（上编第一分册）的校订修改，五年之中集中地进行了三次，1951 年这一次所作改动更大。其中最重要的修改是对近代史上几次重大事件放在世界史的范围内来考察，分别增加了有关鸦片战争、太平天国革命、中日甲午战争前后有关的各国政治、经济、军事背景和对华政策的论述。再一项重要修改，是删去义和团等章中可疑的材料，改用确有根据的史实。其他还有属于词句上、译名上和阴阳历使用上等项技术性问题，都认真地作了修改、核正。

1953 年，人民出版社印行了本书修订八版，从这一版开始，书名正式题为《中国近代史》（上册），一直沿用至今。1955 年 9 月，人民出版社印行了本书第九版。以后的重印，依据的就是这一版本，故它实际上也是范文澜生前最后的定稿。范文澜又很认真地写了《九版说明》，向读者交代有关本书为何改称《中国近代史》上册，1954 年的改订是在中国科学院历史研究所第三所和北京大学世界史教研室的帮助下做了更多的修改，以及本人对此书仍感到不满意、很想重新编写等重要问题。这篇文献对于我们了解范文澜在享有崇高声望的情况下，如何更加严肃认真、虚怀若谷地对待著史事业，极有帮助，特全文引录如下：

一、《中国近代史》上册，是一九四五年我在延安时写的，当时原想把旧民主主义革命时代和新民主主义革命时代的历史一气写下来，将旧民主主义革命时代划归上编，新民主主义革命时代划归下编，本书则是上编的第一分册。现在因为近代史与现代史已有明确的分期，故将此书改称为《中国近代史》上册。

二、自从鸦片战争以后，迄全国解放以前，中国社会陷于半殖民地半封建的境地，中国人民饱受外国侵略者的压迫，现在我们痛定思痛，回顾往事，仍然感到很愤慨。但必须指出：书中所举的某些外国的残暴、诡诈等，都是指的那些国家的统治阶级侵略者，与各国爱好和平民主的人民无涉。

三、本书引用原文，凡文句较长者，多注明出处，如只引数句或数字，多省略不注，惟概标引号（「」），以明语有所本。又引文仅撷取要旨，为了使文字前后连属，便于阅读，凡文中删去的字句，一概没有加删节号（……）。

四、本书在一九四七年秋，华北新华书店翻印时，北方大学历史研究室诸同志曾校订过一次，略有增删。一九四九年五月，华北大学历史研究室诸同志又校订了一次。一九五一年十一月，中国科学院近代史研究所诸同志帮助我做了一次较多的修改。此次又得中国科学院历史研究所第三所、北京大学世界史教研室诸同志的帮助和读者来信提出意见，又做了一次更多的修改。其中引用外文之处，有的因旧译文不大妥帖，曾根据原文重新译过。我很感谢同志们帮助我修改，并且恳切地要求他们继续帮助我修改。

五、这是一本九年以前所写的书，现在看来，很不能满意。我早想把它整部拆散，按照近代历史发展的阶段，重新编写，但在现今的情况下，时间不允许我那样做，而只能做这些葺补的工作。我很惭愧，本书的疵病那样多，补过不遑，又未能集中时间精力编写下册，常常接到读者来信催问，实在无话可对。我自知才力不胜，但仍将继续努力，庶几写出一束草稿来。

六、《汉奸刽子手曾国藩的一生》是一九四四年我在延安时写的。曾国藩是近百年来反动派的开山祖师，而他的伪善乔装却在社会上有很大的影响。他的继承者人民公敌蒋介石把他推崇成"圣人"，以为麻醉青年、欺蔽群众的偶像。为了澄清当时一些人的混乱思想，所以有揭穿曾国藩这个汉奸刽子手本来面目的必要。这篇文章便是在这种情况下写出的。现在仍把它附在书后，其中某些部分是可与本书所述太平天国部分相互补充、印证的。

范文澜
一九五四年八月于中国科学院历史研究所第三所

范文澜当年是在将《中国通史简编》全书修订重写的繁忙工作和担负中国史学会及近代史研究所领导工作的情况下，这样极其严肃认真地、一遍又一遍地对待《中国近代史》的修改工作，关于本书一再重版的几篇《说明》，字里行间处处体现出他为推进新中国史学付出全部心血，对学术研究精益求精的感人精神和崇高风范。《中国近代史》已经受到广大读者如此广泛热烈的欢迎，而范文澜仍不满足于既有的成绩，而是酝酿着新的构思，希望能将此书"整部拆散，按照近代历史发展的阶段，重新编写"。虽然这项计划因时间和客观条件的限制而未能实现，但范文澜这种不断攀登学术高峰、永远进取的精神却为后学者提供了宝贵的启迪。

（二）近代史研究领域的激烈斗争

在20世纪40年代中期，近代史研究基础还较薄弱，急待开拓、奠基。更为重要的是，这项学术工作同现实息息相关，受到各派政治力量的密切关注。研究鸦片战争以来反帝反封建斗争，是同现实中如何推进这场伟大斗争、争取彻底胜利密切相联的。解答近代中国社会是什么性质，走过了什么道路，有哪些主要经验和教训等问题，是同认识中国应向何处去，当前应执行什么路线，采取什么斗争策略直接相联系的。用正确的近代史知识来教育人民大众和青年学生，就能帮助他们找到在当前时局中反对谁、拥护谁、跟谁走的答案。撰写近代史著作也不是作为单纯的学术工作看待，而是要用它来影响读者，教育群众。惟其如此，近代史研究领域就明显地出现不同思想倾向，存在着激烈的斗争。

蒋廷黻所写的《中国近代史》，就是一本蓄意歪曲近代史进程的所谓"著作"。中国近代史的起点是鸦片战争，它是由于英国殖民者实行可耻的鸦片走私贸易和武力侵略政策导致发生的，从此演出了列强一次又一次悍然侵凌、欺负中国的事件，也必然激起中国人民一次又一次的英勇反抗。蒋廷黻却颠倒是非，明目张胆替侵略者开脱罪责，甚至制造"侵略有理"论。他称引起鸦片战争的原因是中国"禁烟"，而那时，"鸦片不但是通商的大利，而且是印度政府财政收入之大宗。英国对于我们妄自尊大、闭关自守的态度已不满意，要想和我们算一次帐"。"那次的战争我们称为鸦片战争，英国人则称为通商战争，两方面都有理由。"于是，英国殖民者在战争中烧杀纵掠，最后胁迫清朝割地赔款，把中国推向半殖民地道路的罪恶都被掩盖了。书中竟称这场侵略与反侵略的战争为"东西对打"，根本抹杀正义与非正义的界限。又说，"不平等条约的根源一部分由于我们的无知，一部分因我们的做法未达到近代文明的水准。"对于琦善这个向侵略者谄媚奉迎的民族败类，蒋廷黻极力替他辩护，加以美化："他下了一番知彼知己的功夫。他派人到英国船上借交涉之名去调查军备。觉得英人的船坚炮利还在中国之上。……回想中国的设备，他觉得可笑极了。"中国人指挥也统统不行，"任军事者，率皆文臣，笔下虽佳，武备未谙……所以他决计抚夷"。"英国外相致中国宰

第七章 《中国近代史》（上册）的开拓意义

相书，很使琦善觉得他的抚夷政策是很有希望的。琦善拿中国人的眼光来判断那封书，觉得它是个状纸。林则徐待英人太苛了，英人不平，所以要大皇帝替他伸冤。他就将计就计，告诉英国人说：'上年林则徐等措置失当……必当逐细查明，重治其罪。'"这是典型的"投降有理"论。在鸦片战争期间受到正直舆论激烈抨击、清廷被迫把他革职的卖国贼，在蒋廷黻笔下，竟成为洞悉机宜的难得的明智人物！对于林则徐这位近代史上的民族英雄，蒋廷黻肆意地诋毁。他说，林则徐提出"民心可用"，不过是"士大夫传统的高调和空谈"，他是"把自己的名誉看得重，把国家的事看得轻"。甚至用心卑劣地要林则徐这位抵抗派领袖负担国家日趋衰弱的责任，胡说："林则徐实在有两个。""真的林则徐，他不要别人知道。""他让主持清议的士大夫睡在梦中，而不肯牺牲自己的名誉去与时人奋斗。"当侵略者气势汹汹打上门来的时候，坚决抗击侵略、倡导"民心可用"，竟是"高调和空谈"，造成国家日益衰弱，那么按照蒋廷黻的奇怪逻辑，如何才能使国家变强呢？那就只有听侵略者摆布，甘当洋人的奴才了。所以他又说："我国近代还要图存非全盘接受西洋文化不可。"[①]显然，蒋廷黻的《中国近代史》完全是给近代中国造成民族灾难的买办阶级路线在史学领域的产物。这类著作当时公然占有大学讲台，得到国民党当局的支持，在青年学生和群众中造成很大的毒害。

与上述公然歪曲历史的书观点鲜明对立的进步著作，可以李鼎声《中国近代史》为代表。作者已掌握了唯物史观若干基本原理，作为研究的指导，明确提出其著述宗旨是："本书重视史事发生之社会、国际背景与经济基础，每一重大事变之因果与过程必多方阐明，务使读者由此获得明确的历史观点。""中国近代史是一部帝国主义侵略史，故本书各章咸注重各帝国主义的活动与其相互矛盾分合之分析。各政治集团有帝国主义为背景者，必列

---

① 蒋廷黻：《中国近代史》，（长沙）文史研究会，1941 年 3 版。又见蒋廷黻《中国近代史》，武汉出版社，2012 年版，第 10 页，第 15 页，第 18—19 页。

举事实揭露无讳。""本书取材偏重富于历史意义之事实,如农民之战斗,民众之反帝运动,劳工之政治斗争,帝国主义之对立与阴谋等,每易为一般教科书所忽略,本书对此类史料独尽量采纳。"上述进步的著述目的集中体现在"绪论"一章,论述中国近代史的范围和对象。其中,作者提出了对近代史进程的总认识。他认为,鸦片战争以后,中国日益走上殖民地化的途程,在国民经济上、阶级阵营上以及在文化思想上,都表现了巨大的转变。但这种转变并非逐步转变为资本主义国家,"鸦片战争以来的历史只是展开了国际资本主义对于中国的榨取与掠夺,只是加深了中国民族的奴隶状况,旧有的农业经济虽是为国际资本的铁爪逐次抓破了,而新的资本主义的生产方法却没有支配着全国民经济,……中国的民族资本主义虽然是局部地兴起来了,而它并没有占着绝对的优势,并且是受着国际资本的桎梏与奴役的。"因此,作者这样强调中国近代史的内容和主线:它"是一部中国民族沦为半殖民地及国民经济受着帝国主义破坏的历史,这部编年史是用血与火来写成的。我们在这里,主要的亦就是要暴露国际资本的群魔怎样从中国吸吮着膏血来膨胀它们自身,怎样驱使它们的鹰犬来榨取中国广大的勤劳人口,以及中国的被压榨的奴隶大众怎样用自己的战斗力量来反抗此种残酷的吸血与绞榨。"① 由于作者对帝国主义野蛮的武装侵略和残酷的经济榨取造成中国日益陷入半殖民地深渊,中国资本主义不能充分发展,中国人民不断展开反帝爱国斗争所具有的伟大意义等根本问题有明确的认识,因此,书中对于鸦片战争、太平天国、义和团运动等重大历史事件,均有比较正确中肯的评价。

李鼎声这部著作所体现的理论方向无疑是正确的。在 30 年代,运用唯物史观研究近代史尚处于草创阶段,在这种情况下,作者所作的努力和所取得的成绩是很可贵的。本书从初版印行后,至 1948 年即发行了"胜利第六版",说明它所具有的鲜明进

---

① 均见李鼎声《中国近代史》,著成于 1933 年 8 月,上海书店,1941 年版,编辑凡例,第 3—4 页。

第七章 《中国近代史》（上册）的开拓意义

步倾向受到读者的欢迎，在传播正确的近代史知识上做出了贡献。但本书的缺陷是内容过于简略，自鸦片战争叙述到当时正在进行的抗日战争，只有十九万字的篇幅，尚未能做到对近代历史进程各个阶段、各个方面作更加深入翔实的叙述，所依据的材料尚欠丰富。为了彻底驳倒反动阶级文人对近代史的恶意歪曲，为了更好地教育人民群众，为了推动这一重要研究领域达到崭新的科学水平，亟需要有新的、马克思主义水平更高、内容更加宏富充实的近代史著作产生。

上述近代史领域存在的激烈斗争，是三四十年代中国政治、思想领域两种力量、两条道路激烈较量的反映。一条是蒋介石为代表的买办阶级路线，继承了近代史上一切投降派的衣钵，对外投降帝国主义，对内镇压人民群众，以致酿成日本强盗疯狂侵略中国的空前民族灾难。另一条是以中国共产党为代表的坚持反帝反封建伟大斗争的路线，坚决反抗外国侵略，反对地主买办阶级的法西斯独裁政策，在民族危机的严重关头坚决主张誓死抗战，因此越来越得到人民群众和进步人士的拥护。1941年以后，两条路线的斗争进入新阶段。反动买办阵营企图在抗战胜利以后恢复其独裁统治。革命阵营则坚决反对独裁，反对倒退，要把抗日战争的胜利变成人民的胜利。在两条路线的激烈斗争中，近代史著作成为影响国人视听的重要工具。如果大众相信了蒋廷黻《中国近代史》所宣扬那一套，那么买办阶级的卖国、独裁路线就要继续统治下去，中国人民将继续生活在半殖民地半封建社会的深渊。而中国共产党要领导各革命阶级取得民主革命的胜利，就需要用近代以来的历史证明买办阶级的投降政策是企图把中国继续拖向黑暗。毛泽东在1941年向全党提出了一项重要任务：组织力量开展近百年来的政治史、经济史、军事史、文化史研究，帮助全党和全国人民认清中国的国情，更加坚定地、万众一心地执行党的政策，争取革命的彻底胜利。范文澜继《中国通史简编》之后，在延安继续撰成《中国近代史》（上册），就是自觉地担负把近代史的科学研究提高到崭新水平，驳倒蒋廷黻之流对历史的歪曲，教育群众投入伟大斗争的时代责任。

(三) 奠定基本格局、前驱先路的功绩

《中国近代史》(上册)造端宏大,材料新颖,深刻、丰富、生动地再现了中国历史的进程,中肯地评价了各个时期的事件和人物,体现了革命性与科学性的高度结合。它的产生,标志着近代史研究达到了新的阶段,它所奠定的基本框架和提出的一系列深刻论断,影响近代史研究达数十年。

本书严正地驳斥帝国主义和买办文人的恶意歪曲,富有说服力地证明一部中国近代史就是帝国主义侵华史。

鸦片战争是近代史的起点,这一事件所暴露出来的矛盾冲突影响了中国近代历史整个进程,因此,对这场战争的起因、战争性质和涉及的主要人物的评价,也是中外史学界关注的焦点。书中专设"可耻的鸦片贸易""腐烂的'天朝'""烟毒泛滥于中国"三节,叙述鸦片战争前英国对华态度和中国清朝的政治社会情况。从英国方面说,英国资本主义迅速发展,迫切需要寻找殖民地倾销其商品。但其纺织品等无法打开中国的大门,而英国本土及欧洲又大量需要中国出口的茶叶和生丝。于是多年来采用海盗式的手段,进行可耻的鸦片贸易。先在东印度公司"把鸦片的种植及其向中国的私卖,作为自己财政系统中的重要组成部分"。其后,对华贸易又变成英国商人的自由贸易,而英国政府继续执行鼓励大规模鸦片走私的政策,"强迫一部分印度农民种植罂粟,用垫款办法来引诱更大一部分农民也去种植,用严格的垄断办法操纵这种毒药的全部生产。在政府监督下,由国家官吏拍卖给商人,偷运到中国"。至1837和1838年,走私运入中国的鸦片竟分别达到三万九千箱和四万零二百箱。"印度的英国政府的十分之一的收入都是由于出卖鸦片给中国人而得来的,它不惜发动武力来阻止中国自救的行动。"中国方面,由于连年大宗鸦片进口,白银源源外流,国内银根枯竭。而"鸦片输入与满清腐烂的统治是互为表里的"。英国走私商人用贿赂的办法使中国海关官员和

第七章 《中国近代史》(上册)的开拓意义

地方官吏默许以至纵容鸦片偷运入口。"海关从鸦片得肥,皇帝从海关分肥。""广东官吏从鸦片贸易获大利,内地官吏当然不甘落后,欢迎鸦片广泛流行,从中取利。"在鸦片战争以前,天朝的官僚界的肺腑,早被"贿赂熏染得秽浊不堪",而鸦片的贩运在中国境内已组成了经济侵略的毒网"。鸦片吸食者不可胜数,以北京为中心,全国遍布着满洲贵族、旗丁、太监、官吏、地主、绅士、士人、幕友、商贾、优伶、隶役、绿营兵、僧尼、道士、娼妓一大群鸦片瘾者。"据1835年(道光十五年)估计,吸洋烟人数,约二百万以上,几乎腐蚀了大部分的统治人员及其依附人。"吸鸦片的结果,劳动者失去生产力,兵丁失去战斗力,官吏更加萎靡不振,严重危害着整个民族的肌体和灵魂。再从财政经济方面看,"中国每年出口丝茶等土产,不够抵偿鸦片价,还要补足白银千万两以上","这样,财政上发生银荒,经济上大遭破坏"。书中引用当时英国人马尔丁的话,描绘出一幅悲惨的图画:"鸦片贩卖者时时刻刻向贪欲无厌的吃人神贡献新的牺牲品,而充当凶手的英人和服毒自杀的华人,就彼此竞争,向吃人的祭台贡献牺牲品。"①

范文澜以这些雄辩的史实证明:中国实行严厉的禁烟和抵抗英国武装侵略乃是正义的行动。鸦片战争的性质,从中国方面说,是反侵略的正义战争,从英国方面说,则是非正义的侵略战争。书中充分地肯定林则徐到广东后厉行禁烟,收缴鸦片,尤其是对"六三"虎门销烟作了高度的赞扬:"这一伟大行动,是以林则徐为代表,第一次向世界表示中国人民纯洁的道德心和反抗侵略的坚决性,一洗多少年来贪污卑劣的官吏所给予中国的耻辱。'六月三日',是中国人民值得纪念的一日。"同时详细记载林则徐积极筹备战守和整顿水师的措施。而英国领事义律则破坏禁烟,又拒不让英国商船出具若有夹带鸦片、"货尽没官,人即正法"的甘结,而暗中仍潜卖鸦片,准备武力。英船水手殴毙村民林维喜,又悍然拒不交出凶手,且"借惩凶交涉扩大事态,企

---

① 范文澜:《中国近代史》上册,人民出版社,1979年版,第7—14页。

图争取领事裁判权,继续鸦片贸易"。至1839年10月,英国政府已对义律发出文件,决定发动侵略战争。1840年2月,正式派出侵略军一万五千人,军舰十六艘,于6月到达广州海面。这些论述,无可辩驳地说明:英国是远涉重洋,到数万里以外的东方,悍然用武力对中国发动侵略战争,而中国是被迫防御。从而有力地驳斥英国散布的"为了保持正常贸易"、"中国对英国傲慢无理"而引起战争的荒谬论调,也彻底驳倒了买办阶级文人为侵略者辩护的"东西对打"的胡言乱语。

对近代史的重大事例和问题作多层面的开掘,鲜明地揭示出半殖民地半封建社会的时代特征,是本书的又一突出成就。

鸦片战争一章,成功地做到翔实地记载战争的全过程,真切地反映出侵略者、统治集团、人民大众和抵抗派三方面复杂的活动和斗争。义律在中英冲突中蓄意扩大事态。英国侵略军舰队到达珠江口外以后,由于林则徐防守严密,侵略军在广东不能得逞,北上攻陷定海,再到天津海口。投降派琦善立即与穆彰阿密定了一套卑劣的办法,向侵略者答应到广州后重治林则徐之罪。著者充满义愤地记载投降派奴颜媚膝和捏奏谎报的丑恶行为:"英船在天津时,乔治·懿律等二十余人赴琦善宴会,'嘻笑怒骂','有舞洋枪飞刀于坐上者'。琦善'隐忍受辱'(《中西纪事》),禁人传说,向道光帝却报称:'情词恭顺,窥其词色,似有愧悔之心。'山东巡抚托浑布奏报洋船过境,'各人向岸罗拜,情形极为恭顺'。十月(九月),洋船到浙江,钦差大臣伊里布'遣其奴张喜赴洋船馈黄酒,首贺以林、邓革职之事。'"道光帝将林、邓革职处分,任命琦善为两广总督,主办对英外交。琦善到广州,"一切反前任所为',实行全面撤防,任令英军入内河探测河道。有探报洋情者,则曰:"我不似林总督,以天朝大吏,终日刺探外洋情事。"他唯一亲信、往来传话的鲍鹏,是老鸦片商颠地的买办,曾被林则徐访拿逃到山东,得托浑布推荐成为琦善的心腹要员。"一切交涉全由琦善、鲍鹏二人商办。义律对鲍鹏,言语倨傲,动加呵斥,鲍鹏对琦善,危言恫吓,琦善对道光,谎话连篇,促成投降;道光帝对英军,希望夷情恭顺,自动

第七章 《中国近代史》（上册）的开拓意义

退兵，送还定海，恢复禁烟前旧状。作为道光帝代表的琦善，实际是义律的代表（所谓"始终为义律乞恩"），在欺骗威胁甚至贿买下，琦善完全满足了义律的要求。"当道光帝得知赔偿烟价、琦善私割香港，怒不可遏，立即下令逮捕琦善，对英宣战。奕山到广州急欲侥幸一战，英军占据城外炮台，向广州城中发炮，奕山仓皇失措，竖白旗投降。奕山答应英军提出的休战条件，交给英军赔城费六百万元，却奏称："初八日焚击痛剿，大挫其锋。""大败改作大胜，乞降改作乞抚，赔款改作代还商欠，批准投降改作准令通商，一群懦夫居然在纸上大获'胜利'。"① 当英国侵略军北上江浙，道光帝任奕经为扬威将军赴浙江。奕经一路"勒索供应，酗酒赌博，作威作福"。到了前线企图速胜，却被英军探知作战计划，刚一交锋，各路军队惊恐溃败。"奕经与奕山同样，经过轻举妄动、一触即溃、丧胆乞降三个程序，结束了浙江战争。"至此，道光帝决计投降。

范文澜在书中又充分反映出：与统治集团媚敌求降的丑恶表演相反，沿海人民和具有民族尊严的抵抗派人物，所走的却是坚决抗击侵略的道路。鸦片战争中，有沿海人民的勇敢抵抗，有抵抗派人物林则徐、邓廷桢，为国捐躯的爱国将领关天培、陈化成，以及敢于抗击英军的将领颜伯焘、裕谦等。书中特别赞扬林则徐"抵击侵略者最特出的方法，尤在于相信'民心可用'"。"这种依靠民众的正确思想，大异于一般统治阶级的疑民心理，这是他真心对外的证明。"范老又赞扬林则徐是"少数进步人士的代表者，这种进步性主要表现在依靠人民的力量，坚持抵抗外国侵略"。他还能够在实践上探求新知。他的才能在当时确是第一流，但原先因闭关时代的封建知识限制了他，使他对外部世界茫然无知。起初也和一般士人一样，抱着"天朝声威"可以"慑服夷人"，"茶叶大黄，外夷若不得此即无以为命"一类自高自大不识时务的旧见解。在与外人实际接触中，林则徐逐步改正旧思

---

① 范文澜：《中国近代史》（上册），人民出版社，1979年版，第36—39页，第42页。

想，开始从无知到探求新知，从严禁鸦片到奖励通商，他的思想是在向进步方面变化中。"鸦片战争以前，中国已有资本主义萌芽，在外国资本主义侵略的刺激下，一小部分中小地主开始有转化的倾向，林则徐正是这种倾向的代表人。"他还愿意了解外国情形，"日日使人刺探西事，翻译西书，又购其新闻纸"，探访敌人虚实，还积累材料编成《四洲志》。所以林则徐是"满清时代开眼看世界的第一人"。他在军事上不败于英军，战争惨败的责任应归于道光帝的荒谬指导与投降派的阴谋破坏。林则徐作为一个清朝官员，却敢于颁发告示，允许民众"人人持刀痛杀"侵略者，在一般统治阶级看来，实是骇人的措施，林则徐却看作最可靠的力量。由于他利用民力，确实达到一定的程度，故使英船在广东不敢入内海，也不敢停泊在一处，连取淡水都困难，在外洋又不知陆上虚实。"在这些情况下，英军无隙可乘，企图封锁广州海口又不遂，乃成坐困之势。"①人民大众反侵略的英勇斗争与进步人物的爱国精神，乃是近代史的脊梁。在长达一个世纪多的岁月中，一次又一次同帝国主义的野蛮侵略和国内反动阶级的叛卖活动展开顽强斗争，直至最后胜利。

太平天国革命是揭开旧民主主义革命的划时代伟大事件。这场千百万农民为着争取生存而奋起反抗封建统治的斗争，具有与以往历次农民起义不同的时代特点。"太平天国革命"一章，精彩地论述了太平天国的纲领、领导集团的团结与分歧和宗教的作用问题。

范文澜认为，洪秀全创立拜上帝会，用他所写的《原道救世歌》《原道醒世训》《原道觉世训》传教，成为太平天国的理论纲领，其核心是宣传政治平等、经济平等、民族平等和男女平等。人民都自称天子，都有权拜自己的天父，恰恰破坏了封建制度的等级精神；要求根据无穷富之分的新原则，将财产重新分配，实现天下一家，共享太平；深恨满洲人对汉人的压迫，号召打倒压迫人民的阎罗妖即满清皇帝；太平军又把妇女看作姊妹，

---

① 范文澜：《中国近代史》（上册），人民出版社，1979年版，第30—31页。

第七章 《中国近代史》(上册) 的开拓意义

与看作兄弟的男子平等。因此,《救世歌》等三篇论文,"剥去它的宗教外衣,就可以看出它的民主主义思想的本质,太平天国运动就在这个平等思想推动之下壮大起来"。① 这场革命运动固然是中国广大穷苦人民反对封建压迫的产物,同时,它又明显地受到世界资本主义的影响。"秀全生在国际贸易发达的广东,通过基督教接受某些资本主义影响,与人民反封建剥削的实践要求结合起来,再加上中国传统的大同思想与《周礼》中某些制度,形成一套特殊的上帝教教义,其中包含着的民主内容,主观上是农业社会主义的空想,客观上正是中国已有微弱的资本主义因素,在外来刺激下要求发展的反映。"② 太平天国领导集团由洪秀全、冯云山、杨秀清、萧朝贵、韦昌辉、石达开、洪大全七人组成。他们的结合,显示出一种团结的力量,"在太平天国名义下,一致反对满清统治者;农民、手工业工人、运输工人、会党以及一部分失意的士人、被欺压的地主商人,都有代表参加了这个领导集团,形成了庞大无比的革命声势。满清首席军机大臣赛尚阿在永安战败后,感到'此贼不是寻常的贼,总愿旁人不要同我一样才好',就是团结所表现的威力。"③ 但同时,又隐藏着严重的分歧,洪秀全以上帝会为宣传和组织的工具,洪大全即是天地会首领,天地会投入太平军,增强了起义军的力量。但上帝、天地二会之间存在宗旨上和组织上的分歧。在主要领导成员间,又存在洪冯为一组,杨萧又为一组的分歧,"洪冯创教,杨萧代上帝、耶稣发言,宗教领导二元化,隐藏着分裂的严重危机"。④ 这是造成后来太平天国内讧以至失败的重要原因。太平军起义是利用上帝会的教义和组织发动起来的。这种宗教形式对革命运动所起的作用,范文澜作了精辟的分析:上帝会包括宗教迷信和革命思想两部分,"在广西,迷信部分曾起了极大的组织作用,但从全国范围来说,一般保守拜鬼神尤其是拜祖先的习惯,不能轻易放弃,

---

① 《中国近代史》上册,人民出版社,1979 年版,第 96 页。
② 《中国近代史》上册,人民出版社,1979 年版,第 120 页。
③ 《中国近代史》上册,人民出版社,1979 年版,第 103 页。
④ 《中国近代史》上册,人民出版社,1979 年版,第 104 页。

外国神耶稣更不合鸦片战争后全国反侵略的心理"。① 太平军入湖南后,如果所发告示中强调反满理论,少提天父天兄一类耶稣迷信,号召力定会增大无数倍。因为反满不反孔,可以争取到不少对满清统治有不满情绪的士人的支持,他们是一支不可轻视的力量。但实际情况却相反,致使曾国藩攻击太平军毁圣灭教的反革命煽动产生了效力,使人们误以为他们反对太平军也是有理由的。"后来洪杨更着重发展上帝教中的迷信部分,尤其是杨秀清假托'天父下凡',借以扩大自己的势力,僭夺洪秀全的军政大权,造成分化以至洪杨冲突的恶果,发动革命的工具却变成破坏革命的借口了。"② 以上各项分析,对于推进太平天国的研究,认识这场发生在近代史上的农民战争与以往其他农民起义所有的不同时代特点,革命初期为何能势如破竹迅猛发展,仅一年时间便定都南京,此后却陷于停滞,因分裂而困守,到最后失败,以及总结宗教迷信对太平革命的两重性作用,都有深刻的启迪意义。

  义和团运动是中国人民反抗外国侵略的大规模的群众运动。当年这场运动曾受到国内许多政治人物的反对。近代史学论著中有不少对义和团大加贬责。《中国近代史》在掌握丰富史料、忠实于历史的基础上,既如实指出这场运动的落后性,又满腔热情赞扬其爱国、勇敢的精神,肯定其历史作用。范老所论述的问题,以下几项尤为重要:(1)不掩饰义和团运动的落后性。书中指出,义和团的组织和行动采取落后的宗教迷信的形式,这同许多成员的阶级地位直接有关,这些群众多是"因洋货进口增加,新工业相继建立而失业破产的农民和手工业者,他们要保守旧的生产方式,表现出不可避免的落后性"。表现为盲目排外,对洋人、洋教、洋书、洋货、洋式生产,凡带洋气的人和物,一见就"怒不可遏,必毁杀而后快";迷信愚妄,降神临咒,自称刀枪不入。这种愚妄落后,又是满清愚民政策与宗教麻醉这种历史条件的产物。③ (2)义和团运动的正义性。首先要考察它所发生的政

---

① 《中国近代史》上册,人民出版社,1979年版,第121页。
② 《中国近代史》上册,人民出版社,1979年版,第122页。
③ 《中国近代史》上册,人民出版社,1979年版,第350—351页。

第七章 《中国近代史》(上册)的开拓意义

治背景和经济条件。书中以典型材料分析,指出义和团发生的原因,无疑是甲午战后的外国侵略和满清暴政。1897年德国强占胶州湾起,继之有沙俄侵占旅顺、大连,英强占威海卫、九龙,法强占广州湾。四十日之间,发生失地失权事件达二十起之多。受威胁最大的山东人民激动义愤,首先实行朴素的武力反抗。满清统治吏治败坏,官员贪污渎职,促成广泛的水旱灾,山东范围内黄河无岁不决,无岁不数决,农民被迫吃观音土,出卖子女!书中举出大量史实,有力地肯定:无法生存的农民群众起来反抗,反对作恶多端的教士、教民,惩办赃官,当然是正义的!"义和团爆发的时机,是当满清政府因废立问题对侵略者表示不全部服从的时候,中外联合的反动势力露出了空隙,于是义和团运动从这个空隙中爆发出来,侵略者也就直接出来镇压了。事实完全证明外国用武力在先,义和团的被迫自卫在后,负此项战责的自然是外国侵略者。"① (3) 从义和团的志愿和纪律说来,它是旧式的反帝运动。反对洋教,"最恨和约(不平等条件)",反对赃官,这些志愿光明正大,义和团有严格的纪律,上战场的团员都是纯洁的农工幼童,竞冲头阵,前仆后继,表现出无比的勇敢和伟大的自我牺牲精神。(4) 关于义和团运动的历史意义,书中引证了帝国主义方面提供的多种材料,有八国联军统帅瓦德西的文章,英国外相及外交部副大臣的演说,印度总督言论,奥京报纸评论等,认为:"义和团运动充分表现出中国人民坚强的反抗精神,足以教训那些狂妄无知、高谈瓜分的帝国主义者,开始认识'中国群众会有无限蓬勃的生气'。'近年来时常讨论之瓜分中国一事',义和团运动以后,各国报纸再不喜讨论这个'题目'。为什么呢?因为'无论欧美日本各国,皆无此脑力与兵力可以统治此天下生灵四分之一'。'故瓜分一事,实为下策'。义和团'灭洋'战斗是惨败了,义和团运动却阻止了各侵略国的瓜分野心,这一功绩是不可磨灭的。"② 上述范文澜的深刻论述,对于正确评

---

① 《中国近代史》上册,人民出版社,1979年版,第365页。
② 均据《中国近代史》上册,人民出版社,1979年版,第398页。

价义和团运动，恢复被歪曲的历史真相和深入开展这一课题的研究，都有着重要的意义。

（四）与世界史的联系和精当的论断

范著《中国近代史》视野开阔，十分重视中国史与世界史的联结，放在世界史的背景中论述中国史。书中太平天国一章，专设了"太平天国时期的世界形势"一节。著者论述美国为何急于对太平天国干涉，后来又无法与英国争夺主要控制权？这是因为，太平洋沿岸已成为美国的重要地域。而且，"在对华贸易中，脱离了对英国的依附地位而开始独立行动"。它要利用英法因克里米亚战争而影响远东贸易的时机，在中国扩大侵略势力，取英国的头等侵略地位而代之。因此马沙利向国内急切表示美国应赶快担任适当的角色。1853年，上海小刀会起义，英国公使麦莲乘机掠夺，策划攫取中国的海关，第二年，英、法、美三国共同获得上海的海关权。1860年以后，列强联合组成所谓"常胜军"，英、美两国都企图取得其控制权。但1863年美国国内南北战争十分紧张，因之这支军队的领导权终于落到英国人手中。而英国在1860年以前，长时间被牵制在欧洲和印度、伊朗的战场上，故暂时对太平军采取观望态度。至克里米亚战争一结束，便积极策划对华新的侵略阴谋。这时，沙俄势力在北方伸展，英国的商业利益受到削弱，故于1857年发动对中国的第二次鸦片战争。书中对中日甲午战争的背景，也有独到的分析。70年代以后，各主要资本主义国家已经向帝国主义转化，转向以资本输出为主，采取开银行、借款和设厂制造等形式，并展开划分势力范围的激烈斗争。日本在明治维新后资本主义逐渐发展，但此时尚没有输出资本的实力。"但是日本在美国的一切支持下，变成一个重要的侵略国。""美国帮助日本在中国获得经营工艺制造的特权（马关条约第六款），不管日本能否输出资本，而美国却可借口'大清国有何惠政恩典施及各国'，要'一体均沾'（望厦条约），满足自己的野心。英、俄、德、法等帝国主义也都借口'一体均沾',更进一步向中国进行掠夺。"① 这种争夺日益尖锐起来,而中国殖民地化的危机也更空前加强了。

范文澜眼光锐利,善于运用马克思主义分析中国近代历史的进程,发现事件或人物之间的本质联系,作出确当的论断,表现出卓越的史识。1864 年至 1877 年新疆秩序混乱,出现了英国侵略者扶植的阿古柏政权。沙俄军队又侵占伊犁。1872 年,当左宗棠准备进攻新疆时,李鸿章却力主放弃新疆。1876 年,左军入疆取得节节胜利。1877 年,阿古柏兵败自杀。对于这一系列复杂的事件,书中提出了中肯的论断:"新疆回民反抗满清的暴政,本来是正义性的行动,但在某些反动首领统率下,反满变为民族间相互残害,结果只能是惨痛的失败。阿古柏是个侵入者,是英国侵略者的工具,是土耳其国王的臣仆,是南疆人民的公敌,他的败死完全符合于人民的心愿。左宗棠是极端反动的屠户,不可计数的汉回各族人民被他惨杀了!他出兵新疆,虎狼般杀害南北疆人民,同在关内一样,对人民犯了极大的罪行。不过,他在击败阿古柏这一点上,阻遏了英国及其附庸土耳其的侵略野心,挽救了祖国的一部分疆土和一部分人民,这个功绩是不可抹杀的。他和曾国藩、李鸿章都是万恶的民贼,但在这一点上,也仅仅在这一点上,他和曾李二贼却应有所区别。"②

在戊戌维新一章中,精彩的分析尤其使人目不暇接。著者论述参加维新运动的派别有翁同龢系、严复系、麦孟华系、康梁系、容闳系、谭嗣同系,各有不同的倾向和特点,辨析入微;论述李提摩太、林乐知等耶稣教教士著书和办报,对维新运动的发动起到有力的推动作用;论述湖南开风气之先,成为"全国最富朝气的一省";论述光绪帝"是满洲皇族中比较能接受新思想的青年皇帝,颇想有所作为"。百日维新中,"光绪帝全部接受维新派建议,有高度的变法决心。封建皇帝变成维新元首,是值得尊

---

① 《中国近代史》上册,人民出版社,1979 年版,第 243 页。
② 《中国近代史》上册,人民出版社,1979 年版;第 224 页。

崇的，变法失败并不损害他在历史上的地位"。范文澜还特别强调：维新运动在思想上的发动和舆论宣传，形成了冲破"满清严禁士人干政的堤防"的潮流，戊戌运动是"资产阶级要求民权的运动"，它的成就，不仅在于民间资本主义工商业获得了法律上的承认，更在于它在政治上，"冲破了满清禁例，争得某种程度出版结社的民主权利"。① 正是由于有上述精到的深入的分析，以后在1958年范文澜发表纪念戊戌变法一百周年的讲演，才进而提出戊戌运动是"中国知识分子的一次思想解放运动"这一发人深省的论断。② 时隔三十年之后，人们阅读范文澜的这些论著，仍然感到新鲜有力，意味深长。

（五）近代史分期的主张

关于近代史阶段八十年（1840年至1919年）的分期，范文澜提出了系统的主张。③ 他认为，在近代，原有的封建主义与人民大众的矛盾之外，又增加了帝国主义与中华民族的矛盾，在两种基本矛盾中，后者尤其是最重要的矛盾。两种主要矛盾的变化，何者起决定的作用，构成了划分近代史阶段的依据。而"仅仅用中国资本主义的发生和发展来划分中国近代史的阶段是不全面的，是不符合历史事实的"。因为，虽然中国资本主义的发生和发展，在近代史上具有头等重要的意义，但是"中国资本主义到底是弱小的，中国资产阶级对历史上的贡献到底是有限的"。

范文澜划分近代史为四大段：

第一大段，1840年至1864年

在这个时期内，鸦片战争开始了中国半殖民地的历史，太平

---

① 以上见《中国近代史》上册，人民出版社，1979年版，第294—303页。
② 《戊戌变法的历史意义》，见《范文澜历史论文选集》，中国社会科学出版社，1979年版，第191页。
③ 见《中国近代史的分期问题》（一）（二）两文，《范文澜历史论文选集》，中国社会科学出版社，1979年版，第113—160页。

天国运动（地方性的三元里和升平社学抗英是这个运动的先声）开始了中国人民反帝反封建的历史。

外国资本主义侵入，造成中国封建经济基础发生急剧的分解，国家主权开始被破坏，清朝统治的腐朽性反动性彻底地暴露出来了。另一方面，中国人民在反抗侵略的斗争中获得经验，知道必须进行反清朝的斗争，太平天国运动符合广大人民的意志，因而得到蓬勃的发展。由于农民阶级本身弱点的爆发，又由于外国侵略势力与中国封建势力实行勾结，双方力量发生变化，大规模的太平天国农民战争终于被绞杀而结束了人民革命的第一个回合。太平革命有反封建纲领（天朝田亩制度），有接受资本主义生产方式的倾向（《资政新篇》），有高出一般农民起义军的组织力和纪律性，这些都给中国人民留下极其宝贵的经验。

第二大段，1864 年至 1895 年

这一时期，封建势力依靠外国的援助，消灭了太平天国运动的余波，清朝统治在国内得到暂时的稳定，出现所谓"同治中兴"。同时，洋务派创办新式军事工业，形式上也有助于这个统治。可是外国侵略势力公然掠夺中国的藩属国，破坏了这个稳定。法国进攻越南，严重地威胁着清朝统治，封建势力与外国侵略者间的矛盾激化了。洋务派对侵略者的态度与清朝廷有区别，洋务派各个集团间态度又有区别，这使得统治阶级内部矛盾也相当激化。清朝内部是分裂的，对外战争必然要失败。1884 年开始的中法战争，清朝失败了。日本进攻朝鲜，更严重地威胁着清朝的统治，1894 年开始的中日战争，清朝又失败了。两次战争失败的结果，帝国主义更深刻地侵入中国，表现为第三大段瓜分中国的狂妄企图。

60 至 70 年代，洋务派办的"官办"的新式军事工业，充分表现出封建的半殖民地性质，根本不能说是资本主义的工业。不过，新式机器经过这种工业到底进入中国了，早期无产阶级也出现了，从这一点说，洋务派工业算是也有一些作用。官办和官督商办的非军事性工业，其中是多少含有资本主义成分的。商办工业则是正规的资本主义工业，虽然不可避免带有封建的和买办的成分，但终究是民族资本主义工业。至甲午战争中，中国资本主义继续有些进展。但由于马关条约订立，帝国主义对中国资本输出，开设工厂，民族资本主义更陷于困境。

第三大段，1895年至1905年

帝国主义经济政治压迫和军事掠夺，以马关条约为标志，以强占军港为信号，中国被瓜分的危机十分严重。中国人民在这个紧急关头，激起了爱国救亡运动，在长城以南有戊戌变法的维新运动，农民阶级有义和团运动。戊戌变法，从光绪帝颁发的诏令显示，对某些旧制度的改革相当勇猛，对新制度的全盘推进相当激进，符合中国资本主义发展的趋向，故无疑是进步的运动。但因维新力量与反动力量大小悬殊，故维新运动只能失败。义和团是继太平天国而起的大规模反帝爱国运动。它本身带着很大的落后性，但这个运动直接地打击了帝国主义，同时也间接地推动了中国社会的前进。在长城以北，东三省人民抵抗日本沙俄两个帝国主义，最后两国在中国国土爆发日俄战争。而由于受到俄国1905年革命的影响，中国资产阶级民主革命向前推进。

第四大段，1905年至1919年

1905年同盟会成立，它的组织和纲领，不同于以前一切旧式革命，它领导的辛亥革命，明显地表示出资产阶级民主革命的性质。同盟会进行一系列反清军事活动，实则军事冒险，黄花岗一役遭受惨重损失，但革命的影响愈益扩大，所以起义虽然无成，而革命声势却震动全国。1911年武昌首义，各省响应。有了这个发动，人民的力量和同盟会力量以及立宪派力量一起发动起来，再加上袁世凯的投机，清朝土崩瓦解地消灭了。辛亥革命虽不曾改变中国半殖民地半封建的社会性质，但废除帝制是一大成功，"民主共和"代替君主专制，政治上终究是大进了一步。1912年4月孙中山正式解除临时大总统职务，标志着革命派失败，革命果实归于立宪派和军阀袁世凯。此后，袁世凯从准备恢复帝制到悍然登上帝位。当时以梁启超为首的反帝制运动，立宪派人在最前线。在第一次世界大战期间,中国民族工业发展起来,中国无产阶级也壮大了。在这种新的阶级关系的基础上旧民主主义革命结束,中国革命向新民主主义革命过渡。

范文澜的上述主张是近代史分期讨论中的重要一派,在史学界有着广泛的影响。

第八章 经学史研究

《中国通史简编》和《中国近代史》（上册）代表了范文澜在通史研究上的成就，有关经学史的论著则代表了他在专史研究上的成就。这方面的著作，包括：《中国经学史的演变》《经学史讲演录》以及《中国通史简编》中对各个时期经学的论述。

（一）首创性的总结

1941年范文澜在延安中共中央党校讲《中国经学史的演变》，曾发表于《中国文化》第二卷第二、三期。当时，中央主席毛泽东曾亲临听讲，并写信给以充分的肯定："提纲读了，十分高兴，倘能写出来，必有大益，因为用马克思主义清算经学这是头一次，因为目前大地主大资产阶级的复古反动十分猖獗，目前思想斗争的第一任务就是反对这种反动。你的历史学工作继续下去，对这一斗争必有大的影响。第三次讲演因病没有听到，不知对康梁章胡的错误一面有所批判否？不知涉及廖平吴虞叶德辉等人否？越对这些近人有所批判，越能在学术界发生影响。"① 诚如毛泽东所指出的，《中国经学史的演变》的意义，在于运用马克思主义对长达两千余年，内容复杂繁富的经学历史作了首创性的总结。

范文澜早年著有《群经概论》，对经学史有专门的研究，学力深厚。他运用科学的观点，把中国经学史划分为三大段：一、汉学系——从孔子到唐人《九经正义》，其中包括孔、孟、荀，今文学、古文学，南学、北学，两汉是极盛时代。二、宋学系——从唐韩愈到清代理学，其中包括韩愈、濂、洛、关、闽、陆、王，两宋是极盛时代。三、新汉学系——从清初到五四运动，其中包括顾炎武、黄宗羲、戴震、康有为，乾嘉是极盛时代。理出了经学的主要系统，划分了发展的主要阶段和极盛时代，指明了经学史的主要代表人物。

作为一篇诞生于革命战争年代的论著，当时又正面临着大地主大资产阶级复古思潮猖獗的时候，此篇的论述自然是侧重于从批判的角度对经学史作总结。范文澜强调经学的实质及其在斗争中发展的规律。他说："经是封建社会的产物。原始封建社会产生原始的经，封建社会发展，经也跟着发展，封建社会衰落，经也跟着衰落，封建社会灭亡，经也跟着灭亡。中国封建社会从西周开始，所以经托始于西周，周公是这一时代的代表人物。春秋时代封建初步发展，六经也初步形成，孔子是这一时代的代表人物。两汉封建高度发展，经学也高度繁荣，董仲舒、刘歆、郑玄是这一时代的代表人物。三国到南北朝，因战争而社会遭受破坏，经学随之衰落。隋唐统一中国，社会恢复繁荣，旧经学结束，新经学发生，孔颖达、韩愈是这一时代的代表人物。两宋社会高度发展，经学也高度兴盛，濂（周敦颐）、洛（程颢、程颐）、关（张载）、闽（朱熹）、陆（陆九渊）都是这一时代的主要代表人物。程朱派经学，影响大而远。元明社会没有显著的变动，经学也保持旧有状态。清代前半期（鸦片战争以前）社会又

---

① 《致范文澜》（1940年9月5日），《毛泽东书信选集》，人民出版社，1983年版，第163页。

向前发展,经学也创立新局面,戴震是这一时代的代表人物。清朝后半期,外国资本主义侵略中国,社会开始分化。封建势力与新兴资产阶级发生冲突,封建势力与一部分资产阶级向帝国主义妥协勾结,社会是混乱状态,经学也混乱不堪而趋于衰落。"① 历代儒生对经的解释总是因时代的变动而变动,使之适合统治阶级的需要。"统治阶级表面上教人'尊圣''读经',实际上教人尊迎合君主的儒生,读改头换面的经。"一部经学史是经学在斗争中发展的历史。斗争的方法,一是迎合统治阶级,发挥适合君长利益的理论,掩盖抹杀近乎危险的言辞。例如三纲、三从、五行、五常之类,尽量发挥,《易传》里原始辩证法,《诗》《书》天听民听、天命靡常,《左传》言揭破鬼神迷信,《孟子》直陈民贵君轻,"凡是带有革命性的全部被阉割歪曲,这样取得统治阶级的尊信"。二是采取对方的长处,来改造自己的短处,"例如西汉今文学采取刑名五行,南学采取老庄,宋学采取佛道两教,夺取对方武器战败对方是经学发展的主要规律"。② 篇中对儒家六经内容的实质是宣扬统治秩序永恒、等级制度不可逾越,尤有扼要而中肯的论述。《周易》讲穷变通久,而《易传》中尤有丰富的辩证法。但它宣扬尊卑贵贱是无可变动的"真理"。《系辞》开头就说:"天尊地卑,乾坤定矣;卑高以陈,贵贱位矣。"可见《易传》的实质是为封建统治服务。儒家对礼十分重视。而礼之基本精神在乎"别"。所谓贵贱有等,长幼有差,贫贱贵重皆有称也。可见,"说得神圣不可侵犯的礼典,归根结底,止是拥护统治阶级的剥削制度"。③

著者在篇中着重论述了经学在近代的必然衰亡,这一点在当时具有特殊的现实意义。鸦片战争以后,经学分为古文学派和今文学派,范文澜认为:古文学派主张保守旧秩序,维护封建制

---

① 范文澜:《中国经学史的演变》,《范文澜历史论文选集》,中国社会科学出版社,1979年版,第266页。
② 范文澜:《中国经学史的演变》,《范文澜历史论文选集》,中国社会科学出版社,1979年版,第267页,第268页。
③ 范文澜:《中国经学史的演变》,《范文澜历史论文选集》,中国社会科学出版社,1979年版,第274页。

度,它曾有可能发挥进步思想,但无法引申出革命思想。清末刘师培、章炳麟是古文学派人物,主张保存国粹、推倒满清,成为民族革命的鼓吹者。"这好像古文学派也赞成革命。可是刘师培很快投降两江总督端方当侦探,出卖革命党人。袁世凯做洪宪皇帝,他又是筹安会'六君子'之一,他这种卑污无耻的行为,的确继承了古文学'开山祖师'刘歆的'衣钵'。章炳麟入民国后,政治上碌碌无所表现,学术上反对甲骨文(因为古文学的坚固堡垒《说文解字》发生动摇),反对白话文(白话文是五四运动旗帜之一),那么,他依然保守着他的封建顽固性。"晚清今文学派康有为、梁启超,以公羊学为武器,宣传改制,宣传维新变法,起到进步作用。但是"今文学派政治运动以戊戌变法的失败而没落"。另一个有名的今文学者廖平,"一生经历着清末以来今文运动的全程"。他晚年自号"六译",因为他的经学变了六次。由区分"今古",而"尊今抑古",而讲"小大之学",而讲"天人之学",而讲"天学""人学"。前面这五大变,愈变愈离奇,牵强附会,不知所云。"他还想再变一下(第六变),虽然有十四年的时间,但终于没有变出来(变无可变了)。这正证明今文学的末路。"这就证明:由于封建社会的解体,作为封建社会意识形态的经学也混乱不堪而彻底衰落。随着"新民主主义革命一往直前地发展和深入,封建残余势力必然趋于消灭。因而经学不仅不能发展,而且只能跟着封建残余势力的消灭而同归于尽"。①

(二) 深层次的剖析

新中国成立后,范文澜于1963年再为红旗杂志社等单位讲经学问题。后来,讲稿以《经学史讲演录》为题收入《范文澜历史论文选集》一书。修订本《中国通史简编》也辟有相当的篇幅论述先秦至隋唐各个时期经学的状况。这些代表了范文澜对经学

---

① 《中国经学史的演变》,《范文澜历史论文选集》,第294—295、266页。

史的研究达到更深的层次。在这些论著中,既有对封建阶级利用经学统治、愚弄人民作进一步的分析批判,又阐述经学在某一时期、某一方面起过的进步作用,认识明显地向前推进。范老着重指出儒家思想在历史上起到抵制宗教传播蔓延的进步作用。他认为,世界上许多民族的宗教信仰很深,中国历史上的情况却有不同。汉民族的宗教——道教和自印度传入中国的佛教,在隋唐时期盛行,但无论如何总有儒家与它们对抗。唐太宗时,道教的地位最高,佛其次,儒排在最后,武则天时,佛的地位最高,道其次,儒仍旧排在最后。尽管儒的地位不及佛、道,做官的人很多都信佛、道,但唐代仍以明经取士,他们总觉着自己是儒者。以诗赋应试的进士,也很多以儒自命。宋学的产生,原因很多,一个重要原因是儒与佛对抗。"儒经是为封建统治服务,这是没有问题的,但它起了反对宗教的作用。宗教不能在汉民族中扎根,儒有贡献。"这说明:"经学与中国文化关系密切。经学虽然为封建统治服务,但也起了一些好的作用。"范文澜还讲到西汉经师喜言灾异,这也有些好处。"因为皇帝很专制,没有人敢批评,可以用灾异来告诫皇帝。灾异家们说,皇帝是天的儿子——天子,皇帝做了坏事,天就现出灾异来告诫了,这也是董仲舒讲灾异的一个动机。"[①] 范文澜又认为,宋学的毛病在讲心、性、天道等抽象的东西,但宋学也有应该肯定的地方。一是反佛。二是在唐末五代大乱、伦常败坏以后,宋学讲气节,国亡殉国,也是应该肯定的。

范文澜推进经学研究,还表现在对各个时期经学的特征论述更加深入。

为什么在西汉时代,董仲舒的春秋公羊学特别受到尊崇?范文澜认为,这是因为董仲舒春秋公羊学的实质,是把战国以来各家学说以及儒家各派,在孔子的名义下统一起来了,从而适应了汉武帝实现政治上空前统一的需要。特别是,"五行家得汉武帝

---

① 均据《经学史讲演录》,《范文澜历史论文选集》,中国社会科学出版社,1979年版,第300页,第312页。

的尊信,成为日常生活的指导者,儒家和它合流,是很自然的。《春秋经》记录天变灾异,原来并不含什么迷信的意义。陆贾在汉高帝时作《新语》,说'治道失于下,则天文度于上;恶政统于民,则虫灾生于地。'足见战国儒者,已开始推灾异。董仲舒取《春秋》所记天变灾异广泛地予以穿凿附会,使《公羊》学彻底地阴阳五行化。这在董仲舒学说里,是最重要的、影响最大的部分。"故"经学阴阳五行化,成为西汉今文经学的基本特征"。①

东汉时代古文学派和今文学派展开激烈斗争,为什么最后古文学派取胜?范文澜对此也有独到的分析:由于西汉今文经学阴阳五行化,它便朝着烦琐和迷信两方面发展。至两汉之际,谶纬盛行。谶是谜语式的预言,纬是说经的一种,内容杂乱。"谶与纬合在一起,造出各种妖言怪说,蛊惑人心,统治者则可以别有用心地加以利用,故东汉时期称谶纬之学为'内学',政治上地位比经学更高。"这样的今文经学特别是谶纬之学成为东汉封建社会的上层建筑。阶级矛盾和统治阶级内部矛盾使东汉社会一开始就显得不安稳,到后期更呈现危急状态。这样的社会基础,无怪乎自汉光武帝以下的统治者,"都迫切寻求天命鬼神的助力,希望从它那里获得一副麻醉剂,好让矛盾松弛下去"。与今文经学对立的是古文经学。"古文经学派代表统治阶级一部分仕进心较淡,复古心较浓的士人。""他们因为主张复古,所以反对今文经学特别是谶纬之学,在这一点上,古文经学确有一定的进步意义,但是,它是复古主义者,和合时的今文经学一样,本质上都不是进步的。"当古文经学力求上升的时候,今文经学感到自身有"省字句""正经义"的必要。汉章帝时,由皇帝亲临裁决经义异同,编成《白虎通义》一书,成为一部今文经学的政治学提要。不过,奉命编书的却是古文学者班固。"今文博士一般只会记诵章句不会概括大义,只能专讲一经,不能兼通五经,要编通义就不得不求助于古文学者,《白虎通义》的编成,正显示今文

---

① 《中国通史简编》(修订本),第二编,人民出版社,1965年版,第115页。

经学的虚弱,它无可避免地将为古文经学所排斥。"至郑玄遍注古文经,"注中兼采今文说,采用纬书和怪说"。① 从此郑学盛行,为"天下所宗",标志着今古文学派的斗争中,古文学派得胜,今文学派失败。

范文澜又论述宋学的三个特点。一是提倡讲伦常,这是赵宋王朝所特别需要的。"伦常自安史之乱以来被破坏得不像样子了。二百多年的大乱,使赵匡胤懂得了应该用伦常来巩固自己的统治。赵宋王朝有意识地来扶持'宋学'。宋学与古代的儒学根本不同了。古代儒学只解经,而宋学则着重讲伦常。"二是宋儒讲义理,吸收并改造了佛教的一套。宋儒在《周易》中找哲理,以代替佛教的哲学。周敦颐讲太极图,与"易有太极"联系起来,这就成为儒家的东西了。"无极太极、动静阴阳、絪缊感通、尧舜之道等等名堂,都是从《周易》的十翼中引申出来的。叶水心所说的'夷狄之说,本于中国',就是指宋学把佛教的一套东西,加以改造,用《易经》的形式表述出来。"三是宋代特别重视讲《春秋》学,讲尊王、攘夷,处在宋王衰微,北方被金人夺去的情况下,尊王攘夷的思想当然会受到统治者的重视。②

经学史是范文澜深入探究的专门之学。他的研究,经历了继承乾嘉学者考证路数,在革命战争年代偏重于从批判角度总结,到新中国成立后更全面地评价三个阶段。这种随着时代前进、学术上不断开拓新境的精神是极可贵的。他的论著被称誉为"内容坚实"之作,对于通史、思想史和文化史的研究必将有长远的影响。

---

① 《中国通史简编》(修订本),第二编,人民出版社,1965年版,第221—222页,第224页。
② 均据《经学史讲演录》,《范文澜历史论文选集》,中国社会科学出版社,1979年版,第318—319页,第325页。

第九章 卓越的理论建树

(一) 论"劳动人民是历史的主人"

范文澜之所以成为中国马克思主义史学之大师,根本的原因在于他有高深的理论素养。他不仅以唯物史观为指导写出教育了几代人的成功的史著,而且对中国历史和史学发展的许多重要问题作了具有卓识的理论阐释,对于广大史学工作者起到指导的作用。有关范文澜对中国历史和中国文化的一系列理论创见,前面几章中均已有所论述。本章再集中讨论范文澜在下列重要问题上的理论贡献:论劳动人民是历史的主人;论中国封建社会长期延续的原因;要"神似",不要"貌似";论历史上的民族关系和爱国主义;百家争鸣,厚今薄古。

"劳动人民是历史的主人",是范文澜本人总结撰写延安版《中国通史简编》及从事修订工作列为第一项的贯串全书的指导思想。他明确说:"本书肯定历史的主人是劳动人民,把旧类型历史以帝王将相作为主人的观点否定了。"① 强调这一基本观点的

---

① 《中国通史简编》(修订本),第一编,人民出版社,1965年版,第10页。

理由是什么？范文澜于1949年5月在北京大学所作的一次讲演《谁是历史的主人》已有扼要的论述。首先，他从人类历史的普遍性，强调"历史的发展不是由于英雄豪杰，而是由于生产力的增长"。例如初民阶段，生产工具只有人工磨制的石器，生产力水平低下，终日劳动不得温饱，没有剩余劳动产生，因此形成了社会生活资料共同所有的制度，这就是原始共产社会。原始共产社会间各游牧部落间常常发生战争。俘虏来的人，最初因为生产力很小，生活资料缺乏，无法养活俘虏，大部分的俘虏都被杀掉了。后来发展了农业，俘虏便用来作耕田的奴隶。这样便开始转变到奴隶社会。奴隶社会是人类阶级社会的开始，这是劳动生产力增长到有剩余劳动可以剥削时自然产生的结果。奴隶社会使用铜器作为生产工具。后来发明了铁器，铁器的使用逐渐代替了铜器，生产力发展到一定程度，奴隶社会便过渡到封建社会。封建社会的手工业慢慢发展到手工工场，手工工场又发展到机器工厂，资本制度便一定要代替封建制度。因此范文澜说："有人说社会历史的发展是一些偶然的事实凑合成的。这是一种错误的看法。学习历史一定要懂得历史发展的规律，我们从社会生产力的全部发展过程来看，就可以明了这种规律了。"其次，范文澜将上述原理运用到中国历史的实际，从理论上概括生产力的发展如何推动中国社会前进。他说："中国的历史也经过了石器时代，……夏禹以前大概是原始共产社会。恩格斯说酒和城是奴隶社会产生的标帜。因为酿酒表示农产物已有剩余，筑城表示有财物要守护。在原始共产社会，大家都是穷得很，绝对不会有剩余农产物。传说禹的时候已有酒和城，我们可以大致推定奴隶社会在禹的时代已经开始了。禹传子也表示一种财产的继承。商代有石器，又有了铜器，生产力提高了，奴隶社会也发展了。两周时候由铜器转到铁器，生产力又提高一步，因之生产关系主要是封建制度。西周以后，封建制度在中国统治了近三千年。……鸦片战争以后欧洲资本主义侵入，引起了太平天国的革命。它在基本上是农民革命，但已包含有某些资本主义的因素。因此太平天国虽不是资产阶级民主革命，但可看作是中国资产阶级民主革命的序幕,机器工业在中国逐渐产生,资产阶级也逐渐形成。戊戌变法和辛亥革命就是中国资产阶级向封建主义作斗争的运动。"五四运动以后,中国共产党领导的新民主主义革命的发展,更显示出中国人民中蕴藏着无穷无尽的力量。第三,既然人类历史和中国历史都证明生产力的发展是社会的原动力,那么,自然得出"劳动人民是历史的主人"的命题。范文澜说:"生产力是由生产工具和'人力'组成的。'人力'里面包括劳动技能和生产经验。生产工具是谁制造的?由谁使用呢?很明白,生产工具是劳动人民制造的,也是由劳动人民使用的。例如工人造了铁犁,农民使用铁犁来耕种。既然生产力是历史的推动力,那么制造生产工具和使用生产工具的劳动人民便是历史的推动者,也就无疑是历史的主人。"第四,范文澜明确地说,历史的主人还应包括对创造文化有贡献的人物和统治阶级中在政治上、军事上做过有益于人民事业的人:"承认了劳动人民是历史的主人,对于统治阶级我们应该采取怎样的看法呢?统治剥削阶级在一定的历史时期有它的进步性,我们不能一概抹杀。奴隶社会代替了原始共产社会,提高了社会生产力,一部分奴隶主阶级中人因为脱离了物质生产劳动,从事文化工作,开始了人类的文明时代。因此在一定的历史时期,剥削阶级也有它的进步作用和革命作用。统治阶级中的一些进步文化工作者从事于脑力劳动,提高了社会文化,他们也可以包括到历史的主人的行列里来。但请注意:一切文化产物,如科学、哲学、文学、艺术、医学等等,都先在劳动人民中产生出来,不过一般是粗制品,经文化工作者精制以后,才被统治阶级保存下来。"范文澜最后的结论是:

> 中国历史的主人是劳动人民加上进步的文化工作者和统治阶级中在政治上、军事上作过有益于人民事业的人。过去的历史是以帝王为主的历史,我们今天要推翻它。历史是劳动人民的历史,劳动人民是历史的主人。①

---

① 范文澜:《谁是历史的主人》,《进步日报》1949年5月29日。

同月 30 日,范文澜再次在华北大学政治研究所作讲演,进一步强调和申论"劳动人民是历史的主人"的观点。他说:"一切历史现象,追溯到最根本的因素,乃是生产力与生产关系。历史发展的原动力是劳动人民在一定的相互关系条件下拿着工具在生产物质资料。现在我们对几千年历史的看法,必须彻底翻他一个身。过去读历史,止看生产关系里面的一面,偏重在各个朝代的盛衰兴亡,典章制度的沿革改订,帝王将相的功过优劣,文武官员的升降黜陟,文人学士的佳话轶事,英雄豪杰的'丰功伟业'等等,一句话,偏重在生产关系里高高在上的一面(当然,我们并不否认每个剥削阶级在一定历史时期,也曾有过它的进步性和革命性),对被压迫、被剥削、被统治阶级的一面,即生产关系里受苦受难的一面,是不重视和无视的,把他们反抗压迫的阶级斗争看作'乱民''叛民''流寇',至于把生产力的发展,看作历史的决定的最后的因素,那就更谈不到了。这样的看法如果不改变,就永远找不到历史的主人,永远看不见历史的本质。"①

范文澜于新中国成立初年,在讲演中和修订本《中国通史简编》"绪言"中郑重提出和一再论述的观点,在当时起到了很好的教育作用,并且在此后长时期中普遍受到赞同,一直无人提出异议。这是因为这个观点讲出了一个任何人也无法否认的真理:劳动群众是物质资料的直接生产者,物质资料的创造、增加和不断丰富,乃是社会发展的基础,如果离开物质资料的直接生产者,社会便一天也不能存在下去。再者,从人类的蒙昧、野蛮时代,直至今日科学技术高度发达的时代,推动人类社会前进的最活跃因素是社会生产力,那么生产力的承担者劳动大众自然在历史上应当是创造者和主人翁的角色。可是,在剥削阶级统治的社会里,几千年间,劳动群众总是被视为"天生下贱"的"奴隶",是任人欺压的"无知小民"。在旧时代的历史书上,帝王将相是

---

① 范文澜:《再谈谁是历史的主人——1949 年 5 月 30 日在华北大学政治研究所讲》,《人民日报》1949 年 6 月 30 日。

第九章 卓越的理论建树

历史的主人,占据着历史舞台的中心,而人民群众则受歧视、受排斥,被视为"群氓"甚至是"乱民"。这是对历史的颠倒!连20世纪初的思想家梁启超也斥责旧史是"二十四姓之家谱",倡导"史界革命",要求废"君史",兴"民史"。故范文澜在人民革命刚刚取得全国范围胜利之时强调这一观点,实有恢复历史的本来面目的意义,标志着历史观点上取得革命性的进步。

广大史学工作者和知识界之所以长期接受这一观点,还有更深一层的意义:它揭示了人民大众的意志归根结底决定着历史前进的方向。帝王将相固然占据着旧时代历史舞台的中心,但他们要建立"功业",归根结底,其作为必须与劳动群众的要求相符合;如果违背人民的意志,即使是不可一世的人物,最后必然成为"孤家寡人",以可耻失败而告终!历史上这类著名的事例屡见不鲜。

商朝末年,纣王暴虐无道,百姓怨恨,社会矛盾激化。周武王率领大军,并且联合了庸、蜀、羌、髳、微、纑、彭、濮等方国部落,大举讨伐,不久,至于商郊牧野(今河南汲县北)。这场决定腐朽的商朝和新兴的周朝命运的大战,商纣王方面也动员了大批力量,如《诗经·大雅·大明》所说,牧野之战,"殷商之旅,其会如林"。但是,在此关键时刻,商朝士兵倒戈相向,他们恨不得商纣这个独夫民贼赶快完蛋,争先为周武王的大军开路,因而在牧野战场上演出了商、周两国士兵合力推翻商纣王罪恶统治的惊心动魄的一幕。此即《史记·周本纪》所载:"帝纣闻武王来,亦发兵七十万人距武王。武王使师尚父与百夫致师,以大卒驰帝纣师。纣师虽众,皆无战之心,心欲武王亟入。纣师皆倒戈以战,以开武王。武王驰之,纣兵皆崩畔纣。纣走,反入登于鹿台之上,蒙衣其殊玉,自燔于火而死。"

周厉王是历史上又一著名的暴君,他倒行逆施,引起民众怨骂,厉王又以高压手段钳制民口,派坏人监谤者,大臣邵公告诫他:"防民之口,甚于防川",他也不听,百姓暂时是不敢议论和发泄了,但反抗的情绪却继续滋长。毕竟暴君的高压手段敌不过民众的意志,最后周厉王落了个被国人流放的可耻下场。这就是

《国语·周语上》所载:"厉王虐,国人谤王。邵公告曰:'民不堪命矣。'王怒,得卫巫,使监谤者,以告,则杀之。国人莫敢言,道路以目。王喜,告邵公曰:'吾能弭谤矣。乃不敢言。'邵公曰:'是障之也。防民之口,甚于防川。川壅而溃,伤人必多,民亦如之。是故为川者,决之使导;为民者,宣之使言。故天子听政,使公卿至于列士献诗,瞽献曲,史献书,师箴,瞍赋,矇诵,百工谏,庶人传语,近臣尽规,亲戚补察,瞽史教诲,耆艾修之,而后王斟酌焉,是以事行而不悖。民之有口,犹土之有山川也,财用于是乎出;犹其原隰之有衍沃也,衣食于是乎生。口之宣言也,善败于是乎兴;行善而备败,其所以阜财用衣食者也。夫民虑之于心,而宣之于口,成而行之,胡可壅也?若壅其口,其与能几何!'王不听,于是国莫敢出言。三年,乃流王于彘。"

证明人民群众是历史创造者的又一伟大事件是号称强大的秦皇朝迅速被农民起义所推翻。当秦始皇攻灭六国、平定海内之时,自以为创立了万世基业,威振天下,所向无敌,可是秦朝的暴政却把百姓逼向绝路,穷兵黩武,严刑峻法,残酷剥削,徭役繁兴,阶级矛盾极度尖锐,全国好像遍布了干柴,只要有火种点燃便会引起燎原之焰。结果秦皇朝只存在短促的十四年,便被雇农出身的陈涉带领"斩木为兵,揭竿为旗"的农民起义军推翻。西汉初著名政论家贾谊在其脍炙人口的《过秦论》中议论说:由于秦朝仁义不施,暴虐统治为人民所痛恨,所以它原先的强大顷刻变成虚弱,而手持锄耰棘矜的民众却变成为强者。其论云:"然而陈涉瓮牖绳枢之子,甿隶之人,而迁徙之徒也。材能不及中人,非有仲尼、墨翟之贤,陶朱、猗顿之富也。蹑足行伍之间,而倔起仟佰之中,率罢弊之卒,将数百之众,转而攻秦。斩木为兵,揭竿为旗,天下云集响应,赢粮而景从,山东豪俊遂并起而亡秦族矣。""且夫天下非小弱也;雍州之地,殽、函之固,自若也。陈涉之位,非尊于齐、楚、燕、赵、韩、魏、宋、卫、中山之君也;锄耰棘矜,非铦于钩戟长铩也;適戍之众,非侪于九国之师也;深谋远虑,行军用兵之道,非及曩时之士也。然而成败异变，功业相反也。试使山东之国与陈涉度长絜大，比权量力，则不可同年而语矣。然秦以区区之地，致万乘之权，抑八州而朝同列，百有余年矣。然后以六合为家，殽、函为宫。一夫作难而七庙隳，身死人手，为天下笑者，何也？仁义不施，而攻守之势异也。"西汉大史学家司马迁赞赏并发挥贾谊的论点，说："善哉乎贾生推言之也！"他的不朽著作《史记》，破例把氓隶出身的陈涉立为"世家"，与王侯人物同列，并在《太史公自序》中论述《陈涉世家》撰述义旨说："桀、纣失其道而汤、武作，周失其道而《春秋》作。秦失其政，而陈涉发迹，诸侯作难，风起云蒸，卒亡秦族。天下之端，自涉发难。"表达对平民阶层伟大力量的礼赞！

秦亡之后，在楚汉相争、逐鹿中原之中，民心的向背，又一次显示对历史进程的伟大作用。司马迁在《史记》中写了《项羽本纪》和《高祖本纪》，用对比手法，揭示项羽失败在于一贯实行杀戮政策，刘邦成功在于一向争取民众拥护的深刻道理。刘、项先后入关中，刘邦约法三章，财物无所取，"诸所过毋得掠卤，秦人熹，秦军解，因大破之"。项羽却"屠烧咸阳秦宫室，所过无不残破。秦人大失望"。司马迁尤其重视记载刘邦的约法三章如何得到关中民众的拥护：刘邦召集当地父老豪杰，宣布悉除秦法，"凡吾所以来，为父老除害，非有所侵暴，无恐！"又使人遍告各郡县百姓，于是"秦人大喜，争持牛羊酒食献飨军士。沛公又让不受，曰：'仓粟多，非乏，不欲费人。'""秦人又益喜，唯恐沛公不为秦王。"这些记载有力地证明：不必等到成皋对峙和垓下之战，而刘胜项败之结局已定。

牧野战场上纣师倒戈；自恃能对百姓高压、不相信"防民之口，甚于防川"的周厉王最后却逃脱不了被流放的下场；揭竿而起的农民起义军迅速地埋葬了貌似强大的秦皇朝；决定楚汉战争胜败结局的根本因素，是民心的向背：历史事实已经一次次雄辩地证明了人民大众的意志归根结底决定着历史发展的根本方向，历代许多具有卓识的思想家、史学家也已逐步地积累了对这一真理的认识。而范文澜则是站在20世纪的时代高度，用更明确的语言，更深刻地揭示了这一真理：劳动人民是历史的主人，是历史的真正创造者。在世界史上，凡是与人民为敌的独裁者、暴君，无不最终在人民反抗的怒潮中覆灭。对于当代中国人来说，对这一真理的感受更加深刻：穷凶极恶的"四人帮"制造了长达十年的全国性内乱，将人民抛入苦海，而人民则于1976年4月5日在北京天安门广场以悼念周总理的特殊形式，表达出对"四人帮"的反抗和声讨，人民力量的庄严显示恰恰预示着中国历史将翻开新的一页！"四·五"事件，正是"劳动人民是历史的主人"这一真理的新的有力证据。

总起来说，范文澜所强调的"劳动人民是历史的主人"这一论题的重要理论意义是：第一，他鲜明地对二千多年旧史学以帝王将相为中心，宣扬英雄史观提出了否定，是历史观的一大进步。第二，他从本质上对任何一个社会上都由直接生产者创造物质财富，生产力的体现者推动社会前进，人民群众的意志最终决定历史前进的方向这些普遍历史现象和大量重要史实作了理论概括，对于推进历史学的科学化意义巨大。第三，这一论题将鼓舞人民群众相信自己的力量，创造新的更美好的世界；同时也帮助文化人和官员们摆正自己与人民群众的关系，尊重人民，依靠人民，自觉地置于人民的监督之下。讲"劳动人民是历史的主人"，与承认个人、历史上有作为的帝王将相或英雄人物的作用，并不矛盾。对此，范文澜和其他马克思主义史学家都一再如此论述，并在研究工作中切实地体现。这些都是人所共知的事实。

历史学家黎澍于1984年发表题为《论历史的创造及其他》的论文，对范文澜的上述论题提出否定。他著文的动机是为了追求真理、弄清问题的真相，这是应该肯定的。但是，据我看来，黎文提出论辩的主要论据及其得出的结论，却都是值得商榷的。存在两种情况：有不少地方用的是比附的手法，给论辩的对方外加上去的；有的则属于观点的不妥。

譬如，黎文开头说："历史是人人的历史，所有的人都参与了历史的创造，他们既是历史的剧作者，又是历史的剧中人物。只讲英雄创造历史固然不对，提出只有人民群众才是历史的创造者也有片面性。而且这两种说法都离开了历史创造的前提，仿佛历史是按照英雄或人民群众随心所欲地创造的。显然，二说都没有脱离唯心主义的窠臼，都不足以说明事实。……想加以弥缝，于是说人民群众创造历史并不否认个人在历史上的作用，而且以'并不否认'为由，大肆宣传个人崇拜。"① 这段话中指责主张"劳动人民是历史的主人"者大肆宣传个人崇拜，这显然是子虚乌有。持这种观点的人也绝对不会认为人民群众"随心所欲创造历史"；相反，人民群众的意志所反映的是一定历史阶段生产力发展或变革生产关系的要求，它绝不能脱离一定的历史条件，不能违反（本身恰恰体现了）历史发展的规律。黎文又说："马克思主义告诉我们，物质财富的生产是创造历史的前提……实际上，创造历史的前提即当时社会生产力和生产关系构成的经济条件，好比是舞台……但舞台不能决定在它所提供的物质条件许可的范围内戏的具体内容。"黎澍先生举例说，如古罗马，从事生产的广大群众，即奴隶，只不过做了当时阶级斗争的舞台的消极的台柱，台上的阶级斗争是在自由穷人和自由富人之间进行的。"可见把舞台看做是戏，确实是荒谬。"② 对此，我们要问：在牧野战场上倒戈相向、为武王开路，合力促使商纣王垮台的商代士兵们，难道不是在历史舞台上扮演着重要角色吗？揭竿而起、推翻暴秦统治的陈涉起义军，难道不也是在历史舞台上扮演了重要角色吗？究竟是谁造成谬误呢？黎文又说："这种把人民群众同科学家、思想家、艺术家对立起来的思想观点，在中国经过长期的传播，深入人心，甚至发展到荒谬绝伦的地步。轻视知识，以无知自炫，在'文化大革命'中导致了千千万万青年如中风狂，对学术文化进行了严重的践踏。""中国的史书向来被称为'相斫书''帝王家谱'，所以中国人就很容易误解为这个历史要反过来看，这就是范文澜所说：'过去历史以帝王为主人，……今天要推翻它。……劳动人民是历史的主人。'到十年内乱时，这种误

---

① 黎澍：《再思集》，中国社会科学出版社，1985年版，第264—265页。
② 黎澍：《再思集》，中国社会科学出版社，1985年版，第267—268页。

解又有进一步的发展,人们几乎普遍地认为历史上不应当容许再有帝王将相存在过的痕迹,这才算是一种最新式的历史观,以致竟对全国文物古迹来了个大破坏。"① 在"文革"这场全国内乱中,明明是"四人帮"为了实现篡党夺权的野心,蓄意煽动"全面打倒""全面专政",煽动无政府主义思潮,搞打、砸、抢,而黎澍先生却将之归结到有人主张"劳动人民是历史的主人"这种学术观点,这岂非曲解史实?如果这种逻辑说得通,那岂非轻轻地为"四人帮"的罪行作开脱?

以上几项,说明黎澍先生文章中为证明"劳动人民是历史的主人"是错误观点而提出的论据,是脆弱的、站不住脚的。黎文中观点的不妥,主要在两项。一是,黎澍先生认为,"人民群众是历史的主人"的提法,不见于马恩原著②,其根据,只是《联共(布)党史》中的这段话:"历史科学要想成为真正的科学,便不能再把社会发展史归结为帝王将相的行动,归结为国家'侵略者'和'征服者'的行动,而是首先应当研究物质资料生产者的历史,劳动群众的历史,各国人民的历史。"言下之意,《联共(布)党史》中的论述不足据,甚至若以之立论便肯定错误。我们学习马恩原著,主要是领会其立场、观点、方法,作为我们解决问题的引导,并要努力从事新的理论创造。如果只会寻找马恩的现成字句,不顾时间、地点、条件地生搬硬套,那是贻误革命、贻误工作的"本本主义"。其实,如果一定要找出马列的原著作根据的话,那么,马恩在《神圣家族》中所讲:"历史活动是群众的事业,随着历史活动的深入,必将是群众队伍的扩大"③,以及列宁在《卡尔·马克思》中所讲:"过去的历史理论恰恰没有说明人民群众的活动,只有历史唯物主义才第一次使我们能以自然史的精确性去考察群众生活的社会条件以及这些条件

---

① 黎澍:《再思集》,中国社会科学出版社,1985年版,第268—270页。
② 黎文云,只有列宁《卡尔·马克思》一文中有一句话说:"人们自己创造自己的历史,但人们即人民群众的动机是由什么决定",如此处"人们即人民群众"这个提法在列宁著作中仅此一见。
③ 马克思、恩格斯:《神圣家族》,《马克思恩格斯全集》第二卷,人民出版社,1957年版,第104页。

的变更","人们自己创造自己的历史,但人们即人民群众的动机由什么决定,……——马克思对这一切都注意到了……"[①] 讲的不都是"劳动群众是历史的创造者","劳动人民是历史的主人"的道理吗?同样道理,如果认为马恩原著上没有讲过的话就不能讲,那么也是一切惟以本本为据的不正确态度。斯大林本人尽管在理论上有严重的形而上学的失误,但《联共(布)党史》书中也不是没有讲得正确的话。譬如此处讲历史研究要真正成为科学,首先应该重视研究劳动群众的历史的话,就是很有价值的论述。如果因为斯大林有过错误,那么他讲得对的话也不能相信,那就不免"因人废言"。何况范文澜本人对马、恩、列、斯的话就不是生搬硬套,如对斯大林有关民族问题的论述,他就只活用其精神、原理,而不套用其结论,结合中国历史实际,对汉民族形成问题作出极富理论创造性、极具说服力的解决。二是,人类历史变化多样,大千世界,包罗万有,极其复杂,极其多样。理论家或史学家通过研究得出某一种观点,自然只能说明某一方面或某一层次的问题。如果要求拿一种观点就能解决这复杂万有的人类历史的种种现象,那必然是圆枘方凿,扞格难通。"劳动人民是历史的主人"的论题,是针对旧史书只记载帝王将相的活动,而把作为社会存在的基础和发展的最根本动力的劳动群众排斥在外,因而提出这一论题来揭示出劳动群众在历史上应有的地位和作用之本质,而不可能以此解决历史上种种复杂问题。而黎澍先生的文章却忽视了这一点,不恰当地要求以此一观点对各种复杂问题作出解释。马恩著作中的论述,也都是有所针对而发。恩格斯晚年,深感于一些自称为"马克思主义学派"的研究者忽视深入地、实事求是地研究复杂多样的历史现象,而只把唯物史观原理当作现成公式,用它来剪裁历史事实的倾向,他为此而非常忧虑和不满。故在一系列的著作和书信中强调研究历史现象的复杂性,研究政治的、经济的、法律的、宗教的各种因素的交互

[①] 列宁:《卡尔·马克思》,《列宁全集》第二卷,人民出版社,1955年版,第586页。

作用，研究各种社会集团和不同的个人构成的"合力"推动历史的进程。恩格斯在《路德维希·费尔巴哈和德国古典哲学的终结》（撰成于1886年初）一书中论述历史的动因所说："人们通过每一个人追求他自己的、自觉期望的目的而创造自己的历史，却不管这种历史的结局如何，而这许多按不同方向活动的愿望及其对外部世界的各种各样影响所产生的结果，就是历史。"以及恩格斯所写的著名的致约·布洛赫信（1890年9月21日）论述的："历史是这样创造的：最终的结果总是从许多单个的意志的相互冲突中产生出来的，……这样就有无数互相交错的力量"，"各个人的意志……虽然都达不到自己的愿望，而是融合到一个总的平均数，一个总的合力"。这些论述，都是为了强调认真地下功夫搜集史料，研究各种复杂的历史现象，而不要犯公式化、教条化的错误。

总之，"劳动人民是历史的主人"的原理，是为了帮助认识历史的一个本质问题而讲的。"各个人的意志，构成一个总的合力"，则是为了强调研究历史的复杂的现象而讲的。它们因针对的方面不同，因而所强调和突出的问题不同。它们讲的都对，互相也不应否定，但是所论述的层面不同，故又不能混淆。我认为，黎澍先生的文章恰恰在这个带有原则性的理论认识上，不自觉地混淆了两个层面的问题，故对"劳动人民是历史的创造者"的论题作了错误的指责。黎澍先生本人曾经一再告诫人们对马恩列斯的论述，要注意原作者是何时何地、何场合下针对何问题而发。这一点至今仍值得我们谨记。明乎此，我们才能正确理解列宁在1894年所讲：

> 历史是由个人创造的这一原理在理论上毫无意义。全部历史本来由个人活动构成，而社会科学的任务在于解释这些活动……①

列宁当时是告诫俄国革命者要善于认识历史的本质、认识当

---

① 列宁：《民粹主义的经济内容》，《列宁全集》第一卷，人民出版社，1955年版，第375页。

前运动的本质和规律,就是说,列宁所要解决的即是上文所指出的本质层面,所以他强调历史是由个人创造的这一观点在理论上毫无意义。假如不这样理解,而只从字面上理解的话,那么列宁讲的这段话岂不是把马恩关于"人们通过每一个人追求他自己的、自觉期望的目的而创造自己的历史","各个人的意志构成一个总的合力"的论述都否定掉了吗?对人民群众在历史上的地位和作用的本质的观点,是积累了许多思想家和史学家提出的带有真理性的认识而逐步推进的。这里,还应该讲到梁启超在20年代的一段论述:"文明愈低度,则'历史之人格者'之位置,愈为少数所垄断,愈进化则其数量愈扩大。……今后之历史,殆将以大多数之劳动者或全民为主体。……故'历史即英雄传'之观念,愈古代则愈适用,愈近代则愈不适用也。"[①] 梁启超不愧为能深入体察历史实际、具有卓识的近代史家,他的见解与唯物史观的论点有相通之处。当代史学工作者的历史观当然应该比梁启超更加进步。故我们应该前进,不应倒退,倒退是没有出路的。

(二) 论中国封建社会长期延续的原因

中国封建社会如果从西周算起,直至鸦片战争爆发,前后共延续了三千年。这在世界上是绝无仅有的,因为欧洲的封建社会只是延续了一千年。因此,探讨中国封建社会长期延续的原因,就成为学术界关注的一个问题。范文澜既对古代史作过长时间的系统研究,又撰写过近代史,深刻研究过中国封建社会如何因西方资本主义的侵略而逐步解体,因而很自然要对这一问题作深入探析。发表于1950年的《论中国封建社会长期延续的原因》就是他在这方面的力作,也是范文澜在史学理论领

---

① 《中国历史研究法》,《饮冰室合集》专集之七十三,中华书局,1936年版,第113—114页。

域重要的建树之一。范文澜关于此项所作的理论探讨有以下三项特色。

一是视野开阔,从多角度作了深刻的分析。范文澜分别从三个方面论述:农业生产力的迟缓发展;生产关系对生产力的破坏;工业生产力的迟缓发展。实际上是相当全面地考察了封建社会生产力与生产关系的各个方面,来分析造成封建制度长期延续的原因。他指出,对于封建社会来说,人力是生产力中最重要的因素。这是因为,"小农经营所用的工具不得不是碎小的、粗陋的、狭隘的,只要有一把镢头,便可以进行生产,最高也不过牛马拉犁。没有机器工业的高度发展,农业工具不可能进步到机械化。所以,研究封建农业经济的发展过程,首先应从劳动者(农民)与劳动手段(耕地)来着眼,农业工具和农业技术虽然也在发展,但只能是含有次要的意义。"古代的人口数,由于史书记载并不确实(清朝以前,统治者为了征收丁口税和征集徭役等,必需调查户口,而人民为了逃避负担,必须设法隐蔽。故一般说来,人口实数应大于人口记载数。清代改行摊丁入亩,官吏虚报户口,夸扬太平盛世,人口实数应小于人口记载数),真实的数字难以确知,只能从历代户口数看出一个大概的趋势。总的情况是,"新旧朝代变换的时候,因遭受严重的战祸,人口耗损极大。等到新朝代稳定以后,人口才恢复并增长起来。从战国末到清道光二十一年,二千余年间,像波浪般起伏着;总的趋势则在上升。"由于人口增加,凡土地过度集中的地区,则有"人满"现象,因而生产力与生产关系发生尖锐矛盾。农民不是逃亡,便挺身而起,进行暴动,或酿成大规模起义。经过残酷的大规模阶级斗争之后,农民受到惨重的损失,"但地主阶级也受到严重的打击;使得代表地主阶级的统治者,鉴于前车之覆,不得不制订一些让步的改良的新制度,借以缓和矛盾,稳定其统治地位"。在这种情况下,由于历史发展的推动力是农民阶级而不是其他先进阶级,所以只能打击封建制度而不能打破封建制度。范文澜进而分析:农业生产力发展滞缓的最主要原因,是遭受封建生产关系的破坏。主要是:1. 残酷的剥削使生产力萎缩;2. 疯狂屠杀,使生产力遭受破坏；3. 军阀混战，破坏生产；4. 外族侵入，带来落后的生产关系。而"摧残致祸的基本原因，不是别的，只是由于地主对农民进行残酷的剥削和压迫"。最后，范文澜又从工业生产力发展的迟缓，来分析中国封建制度下始终未能形成一个足够强大的市民阶级（工商业者），以担当起消灭这种制度的历史责任。他指出，鸦片战争以前，中国手工工场大抵有三种类型：一是对外贸易的工场。道光年间广州附近有二千五百个纺织工场，工人约五万人。广州是鸦片战争前惟一对外通商口岸，每年输出大量棉布，这种纺织工场部分地使用机械（不是什么蒸汽机），并且进行不完全的分业。二是供日常生活品的工场。如四川的糖业、盐业及各地方城市乡镇普遍设立的油坊、酒坊等。三是供少数富贵人享用的工场。如浙江的丝织业，景德镇的陶瓷业等。为富贵人制造奢侈品，对国民经济和民众生活只能起到有害的作用。"三类中第三类有害国计民生，第二类无发展前途，第一类颇有进步性，但从全国范围来说，它是数量较少的，而且英国输入棉布以后，它的发展便停止了。"这样，范文澜从多角度进行综合考察，最后得出"中国封建社会里一切生产力，一方面既还保有发展的余地，另方面自然不会有新的生产关系的出现，那末，鸦片战争以前，中国封建农业经济将遵循着老公式缓慢地进行"的结论。

与上述对生产力状况作多角度研究相结合，范文澜还分析了封建国家机器和制度、文化所起的阻碍作用："中国的政治制度是世界上第一等的几乎牢不可破的封建专制制度，在这个总制度里面，包含着各式各样阻挠社会发展的小制度，如各朝代共守的重农（地主）轻商制，如秦汉以后的土地自由买卖制，如两汉以后的儒学独尊制，如隋唐以后的诗赋取士制，如明清两朝的八股取士制。诸如此类的小制度，服务于总的封建专制制度，使它更加巩固而有力。这种经济结构和政治制度，只有在国外的或国内的市场无限扩充，工商业顺利发展的情况下，才有冲破的可能，而明清两朝，特别是清朝，恰恰严格执行闭关政策，商人到海外贸易被认为非法行为，当然不会奖励保护他们去开辟国外市场。"

而国内市场也因占绝大多数的农民生活水平极度低下而范围很狭小，工商业者获利之后转向购买土地和放高利贷，不用于扩大再生产。因而新的社会生产因素始终不能成熟起来。

二是重视发掘、使用新材料。 范文澜为论证社会经济史问题，除使用一般人重视的史书、笔记之类材料以外，还注重使用文学作品提供的材料。这是因为，好的文学作品所描写的人物或事件具有社会典型性，比普通史料具有更高的历史价值。范文澜对此有深刻的认识，说："好的文艺作品富有真实性，而文字又精炼得多。"他用明朝人写的诗和元曲中提供的材料，证明在封建国家和地主阶级残酷剥削下，如何造成农民的极端贫困和生产力的萎缩。明人韩邦奇写的富阳人的诗句："富阳江之鲥，富阳山之茶，鱼肥卖我子，茶名破我家。采茶妇，捕鱼夫，官府拷掠无完肤。昊天何不仁，此地亦何辜，鱼何不生别县，茶何不产别都。富阳山何日摧，富阳江何日枯。山摧茶亦死，江枯鱼亦无。呜呼，山难摧，江难枯，我民不可苏！"因为富阳鱼产茶产出名，农民更受惨重的剥削，官府拷掠，苦难无尽头，直至卖子破家，宁可山摧江枯，不愿受此灾难！又举明人王弼写的《永丰谣》，写种田的农民稻谷收成后，还不够交租偿债，只好卖掉牛犊，卖掉亲儿："永丰圩接永丰乡，一亩官田八斗粮……旧租了，新租促，更向城中卖黄犊，一犊千文任时估，债家算息不算田。呜呼，有犊可卖君莫悲，东家卖犊兼卖儿。但愿有犊在我边，明年还得种官田。"还举出元曲中反映的农民所过的非人的生活："吃了那早起的，无晚夕的，每日烧地眠，炙地卧，衣不遮身，食不充口"，都是深刻揭露封建剥削残酷性的极具典型性的社会史材料。这使我们想起恩格斯论述巴尔扎克的《人间喜剧》时所说：他"给我们提供了一部法国'社会'特别是巴黎'上流社会'的卓越的现实主义历史"，"我从这里，甚至在经济细节方面（如革命以后动产和不动产的重新分配）所学到的东西，也要比从当时所有职业的历史学家、经济学家和统计学家那里学到的全部东西还要多。"① 范文澜的做法和恩格斯的论述对我们的启发是：在历史研究中发掘和利用新史料对于推进我们的认识有着多么重要的意义！

三是提出了具有理论意义的新认识。范文澜在文中提出，在两宋时期，在中国的某些地区，曾出现过进步的生产工具。王祯《农书》记载江西产茶地方有水转运磨，用急流大水，冲击水轮，带动九个磨同时转动。又说中原产麻布地方有水转大纺车，用水激动大轮，带动众机，上下相应，昼夜纺绩百斤。范文澜认为，根据马克思在《资本论》第四编第十三章机械与大工业所提出的观点，欧洲产业革命实是以工具机（即工作机）的发明和广泛应用为起点的。"水转运磨与水转大纺车具有工具机的原始形态，不得不惊叹中国古代工业劳动者的伟大创作力。"而中国不能得到继续改善和广泛使用，劳动力低廉是一个很重要的原因。范文澜又提出：中国古代曾经有过一个机会，资本主义可能生长起来，那就是明末西洋科学的输入，中国士大夫阶级一般乐于接受这种新知识。"徐光启、李之藻、王征、宋应星、李时珍、方以智等人著书，多少接近了当时科学的边缘；如果明朝还能维持下去或代替它的朝代是李自成的大顺朝而不是满清，中国追上当时尚在开始的西洋科学，并不是什么困难的事。李自成主张均田，废止八股，改用策论取士，允许西洋教士随军，他有进步倾向，异于过去所有农民起义军，大顺朝的建立，无论如何，要比明朝或满清统治好得多。可是历史的事实统治中国的却是那个严格闭关的满清。"② 中国封建社会的经济形态和历史道路比起欧洲固然具有独特性，但中国封建社会中也产生过有利于资本主义萌芽的因素。对于这些问题我们仍要继续探讨。

考察中国封建社会长期延续的原因，实则是从一个侧面对中国历史发展的规律和特点作宏观的研究，这项工作对于范文澜进

---

① 《恩格斯致玛·哈克奈斯》，《马克思恩格斯选集》第四卷，人民出版社，1972年版，第462页，第463页。

② 《论中国封建社会长期延续的原因》的引文，均见《范文澜历史论文选集》，中国社会科学出版社，1979年版，第95—107页。

一步把握中国历史的道路关系至巨。我们从范文澜撰写于1953年的修订本《中国通史简编》一书绪言中,对于中国历史分期和古代史与近代史之联结等项论述中可以明显地看出来。如他在绪言中讲:"万历以前,资本主义生产方式早已萌芽,清朝则发展到相当的规模,只是因为工资太低,不仅廉价的人力延迟了蒸汽机的发明,而且也使手工工场本身前进很缓慢。依据科学的定义说来,鸦片战争前中国'纯粹的资本主义'的萌芽是存在着的,但同时必须确认,中国仍是小农业与家庭手工业相结合的根深蒂固的封建社会。又必须确认:由于中国的土地广大,经济的发展表现出极端的不平衡性,某些资本主义萌芽虽然存在,但对整个封建社会并不发生破坏作用。"① 与1950年发表的论文相比照,显然是在前文基础上的发展。

正因为探讨这一长期延续的问题,实际上是要深刻而有说服力地认识中国历史发展的道路和基本特点,所以研究工作需要继续推进。范文澜在这篇论文中很重视中外历史比较方法,通过比较,可以进一步发现有价值的新问题,提供新的研究思路。例如,马克思在《资本论》中有一段论述:"资本的祖国不是草木繁茂的热带,而是温带。不是土壤的绝对肥力,而是它的差异性和它的自然产品的多样性,形成社会分工的自然基础,并且通过人所处的自然环境的变化,促使他们自己的需要、能力、劳动资料和劳动方式趋于多样化。"② 这里论述由于自然条件的差异性、多样性,造成广泛的社会分工,促进劳动方式的多样化。这样一来,生产的充分商品化和贸易、流通的活跃,刺激着资本主义性质的手工工场得以发展;而精细的分工又大大促进劳动效率的提高和技术进步,促使资本发展,资产阶级力量逐步强大,最终打破封建制度。我们可以拿马克思论述的原理对比中国的社会条件和生产特点,从自然条件的差异性、多样性,分工发达的程度,商业贸易的规模及其对社会生产方式的影响和推动,以及分工的

---

① 《中国通史简编》(修订本),第一编,人民出版社,1953年版,第27页。
② 《资本论》第一卷,人民出版社,1975年版,第561页。

精细程度对技术和劳动效率的促进等项,进行更深入的分析和评估,以总结出中国历史发展规则性的特点。

在中国中古社会向近代社会转变的历史关口,还有一个事件很有典型性:鸦片战争发生,西方殖民势力和西方先进文化东来,使中国面临亘古未有的历史变局,进步思想家魏源敏感到时代的剧变,发愤著成《海国图志》,呼吁"师夷长技以制夷",介绍西方政治、制度、文化及史地知识,提倡了解西方、学习西方。这部当时东方最详备的世界政治及史地文献于19世纪40年代著成(1842年12月成书五十卷,以后又于1846—1847年增订为六十卷本,再于1852年增订为一百卷本),在中国本土并未产生推动社会变革的作用,在日本却成为推动明治维新的因素。据日本学者研究,《海国图志》著成后,自1852—1854年,就有三次运到日本,总数二十多部。当时,日本主张锁国与开国两派斗争激烈,《海国图志》的输入,使日本进步人士学到了外国知识,开阔了眼界,更加认识了开国的重要。大谷敏夫说:"在'幕末'时,《海国图志》起了决定日本前进道路的指南针的作用。""《海国图志》之所以能给予'幕末'经世官僚与思想家以影响,最重要的,就是它让这些人体会到开国的必要性。不仅如此,《图志》中记述的列强的政治体制、社会体制,在同现实的幕藩体制相比较之中,也成了体制改革的指南针。"① 井上清更列举出促进日本开国的一批著名人物,"从佐久间象山、吉田松荫、安井息轩、横井小楠、桥木左内起,谈论外交,有志海外事务的人,都争读这本书"。② "幕末"时期,《海国图志》在长崎、大阪、江户一带"私塾"和"诗社"中传播,作为讲学的教材,影响了一批爱国人士的思想,因而间接引起明治维新这场有声有色的近代化运动。日本进步人士还形容说,他们读了《海国图志》后惊醒过来,而魏源本人的祖国却仍在昏睡。造成中日社会进程

---

① 《〈海国图志〉对"幕末"日本的影响》,译文见《魏源思想研究》一书,湖南人民出版社,1987年版,第367—368页。
② 井上清:《日本现代史》,生活·读书·新知三联书店,1956年版,第215页。

不同方向的根源，除了文化上日本在古代早有学习外国的传统（当时"无一不取法于大唐"）的原因外，还因两国社会经济发展的不同基础。从社会经济状况说，日本作为一个海洋国家，方便的海上运输条件有利于商品经济的发展，使主要城市在明治维新前已经既是经济的中心，又是文化的中心。进步的思想文化，在城市得到交流、集中、提高，然后普及各地，这样就有可能形成一种社会力量。井上清对此有很好的分析，他比较中日两国的状况说："日本比中国先形成民族的中心市场"，"日本围绕着三都（按，指大阪、江户、京都）及长崎的四大文化中心，日本全国的人和商品都流入那里，再分散到全国去，文化也汇集到那里，提高以后再分布全国"。"全国各地的第一流学者已经汇集在一起，互相交往合作。在江户这个政治中心不但影响幕府，并且给全国各藩人才以良好的影响。"① 而当时中国商品经济的发展，却未能达到形成集中全国经济和文化的中心城市的程度。不同的社会经济条件和特点，造成了中日两国由中古社会转向近代社会道路的不同。魏源死后三十年，日本已远远地走到中国前面，成为东方强国，中国却处在落后挨打的地位，并且反过来要以日本为师，走学习西方、维新变法的道路。总之，对于中国封建社会长期延续和中国进入近代社会的条件、道路这一重要理论问题，应该沿着范文澜已经重视的中外历史比较方法，继续深入探讨，以求得更加令人满意的解决。

（三）求马克思主义理论运用之"神似"

在长期的史学研究和理论探索中，范文澜特别重视做到对马克思主义理论融会贯通，并总结出贴合中国历史实际的理论主张。在延安时代，他就强调要真正了解人类历史的共同性与中华民族历史的特殊性，找到二者的联结。新中国成立后，他进一步

---

① 井上清：《日本现代史》，三联书店，1956年版，第215页，第215—216页。

作了精警的概括：

> 学习马克思主义要求神似，最要不得的是貌似。学习理论是要学习马克思主义处理问题的立场、观点和方法。学了之后，要作为自己行动的指南，把马克思主义理论和实践结合起来，也就是把普遍真理和当前的具体问题密切结合，获得正确的解决。问题的发生新变无穷，解决它们的办法也新变无穷，这才是活生生的富有生命力的马克思主义，这才是学习马克思主义得其神似。貌似是不管具体实践，把书本上的马克思主义词句当作灵丹圣药，把自己限制在某些抽象的公式里面，把某些抽象的公式不问时间、地点和条件，千篇一律地加以应用。这是伪马克思主义，是教条主义。①

教条主义是革命工作的大敌，也是科学工作的大敌。抄引经典著作的片言只语，当作标签到处乱贴，结果只会混淆是非，制造谬误，把科学工作搞坏。教条主义的病根，是误把马列著作上的字句都当成普遍适用的公式，到处乱用。为了破除教条主义，范文澜有的放矢地指出：经典著作都是针对具体问题、具体事件而写的，不是包治百病的灵丹圣药。"马克思列宁主义的经典著作很多，这都是解决具体问题的记录，都是运用普遍规律和特殊规律密切结合起来解决问题的方法。学习经典著作，就一定要区别那些是普遍规律，那些是特殊规律。把它们的特殊规律放在一边，用来作参考。把普遍规律结合自己的特殊规律，来解决自己所要解决的那个具体问题。所以读书要慢，要一边读一边想，仔仔细细区别普遍规律和特殊规律，学它们怎样结合的方法。"② 所以要善于区分特殊规律和普遍规律，运用普遍规律来解决我们所面对的中国实际及中国历史问题。

范文澜又针对当时在一些人中流行的照本宣科、人云亦云的

---

① 《历史研究中的几个问题》，《范文澜历史论文选集》，中国社会科学出版社，1979年版，第208页。

② 《历史研究中的几个问题》，《范文澜历史论文选集》，中国社会科学出版社，1979年版，第211—212页。

风气，响亮地提出要敢于讲出个人见解，反对被书本上的现成语句禁锢头脑。他说："我们应该把'我'大大恢复起来，对经典著作也好，对所谓'权威'的说话也好，用'我'来批判它们，以客观存在为准绳，合理的接受，不合理的放弃，尽管批判错了，毫无关系，错误是可以改正的。我们向外国学习也是一样，社会主义国家的好经验固然要学，资本主义国家有好经验我们也要学。我们要谦虚，但决不是依草附木，我们要谨慎，但决不是吓得动也不敢动。我们要的是有批判精神的、能独立思考的谦虚和谨慎。"① 贯串在上述讲话中的精神，是八个大字：解放思想，破除迷信。范文澜的这些话，是1957年在北京大学给师生作报告讲的。那时离实行对外开放的年代还有二十二年，他却有勇气在大学讲堂讲出"资本主义国家有好经验我们也要学"的话，确实具有石破天惊的力量。

这里要着重提出，范文澜总结汉民族形成的规律，就是将普遍真理与特殊规律灵活地结合、求马克思主义之"神似"的范例。

关于民族形成的理论，人们熟悉的是斯大林在《马克思主义与民族问题》中的一段论述："民族是人们在历史上形成的一个有共同语言、共同地域、共同经济生活以及有表现于共同文化上的共同心理素质稳定的共同体。"又说："必须着重指出，把上述任何一个特征单独拿来作为民族的定义都是不够的。不仅如此，这些特征只要缺少一个，民族就不成其为民族。"斯大林又在《民族问题与列宁主义》中说："在资本主义以前的时期是没有也不可能有民族的，因为当时还没有民族市场，还没有民族的经济中心，也没有民族的文化中心，因而还没有那些消灭某个民族经济的分歧状态和把这个民族历来彼此隔绝的各个部分联结为一个民族整体的因素。""世界上有各种不同的民族。有一些民族是在资本主义上升时代发展起来的，当时资产阶级在打破封建主义和

---

① 《历史研究中的几个问题》，《范文澜历史论文选集》，中国社会科学出版社，1979年版，第219—220页。

封建割据局面而把民族集合成一体并使它凝固起来了。这就是所谓'近代'民族。"在20世纪50年代前期的历史条件下,斯大林的话有至高无上的权威,人们论述民族问题往往以此为理论的依据。范文澜认为,斯大林的论断是根据欧洲的历史作出的,从欧洲资本主义形成的历史来看,这个原理无疑是正确的。"因为有了资本主义,某个民族历来彼此隔绝的各个部分才能够联结起来成为一个民族整体,也就是'分裂为各个独立的公国'的国家才能够统一起来成为一个民族国家。"然而,中国的历史却不相同。"自秦汉起,汉族已经是一个相当稳定的人们的共同体。"从那时起汉民族已经形成,以后是进一步发展和巩固。他从三个层次进行有力的论证。

首先,中国早在秦汉时,从皇帝、郡守、县令到乡三老、亭长、里魁,形成了一整套政治体系。除了三国时期和五代十国两次处于分裂割据状态外(北朝和金是北方少数民族进入中原,当别论),汉族的国家统一是长期的,稳定的;而且在北宋以后,由于全国范围内经济联系的加强,这个共同体更趋于稳定。"这样的统一国家,决不是'暂时的不巩固的军事行政的联合',因为它是一个持久的相当稳定的整体。也决不是资产阶级的民族国家,因为资本主义萌芽的发生,远远落在国家成立的后面。在中国近代史上,资产阶级并不是民族的纽带。因此决不能拿斯大林的论述生硬套用,而应该明确肯定汉民族有它自己的发展过程。"

其次,范文澜认为,斯大林论述欧洲资产阶级民族的形成,从时代上讲,不适合中国的情况,然而斯大林所论民族形成的四个基本特征却是确有道理的,故可以作为基本原理来衡量汉民族形成所应具备的条件。他说:"依据上述原理来看中国历史,自秦汉起,可以说,四个特征是初步具备了,以后则是长期的继续发展着。"简单地说,共同的语言就是"书同文"。共同的地域就是长城之内的广大疆域。表现于共同文化上的心理状态,就是"行同伦",而"儒家思想的主要部分,即祖宗崇拜与孝道,是汉族的共同心理"。从共同的经济生活和经济联系性分析,战国时代,经济上的联系已很紧密,"因而割据分裂也为统治阶级的人所憎恶",甚至认为"阻碍通商是亡国的原因之一"。秦汉时期,经济联系更加发展。"汉时长安、洛阳、宛、邯郸、临淄、成都为全国商业的中心大市场。其中西汉以长安,东汉以洛阳为中心大市场的中心。这些大市场与全国各郡县的中小市场联系着,不容否认当时全国经济上的联系是相当密切的。"这种为封建社会服务的经济联系是自秦汉时起建立中央集权统一国家的基础,也是汉民族形成的有利条件。因此结论应该是:汉民族是"在独特社会条件下形成的独特民族。它不待资本主义上升而四个特征就已经脱离萌芽状态,在一定程度上形成了现实。它经历了二千余年的锤炼,具备着民族条件和民族精神"。"汉民族在资产阶级产生以前,早就是坚强的民族。"

再次,说中国在近代形成资产阶级民族的看法,是违背历史事实的。"中国在近代以前,汉族已经是一个联系紧密的民族,而不是部族。"如果认识到汉民族早就是一个民族而不是资产阶级民族,那么,太平天国运动、义和团运动为什么那么规模巨大,辛亥革命为什么那样无力、中国民族革命民主革命为什么一定要中国无产阶级来领导和完成,而中国资产阶级为什么只能是民族民主统一战线的一个部分,诸如此类,都可得到解释。"中国近代史证明不曾形成过资产阶级民族,似不应以无为有;中国古代史证明汉民族在独特的条件下早就形成为民族,似不应以有为无。"①

范文澜上述深刻分析,正是把握住普遍原理与特殊规律密切结合这一关键,具体地解答了中国历史发展的特殊道路,很有说服力地说明了中国近代社会和近代革命的诸多问题。这样来看历史,就不是死板的陈迹,而是活跃的、有生命力的东西。还有书中论述历史上的民族关系、战争的不同性质、爱国主义等问题,都是运用马克思主义作科学分析,而且深深扎根于中国历史实际之中,因而经得住时间的考验,至今仍然富有启发意义。这正是

---

① 均见《中国通史简编》(修订本),"绪言"之七"自秦汉起中国成为统一国家的原因",人民出版社,1965年版,第53页,第52—53页,第59—63页。

科学研究所具有的力量。

关于汉民族的形成问题,由于范文澜于1954年发表了《试论中国自秦汉时成为统一国家的原因》①,曾引起学术界对此展开讨论,有的同志认为范文澜的论述是创造性地运用马克思主义。但从当时发表的文章看,赞成范文澜观点者为少,反对其观点者为多。有的反对意见相当激烈,如说:"我们坚决认为马克思主义一般原理是'放之四海而皆准的'。范文澜同志抛弃了马克思主义一般原理,主观地夸大中国社会历史的特殊性,竟说斯大林关于民族的历史概念及其诸方面原理不适用于中国。竟说,世界上除了斯大林所说的资产阶级民族和社会主义民族以外,还有第三种所谓'独特的民族'。这种论证显然是不正确的。""在思想方法上也犯了主观片面的错误,如把斯大林民族定义孤立起来运用;在史料方面企图以片断的零碎的一些史料来解决中国民族形成的重大问题。有时,不惜用牵强附会,任意解释史料的手段来达到主观上所要达到的目的。因此,他所谓汉族是一个'独特的民族'的论点,是错误的,没有科学根据的。"② 但是,时间的推移毕竟证明:范文澜提出的论点和分析确是运用唯物史观原理并与中国历史实际相结合,因而至今已为学术界多数人所普遍接受。1986年出版的《中国大百科全书·民族》卷中"民族形成理论"条目概述当年讨论情况和当前学术界较为一致的看法,说:

> 关于汉民族如何形成的问题,在1954—1956年间,中国学术界进行过一次广泛的讨论,大体有三种观点:(1)汉族在秦汉时代已经具备了形成民族的条件,及至形成以后又不断得到了发展。到近代由于资本主义制度在中国没有占统治地位,汉民族也因之没有形成资本主义民族。(2)民族是资产阶级上升时期的产物,汉族形成为民族,应在1840年以

---

① 载《历史研究》1954年第3期。后由作者修改,改题为《自秦汉起中国成为统一国家的原因》,作为修订本《中国通史简编》第一编绪言之一部分。

② 历史研究编辑部编:《汉民族形成问题讨论集》,三联书店,1957年版,第71页,第83页。

后。(3) 汉民族的形成应与中国资本主义萌芽的历史时期相吻合,明末清初,或者早在唐、宋应是汉族形成为民族的时期。这场学术讨论,涉及对民族的定义、民族形成的理论和汉民族形成的具体历史等多方面问题的探讨,至今仍在深入发展,尚无定论。根据民族的特征和史籍的记载,目前学术界较为一致的看法,认为汉族是以先秦的华夏族为核心,在秦汉时期形成为统一的民族,至1840年,经历了在封建君主专制制度下的两千多年的发展过程。

在创建具有中国民族特色的马克思主义史学的事业中,范文澜堪称是我们的典范。中国是一个历史悠久的东方大国。经过深入的研究,把中国历史的特殊性充分阐发出来,将是对马克思主义理论宝库的巨大贡献。这是中国史学工作者应尽的义务。范文澜正是从这样的高度看待理论创造的。他曾充满感情地向全国史学工作者发出号召:"中国历史的发展过程,含有极为丰富的特点。只要摆脱教条主义的束缚,这些特点就会被发掘出来,成为中国史学工作者对人类历史的重大贡献。中国史学工作者奋发独立精神负担起这个责任来呵!"[①] 沿着这个正确方向努力,我们的理论工作一定能取得更大的成绩。

(四) 论历史上的民族关系

范文澜论述历史上的民族问题和爱国主义,同样显示出他创造性地运用马克思主义观点来研究中国历史的风格。

中国历史是多民族的历史。在几千年漫长岁月中,民族关系异常复杂。如何看待和处理民族问题,是史学研究者尤其是通史研究者无法回避的、极其尖锐的问题。范文澜不但在通史著作中以大量篇幅翔实地记述各个时期的民族状况,而且论述了一系列重要的理论问题,在史学界产生了很大影响。他在这方面的理论

[①] 《百家争鸣和史学》,《学习》1956年第7期。

贡献可以概括为三项。

第一，明确地总结出历史上各民族共同开发了伟大祖国的观点。范文澜说："依据历史记载，共同开发中国的各民族，一般说来，汉族最先开发了黄河流域的陕甘及中原地区，东夷族最先开发了沿海地区，苗族、瑶族最先开发长江、珠江和闽江流域，藏族最先开发了青海、西藏，彝族和西南各族最先开发了西南地区，东胡族最先开发了东北地区，匈奴、鲜卑、柔然、突厥、回纥、蒙古各族先后开发了蒙古地区，回族和西北各族最先开发了西北地区，黎族最先开发了海南岛，高山族最先开发了台湾。所以按照汉族今天居住的地区看来，似乎中国领土的极大部分都是汉族所开发的，其实，其中不少地区最先开发者，却是已经消失了的和现实存在并发展的许多民族。事理很显然，中国之所以成为疆域仅次于苏联，人口在全世界各国中居第一位，历史悠久，延续不绝，在全世界各国中也居第一位的伟大国家，首先必须承认，这是构成中华民族的各族男女劳动人民长期共同创造的成果。"① 范文澜的这些论述事实确凿，论据坚实，观点正确，因而深得史学工作者特别是民族史研究者的赞扬，四十余年来被广泛引用。

第二，论证了历史上民族斗争与融合同时并进，民族斗争是民族融合的必然过程，最终的必然趋势是实现融合这一规律。

中国自有历史以来，出现过的民族很多。华夏族只是其中的一部分，此外还有许多名称的民族，可以概称之为非华夏族。春秋时期有所谓蛮、夷、戎、狄。秦修长城，与匈奴分开，匈奴在长城外，称为引弓之民，华夏族在长城内，称为冠带之民。再往后，北方的少数民族还有鲜卑、羌、氐、羯等，再往后有女真、契丹、蒙古等。范文澜总结历史上的民族融合，规模最大的有三个时期。一是春秋战国时期。春秋时期，华夏族人按地区称呼非华夏族为蛮、夷、戎、狄，实际上它们内部还有很多分别。那时候这些民族并不像秦汉以后住在边荒，而是住在中原地区，在黄

---

① 范文澜：《中华民族的发展》，《学习》1950 年第 1 期。

河流域内，与华夏族杂居，而斗争非常激烈，到战国时期，这些民族大体上都与华夏族融合了，形成为一个华夏族。"其余各族，很多不见记载。这不是说它们消失了，而是它们融化成比原来更大的民族了。"第二次大融合，是十六国南北朝时期。汉武帝同匈奴决战，此后许多塞外民族迁移到内地或边境上，使匈奴、氐、羌、鲜卑、乌桓等族和汉族接触。至西晋覆亡后，居住国境内所谓五胡的落后民族相继起来建立政权，统治中原地区的汉族，民族间的斗争热闹得像开水沸腾。到南北朝末年，隋统一黄河流域，这才完成了各民族的大融合。"所有以前历史上曾经出现过的民族，到隋朝时差不多都被融化了。长期居于统治地位的鲜卑族，也融化到汉族里面了。"从唐到五代，是第三次大融合。唐开元时疆域扩大到辽远的西方，在中亚一带设立了许多羁縻州。来自羁縻州的都算是唐朝人，可以自由出入内地。又因隋朝末年黄河流域人口大量减少，唐朝招置塞外各族人民迁居华北大平原，一边种田，一边当兵。胡人骑马善战，汉人承平已久，不习战事，至天宝年间，由于统治阶级腐败到极点，终于爆发安史之乱。安史乱军大部分是胡人。安史以后的割据者（藩镇）绝大多数也是胡人。甚至保护汉朝廷的很多也是非汉族人，如大将军李光弼就是契丹人。"唐朝很多姓李的文武官员都不是汉人，唐朝赐他们姓李，就变成汉人，为朝廷出力反抗胡人的叛乱。从中唐到五代，许多来自突厥、回纥、西域的人，经过对抗或归附，终究与汉族融合成一体。五代时，突厥人的一个部落沙陀人，凭武力建立了三个小朝代，一个是李存勖的后唐，一个是石敬瑭的后晋，一个是刘知远的后汉，沙陀人统治汉族以后，按照规律，它本身也被融化了。"以后，辽、金、元、清四朝融化的规模大小不等。

综合两千多年民族斗争与融合并进的历史，就可以得出民族斗争是民族融合的必然过程这一规律。范文澜高瞻远瞩，对此作了深刻精警的概括："秦汉以后，中国基本上是统一的国家，割据分裂只是暂时现象。……一个地区存在着游牧与农业两种不同的生产方式，游牧人轻视农业人口的文弱，又受汉族统治者的压迫，必然要乘机发生叛乱，历史上的战争和大屠杀多是民族斗争，由此引起分裂割据，造成一段黑暗时期。在这个黑暗时期里，残酷斗争是一方面，但还有民族融合的一面，斗争与融合同时并进，斗争完了的时候也就是融合完成了，汉族因增添了新鲜血液而进一步发展。从远古传说的炎黄之战和黄帝与九黎蚩尤之战，一直到满洲入主中国，几乎无例外地说明民族斗争是民族融合的必然过程，归根还是民族融合（元朝统治时间不长，只有一部蒙古人融合入汉族）。依据这样的看法，中国封建时代几次大的冲突，汉族都遭受严重的损失，如果单就损失来看，难免发生民族间的憎恨；如果作为民族融合的必然过程来看，冲突者双方归根都有利益。那末，损失是暂时的，利益却是永久的。"

第三，论证汉族无疑是很多民族的化合体，汉族之所以成为一个巨大的民族，是由于几千年来不断吸收附近各民族的结果，今天所有的中国人民，不论属于何族，都必须十分珍视这个历史的遗产。

围绕上述论点，范文澜论述了三层意思。一是统治汉族的少数民族，融化的速度较快，而被统治的少数民族，融化的速度较慢。这是因为，汉族经济、文化水平较高，为了统治汉族，不得不把自己提高，但不可能超过汉族，只能同汉族一样，等到政权崩溃，失去凭借，那就很自然地只好同汉族合为一体。二是，由于汉族的文明比附近的少数民族都高，人口也多，尤其是汉族地区土地肥沃，物产丰饶，强烈地吸引落后民族用各种形式迁移进来。"有的用武力硬打，有的要求内附，不论用的是什么形式，与原来的汉族总有一番斗争，这种斗争可能是极残酷的，但结果融成一体。"经过历次规模大小不等的融化过程，多少都增加了汉族的数量，所以"汉族好像是一座融化各民族的大熔炉"。三是，认为马克思主义的史学工作者应该比以往的历史家站得更高，应该有辩证观点，既看到历史上民族间的矛盾、冲突一面，又要看到是在一个民族大家庭内部的纠纷，不要偏袒于哪一方。从今天看，汉族的祖先多得很，不仅传说中的黄帝族是它的祖先，而且所有融合进来的任何一个民族的祖先都是它的祖先。

"凡是现在兄弟族的祖先或者是已经融化似乎失踪的古代民族，都是汉族的伯叔祖先或者是祖先的一部分。在当时，作为敌对的国家或民族，经常残酷地进行斗争，今天看来，却是兄弟阋墙，家里打架。我们不能否认它们当时是敌对民族或敌国，但也不能强调不同的民族或国家而有所偏袒。"历史上腐朽国家如北宋、南宋末年，完全失去抵御外患的作用，仅仅成为一部剥削机器，维持这样极端腐朽的统治，社会发展的道路可能全被阻塞。蒙古虽还是低级封建社会，但它正是在发展中，符合社会发展规律，是一个方兴未艾的力量。所以蒙古灭金和灭宋，都是合乎规律的事。范文澜对此作了生动的譬喻：这些事情，今天看来，好比是"一个小兄弟用武力打倒老朽残虐的老大哥，替大哥管理家务，管得好坏，应作别论，打倒老朽，代管家务，本身总是件好事。四分五裂的中国，蒙古把金、南宋、西夏、大理、西域都统一起来，这件好事蒙古人做了，试问当时哪一个国家能做这一件好事？"① 一个史学工作者面对复杂的民族问题，如何既从当时的历史实际出发，又能站在今天的时代高度俯视过去，做到摆脱旧时代的局限，作出辩证的分析，范文澜的论述为我们提供了成功的例证。

范文澜对历史上的民族问题是反复探讨、深入思索的。他还曾论述历史上处于落后阶段的民族总是通过向较高水平的民族学习，择善而从，革除旧俗。如果相反地墨守旧规，安于落后状态，那就是不合理的要求。"譬如水，一条小水流过一段路，不再往前流，太阳晒，沙土填，到后来，这条小水不见了，这是实在的消失。另外有许多小水，一直往前流，在不同的地点流入一条中等河里。这条中等河不保存原来诸小水的名称，而诸小水的水既然汇合成这条中等河，那末，中等河的名称，就成为诸小水的总称。许多中等河往前流，在不同的地点流入一条大河里，同样，这条大河的名称，就是许多中等河的总称。许多大河往前流，都流入大海里。大海不分别某部分水来自某大河，总而称之

---

① 均据范文澜《中国历史上的民族斗争与融合》，《历史研究》，1980年第1期。

为海水。……落后不前进的族,到了一定时期,因为缺乏生存条件,逐渐由衰微以至消失,这种事例,历史上是常见的。前进中(进程有快有慢)的族,当然是大多数。它们从小族融合成中等族,再从中等族融合成大族,后来似乎只剩下一个大族,许多小族、中等族消失了,实际恰恰相反,不是消失而是发展成为大族了。"因此,范文澜总结民族关系的主要规律是:"经济文化低的族融合于经济文化高的族。因为水总是向低处流,社会却总是向高处流,没有一种力量能够长久遏阻这种趋势。"[①] 这些充满积极进取精神的话,完全符合历史辩证法向上的、不断发展的要求。

(五) 百家争鸣和厚今薄古

百家争鸣是促进学术工作繁荣和进步的正确方针。范文澜对于史学界如何展开百家争鸣,从多方面作了阐发,并且身体力行,做出了榜样。

1956年至1957年,范文澜先后发表《百家争鸣和史学》《贯彻百家争鸣方针的关键》《历史研究中的几个问题》等论文,都深刻阐述了百家争鸣的问题。首先,他着重指出:学术上争鸣,提出本人经长期研究所形成的看法,是一件极严肃认真的事。"谁要是能对大的或较小的问题长期不倦地下刻苦功夫,谁就有可能过数年而一鸣,或毕生而一鸣,或师徒相传而一鸣,或集体合力而一鸣。这就是说,想在学术上一鸣,并不是什么容易事。我国历史方面的科学研究展开以后,利用难以数计的地下发掘资料、书籍、档案和外国有关中国的史料,一定会涌现出许多大小问题的专家。他们各以专长鸣于世,是个好景象。他们各以所长相互竞赛而'争鸣',更是一个好景象。他们各以不同的看法相互批评而'争鸣',推动研究水平不断提高,尤其是好景象。一

[①] 《中国通史简编》(修订本),第三编第六章第二节"社会经济与文化",人民出版社,1965年版,第546—547页。

个研究工作者竭毕生精力不一定能鸣出几次好声,可是,整个史学界积累许多人切实的鸣声,也就赫赫有生气了。"同时严肃地批评教条主义者照抄现成词句、装腔作势的有害做法:"教条主义的特征之一就是不肯多看看多想想,却急于一鸣惊人。他抓住一些条文作自卫的甲胄,又搬出一些条文作为攻坚的大炮,临时招募一些合适的史料作为摇旗呐喊的小兵,摆开阵势,大将军向空旷处俨然一马当先,连声猛喝谁敢和我大战三百回合。如果有许多这样的大将军连声猛喝起来,鸣则鸣矣,争则争矣,不过这只能叫做'潦岁蛙鸣',和"百家争鸣'完全是两回事。"这些话言简意赅,意义深长,对于提高史学工作者的责任心和纠正不良风气,都是大有益处的。其次,他论述研究者经过争鸣和批评,应该认真对照,纠正错误,取得进步。"经过批评,使自己发觉病原,这时对批评者将感谢之不暇,有什么不可以改正?改正了就有进步。"① 再次,他指出对待批评的几种偏向:有的批评离开互相帮助、取得进步的目的,变成门户之争;有的批评缺乏具体分析,拿大帽子压人;有的人受到批评就失去自信,不敢坚持正确意见;旁人也往往以为被批评者万无一是;或是盲目崇拜权威,排斥新的见解。必须纠正这些偏向,争鸣和批评才能发挥积极的作用。

范文澜本人堪称是百家争鸣和自我批评的模范执行者。《中国通史简编》的编著过程中,他多次公开地虚心请求专家和读者严格进行批评,自己还著文归纳读者的意见,分析存在的缺点错误,认真修改订正。范文澜和郭沫若都有很高的威望,他们对于古史分期持不同的主张,曾在刊物上撰文展开讨论,往后两人的著作都分别为自己的观点辩护,谁也没有在基本上改变。但他们共同领导史学界的活动,彼此推重,并没有因为学术见解不同,而丝毫存在宗派之争,门户之见。范文澜对于近代史的阶段划分,主张划为四大段。而近代史所刘大年先生等人向他提出将按照另一种看法写一部近代史时,他完全赞同这些同志的做法,认

---

① 均据范文澜《百家争鸣和史学》,《学习》,1956年第7期。

为没有必要统一于一种说法。刘大年先生根据自己和范文澜的长期接触，认为他确是贯彻百家争鸣方针的模范。

范文澜长期从事通史的研究，他多次指出中国应有几部好的通史著作。同时又为研究近代史付出巨大的心血，而且相对而言，他更强调加强近现代史的研究，提倡"厚今薄古"。他指出："讲历史，厚今薄古，本来是很自然的道理。现代近代的事，最易理解，也最有现实意义。可是现在史学界的情况恰恰是薄今厚古，越是今的越不讲，越是古的越讲，这实在是一种反常的现象，是一种衰暮的现象。"并且举出中国古代最重要的三部史书：《春秋》《史记》《资治通鉴》，都有厚今薄古的特点。并认为从历史学发展规律看，"明显地反映当时政治生活的著作，究竟是史学的正常形态，是史学的主流，自《春秋》以至《国粹学报史篇》都应是代表各个时期的历史著作。此外，不反映当时政治生活的史书，只能作为变态支流而存在。"[①] 范文澜所强调的重视近现代史研究完全正确。因为近现代史离现在最近，与现实社会生活以至社会发展的前途关系更加密切，并且这方面的研究比较薄弱，有许多课题未经探索，所以在今天仍应是史学工作的重点所在。

[①] 《百家争鸣和史学》，《学习》，1956年第7期。

结语　范文澜在中国史学上的崇高地位

（一）20世纪中国史学发展的重要里程碑

20世纪的中国史学幸逢时会，形成了高峰叠起、群星灿烂的发展局面。无论是新历史考证学，或是马克思主义史学，都取得了堪称辉煌的成就。前者是由于大量新史料发现的刺激，以及在方法上既得力于本国乾嘉学术的宝贵传统，又融合了西方传入的新学理、新方法而更臻精良，因而造就了一批成就卓著的名家。后者则以更加进步的科学世界观为指导，并且一直保持着继承中国传统史学的优秀遗产而又从近代考证史家的学术成果中得到借鉴的基本特色。马克思主义史学经过五四前后至20年代末，以李大钊、郭沫若为代表的创始和奠基阶段，到三四十年代得到壮大，并逐步成为史学发展的主流，同样产生了一批杰出的学者。新中国成立以后更在全国范围内确立了主导地位，中间虽然走过曲折的道路，但经过拨乱反正，已经重新端正了航向。直至今天，马克思主义史学工作者投身于改革开放的时代大潮之中，坚持以唯物史观为指导，并以开放、进取的心态，学习西方进步学说，吸收人类一切优秀遗产，因而显示出蓬勃的生机和光明的前途。由此可见，马克思主义史学的发展壮大，特别是沿着创立和建设具有中国特色的马克思主义史学的方向前进，是20世纪史学最有意义而又影响最深远的内容。范文澜正是对这一事业做出了杰出的贡献，由此决定了他在20世纪中国史学上占有重要的地位，并且形成了他鲜明的学术个性。我们在本书各章中分别讨论了范文澜的学术思想历程、学术交往，他在通史、近代史、经学史和史学理论各个领域的成就，最后，还有必要置于20世纪史学发展的大背景上作总体性的考察，以求得对这位史学大师正确的历史定位。

建设具有中国特色的马克思主义史学，是一项艰巨而宏大的事业，它的主要内涵，是要做到马克思主义普遍真理与中国历史的实际恰当地相结合，深刻地阐发中国历史上确实存在的特点。30年代后期至40年代的一批马克思主义史家吕振羽、范文澜、翦伯赞、侯外庐等已经自觉地为此作出成效卓著的努力。这是中国马克思主义史学发展的新阶段。在此之前，郭沫若是中国马克思主义史学的卓越奠基者。他于1929年著成《中国古代社会研究》，第一次运用唯物史观研究古代史，证明中国并非"国情特殊"，中国社会同样经历了人类社会普遍经历的各个社会发展阶段。加上郭沫若所著《两周金文辞大系》等书的成就，运用唯物史观研究中国历史便奠定了坚实的基础。中国马克思主义史学的发展，要求进一步回答人类社会的共同规律在中国表现为怎样的具体形式，即推进到如实地、深刻地说明普遍规律与特殊规律二者的结合。正像对革命家来说，做到普遍原理与中国社会实际相结合是根本问题一样，在史学研究中，做到普遍原理与中国历史实际恰当地相结合，也是史学家的根本任务。从20世纪中国史学发展的全局言，唯物史观的传播和运用，使史学跃进到一个新阶段。以往的史学，虽然有诸多成就，并且有好的史著在观点上提出了一些进步的见解，弥足珍贵；但从总体上说，旧时代的史家，对于历史演进的原因，历史前进的动力，历史发展的方向，是混沌模糊的。旧史充斥着神意史观、循环史观或复古史观，或者以圣贤的意志,或是拿政治的、心理的、文化的甚至是纯粹偶然性的原因解释历史的变迁。唯物史观却透过对种种复杂现象的分析,破天荒地发现了如下真理:人类历史演进的原因,是生产力与生产关系的矛盾运动,经济基础与上层建筑的矛盾运动,归根结底,是由于物质生产发展程度及其变化所制约和推动的;并且,过去的历史理论恰恰没有说明人民群众的活动,只有历史唯物主义才第一次使我们能以自然史的精确性去考察群众生活的社会条件以及这些条件的变更。唯物史观从各种社会关系中找出最基本的关系——生产关系,并提出它是由生产力发展的状况决定的,生产关系的总和构成了社会经济形态的概念,而人民群众为了改变自己社会存在的条件进行的斗争推动了不同社会经济形态的演变。这样,唯物史观阐明的基本原理就揭示了历史发展的深层秘密,使史学摆脱了用神意的或偶然的因素任意解释的混沌状态,使它成为科学。以唯物史观指导史学研究,标志着20世纪中国史学科学化的进程产生了质的飞跃。三四十年代的马克思主义史学家努力运用唯物史观探索中国历史的特点,阐明普遍真理与特殊规律二者的结合,则标志着中国马克思主义史学进入大力开拓、发展显著的新阶段,内容十分丰富,而范文澜便是这一阶段的出色代表。

范文澜以他二十五年心血浇灌,成功地撰成的通史著作,在唯物史观的运用上达到了阐述人类社会的普遍规律与中国历史的特殊规律二者结合的更高层次,规模宏大,内容丰富,因而当之无愧地成为20世纪中国史学发展的重要里程碑。

中国史学,历来以通史为最重要的著述形式,成就也最高。司马迁著《史记》,提出"通古今之变"作为本人著史的主要任务和努力目标,要探究自"古"至"今"的历史,考察各个时代在古今历史长河中如何"变",并且整个贯通起来予以记述和评论,原始察终,见盛观衰,稽其成败兴坏之理。司马迁成功地实现了自己的目标,因此《史记》成为不朽的著作,对后世影响至为深远,"通"成为治史的第一要义。唐代杜佑著成典制体通史《通典》,北宋司马光著成编年体通史巨著《资治通鉴》,南宋郑樵著成体现"会通"义旨的《通志》,都成为出色的史学名著。东汉的班固著《汉书》,虽然"断汉为史",但他本人又明确地提出"通古今"的要求,在十篇志中记载了有史以来各种典章制度的源流变化,因而《汉书》成为与《史记》并称的纪传体杰作。唐代刘知幾著《史通》,清代章学诚著《文史通义》,评论历代正史得失,辨章学术,考镜源流,也都鉴古衡今,突出地体现其通识。章学诚还把中国史学的这一优良传统概括为"通史家风",予以彰扬。清代考证史学名家赵翼所著《廿二史劄记》,也凸显出其探究古今历史的重视通史的意识,故在其自序中表示着意于总结"古今风会之递变,政事之屡更,有关于治乱兴衰之故者"。

传统史家如此重视通史撰著的传统,至 20 世纪得到发扬光大,蔚为大观。20 世纪之初,西方近代进化论在中国迅速传播,感觉敏锐的知识分子因此获得了新鲜的历史观和方法论,也更加认清了封建专制制度以及为之服务的旧史的弊病,因而斥"君史",倡"民史",树立起"叙述人群进化之现象,以求得公理公例,作为今日国民资治之镜鉴"为鹄的,开创建立"新史学"的时代。"新史学"思潮的最大成果,便是由夏曾佑撰著的《中国古代史》(只完成上古至隋统一),以进化论为指导,按照上古之世(其中自开辟至周初为传疑时代,周中叶至战国为化成时代)、中古之世(其中秦至三国为极盛期,由晋至隋,为中衰期,唐室一代为复盛期)、近古之世(五代、宋、元、明为退化期,清代二百六十一年为更化期)的分期方法叙述历史,探求国家盛衰变化的因果关系。夏曾佑撰著的通史著作,成为中国史学近代化正式展开所取得的第一硕果,这是 20 世纪史学很有意义的事件。约略同一时期,梁启超也曾计划撰著《中国通史》,却未能正式着手进行,只留下一篇《中国史叙论》,提出了以近代眼光撰写中国通史的一些设想。他还撰成著名的《论中国学术思想变迁之大势》的长篇论文,以通贯的眼光,提挈了三千年中国学术思想发展变迁的脉络。五四前后至抗战初期,更有一批知名学者相继致力于中国通史的撰著,如柳诒徵著《历代史略》,吕思勉著《白话本中国史》,邓之诚著《中华五千年史》,钱穆著《国史大纲》，张荫麟著《中国史纲》，诚为这一时期史学发展的重要成绩。不过，因为中国历史长达几千年，撰著通史包括政治、经济、制度、民族、军事、文化、科技等各个方面，尤其要把握中国历史发展变化的趋势，总结国家盛衰、社会风俗进退之故，难度很大，不仅要掌握大量丰富的史料，有长期从事研究的积累，还要有洞察历史发展变迁的符合科学理性的历史观点和高明的历史见识作指导。以此衡量，此二十余年间撰成的通史著作，在各有贡献、各有特色的同时，又存在若干明显的缺陷：或袭用日本学者所著中国通史著作的内容太多，或偏重于材料的别择罗列而论述不足，或内容简略、分量嫌小，与中国悠久的历史和丰富的内容不相称。因此，撰成更具科学性、内容更系统、翔实的通史著作，就成为史学发展的迫切需要，也是时代的要求。再加上至1940年，中国共产党领导的抗日进步力量已成为中国社会进步的代表，中国共产党人和解放区人民代表着中国未来的方向。因此，范文澜于1941至1942年在延安著成的《中国通史简编》，便成为20世纪史学发展的重要事件。

自"五四"前后至抗战时期，中国社会进步的集中体现，是马克思主义传入中国，产生了中国共产党，并经过艰苦复杂的斗争和曲折道路的摸索，终于找到了以马克思主义普遍真理与中国革命的具体实际相结合这一正确道路，到抗战时期，随着中国共产党在政治上、思想上、组织上的成熟，卓有成效地领导了抗日战争和解放区的建设，从而展现了民族解放战争胜利和民族复兴的光明前景。在中国共产党内及其周围，造就了以毛泽东为首的一批推动中国社会前进的优秀人物，灿若星汉。范文澜便是这一杰出群体中的一员，是党在历史学方面的杰出代表。他在延安撰成的《中国通史简编》，便是第一部以科学理论为指导的通史著作，代表革命者和人民大众说出了对中国历史全部的看法。当时许许多多追求进步、倾向革命的青年人读了，感到气势磅礴、振聋发聩，在很长时间内，成为广大干部案头必备之书，成为广大青年学习历史的最好教材，并由此激发了强烈的爱国主义感情。延安版《中国通史简编》共五十六万字，是范文澜到达延安以后

结语　范文澜在中国史学上的崇高地位

不到三年时间撰著完成，他创造力如此充沛，不但得力于精熟史料，对史学、文学、哲学各领域有长期积累，尤更得力于精心学习了马克思主义，掌握了以普遍原理与中国历史实际相结合这一钥匙，掌握了辩证法的精髓，因而一通百通，熟练驾驭。这部著作系统地提出了对几千年古代社会阶段划分的见解，以后长时期关于古史分期中影响很大的西周封建说一派，也就以范文澜为主要代表；深入而成功地分析和描述了各个时代的特点，做到主干清晰，有血有肉；对于历史上进步的人物、作为热情地肯定、赞扬，对于独夫民贼的罪恶有力地揭露；重视古代史与近代史的联贯，深刻地分析近代中国的命运是孕育于明清时期多种社会矛盾和因素演变的必然结果。因此，延安版《中国通史简编》是中国马克思主义史学发展的新阶段中取得的重要成果，并且，其基本结构和内容，构成了以后修订本的基础。范文澜这部著作的成就和意义，将永远记载在20世纪史册上。

范文澜从事修订本《中国通史简编》的修订、撰著，始于40年代末，至1965年完成五代以前部分，时间长达十六七年，分为三篇四册先后出版，总字数达一百一十余万字，因此它既是在原版基础上的修订，许多地方实际上又是重写。全书容量广阔，史料翔实，集中了范文澜几十年的研究成果和智慧，并且吸收了史学界的批评建议写成。全书自成体系，以范文澜运用普遍原理分析中国历史进程而升华出来的观点作为指导，叙述了各个时期的历史状况、社会特点、事件和制度、源流和变迁，肯定人民大众是历史的主人，又相当充分地反映了特出的历史人物的活动，恰当评价其功过，以充分的篇幅记载少数民族，对传统文化作了精到的分析。这部著作的完成，标志着范文澜著史事业达到更高峰。它著成以后，在全国各地多次重印，教育了一代又一代读者。这样，延安版《中国通史简编》及在其基础上修订的更大规模的著作，便成为20世纪中国史学发展的重要里程碑。尤为值得称道的是，原版及修订本《中国通史简编》，以及《中国近代史》（上册），都是范文澜自始至终亲自撰著和反复修改的，他为这些著作的完成投入了全部生命。在中国史学史上，前有司马迁发愤著述，为完成名山事业忍受屈辱，直至耗尽生命；又有司马光撰修《资治通鉴》，历十九年才告完成，直至如他在《进书表》所说，"神识衰耗"，"毕生精力，尽于此书"。范文澜继承了中国古代史家的优良传统，他又站在新的时代高度，怀抱崇高的使命感和责任感，完成了杰出的著作，堪称是为"通史家风"又一次谱写出华彩乐章！

《中国近代史》（上册）于1945年在延安著成。这部著作的主要意义是：标志着近代史研究进入了科学的阶段，它所奠定的基本格局和提出的一系列深刻论断，影响了近代史研究达数十年之久。在此以前，近代史领域的研究处于草创阶段，有的进步学者运用唯物史观作指导，撰成的《中国近代史》对主要事件有正确的评价，是可贵的创始之作。但是篇幅较小，内容不够丰富。还有的则从唯心史观出发，任意曲解史实，美化侵略者。范文澜的著作，造端宏大，材料新颖，依据大量中外文献资料加以分析，系统地论述近代社会的基本矛盾和演变过程，侵略与反侵略、爱国与卖国的激烈斗争，恢复了近代史的本来面目，帮助人民认清帝国主义和卖国势力是造成近代中国积贫积弱、灾难深重的根本原因，激发人民进行英勇斗争，推翻阻碍中国社会前进的凶恶敌人和腐朽势力。在解放战争期间，在为迎接新中国成立而奋斗的历史关头，认识这段历史是与当时进行的推翻三座大山的斗争直接相联系的。因此许多爱国青年读了范著《中国近代史》而奔向解放区，发挥了历史著作的巨大战斗作用。《中国近代史》，本来是范文澜撰著《中国通史简编》总计划中的一部分，所以两部著作密切相联系。诚如刘大年所评价的："前一部书试图用科学观点对整个中国古代历史作一番概述，它的印数累计达数百万册，成了一代又一代读者必备的历史读物。后一部书用新的历史观点给系统地研究中国近代史开了一个头，它的某些看法长期影响到学术界。它们的问世，过去了四十多年五十年，至今提起中国最早的马克思主义的中国通史和近代史著作，人们仍然要首先举出这两部书。这种情形,近乎绝无仅有。"①

范文澜的近代史著作完成至今已过去半个世纪,这一领域的研究,经过许多学者的努力,探索的广度和深度已有很大的拓展,这是很可喜的。不过,半个世纪来积累的经验,包括最近若干年提供的经验一再证明:范文澜著作中所揭示出来的,自鸦片战争至人民共和国成立一百一十年间,中国历史的主线是人民大众英勇进行反帝反封建斗争,经历艰难曲折而不断高涨、不断走向胜利,这一反映历史客观进程的真理性认识是不能改变的,是任何时候都必须坚持的。不错,近代史研究要不断创新,譬如,对于中国资本主义发展的课题要作更深入的考察,以此更加深化对近代化进程的认识,对于社会结构、下层民众、区域经济和文化以至秘密结社等等课题都应推进研究,对于一些历史事件、人物、思潮等应进一步作具体分析和全面评价。但是对于这些问题的研究,都应以上述基本线索作为指导思想来进行,才能得出经得起历史事实考验的正确认识,而绝对不能以为"创新"就是要否定、推翻以往人们普遍接受的结论。近代史研究又担负着教育人民、特别是教育青年一代的任务。对于近代百年史如何认识,是同对当前社会前进的方向,以至对世界政治格局如何由19世纪演变到今天、西方国家对华政策如何演变到今天的正确认识直接相联系的,同在坚持对外开放之中发扬爱国精神和民族正气相联系的,这是实现中华民族伟大复兴的重要精神支柱。因此,范文澜所揭示的中国近代史的基本线索,在今天仍有重要的理论意义和现实意义。

范文澜的著作受到广大读者以至领袖人物的高度重视,他的成功经验很值得我们认真总结。范文澜走过的成功道路,关键在于出色地做到了两项。第一是对传统学术根柢深厚,而且善于吸收传统文化中具有科学性和民主性的成分,包括朴素唯物主义、朴素的辩证法、大同思想、民本思想和民主意识等,成为他后来接受唯物史观和从事创造性史学研究的基础。第二,范文澜学习

① 刘大年:《光大范文澜的科学业绩》,《近代史研究》,1994年第1期。

马克思主义是在火热的斗争中，在抗日根据地的熔炉中学习的，并以中国历史和中国社会的事实去对照、检验，以自己的行动去体验的。所以他学习马克思主义得其精髓，并成为自己血肉的一部分。他之所以能对创建具有中国民族特色的马克思主义史学做出杰出贡献，撰写成多部影响很大的成功巨著，其基本前提，是在理论上有自觉的认识，严格的要求，并贯彻始终地为此努力。延安版《中国通史简编》撰著之前，范文澜在理论上是有准备的，1940年所写《关于上古历史阶段的商榷》一文，即运用马克思主义理论分析中国历史阶段的分期，阐述西周封建说的主张。他明确地提出史学研究的根本任务，不仅要说明中国历史进程符合唯物史观创始人指出的人类社会所共同经历的阶段，而且要全力总结出这种共同规律在中国历史上表现出来的特殊性。这段话，实际上是范文澜在延安时和建国后史学工作总的指导思想。至50年代，他又精辟地概括为运用马克思主义要求"神似"，反对"貌似"。强调下苦功夫对具体问题作具体分析，反复告诫摘引经典著作的字句，贴标签式地生硬套用的做法的危害，指出它是科学工作的大敌。范文澜揭示中国历史进程特点的成功例子甚多，其中影响很大的观点就是关于汉民族形成的问题。他的分析和论断获得学术界的普遍赞同，是做到把普遍原理与中国历史特点相结合的范例。这样结合，就是"神似"，不是"貌似"。中国史学历来重视"通识"和通史的撰著。范文澜继承了这一优良传统，并运用马克思主义理论的指导而加以发展，提出写通史要做到"直通""旁通"和"会通"。把握好社会自始至终的矛盾运动，精确地具体地划分中国社会发展的阶段，就是直通；分析一定社会阶段内，社会生活中各种现象的互相联系和制约，考察一切矛盾的趋向和总和，最后归因于物质生产力状况的根源，就是旁通；两个方面的综合，就是会通。并且，他希望全国史学工作者分工合作，或研究断代史，或研究专史，或研究少数民族史，或研究某一专题，局部性的研究愈益深入，综合性的通史也就愈有完好的可能。以局部性的研究来帮助综合性的提高，以综合性的提高来促进局部性的再深入，如此反复多次，达到写出高质量的通史的目的。这无疑是对通史编纂理论的发展。

范文澜在理论上的坚定性和他捍卫历史学科学性的勇气，突出地表现在当教条化和"左"的倾向盛行的时候，敢于挺身而出，坚决予以抵制。1959年以后，他针对当时高校和学术界相当流行的"以论代史"，空洞地套用唯物史观的术语，不要史实，抛弃历史进程的生动内容，变成生硬公式的推演的错误倾向，一再在重要会议上发表讲话和撰写文章，提出严肃的批评。1961年4月，他发表《反对放空炮》一文，批评这种主观的、浮躁的有害学风，指出踏踏实实进行科学工作的重大意义，要求让严肃的学风在学术界发扬起来。同年5月，他在一次重要的学术会议上，严肃地批评史学界当时流行的"打破王朝体系论"和"打倒帝王将相论"，指出："这种论调好像是很革命的，实际上是主观主义的。""打破王朝体系，抹掉帝王将相，只讲人民群众的活动，结果一部中国历史就只剩下农民战争，整个历史被取消了。"并要求大家起来反对这种谬论，坚持严格的历史主义。当时，范文澜、翦伯赞、郭沫若都为我们树立了坚持科学态度、抵制错误思潮的典范。对于戊戌维新运动的评价，也是检验理论上的成熟和坚定的试金石。在相当长时间内，思想界形成了一种思维定式：要抬高革命，必须尽量贬低维新、改良，因此不敢对戊戌维新运动作出应有的积极评价，若讲到戊戌变法事件，总是要迫不及待地贬责一通。对维新派人物梁启超的历史贡献也不敢作恰当肯定，有的论者甚至对梁启超于1915年策动护国军反对袁世凯称帝之举，认为是"投机"。范文澜则一贯对戊戌维新运动的进步意义予以明确的肯定，尤其对其爱国性质、冲破封建专制、要求民权、冲破满清禁例、争取民营工商业获得法律上的承认等进步作用作了积极评价，直至1958年在纪念戊戌变法一百周年大会上，提出戊戌运动是"中国知识分子的一次思想解放运动"的论断，表现出非凡的胆识！而在《中国近代史的分期问题》这篇纲要式文章中，又对梁启超的反袁行动评价说："袁世凯宣布自己做皇帝。当时以梁启超为首的反帝制运动，立宪党人站在最前线，革命派反而落后了。"这在当时同样是勇于抵制流行的各种貌似革命的见解，而作出的清醒、公正的评价，是难能可贵的。在《中国近代史》书中，反对封建专制、争取民主权利，批判闭关锁国、狭隘拒外，是全书主线之一。他称林则徐是"开眼看世界的第一人"，80年代成为人所共知的警句。在《中国通史简编》修订本第四册终篇结束语中，他由唐文化的繁荣谈到各国文化交流的重要性："各种文化必然要取长补短，相互交流。娶妻必娶异姓，男女同姓，其生不繁，文化交流也是一样，所以文化交流愈广泛，发展也愈充分。文化输出国不可自骄，文化输入国不必自卑，某一国文化为别国所吸收，这种输入品即为吸收者所拥有。譬如人吃猪肉，消化后变成人的血肉，谁能怀疑吃猪肉的人，他的血肉是猪的血肉而不是人的呢！"这段话写于1965年，处在"文革"前夕，可是范文澜这样鲜明地提出反对闭关自守、主张对外开放、互相交流的思想，令我们读起来觉得好像写在粉碎"四人帮"后改革、开放的年代一样，这正证明范文澜思想的深刻性和前瞻性。他是一个热诚的爱国者，忠诚于共产主义事业的战士，同时，民主、科学、开放、进取又构成他的基本精神。

在内容上，恰当地体现出人类历史的共同性与中国历史的特殊性二者的联结，善于具体分析具体问题，这是建设具有中国特色的马克思主义史学的核心问题。同时，还有表现形式的问题，即在表述上要具有中国作风和中国气派。范文澜在这方面成就极高，发扬了古代史家文史结合的优良传统，他的历史著作极受广大读者的欢迎，流传不衰，成为具有民族特色的当代史学的出色代表。对此尚需作专节论述。

（二）具有民族特色的当代史学的出色代表

我们研究古代社会的发展的历史总喜欢与画像上和《诗经》《书经》等等中国的名门老太婆或者和希腊罗马等外国的贵族老太婆打交道，对眼前还活着的山野妙龄女郎未免有些目不邪视，冷淡无情。事实上和死了的老太婆打交道，很难得出新的结果，和妙龄女郎打交道却可以从诸佛菩萨的种种清规戒律里解脱出来，前途大有可为。[①]

这是范文澜典型的妙趣横生的文字，是由于一篇从彝族地区社会调查所得材料论述奴隶制向封建制过渡形式的文稿，引发他议论史学工作的一个重要问题，研究者不能眼睛只盯住死的书本，而应该重视对社会状况作调查，开辟史学研究的新途径、新局面。他运用新颖、巧妙的比喻，把抽象的道理讲得活泼生动，使人在欣赏中得到更多的启发，而且印象强烈，过目不忘。

我国古代优秀史家兼通"文""史"，有很高的文学造诣。从《左传》《史记》起，就形成了善于用生动优美的文学语言叙述历史的优良传统，写得形象逼真，栩栩如生，许多名篇脍炙人口，千古流传。古人还总结出"言之无文，行之不远"、"良史莫不工文"的原则，论述优美的历史表述对于吸引读者、广泛传播历史知识的重要作用。范文澜发扬了古代优秀史家的好传统，他写的历史著作和评论文章，极富文采，语言优美、洗练、生动，在当代史家中被公认为是最出色的。他强调文字表述的重要："韩愈所说的文以载道，是经验之谈。一辆破烂车子载着大道理，人家会拒绝它走进自己的眼睛里。自己写的文章别人是否愿意看，完全在于自己。写了一辈子文章，看的人只有几个，那又何苦呢？如果一个人写的文章大家都喜欢看，岂不很好？""现在有一些史学方面的文章，往往不能引人入胜，反而能让人败兴，不愿卒读。我这里说的是那种空洞的长文章（空洞的短文章也一样）。元人杂剧里常常用写万言书来形容士人的大才，现在我们翻翻史学刊物，似乎大才并不少，摇起笔来，就摇出一篇万言书，甚至万言还不过瘾，要摇出加倍三倍四倍的万言书才觉得痛快。事实上，这种文章，无非是马曰列云，东抄抄，西扯扯，终日言，如不言，自以为证明了自己抽象观点的正确而已。我愿和史学界的

[①] 范文澜：《介绍一篇待字闺中的稿件》，《光明日报》1956年5月24日。

同志们共勉，大家自己不做这种文章，并且反对别人做这种文章。"①

范文澜的论著引人入胜，很值得我们效法。试举几例。他论述唐代著名诗人李白、李贺的作品都意境超拔，想象奇特，但二人风格又迥异。李白的诗"奇思涌溢，想人之所不能想，说人之所不敢说，自有诗人以来，敢于冲破一切拘束，大胆写出自己要说的话，破浪直前，无丝毫畏缩态，李白至少是空前的一人"。"李白以神仙作为自己的抱负，思想上实行神游八极之表，他的诗想像力极富，就是这种抱负的表现。他又十分天真，虽然有些诗句像说梦话或狂言，但读者感到他在说真心话，并不觉得可厌。天真和放荡不羁，是李白诗的特点，在这一点上，一直没有诗人能和他比长短。他放荡得像狂人，因为狂中有真，不同于疯狂的狂，而是失意诗人的佯狂。"②李贺则相反，他负才不遇，非常轻佻傲慢，看在眼中的文人极少，时人也合力排挤他，他愈被压抑，思想愈孤僻，诗意也愈深刻，特别是说到荒墓野鬼这一类极端消极的事物上，诗句也就愈精采。""他每天骑驴出门游览，……墓上的颓景，和墓下的死骨，都是他苦吟索句的材料。……他诗中喜用鬼、泣、死、血等字，游荒墓时自然要想起这些事物。李贺想像力不亚于李白，不过李白满脑子神仙，神仙是最快乐最自由的幻想人物，因之李白诗充满着飘飘凌云气的快乐情绪，李贺却相反，……他既不信天地间有神仙，承认死的不可避免。他在死的方面运用想像力，犹如李白在神仙方面，同样获得成功，不过长生与死亡意趣大不同，二人的意境就大异了。""李贺佳句大抵从实地观察中得来，又加以锤炼功夫，得句往往奇巧。好似高手摄影师选择最适当的地点，摄取全部胜地的精华。"③范文澜对二李的大量诗作加以品味提炼，用比较手法讲出

---

① 范文澜：《历史研究中的几个问题》，《北京大学学报》（人文社会科学版）1957年第2期。

② 《中国通史简编》（修订本），第三编第七章第五节"盛唐诗人"，人民出版社，1965年版，第671—672页。

③ 《中国通史简编》（修订本），第三编第七章第五节"中唐诗人"，人民出版社，1965年版，第696—697页。

他们的不同风格,真切传神。他论述唐晚期及五代文苑一片衰败萧索,但此时却产生了新体的词,"恰似几朵鲜艳的桃李花在秋树枝上开放,使人感到衰秋里还留有一点春艳"。① 生动贴切,令人赞赏。范文澜对唐代佛教有精彩的论述,语言生动泼辣。他叙述在怀海和尚之前,禅宗谈一切皆空,摆脱拘束,戒律荡然。怀海重新收拾,他别创禅律,号称新规。"本宗派有自然瓦解的趋势,怀海造新律加以遏阻,这是给猿猴颈上拴铁索,使跳跃有一定限度,势必溃散的宗派因此得继续保存。"此后怀海宗派发达,两宋有一些名士、大官,也与禅宗说禅,如杨亿、夏竦、王安石、苏轼、苏辙、黄庭坚、张商英等人,被认作本宗俗弟子。"事实上他们名利心热不可耐,借禅宗空谈,暂充清凉剂,好似口燥唇干渴热难忍的行路人,到汽水摊买瓶冰镇汽水喝,连声称赞凉爽,摊主人便拉他们作知己,共同摆摊,藉以扩大本宗派的声望。'口虽说空,行在有中',禅宗就是这样言行相反的一群骗子。"② 对佛教唯心主义的揭露,可谓淋漓尽致,入木三分。

范文澜的近代史论著,更以充满感情色彩的生动文字反映出近代中国革命力量与反革命力量的激烈搏斗。他赞扬虎门烧烟的伟大行动"第一次向世界表示中国人民纯洁的道德心和反抗侵略的坚决性",表彰林则徐是闭关时代"开眼看世界的第一人",都成为人们广泛引用的名句。他形容太平天国革命风暴爆发的前夜,"清政府正像东斜西歪的一所破房子,只待革命的一击,它就会倒塌下去"。③ 他揭露曾国藩的虚伪:"曾国藩学得道学的虚伪,却不曾受束缚于道学的迂腐。邵懿辰(今文经学家)当面责备他虚伪,说他对人能作几副面孔。曾国藩说,'我生平以诚自信',就专标一个诚字来用人、办事;左宗棠与他因派别冲突,结成深仇,专标一个伪字来揭穿他。事实上虚伪和残忍是结合在

---

① 《中国通史简编》(修订本),第三编第七章第五节,人民出版社,1965年版,第662页。

② 《中国通史简编》(修订本),第三编第七章第二节"禅宗——适合中国士大夫口味的佛教",人民出版社,1965年版,第632—633页。

③ 《金田起义一百周年纪念》,《范文澜历史论文选集》,中国社会科学出版社,1979年版,第162页。

一起的,虚伪乃是残忍的一方面,这两方面正是曾国藩这个反动派代表者的特点。没有虚伪就不能表现他反对革命的真诚。"他严词声讨曾国藩残酷屠杀太平军的罪恶行径:"他把惨杀当作痛快,后来每次战胜,他总是用痛快的表情,绘声绘色地写出屠场的惨景,宛然一幅一幅的地狱图,向满洲皇帝报功请赏。他的汉奸刽子手立场的坚决,真像顽石一般。"曾国藩攻破安庆,屠杀城中太平军二万余人。"他自称大快'人'(兽)心,向咸丰帝报功,不料这个满洲主子在八月里因荒淫过度死去了。他接到消息,哭得'伏地恸绝',说是不得趁主子活着的时候博他一笑。"又揭露曾国藩办天津教案,以预先保证杀人数目讨好法国侵略者。"经过这次屈辱外交,曾国藩的汉奸面目太暴露了,全国朝野呼为卖国贼,人人欲得而诛,连他的湖南同乡也把他在湖广会馆夸耀功名的匾额,摘下来打碎成灰了。"① 范文澜以庄严的史笔,形象的文字,把这个反革命刽子手钉在历史耻辱柱上,让他遗臭万年!

精湛的理论分析、丰富的资料和文采斐然的文字,三者有机结合,相得益彰,使范文澜的论著赢得广大读者的欢迎。他在探求马克思主义历史学民族化和达到"文""史"兼通境界方面所创造的丰富经验,值得我们认真总结。

---

① 《汉奸刽子手曾国藩的一生》,《中国近代史》(上册)附录,人民出版社,1979年版,第407—408页,第415页,第421页,第429页。

范文澜主要著述年表

1925 年
文心雕龙讲疏
1925 年 10 月　天津新懋印书局出版

1928 年
诸子文选（亦称《诸子略义》）
1928 年　京师大学校文科出版科印

1929 年
水经注写景文钞
1929 年 8 月　北平朴社出版
文心雕龙注　（上册，1929 年 9 月；中册，1929 年 12 月；下册，1931 年 6 月）
北平文化学社出版

1931 年
正史考略
1931 年 1 月　北平文化学社出版
与顾颉刚论五行说的起源
1931 年 8 月　燕京大学《史学年报》第 3 期

1933 年
  群经概论
    1933 年 10 月 北平朴社出版
1936 年
  大丈夫
    1936 年 7 月 上海开明书店出版
1937 年
  对于持久抗战的几个肤浅意见
    1937 年 9 月 26 日 开封《风雨》周刊第 3 期第 4 期（10 月 3 日）连载
  论团结一致
    1937 年 10 月 16 日 开封《经世》半月刊战时特刊第 1 期
  忆鲁迅先生
    1937 年 10 月 7 日 《风雨》周刊第 6 期
  旧账与新账
    1937 年 10 月 24 日 《风雨》周刊第 7 期
  反对教育界的神行太保
    1937 年 10 月 31 日 《风雨》周刊第 8 期
  根绝"汉奸""准汉奸""候补汉奸"
    1937 年 11 月 1 日 《经世》半月刊战时特刊第 2 期
  赠乡村训练员序
    1937 年 11 月 7 日 《风雨》周刊第 9 期
  救亡与救亡计划
    1937 年 11 月 16 日 《经世》半月刊战时特刊第 3 期
  《游记战术》序
    1937 年 11 月 21 日 《风雨》周刊第 11 期
  论纷乱与摩擦
    1937 年 12 月 16 日 《经世》半月刊战时特刊第 5 期
  游击战术（编）
    1937 年 12 月 《经世》半月刊开封分社出版

1938 年

闻见杂记

　　1938 年 2 月 16 日　汉口《经世》半月刊战时特刊第 9 期

苦闷

　　1938 年 5 月 16 日　汉口《经世》半月刊战时特刊第 15 期

1940 年

坚持抗战与民族排泄物

　　1940 年 4 月 5 日　延安《中国青年》第 2 卷第 6 期

如果死者能立在山上看的话

　　1940 年 5 月 5 日　延安《中国青年》第 2 卷第 7 期

关于上古历史阶段的商榷

　　1940 年 5 月 25 日　延安《中国文化》第 1 卷第 3 期

中国经学史的演变——延安新哲学年会讲演提纲

　　1940 年 10 月 25 日、11 月 25 日　《中国文化》第 2 卷第 2 期、第 3 期连载

中国通史简编之一：原始社会到中央集权的封建制度底成立——远古至秦

第一章　原始公社时代——黄帝至禹

　　1940 年 11 月 25 日　《中国文化》第 2 卷第 3 期

从烦恼到快乐

　　1940 年 12 月　延安《中国青年》第 3 卷第 2 期（按：重庆《新华日报》1944 年 5 月 28 日曾转载此文后半部分）

中国通史简编之二：第二章　原始公社逐渐解体到奴隶占有制时代——夏商

　　1940 年 12 月 25 日　《中国文化》第 2 卷第 4 期

1941 年

提倡民族气节的必要

　　1941 年 1 月 16 日　延安《解放》杂志第 123 期

中国通史简编之三：第三章　封建制度开始时代——西周

　　1941 年 1 月 25 日　《中国文化》第 2 卷第 5 期

旧剧新演

1941年2月16日　延安《解放》杂志第125期
李大钊同志永远不死
　　1941年4月27日　延安《新中华报》
中国通史简编（上册）
　　1941年9月　延安新华书店出版

1942年

民主集中制
　　1942年6月1日　延安《解放日报》
论王实味的思想意识
　　1942年6月9日　延安《解放日报》
在中央研究院六月十一日座谈会上的发言
　　1942年6月29日　延安《解放日报》
古今中外法浅释
　　1942年9月3日　延安《解放日报》
开始并结束了旧民主主义革命的辛亥革命
　　1942年10月11日　延安《解放日报》
中国通史简编（中册）
　　1942年12月　延安新华书店出版
中级国文选（与叶蠖生、齐燕铭等同编1—4册）
　　1942年—1945年11月　华北新华书店陆续出版

1943年

紧张黑暗的一百年和伟大光明的一百年
　　1943年2月5日　延安《延安日报》
斥所谓"中国文化的统一性"
　　1943年7月10日　延安《解放日报》
谁革命？革谁的命？
　　1943年8月1日　延安《解放日报》
袁世凯再版
　　1943年8月23日　延安《解放日报》

1944年

论王实味的思想意识

1944 年　冀鲁豫书店出版

汉奸刽子手曾国藩的一生（中国近代史稿的一节）

1944 年 7 月 25 日、26 日　延安《解放日报》连载，1944 年延安新华书店出版

辛亥革命：三条路线斗争的结果

1944 年 10 月 10 日　延安《解放日报》

1945 年

太平天国革命运动（初稿）

1945 年 4 月 25 日—30 日　延安《解放日报》连载，1945 年延安新华书店出版

谁革命？革谁的命？

1945 年　冀鲁豫书店出版

1946 年

在北方大学教职员全体大会上的讲话（1946 年 4 月 20 日）

1946 年 6 月　晋冀鲁豫边区《北方杂志》创刊号

李公朴闻一多两烈士哀词

1946 年 8 月 7 日　晋冀鲁豫《人民日报》

学习鲁迅先生的硬骨头

1946 年 10 月　晋冀鲁豫《北方杂志》第 1 卷第 5 期

《沁园春·咏雪》译文

1946 年 10 月 20 日　晋冀鲁豫《人民日报》

向伟大英勇的革命将士致敬

1946 年 12 月　晋冀鲁豫《北方杂志》第 1 卷第 6 期

论正统

1946 年 12 月 30 日　晋冀鲁豫《人民日报》

1947 年

研究中国历史的钥匙

1947 年 1 月　晋冀鲁豫《北方杂志》第 2 卷第 1—2 期合刊

中国近代史（上编第一分册，上、下）

1947 年 2 月　新华书店出版

《人民日报》周年祝词
　　1947年5月15日　晋冀鲁豫《人民日报》

1948年
　　在北方大学思想教育大会上的讲话（1948年2月1日）
　　1948年2月13日　晋冀鲁豫《人民日报》

1949年
　　中国早期的唯物历史科学家——李大钊同志（与王南合著）
　　1949年4月28日　华北《人民日报》
　　谁是历史的主人（在北京大学的讲演记录稿）
　　1949年5月29日　天津《进步日报》
　　再谈谁是历史的主人（1949年5月30日在华北大学政治教研室的讲演稿）
　　1949年6月23日　《人民日报》
　　急起直追参加革命建设工作
　　载《"五四"卅周年纪念专辑》，1949年6月新华书店出版（按：本文收入《范文澜历史论文选集》时，编者将篇名改为《伟大的"五四"运动》）
　　华北大学校庆献词
　　1949年9月9日　《人民日报》

1950年
　　论中国封建社会长期延续的原因
　　1950年2—3月　北京《中国青年》第33、34期；1950年10月　北京大众书店出版
　　爱好和平民主的人们请在和平宣言上签名
　　1950年5月15日　《人民日报》
　　中华民族的发展
　　1950年10月　北京《学习》杂志第3卷第1期
　　金田起义一百周年纪念
　　1950年　北京《新建设》杂志10月号

1951年
　　关于《中国通史简编》

1951年5月　《新建设》杂志第4卷第2期

武训是什么人，为什么有人要歌颂他？

1951年7月6日　《人民日报》

中国史学会成立大会的开会词（1951年7月28日）

1951年9月28日　（上海）《大公报》

史学会已有的成绩和今后的努力

1951年9月28日　（上海）《大公报》

保卫鲜血换来的果实（在北京史学界"九三"抗战座谈会上的发言）

1951年9月3日　上海《大公报》

1952年

科学工作者应该怎样展开"新我"对"旧我"的斗争（在中国科学院研究人员学习会上的讲话）

1952年1月6日　北京《光明日报》

1953年

在中国科学院近代史研究所语言研究所追悼斯大林同志座谈会上的发言

1953年　北京《科学通报》杂志4月号

捻军（中国近代史资料丛刊第三种）（与聂崇岐合编）

1953年4月　上海神州国光社出版

修订本中国通史简编（第一编）

1953年8月　人民出版社出版

1954年

保护历史文物的意义

1954年4月　北京《文物参考资料》第4期

试论中国自秦汉时成为统一国家的原因

1954年6月　北京《历史研究》杂志第3期

关于中国历史上的一些问题——修订本中国通史简编绪言

1954年7月　《中国科学院历史研究所集刊》第一集（按：1964年，著者对本文作了较多的修改，刊入修订本《中国通史简编》第一编第四版）

在第一届全国人民代表大会第一次会议上关于宪法草案和报告的发言

  1954 年 9 月 19 日　《人民日报》

1955 年

中国人民为反帝反封建而奋斗的一百多年

  1955 年 1 月　北京《人民中国》（中文版）第 2 期

看看胡适的"历史态度"和"科学方法"

  1955 年 6 月　《历史研究》第 3 期

中国近代史的分期问题

  1955 年 7 月　《中国科学院历史研究所第三所集刊》第二集

1956 年

纪念太平天国 105 周年

  1956 年 1 月 11 日　《人民日报》

介绍一篇待字闺中的稿件

  1956 年 5 月 24 日　《光明日报》

克服理论宣传工作中教条主义习气问题

  1956 年　《学习》杂志 7 月号

"百家争鸣"和史学

  1956 年　《学习》杂志 7 月号

女革命家秋瑾

  1956 年 8 月　北京《中国妇女》杂志第 8 期

贯彻"百家争鸣"方针的关键

  1956 年 10 月 6 日　《人民日报》

略谈中国近代史分期问题（1954 年 5 月为中国文学艺术界联合会中国近代史讲座所写的报告稿）

  1956 年 10 月 11 日　《光明日报》

中国近代史的分期问题（1956 年 7 月为政协全国委员中国近代史讲座所作的报告稿）

  1956 年 10 月 25 日　《光明日报》

中国近代史讲座：中国近代史的分期问题

1956 年中国人民政治协商会议全国委员会学习委员会印行

1957 年

生产关系一定要适合生产力性质

　　1957 年 2 月 28 日　《光明日报》

致阿英书（1957 年 3 月 15 日）

　　1978 年 2 月　南京师范学院中文系资料室编印《文教资料简报》总第 74 期

历史研究中的几个问题（1957 年 3 月 25 日在北京大学"历史问题讲座"上的报告稿）

　　1957 年 4 月　《北京大学学报》（人文科学）第 2 期，北京高等教育出版社出版

文要对题（关于古代史分期问题的争论）

　　1957 年 5 月 9 日　《光明日报》

走火与放火

　　1957 年 9 月 30 日　《人民日报》

迷途未远，回头是岸，醒来吧！

　　1957 年 5 月 9 日　《人民日报》

十月革命对中国革命的影响（1957 年 10 月 30 日在首都科学界庆祝十月革命 40 周年大会上的报告）

　　1957 年 11 月 3 日　《光明日报》

1958 年

历史研究必须厚今薄古

　　1958 年 4 月 28 日　《人民日报》（按：稍后，著者对本文有所订正，见天津《历史教学》杂志 1958 年第 6 期）

历史研究应当厚今薄古（风气与条件）

　　1958 年 5 月　《历史研究》杂志第 5 期

破除迷信

　　1958 年 6 月　《红旗》杂志第 2 期

党是从两条路线斗争中发展壮大起来的

　　1958 年 7 月 29 日　中国科学院《风讯台》第 46 期

戊戌变法的历史意义

1958 年 9 月 29 日　《人民日报》

修订本中国通史简编（第二编）

1958 年 4 月　人民出版社出版

1959 年

迷信四窟

1959 年 6 月　《红旗》杂志第 11 期

1961 年

反对放空炮

1961 年 6 月　《历史研究》杂志第 3 期

1962 年

驱逐美帝国主义，使台湾复归中国——在首都各界纪念郑成功收复台湾三百周年大会上的讲话

1962 年 2 月 2 日　《人民日报》

1963 年

经学讲演录（1963 年夏）　载《中国哲学》第一辑

1979 年 8 月　三联书店出版

1965 年

《唐代佛教》引言

1965 年 10 月　《新建设》杂志第 10 期

修订本中国通史简编（第三编第一册、第二册）

1965 年 11 月　人民出版社出版

1979 年

唐代佛教

1979 年 4 月　人民出版社出版

范文澜历史论文选集

1979 年 4 月　中国社会科学出版社出版

1980 年

中国历史上的民族斗争与融合

1980 年 2 月　《历史研究》杂志第 1 期（按：这是 1961 年著者在首都一些高等院校所作的讲演稿的一部分）

研究范文澜的主要论著

1. 与范文澜同志论划分中国奴隶社会与封建社会的标准问题。吴大琨,《历史研究》1954年第6期
2. 读范著中国通史简编修订本第一册。赵光贤,《历史研究》1954年第6期
3. 关于范著中国通史简编修订本第一册的几点意见。王玉哲,《历史研究》1954年第6期
4. 范文澜同志的科学成就。刘大年,《近代史研究》1979年第1期
5. 我的老师(回忆范文澜同志)。申蔚,《鸭绿江》1979年第12期
6. 范文澜与中国通史。荣孟源,《书林》1979年第4期
7. 回忆范文澜治学四则。蔡美彪,《历史教学》1980年第1期
8. 处理历史上民族关系的几个重要准则(读范文澜《中国历史上的民族斗争与融合》)。孙祚民,《历史研究》1980年第5期
9. 范文澜同志在三十年代的几件事。刘之惠,《奋斗》1981年第11期
10. 学习范文澜同志。荣孟源,《光明日报》1981年6月28日

11. 中平元年三月五日不是"甲子日"（辨范文澜《中国通史》中的一点疏忽）。魏仲展，《社会科学》（上海）1981 年第 2 期

12. 范文澜治学的突破口。赵相如，《人才》1982 年第 2 期

13. 毛泽东同志的五封信（《致范文澜等》）。《红旗》1983 年第 24 期

14. 范文澜与郭沫若之中国古史分期观献疑。薛其晖，《江海学刊》1983 年第 4 期

15. 范文澜同志在延安。荣孟源，载《延安中央研究院回忆录》，中国社会科学出版社，1984 年

16. 我所了解的中国历史研究室。叶蠖生，载《延安中央研究院回忆录》，中国社会科学出版社，1984 年

17. 重温范文澜关于新旧更替的一席话。李新，《光明日报》1984 年 5 月 5 日

18. 毛泽东致范文澜的信（1940 年 9 月 5 日）。《近代史研究》1984 年第 1 期

19. 发扬马克思主义的革命批判精神，读毛泽东 1940 年致范文澜的信。陈德述，《毛泽东思想研究》1984 年第 2 期

20. 范文澜。朱瑞熙、刘仁达、徐曰彪，《中国史学家评传》（下），中州古籍出版社，1985 年

21. 范文澜同志的长于各种结合。蔡尚思，载《中国近现代学术思想史论》，广东人民出版社，1986 年

22. 范文澜《中国通史》不久将成全璧。陈有和，《文史知识》1985 年第 2 期

23. 范文澜在河南大学期间的革命活动。尹俊忠，《河南大学学报》1985 年第 3 期

24. 在河南抗日救亡激流中的范文澜同志。刘西淼，《许昌师专学报》1987 年第 1 期

25. 范文澜传略。徐曰彪、朱瑞熙，《中国当代社会科学家传》（第十一辑），书目文献出版社，1990 年

26. 为范文澜铜像揭幕的讲话。胡绳，《近代史研究》1990 年第

6 期

27. 在范老铜像揭幕和建所 40 周年纪念会上的致辞。王庆成,《近代史研究》1990 年第 6 期
28. 缅怀范老。刘桂五,《近代史研究》1990 年第 6 期
29. 学习范老,发扬近代史所的治学传统。蔡美彪,《近代史研究》1990 年第 6 期
30. 向前辈学习,开拓创新近代史研究。崔志海,《近代史研究》1990 年第 6 期
31. 范文澜唐末社会主要矛盾说商兑。周世范,《洛阳师专学报》1991 年第 4 期
32. 实与冷:以范文澜治学精神的两点体会。蔡美彪,《文史知识》1991 年第 12 期
33. 范文澜先生的治学道路与方法。卞孝萱,《安徽史学》1992 年第 4 期
34. 范文澜《中国近代史》的开拓意义:纪念范文澜诞生 100 周年。陈其泰,《中国社会科学院研究生院学报》1993 年第 6 期
35. 养成一代好的学风:纪念范文澜 100 周年诞辰。彭明,《人民日报》1993 年 10 月 25 日
36. 范文澜理论创造的特色。陈其泰,《史学史研究》1993 年第 4 期
37. 从国学家到马克思主义史学家:纪念范文澜诞辰 100 周年。陈其泰,《齐鲁学刊》1993 年第 5 期
38. 毛泽东与历史学家范文澜。刘琴安,《百科知识》1993 年第 1 期
39. 范文澜《中国通史简编》成就三题。陈其泰,《浙江学刊》1994 年第 3 期
40. 范文澜和北大历史系。张寄谦,《近代史研究》1994 年第 1 期
41. 范文澜与中国史学会。蔡美彪,《中国史研究动态》1994 年第 1 期

42. 光大范文澜的科学业绩。刘大年,《近代史研究》1994 年第 1 期

43. 纪念范文澜诞辰 100 周年学术座谈会在近代史研究所举行。《近代史研究》1994 年第 1 期

44. 在纪念范文澜诞辰 100 周年学术座谈会上的致词。王庆成,《近代史研究》1994 年第 1 期

45. 追忆范文澜同志。余绳武,《近代史研究》1994 年第 1 期

46. 范文澜——中国马克思主义史学的杰出开拓者。陈其泰,《近代史研究》1994 年第 1 期

47. 时代需要这样的历史学家:在纪念范文澜诞辰 100 周年学术座谈会上的发言。戴逸,《近代史研究》1994 年第 1 期

48. 历史的安排:嵇文甫与范文澜、曹靖华、冯玉祥。嵇道之,《河南大学学报》1995 年第 1 期

49. 战国变法秦国收效卓著发微:范文澜"腐化势力"说解析。郑慧生,《洛阳师专学报》1996 年第 1 期

50. 难忘的恩师。卞孝萱,《中国图书评论》1996 年第 3 期

51. 旧国学传人　新史学宗师——范文澜。蔡美彪,载《名人与北大》,北京大学出版社,1998 年

52. 严谨务实　淡泊自甘——一代史学宗师范文澜。《社会科学管理与评论》1999 年第 1 期

53. 范文澜——令人景仰的新史学大师。陈其泰,《历史教学》1999 年第 3 期

2000年版后记

范文澜是当代杰出的史学家,他以几十年的潜心努力,在中国古代史和近代史领域都撰成享有盛名的史著,累计印数达数百万册,教育了一代又一代的读者,他在史学理论上也有卓越的建树。但是迄今为止,对这样一位史学大师却研究得很不够,譬如范老的评传,迄今仍付之阙如。我心仪这位睿智、渊博的学者,已经很久了。20世纪60年代初,我在中山大学历史系就读,正值范老《中国通史简编》(修订本)第一编重印,我买来一本仔细阅读,深深地被它丰富的内容、深入的分析和精练优美的文字所吸引,在一些章节标题之下密密麻麻地写下了约几千字的阅读心得。《简编》以后续出的三本我也都购来细读。至1993年,我承担了国家教委社会科学基金项目《范文澜与中国马克思主义史学》,终于有条件进入系统地研究范文澜史学成就的阶段。作为课题的成果,我撰写了九篇系列研究文章,大都在学术刊物上发表,此期间,我更强烈地产生了要完成一本系统地研究范老学术思想和成就的专著的愿望。感谢由戴逸先生主编,房德邻、郑大华两先生任副主编的这套《二十世纪著名学者评传丛书》邀我撰写《范文澜学术思想评传》,这是对我实现宿愿最有力的督促鞭策。尽管我已有先前的研究作基础,但撰著此书仍然感到任务艰巨，历时两年余方告完稿。

本书的撰著旨趣是：一、由于有关范老的生平和学术活动的资料极为分散，查找不易，作者尽可能收集，经爬梳考核后予以记载，以期做到资料翔实，并忠实于历史事实。二、探讨范老的生平及学术思想轨迹与论述其史学成就并重。前者，评述其思想历程、个性特色、学术交往，尽量挖掘、阐释真实的思想和内在的深层次的东西；同时企图揭示出产生范文澜这样一个出色人物，与社会的政治、文化等项的关系，即通过写范文澜，希望能有助于认识他所处的时代。后者，先分别探讨范老在通史、近代史、史学理论、经学史等领域的成就，然后在总体上给他以历史的定位。当然，这些仅是作者的主观愿望，实际做得如何，还有待于读者的评正。

白寿彝师对我从事这项研究工作给予了许多关心支持。另一位老一辈学者刘大年先生得知我写书稿，特寄赠我《刘大年存当代学人手札》一书，里面有范老在40年代末至"文革"前夕写给他本人的书信共二十余封，是研究范老的珍贵史料，提供给我使用。如今本书出版在即，敬爱的老师和大年先生却先后辞世，这本小书不能亲获他们的评正，这对我来说，实是极大的憾事！在撰写书稿过程中，范老生前的助手蔡美彪先生、卞孝萱先生不顾工作的繁忙，都抽出时间接受我的访问，他们回忆范老道德文章的感情真挚的谈话，确实使我获益良多。潘汝暄先生也曾拨冗接受我的访问。延安大学历史系张剑平副教授也热心地将他所写有关延安时期史学的文章寄来给我参考。书末附录《范文澜主要著述年表》是参考了徐曰彪、朱瑞熙两先生《范文澜传略》一文所附《论著要目》（载《中国当代社会科学家传》第十一辑）编制的。这里还应特别提到南开大学校长办公室主任梁吉生教授对我的帮助。我与吉生教授至今尚未谋面，经过南开大学学报编辑部负责人姜胜利博士作介绍，他得知我亟需范文澜于20年代在南开任教和参加革命活动的材料之后，立即热情地把他主编的《南开大学校史》《南开大学校史资料选》，以及他撰著的《张伯苓教育思想研究》，三本书都寄赠给我，并且写了一封内容详细、议论精彩的信，提出当时的南开对倾向进步的教师起到了重塑的作用，范文澜在南开期间是他思想产生质的飞跃、走向革命的重要时期。这些极具卓识的论断，给了我宝贵的启发。吉生教授的帮助，不仅是对我个人，而且表达出他对学术工作的热诚，这是十分难得的，我对此永志不忘！为了记下吉生教授对同行、对学术的至诚，特将他1997年4月20日信中的有关内容摘引于下：

"关于先生撰写范文澜传事，由于我学识浅薄，恐难多所助力，现有几点想法，谨供参考。

"资料与南开的关系。范老从1922—1927年在南开执教是他人生历程的重要几年，我所接触的南开史料，有关范老的并不多，但要写好这几年必须与南开紧密联系起来，要了解南开是个什么学校，创办人张伯苓的教育思想。当时南开有个一般学校（公立、私立）所不能企及的环境，教师间有许多活动，教师与学生间有许多活动，不但造就了学生而且重塑着教师。没有这些总体把握恐难对而立之年的范老有准确的把握，也难全面认识和理解范老由青年走向中年的心路，而这一时期的材料有见范老名字的，也有虽无范老名字都有可能参与的记载，这要翻阅好几年的南开各种刊物，有的还要考证；……

"我所写《张伯苓教育思想研究》时（三十三万字，辽宁教育出版社），就有这种体会。

"关于范老在南开的党的活动。南开大学校史是我撰写的。校史第215页有关范老的党的活动的描写，1978年前后，我在京津做过访问调查，去过近代史所，到中央党校看过有关专案组的材料。当时在中央党校见过彭真同志写的一个证明材料，说他当时与范联系接头。最近，我查了《中国共产党天津市组织史资料》（1920—1987）得到的印象是：范老在天津这段时间，彭真（傅茂公）没任过天津市委书记。彭真是1926年3月'大沽口事件'后，由北方区委调到天津工作的，我翻看了从1926.1—1927.7四届天津地委领导人名单，只有1927.3—1927.7这届彭真负责职工运动。他很长一段时间在天津地委所设的三个部委工作，所谓部委是按天津的地区设的党组织叫部委员会。是否这期间彭真与范有接触,该书没有说明。请你使用这部分资料时行文要注意些。"

本书责任编辑孙彦副编审以严肃认真、一丝不苟的态度对书稿进行了编辑加工,并提出很宝贵的修改意见。我所张越副教授及博士生张爱芳、李廷勇、王志刚、黄静等同志帮助我为书稿作了校对工作。对以上各位为本书的撰写和出版提供了宝贵帮助的前辈、专家和朋友们,统此致以深切的谢意!书稿写得仓促,对有关史料的收集、发掘,对范老学术思想和成就的分析,都难免有欠缺甚至错误之处,至祈专家和读者予以批评指正。

陈其泰
2000年5月于北京

跋　语

读书治学之路崎岖曲折
却又充满欣喜格外充实
大学里种下梦想
研究生阶段幸遇名师指导
从此走进学术殿堂
深深庆幸自己赶上这伟大时代
沐浴着学术发展的大好春光
刻苦自励辛勤耕耘
三十几个寒暑
三百万字篇章
抒写我对祖国优良文化传统的挚爱
对新世纪学术灿烂前景的渴望

上面这段话，表达了我编完《史学萃编》全书后的真切感受。直至此刻，我的心中仍然洋溢着殷切的感激之情，因为这九种著作的相继撰成和全书汇集出版，论其根源都应得力于时代之赐！这也正如我在最近完成的《历史学新视野——展现民族文化非凡创造力》一书后记中所言:"置身于这个伟大的时代,我才有真情、有毅力为深入发掘和理性对待祖国优秀传统文化而接连写出这些论著,并且充满乐观和深情地展望我们民族的未来。"

北京师范大学历史学院对本书的汇集出版给予了宝贵的大力支持。华夏出版社对全书出版予以热心帮助,责任编辑杜晓宇、董秀娟、王敏三位同志为编校工作付出很大心力。为这九本书稿做查核引文、校正错字、规范注释的工作甚为复杂繁重,幸赖各位教授、博士热心为我帮忙,细致工作,付出很大心力,他们是:晁天义、张峰、刘永祥、屈宁、焦杰、李玉君、张雷、施建雄、宋学勤、谢辉元。谨在此向以上单位和朋友郑重表示衷心的谢忱!夫人郭芳多年以来除尽力服务于其本职工作和照顾家庭之外,又为帮助我电脑录入、校对文稿等项付出辛勤的劳动,也在此向她深切致谢!

书中不当之处,诚恳地期望专家、读者惠予指正!

陈其泰
2017 年 8 月 12 日